BAEDEKER

M

MALLORCA

»

Es ist das Paradies –
wenn Du es aushältst.

Gertrude Stein

baedeker.com

DAS IST MALLORCA

TOUREN

LEGENDE

Baedeker Wissen
● Textspecial, Infografik und 3D

Baedeker-Sterne
★★ Top-Reiseziele
★ Herausragende Reiseziele

ZIELE

HINTERGRUND

ERLEBEN UND GENIESSEN

PRAKTISCHE INFORMATIONEN

ANHANG

PREISKATEGORIEN

Restaurants
Preiskategorien
für ein Hauptgericht

€€€€	über 35 €
€€€	25 – 35 €
€€	15 – 25 €
€	bis 15 €

Hotels
Preiskategorien
für ein Doppelzimmer

€€€€	über 270 €
€€€	180 – 270 €
€€	90 – 180 €
€	bis 90 €

MAGISCHE MOMENTE

ÜBERRASCHENDES

Wenn bei Port d'Andratx die Sonne im Meer versinkt ...

D
DAS IST...

Mallorca

Die großen Themen
rund um der Deutschen liebste Insel.
Lassen Sie sich inspirieren!

Kultur gepaart mit Wellness
bei der Kartause von Valldemossa ▶

ALL-TAGS-BÜHNE

Sineu, Artà, Pollença, Santa Maria del Camí, Santanyí? Unmöglich zu sagen, welcher Wochenmarkt der schönste ist. Klar ist aber, dass sie ein Stück unverwechsellbares Mallorca sind: Der Stand mit Hüten und Taschen aus Bast in Sineu ebenso wie auf anderen Märkten das farbenfrohe Obst und Gemüse oder die Sobrassada-Wurst. Schauen Sie mal vorbei.

◄ Gut behütet ist, wer auf dem Markt von Sineu einkauft.

JEDEN Tag ist irgendwo auf der Insel ein Markt, und jeder hat seinen eigenen Charakter. Wer dahinter nur ein Spektakel ländlich-heimeliger Traditionen vermutet, liegt falsch. Will man Mallorca, seine traditionelle wie multikulturelle Gesellschaft und seine Besucher kennenlernen, gibt es kaum eine bessere Gelegenheit als an diesem Ort.

Alltägliches Theaterstück

Auch wenn ein kleiner Supermarkt im Ort ist und ein deutscher Discounter seine Waren auf der grünen Wiese (die sich meist als graues Feld entpuppt) anbietet: Die Mallorquiner lieben ihre Märkte. Auf diesen mobilen Einkaufszentren erledigen sie ihre **Grundversorgung**, denn hier gibt es nicht nur Obst und Gemüse, sondern auch Kurzwaren, Bettwäsche, Schuhe, Putzmittel, Werkzeuge und vieles, vieles mehr. Und weil diese Märkte so wichtig sind und so beliebt, wird Woche für Woche eine neue Folge dieses immer ähnlichen Theaterstücks aufgeführt, in manchen Orten sogar zweimal pro Woche.

MITTWOCHS IN SANTANYÍ

Frühmorgens bauen die Marktleute gemächlich ihre Stände auf, und dann geht es los: Die frischesten Tomaten! Die würzigste Sobrassada! Das knusprigste Brot! Setzen Sie sich in eines der Cafés an der Plaça Major in Santanyí und machen Sie Ihren eigenen Einkaufszettel. Für Santanyí typisch: Stände mit ausgesucht schönen Lederwaren, mit Tüchern und Schmuck. (▶ **S. 216**)

Hühner, Ziegen und Esel

In ▶**Campos** zum Beispiel wird es an Donnerstagen und Samstagen lebendig. Ein Fall für sich ist der Markt von ▶**Sineu**: Neben dem gängigen Warenangebot, das in der einstigen Residenzstadt besonders groß ist, wechseln hier auch Küken und Rebhühner, Schafe und Esel ihre Besitzer. Das hat den Markt von Sineu längst zur Touristenattraktion gemacht, die von den großen Urlaubszentren aus mit Bussen angesteuert wird. Da muss man dann halt durch – denn wie voll es am Mittwoch in Sineu auch wird: Dieser Markt ist ein Erlebnis!

»Mallorca in klein«

So richtig spannend macht die Wochenmärkte aber, dass sich in ihnen die mallorquinische Gesellschaft spiegelt. Nehmen wir ganz einfach die Märkte von ▶**Artà** (dienstags) oder ▶**Pollença** (sonntags). Hier erleben Sie »Mallorca in klein«. Wie das geht? Natürlich stammt nicht alles von der Insel. Wo sollten all die Dinge auch produziert werden? Importe vom spanischen Festland, aus Nordafrika und Ostasien sind immer mit dabei – auch wenn das nicht immer gerne zugegeben wird. Auch die Herkunft der Händler ist »typisch mallorquinisch«. Und das bedeutet, dass nur wenige echte Mallorquiner da sind. Da sind die Schmuckdesignerin aus Deutschland, ein Kräuterhändler aus

Echter Mallorquiner, Zugereister, Tourist oder Händler – die Märkte sind eben »typisch Mallorca«, mit allen Facetten und viel Charme.

der Schweiz, der Familienclan aus Nigeria, der Mode und Lederwaren anbietet. Da sind die Mallorquiner mit Gemüseständen oder meterlangen Auslagen von Mandeln mit Schalen, ohne Schalen, geröstet oder kandiert. Und der eine oder andere Taschendieb, aus welchem Land er auch kommen mag, geht sicherlich auch seinem Gewerbe nach.

Und unter der Kundschaft findet sich die betagte Seniorin, die ohne Rollator die Einkäufe nach Hause bringt ebenso wie das Paar aus Nordeuropa, Luxusresidenten, die mit einem nagelneuen SUV von der Finca anreisen.

All die unterschiedlichen sozialen und kulturellen Hintergründe der Inselbewohner und -besucher kommen am Markttag zusammen. Vielleicht erkennt man in diesem mal trubeligen, mal entspannten Theaterstück sogar, welche Rolle man selbst darin spielt.

UNERHÖRT

So etwas hatte man auf der Baleareninsel noch nicht gesehen: Häuser mit Fassaden aus bunt funkelnden Keramiken, ein Altar mit einem schwebenden Etwas darüber, eine seltsam verzierte Kirchenfassade – auf Mallorca trieb der katalanische Jugendstil, der Modernisme, schöne Blüten.

◄ Schwindelerregend: das Treppenhaus in der Can Prunera in Sollér

IM November 1899 reist der damalige Bischof von Palma, Pere Joan Campins, begleitet von zwei weiteren Kirchenmännern nach Barcelona. Sie wollen den tiefgläubigen Architekten **Antoni Gaudí** (1852–1926) besuchen und sich seine Arbeit an der Sagrada Família anschauen. Gaudí hatte sich durch Bauten wie den Palau Güell in Barcelona bereits einen Ruf als ebenso genialer wie exzentrischer Baukünstler erworben. Die Delegation von der Baleareninsel ist beeindruckt und lädt den Meister nach Mallorca ein. Für Campins ist er der Mann, der **La Seu** (▶S. 164), die Kathedrale in ▶Palma, modernisieren soll. Gaudí nimmt den Auftrag an und geht mit der ihm eigenen Radikalität zu Werk. Renovierung ist nicht sein Ding, »sondern eine Restaurierung, ... um die Dinge wieder an ihren Platz zu rücken, hin zu ihrer eigentlichen Funktion«, wie er später sagen wird. Selbstverständlich sind seine Ideen höchst umstritten, und so endet die Zusammenarbeit 1914 im Streit. Gaudís Pläne für die Kathedrale wurden also nie vollständig

Spielarten des Modernisme in Sóller: in der Can Prunera ein Raum für Kunstwerke und ein Treppenhaus mit feinen Jugendstilelementen

umgesetzt. Was er sich vorgestellt hat, hat jedoch das Diözesanmuseum in Palma (▶ S. 175) in zwei sehenswerten Räumen aufgearbeitet.

Mit organischem Schwung

Der **Modernisme**, eine vor allem katalanische Spielart des Jugendstils, zeichnet sich durch geschwungene, von der Natur inspirierte Formen aus. Oft werden mythische und symbolische Motive in die Bauwerke integriert. Das Gebäude sollte samt Fassaden, Schornsteinen, Fenstern, Innenräumen und Mobiliar ein organisches Ganzes werden.
Der Stil entwickelt sich in Spanien etwa ab der Mitte des 19. Jh.s und verschmilzt in Katalonien mit der **Renaixença** – einer vorwiegend literarischen Strömung, die von einer Renaissance Kataloniens als Kultur- und Handelsmacht träumte. Ihre Verfechter verklärten die ländliche Heimat oder hingen liberal-sozialistischen Utopien nach – einig waren sie sich jedenfalls in der Ablehnung alles Spanisch-Kastilischen, dem sie sich allein schon durch ihre Wirtschaftsmacht überlegen fühlten. Das selbstbewusste Bürgertum Barcelonas identifizierte sich schnell mit dem neuen, expressiven Baustil.

Meisterhaft gestaltet

Auf Mallorca ist es ein Hotelier, der **▶Palma** mit dem markantesten Jugendstil-Bauwerk schlagartig in die Gegenwart katapultiert: Das 1903 fertiggestellte **Gran Hotel** (Abb. ▶S. 285) an der Plaça Weyler wurde von Lluís Domenec i Montaner gestaltet, neben Gaudí der andere Großmeister des Modernisme. Und nicht nur da. In **▶Sóller**, das lebhaften Handel mit Südfrankreich und sogar mit den ehemaligen spanischen Kolonien trieb, hatte man auf den Modernisme geradezu gewartet. Wer etwas auf sich hielt, baute sich ein Haus im modernen Jugendstil. Vom Cafétisch auf der Plaça Constitució sieht man gleich zwei: die **Banco de Sóller** als eine Mischung aus Burg und Villa und die kuriose Hauptfassade der **Església Sant Bartomeu** des Gaudí-Schülers Joan Rubió i Bellver (1870–1952).

DAS SCHATZHAUS VON SÓLLER

Auf Mallorca findet sich gleich eine ganze Route des Modernisme unter www.palmavirtual.es/de/contenido/rutas/ruta/Der-Modernisme. Der schönste Modernisme-Platz aber ist Sóller – die Stadtvilla Can Prunera gibt der katalanischen Kulturbewegung einen ebenso schönen wie repräsentativen Platz. Treten Sie ein und staunen Sie über das wunderbar verspielte Interieur. Eine kleine, feine Sammlung mit Werken von Edvard Munch, Egon Schiele und anderen Künstlern – und einen kleinen Garten gibt es noch obendrauf. (▶ **S. 234**)

GRENZEN DES ERFOLGS

43 Millionen registrierte Übernachtungen - kein anderes spanisches Reiseziel war 2022 so beliebt wie Mallorca. Wie viele Urlaubende verkraftet die Insel noch?

Mallorca lockt Millionnen, auch mit Plätzen wie der Halbinsel La Foradada. ▶

Ganzjahresziel Mallorca: Badefreuden im Sommer, Mandelblüte im Frühjahr.

MALLORCA ist beliebt, so beliebt, dass es manchem angst und bange wird. Der Run auf die Baleareninsel hat bislang unbekannte Dimensionen erreicht. Droht der Kollaps? Was erwartet die Einwohner und wie reagiert die Politik?

Zwei Seiten der Medaille

Viele Mallorquiner leben vom Tourismus – und viele leiden unter ihm. Es war im April 2016, als in der Altstadt von Palma Graffitis auftauchten, die Touristen mit Terroristen gleichsetzten. Im September desselben Jahres präsentiert eine Bürgerinitiative in Palma ein Manifest mit dem Titel **»Ohne Limits keine Zukunft«** (Sense límits no hi ha futur). Die rund 1500 Unterstützer der Initiative fordern eine Begrenzung des Tourismus.

Sie beklagen eine »ausufernde Bebauung«, »eine Expansion, die wunderschöne Landschaften und Orte einer reichen und langen Geschichte in seelenlose Orte verwandelt«. Außerdem wirke sich der Tourismusboom »keineswegs positiv auf die Lebensbedingungen der Mehrheit aus«. Die Preise für Immobilien, Mieten und Grundbedarfsgüter steigen unaufhörlich, während die Löhne, das Familieneinkommen und die Rechte am Arbeitsplatz deutlich abnehmen. Die Jugend hat kaum Zukunftschancen und muss sich mit Billigjobs im Hotel oder auf dem Bau begnügen.

Während der **Corona-Jahre** brachen die Urlauberzahlen wie in allen Tourismusregionen massiv ein. Jedoch nur, um 2022 umso stärker zu wachsen. So erholsam die pandemiebedingte Verschnaufpause auf der Insel auch gewesen sein mochte, viele Einwohner hatten Probleme finanziell über die Runden zu kommen. Die Abhängigkeit der lokalen Wirtschaft vom Tourismus wurde überdeutlich.

Aber auch der auf Mallorca ohnehin starke Residenzialtourismus – die Zweit- und Drittwohnsitze wohlhabender Ausländer sind gemeint – steigt.

Die »Zukunft des Tourismus«

Wie geht es also weiter? Vermutlich wird Urlaub auf Mallorca **nachhaltiger und teurer**. 2022 verkündete die damalige mallorquinische Ministerpräsidentin Francina Armengol »die Zukunft des Tourismus«. Gemeint ist ein engagiertes **nachhaltiges Gesamtpaket**, das u. a. die Hotels verpflichtet stärker regenerative Energien zu nutzen, mehr lokale Lebensmittel anzubieten, außerdem dürfen gleichzeitig nur noch drei Kreuzfahrtschiffe im Hafen von Palma liegen. Die Zahl der Urlaubenden wird nicht begrenzt, jedoch die der Gästebetten.

In der Tourismusgeschichte Mallorcas gab es immer wieder Korrekturen, um die Balance zwischen Ökonomie, Natur und Gesellschaft zu erhalten. Die Wiedereinführung einer Ökosteuer für Touristen war ein erster Schritt. Andere, wie etwa die Ausweisung weiterer Schutzgebiete, folgten. Mit dem neuen Tourismusgesetz macht Mallorca in Sachen Nachhaltigkeit nun ernst.

HIMMLISCHE RUHE IM KLEINEN SOMMER

Im Januar nach Mallorca? Aber ja. Um die stille Seite der Insel kennenzulernen: An leeren Stränden spazieren gehen, die Kulturhighlights in Ruhe genießen – kein Problem. Wenn dann noch das Wetterphänomen »calmes de gener« hinzukommt, ist das Glück perfekt. Die »Ruhe« oder »Flaute des Januars« dauert meist ein bis zwei Wochen. Dann ist es sonnig, bis zu 20 Grad warm und an den Mandelbäumen sprießen die ersten Knospen. Manchmal stellt sich der »kleine Sommer«, wie diese Zeit auch genannt wird, bereits im Dezember ein oder sie bleibt ganz aus. Zum Glück, denn sonst wäre es auch im Januar mit der Ruhe vorbei.

MEURTRE AU SOLEIL

Imp. G. DARMON Paris

FILM-REIFE INSEL

Die Landschaften auf Mallorca sind schon für sich großes Kino: dramatische Bergwelten, malerische Buchten, romantische Dörfer aus sandfarbenem Naturstein. Neben Urlaubern ist das auch Film- und TV-Teams nicht entgangen – und sie drehen ständig auf der Insel. Tendenz steigend.

◄ Peter Ustinov alias Hercule Poirot ermittelt auf Mallorca.

SIE sind zum ersten Mal im Torrent de Pareis an der Nordwestküste? Dennoch kommt Ihnen die Szenerie bekannt vor? Vielleicht haben Sie sie bereits im Fernsehen oder im Kino gesehen. Im Kinoepos **»Cloud Atlas«** (2012) mit Tom Hanks taucht der Kiesstrand an der Mündung des Torrent de Pareis gleich in der Anfangsszene auf. Man sieht die gebirgige Nordwestküste im dramatischen und geschönten Licht und immer wieder auch ein altes Segelschiff, die »Earl of Pembroke«. Während der Dreharbeiten im Sommer 2011 lag sie im Hafen von Sóller vor Anker.
In den 1950er- und 1970er-Jahren wurden in der Schlucht Szenen der Abenteuerfilme »Sindbads siebente Reise« und **»Sindbads gefährliche Abenteuer«** gedreht. Die kann man sich heute auf Youtube anschauen. Was mit damaliger Tricktechnik hochdramatisch war, wirkt heute fast rührend. Der grausame Zyklop erinnert doch sehr an eine Gummifigur aus der Spielzeugabteilung.

DURCHS WILDE MALLORCA

Wo Filmteams aktiv waren, eröffnet sich für trittsichere Wanderer im Sommer ein Paradies: Drei Kilometer lang ist das im Frühjahr und Sommer ausgetrocknete Flussbett des Torrent de Pareis, aber man braucht schon fünf Stunden durch Höhlen, Terrassen und Steige, bis man am Meer ist. Am besten nimmt man an einer geführten Tour teil. (▶ **S. 244**)

Wie im Film

Manche finden es spannend, an Filmdrehorte zu reisen. Etwa die Reisebloggerin Andrea David: »Durch Filme multipliziert sich die Welt noch mal auf ungewöhnliche Weise.« Was dabei herauskommt, nennt sie das »Wie-im-Film-Gefühl«, eine Mischung aus Fiktion und Realität, oder eine Realität, die in die Welten von Film und TV-Serien verlinkt ist. Für die Vermarkter von Tourismusregionen sind erfolgreiche Serien oder Kinofilme ein **nachhaltiger Marketingcoup**. Denn wenn Nicole Kidman während des Drehs zur Agenten-Serie »Lioness« 2023 auf Instagram postet, wie großartig die Insel ist, sehen das über acht Millionen Follower. Und die Presse schreibt auch noch darüber.
Noch bevor der Tourismus so richtig in Fahrt kam, wurde Mallorca erstmals Schauplatz in einem deutschen Film. **Bereits 1929** drehte Hans Behrend für die Ufa Filmstudios den Stummfilm »Die Schmugglerbraut von Mallorca«. Auf Bildern des Films sind unter anderem Pollença und die Cala Sant Vicenç zu erkennen, wo damals nur einige einfache Fischerhütten standen.
Richtig rund geht es ab Mitte der 1990er-Jahre. Seichtes wie die TV-Serie »Hotel Paradies« (ab 1990), Derbes wie Tom Gerhardts »Ballermann 6« (1997) und Spannendes wie »Denninger – Der Mallorcakrimi« (ab 2001) stecken ein Gesellschaftsbild Mallorcas ab, das bis heute wirkt.

Ideale Bedingungen

Gutes Licht, tolle Landschaften und Küsten, gute Erreichbarkeit und Infra-

Mallorcas Landschaft hat ihren Auftritt im »Cloud Atlas« mit Tom Hanks und Raeven Lee Hanan.

struktur – das spricht für den Drehort Mallorca. Und natürlich dass die Insel für viele ein Sehnsuchtsort ist – nicht nur für Urlauber. Die Sonneninsel hat schon immer auch Menschen angezogen, die kriminellen Geschäften nachgehen – was ja auch ein Filmthema sein kann. Ein Mallorca-Krimi-Klassiker ist **»Das Böse unter der Sonne«** nach der Romanvorlage von Agatha Christie . Der Film mit Sir Peter Ustinov als Hercule Poirot, mit Maggie Smith, James Mason, Jane Birkin und Diana Rigg als attraktiver Leiche ist für Mallorca-Fans wie ein Suchspiel: Ist das nicht Port de Pollença, die Cala Formentor, das Landgut Raixa?

Im Stil eines James-Bond-Thrillers wurde als Mini-Serie fürs Fernsehen **»The Night Manager«** (2016) nach der Vorlage von John Le Carré umgesetzt. Hugh Laurie (»Dr. House«) spielt einen smarten Manager und Waffenhändler ohne Skrupel. Zu den spektakulären Drehorten gehört auch die zeitweise teuerste Immobilie Mallorcas, die Halbinsel »La Fortaleza« samt Festungsvilla in der Bucht von Pollença. Dort wurde übrigens auch die Komödie »Da muss Mann durch« (2015) mit Wotan Wilke Möhring gedreht.

»La Fortaleza« ist in Privatbesitz und kann nicht besucht werden. Die Halbinsel Formentor dagegen schon. Wem sie durch den Kinoerfolg **»Ein ganzes halbes Jahr«** (»Me before you«, 2016) bekannt vorkommt, liegt richtig. Die Playa de Formentor und Port de Pollença bilden die romantische Kulisse für das Liebespaar Lou und Will auf Mauritius.

RESERVATE FÜR DIE NATUR

Mallorca ist nicht nur ein Ferien-, sondern auch ein Naturparadies. Ein Nationalpark, fünf Naturparks und zahlreiche Schutzgebiete helfen, dass Mallorcas Landschaftsbild und seine Tier- und Pflanzenwelt nicht unter Beton verschwinden. Für Besucher sind sie zugleich die schönsten Zugänge in die mediterrane Welt der Insel.

Wanderers Ruh' mit Blick auf das abendliche Valldemossa ▶

MALLORCA WIE VOR HUNDERT JAHREN

Kein Fernseher, kein Telefon und Wasser für eine Dusche nur zu festen Zeiten – trotzdem ist eine Nacht in der Herberge (Albergue) auf der Insel Cabrera ein Erlebnis. Gegen fünf Uhr am Nachmittag, wenn die letzten Tagesgäste das Eiland im Süden von Mallorca verlassen haben, entfaltet die karge Insel ihren mächtigen Zauber. In der einzigen Bar am Hafen nehmen die Segler, die Soldaten der Garnison und Parkmitarbeiter noch einen Absacker, bis Cati und Vidal, die Wirte, gegen neun die »Cantina« schließen. Dann gibt es nur noch Stille, den Sternenhimmel und den Wind ... (► **S. 88**)

MALLORCA könnte auch ganz anders aussehen. Aus dem Naturstrand Es Trenc ließe sich ein neues Magaluf machen. Oder die unbewohnte Insel Sa Dragonera: Könnte sie nicht wie ein hell erleuchtetes Kreuzfahrtschiff vor Sant Elm liegen, mit luxuriösen Apartments, mit Yachthafen, Heliport und Casino?

Engagiert im Schutz

Doch auf Mallorca gehört zur Geschichte des Tourismus auch die des Naturschutzes. Die bedeutendste Rolle spielt die Initiative Grup Balear d'Ornitologia i Defensa de la Naturalesa, kurz **GOB**. Die Gruppe formte sich 1973 zum Schutz der Vögel. Ihren ersten großen Erfolg verbuchte sie, als sie die Bebauung der Insel **Sa Dragonera** verhinderte.
Dennoch musste sie in den 1970er- und 1980er-Jahren mit ansehen, wie das Tourismuswunder Mallorca seinen Tribut forderte. Küsten- und Kulturlandschaften wurden mit Urbanisationen und Golfplätzen bebaut, die Lebensräume für Tiere und Pflanzen schrumpfte. Mit den Jahren emanzipierten sich die Naturfreunde zum professionellen Umweltverband mit Einfluss auf die Inselpolitik. Mit seinen rund **7000 Mitgliedern** auf Mallorca, Menorca, Ibiza und Formentera genießt der GOB eine breite Unterstützung – zu den Mitgliedern gehören der Künstler Miquel Barceló, die Sängerin Maria del Mar Bonet und auch der auf Mallorca rührige Peter Maffay.

Gesinnungswandel

Selbst Gegner und Skeptiker ließen sich überzeugen: Als sich Mallorca in den 1990er-Jahren als Tourismusziel neu erfand, indem der klassische Pauschaltourismus um Radsport, Edel- und Landtourismus bereichert wurde, wandelte sich auch die Stimmung der Hotelmanager und Politiker: Was nutzt es, wenn auch noch die letzten Schönheiten der Inselnatur verbaut werden und dann die Urlauber ausbleiben?
Seitdem sind zahlreiche **Schutzgebiete** ausgewiesen worden. Fast die gesamte Serra de Tramuntana hat die UNESCO als Natur- und Kulturlandschaft zum Welterbe erklärt. Innerhalb des Gebirgszugs haben die Schlucht Torrent de Pareis, die Gebiete um den Stausee Gorg Blau und das Kloster Lluc sowie die Fonts Ufanes bei Campanet einen Sonderstatus als »Naturdenkmale«. Der älteste der fünf Naturparks ist die Albufera de Mallorca, das größte Feuchtgebiet der Balearen und ein Refugium für Vögel. Die anderen sind die Albufereta in der Bucht von Pollença, die Illa de Sa Dragonera, die Llevante-Halbinsel nördlich von Artà und der Parc Natural de Mondragó im Südosten. Mallorcas einziger Nationalpark mit entsprechend strengen Regeln ist die **Cabrera-Inselgruppe**.

Die Schönheit Cabreras ist streng geschützt.

Der Zwiespalt hält an

Trotzdem bleiben Umwelt- und Naturschutz ein heikles Thema. Krisen wie während der Corona-Pandemie oder des Kriegs in der Ukraine werden von der Hotellobby gerne zur Durchsetzung umstrittener Projekte genutzt. Die Bebauung des Feuchtgebiets Ses Fontanelles in der Bucht von Palma konnte vom GOB ebenso wenig verhindert werden wie ein Großhotel in Canyamel. Auch das Thema Ölförderung vor den Küsten ist noch nicht vom Tisch.

T
TOUREN

Durchdacht, inspirierend, entspannt

Mit unseren Tourenvorschlägen
lernen Sie Mallorcas beste Seiten kennen.

Mietwagen oder Rennrad? Für sie keine Frage. ►

ASPIRINA

UNTERWEGS AUF MALLORCA

Strand oder Hinterland? Zwischen rund 25 größeren Badeorten können die Strand- und Sonnensucher wählen, daneben gibt es viele kleinere Hotelkomplexe am Meer. Das größte Ballungszentrum ist die Bucht von Palma zwischen Magaluf und S'Arenal, doch auch an der Ostküste und in den Buchten von Pollença und Alcúdia gibt es teils ausgedehnte Ferien(hoch)burge. Sofern man auch eine längere Anfahrtszeit zum Strand in Kauf nehmen will, ist das malerische Hinterland mehr als eine Alternative. Landhotels, Finca-Hotels und Miet-Fincas bieten sich für jene an, denen der Sinn nach ruhigen Tagen, Radtouren oder Wanderungen steht.

Party und Idylle Die Strände östlich von **Palma** werden oftmals mit Ballermann-Atmosphäre gleichgesetzt. Natürlich hat **S'Arenal** seinen berühmt-berüchtigten Ruf nicht von ungefähr, doch wird übersehen, dass diese Zone nur einen kleinen Teil der Platja de Palma ausmacht. Die Nähe zur Hauptstadt spricht ebenfalls für die Region. Wer auf Ruhe aus ist, liegt hier allerdings falsch. Die findet man eher in **Illetes** und dem mondänen **Portals Nous** westlich der Hauptstadt. Auch von hier aus ist es nicht weit bis zur Inselmetropole. Keinen Schönheitspreis gewinnen die Ferienorte **Palmanova** und die bei Briten beliebten Hoteltürme von **Magaluf** – das Mallorca-Klischee von den viel gescholtenen Bettenburgen hat hier eine seiner Wurzeln.

Westlich von Palma Der gepflegte, recht kleine Sandstrand von **Santa Ponça** bei Palma ist im Sommer allerdings kaum noch in der Lage, alle Sonnenhungrigen aufzunehmen, dafür wird sich in der Nebensaison immer ein Plätzchen finden. Nebenan ist **Peguera**, wie Santa Ponça, eine Hochburg der Deutschen: Vornehmlich das etwas reifere Publikum mietet sich hier in von recht viel Grün eingerahmten Hotels und Pensionen ein. Selbst im Winter stehen hier dank des milden Klimas viele Hotels und Restaurants offen. Peguera eignet sich auch als guter Standort für Ausflüge in die südliche Tramuntana, und auch die Hauptstadt ist relativ schnell erreichbar.

Tramuntana

Am zerklüfteten Küstenstrich der Serra de Tramuntana im Norden sind **Port de Sóller** und **Cala de Sant Vicenç** die einzigen Badeorte. Die fast kreisrunde Bucht von Port de Sóller ist auch ein bevorzugter Stützpunkt für Wanderer. Ausflugsziele wie **Deià** und **Valldemossa** liegen in Reichweite, durch den Coll de Sóller ist selbst Palma nur eine halbe Autostunde entfernt. Vom Hafen Sóller werden Bootstrips nach **Cala Tuent** und **Sa Calobra** angebotene. **Cala de Sant Vicenç** liegt weit im Norden in einer von nacktem Fels gerahmten Bucht.

Norden

Port de Pollença wurde schon in den 1930er-Jahren von englischen Touristen entdeckt, die bis heute die Mehrheit der Gäste ausmachen.

Die weite Bucht ist eines der beliebtesten Wassersportzentren der Insel, eine deutsch geführte Segel- und Surfschule ist vor Ort. Das ländlich geprägte Hinterland um das Städtchen **Pollença** ist zudem eine der bevorzugten Adressen für Fincaferien. Einige der spektakulärsten Landschaften Mallorcas, etwa die Halbinseln **Formentor** und **Victòria**, liegen praktisch vor der Haustür und auch das Wallfahrtskloster **Lluc** in den Bergen der **Tramuntana** ist in einer bequemen Tagestour erreichbar. Neben der Bucht von Palma ist die Bucht von **Alcúdia** die größte der Insel. Vom Jachthafen **Port d'Alcúdia** zieht sich ein flach ins Meer abfallender Sandstrand bis **Can Picafort**, bestens also für den Familienurlaub mit Kindern. Große Hotels und Apartmentkomplexe mit internationalem Publikum säumen Platja de Alcúdia und Platja de Muro, die beiden nahtlos ineinander übergehenden Hauptstrände der Bucht. Das flache Hinterland lädt zu ausgedehnten Radtouren ein. Port d'Alcúdia und **Muro** sind auch für bei Rad- und Sporturlaubern beliebte Stützpunkte.

Osten

Trotz der vom Flughafen relativ langen Transferzeit von bis zu zwei Stunden ist die Ostküste mit ihren malerisch aneinandergereihten Badebuchten eine der beliebtesten Ferienregionen. Hier ist man auf Familienurlaub eingestellt. In **Cala Ratjada** fühlt sich ein vornehmlich deutsches Publikum wohl, darunter viele junge Leute, die angesichts etlicher Bars und Clubs auch nachts auf ihre Kosten kommen. Den mit 2 km längsten Sandstrand im Osten hat **Cala Millor**, fast genauso lang zieht sich allerdings auch die gesichtslose Hochhauskulisse seiner Hotels am Meer entlang. Die Unterkünfte stammen großenteils aus den 1970er- und 1980er-Jahren, allerdings wurden die meisten regelmäßig renoviert und zum Teil durch Spa-Anlagen erweitert. Wer ausweichen will, wird in den kleineren Feriensiedlungen **Costa de los Pinos** und **Platja de Canyamel** fündig. An der Südostküste konzentriert sich der Tourismus in **Cala d'Or**. Eine Reihe kleiner Fjorde mit Bademöglichkeiten wird dort von Apartment- und Hotelanlagen umlagert. Noch etwas Flair bietet die bereits in den 1930ern im Ibiza-Stil konzipierte Kernzone von Cala d'Or.

Verkehrsmittel

Größtmögliche Beweglichkeit auf der Insel garantiert natürlich ein Auto. Mit bis zu **120 000 Mietwagen** ist das Angebot riesig, vergleichsweise günstig sind die Preise.

Sofern man in der Bucht von Palma wohnt, kann man das öffentliche **Busnetz** in Anspruch nehmen. Von der Hauptstadt aus, doch nur eben von dort, verkehren Überlandbusse in alle Inselteile. Querverbindungen gibt es kaum, sodass eine Inselerkundung mit öffentlichen Verkehrsmitteln Zeit und Geduld erfordern. Immerhin gibt es eine Bahnverbindung zwischen Palma, Inca und Manacor Sehr nostalgisch und beliebt ist der über 100 Jahre alte »Tren de Sóller« (▶ Baedeker Wissen, S. 240) von Palma nach Sóller.

SCHÖNE ZIELE AN DER COSTA NORD

Start und Ziel: Palma | **Dauer:** 1 Tag, dann ohne längere Besichtigungen; besser sind 2 Tage mit Übernachtung z. B. in Deià oder Sóller | **Länge:** ca. 150 km

Tour 1

Wenn ein Gebirge wie die Serra de Tramuntana aufs Meer trifft, wird es so schön, dass man glaubt, man wäre in einem Bilderbuch gelandet. Und jetzt stellen Sie sich noch eine schmale Straße vor, die sich an dieser Prachtküste entlangschlängelt. Legen Sie Pausen in romantischen Bergstädtchen ein und lernen Sie das Tal der Orangen kennen. Kunst- und Naturliebhaber werden von dieser Tour begeistert sein.

Von Palma die Küste entlang

Starten Sie von ❶ ★★ **Palma** aus nach Südwesten, zunächst über die Autobahn. Hinter Palmanova wendet sich die Strecke von der Küste ab und erreicht bei Santa Ponça die westlich gegenüberliegende gleichnamige Bucht. Hier landete Jaume I. bei seiner Eroberung Mallorcas 1229.
Über ❷ **Peguera**, einen Ferienort mit drei gepflegten Stränden, ist ❸ ★ **Andratx** schnell erreicht. Zeit für einen ersten Stopp, um ein wenig durch die Gassen zu bummeln oder im mondänen Port d'Andratx in einem der Cafés an der Hafenpromenade das Panorama der Segelboote und Villen auf sich wirken zu lassen. Wer seine Pause mit einem kurzen Bad verbinden möchte, sollte den Abstecher nach ❹ **Sant Elm** wagen. Der kleine Ferienort liegt an der äußersten Westspitze mit Blick auf die vorgelagerte Insel Dragonera.
Dann kehrt man nach Andratx zurück und fährt auf der Ma10 nach Norden. Jenseits des 343 m hohen Coll de sa Cremola senkt sich die Straße zur schroffen, eigenwilligen Nordküste und öffnet sich mit grandiosen Ausblicken über das Meer.

Von Banyalbufar nach Sóller

Eine willkommene Gelegenheit das Spektakel aus Felsküste und Meer zu bewundern, bietet sich am★★**Mirador Ricardo Roca**. Vom ehemaligen Wehrturm ist der Blick noch eine Spur dramatischer als vom benachbarten Ausflugslokal Es Grau, dessen Terrasse über dem Abgrund klebt. ❺ ★**Estellencs** und ❻ ★★ **Banyalbufar** liegen verträumt in jahrhundertealten Terrassengärten über dem Meer. Es gibt wenige Orte auf der Insel, wo der Charme des Ursprünglichen noch so stark ist, wie hier.Kurvenreich geht es nach ❼ ★★ **Valldemossa** mit seiner durch Frédéric Chopin und George Sand berühmten Kartause (wo sie ziemlich gefroren haben). Weitaus begeisterter von Mallorca war der Erzherzog Ludwig Salvator, dessen prächtig gelege-

nes Landgut ★★ **Son Marroig** nahe ★ **Miramar** einen Besuch wert ist. Direkt neben dem Landgut lohnt ein Stopp im Lokal Miradors de Na Foradada mit seiner fantastischen Aussicht über die Küste. Kurz darauf folgt das herrlich gelegene (allerdings auch oft sehr volle) Künstlerdorf 8 ★★ **Deià**, das mit einer malerischen Badebucht mit zwei romantischen Strandlokalen lockt.

Nach weiteren Kilometern mit dramatischen Ausblicken ist 9 ★★ **Sóller**, die »Metropole« der Nordküste, erreicht. Das Zentrum des Städtchens und sein wunderbares Jugendstilmuseum sind ungemein charmant. Ebenso wie die nostalgische Straßenbahn, die von hier zum Hafenort ★ **Port de Sóller** zuckelt; wer sich an Bergdörfern nicht sattsehen kann, muss unbedingt in das erhöht gelegene ★★ **Fornalutx** (► Tour 2) weiterfahren.

Über Alfàbia zurück nach Palma

Dann geht es zurück Richtung Palma – entweder über die kurvenreiche Passstraße über den 496 m hohen Coll de Sóller oder, schnurgerade auf der Ma11, durch den gebührenpflichtigen Straßentunnel unter dem Pass hindurch. In beiden Fällen kommt man am Landgut von 10 ★**Alfàbia** heraus, dessen nobles Herrenhaus von einem geradezu verwunschenen Garten umgeben ist. Und wem das noch nicht genügt: Am Rückweg nach Palma folgt hinter Bunyola noch das jüngst renovierte Landgut ★ **Raixa** mit seinem historischen Berggarten.

DEM HIMMEL SO NAH – DIE TRAMUNTANA

Start und Ziel: Bunyola | **Dauer:** 1 Tag ist möglich ohne längere Besichtigungen; besser 2 Tage mit Übernachtung z. B. in Lluc, Selva oder Lloseta | **Länge:** ca. 125 km

Tour 2

Haben Sie Ihre Wanderschuhe dabei? – Bei dieser Autotour durch die höchsten Bergregionen Mallorcas bietet sich immer wieder Gelegenheit, durch die grandiose Natur der Serra de Tramuntana zu wandern. Dort besuchen Sie auch das wichtigste Inselheiligtum und steigen bei Alaró aufs Dach der Insel. Es geht aber nicht nur um Natur. Die Rundfahrt führt auf ruhige Plaças, wo man entspannt die Zeit vertrödeln kann, und in die lebendige Lederhauptstadt Inca.

Von Bunyola zu zwei Stauseen

Am kleinen Bahnhof von 1 **Bunyola** legt die alte Schmalspurbahn eine letzte Pause ein, bevor sie im Berg verschwindet. Sie können, wenn Sie möchten, bei Bunyola einen ersten Halt einlegen und sich das historische Landgut ★ **Alfàbia** (► Tour 1)mit seinen verwunschenen Gärten ansehen.
Wenn nicht, fahren Sie gleich weiter ins schöne 2 ★★ **Sóller** (► Tour 1). Nach einer kleinen Stärkung auf der Plaça de la Constitucíon und vielleicht dem Besuch des Jugendstilmuseums ★**»Can**

Prunera« geht es hoch ins Gebirge. Werfen Sie noch einen Blick ins romantische Bergdorf ❸ ★★ **Fornalutx**, wo man im Restaurant »Es Turo« bei großartiger Aussicht rustikal mallorquinisch essen kann. Zusammen mit seinen Gipfelkollegen lässt der **Puig Major** fast alpine Gefühle aufkommen. Die Ma10 windet sich recht breit das Tal hinauf.

Nach einem Stopp am Aussichtspunkt ★ **Mirador de ses Barques** zum Fotografieren durchquert die Panoramastraße auf knapp 900 Metern Höhe das Felsmassiv. Grandiose Gebirgslandschaften mit den Stauseen ★ **Embassament de Cúber** und ★ **Gorg Blau** ziehen vorbei und locken Wanderer zu einem Halt.

Über Serpentinen zum Kloster Lluc

Nach etwa 20 Kilometern zweigt links eine der schönsten Bergstraßen Spaniens ab. Die **Serpentinenstrecke** mit dem berühmten »Krawattenknoten« endet an der eindrucksvollen Bucht ❹ **Sa Calobra**, von der aus auch der ★★ **Torrent de Pareis** zu erreichen ist. In der Hauptsaison sollte man die schmale und viel befahrene Sackgasse besser außerhalb der Stoßzeiten, etwa zum Sonnenuntergang, ansteuern. Wieder zurück auf der Ma10, den Puig de Massanella rechts im Blick, erreicht man das ❺ ★★**Kloster Lluc**, Ausflugsziel und Wallfahrtsort der Mallorquiner in einem. Wer möchte, kann im Kloster ein einfaches und gepflegtes Zimmer mieten und im Restaurant zu Abendessen oder in der verwunschenen Bergwelt eine Wanderung unternehmen. Eine schöne Unterkunft findet man auch in **Lloseta** im Hotel Cas Comte (Comte d'Aiamans 11, Plaça España) ode rin Moscari im Landhotel Can Riera. In Caimari lockt auch das Restaurant Ca Na Tonet (► S. 132), wo die beiden Schwestern Maria und Teresa Solivellas ihre Gäste mit leckerer Bio-Inselküche verwöhnen (unbedingt reservieren).

Can Riera: Passeig de sa Creu 4 – 6, Moscari | www.hotelcanriera.net

Von Inca ins charmante Alaró

Wo auch immer Sie die Nacht verbracht haben, vielleicht haben Sie Lust, am nächsten Morgen durch die Outlet-Shops von ❻ **Inca** zu ziehen und nach neuen Schuhen oder Lederwaren zu schauen. Doch Mallorcas drittgrößte Stadt ist nicht nur berühmt für die Schuh- und Lederindustrie, sondern auch für urige Cellers, Restaurants in alten Weinkellern. In das wahrscheinlich bekannteste Weinbaugebiet der Insel kommen Sie über die Landstraße Ma13a. Nach nur fünf Kilometern haben Sie ❼ **Binissalem** erreicht. Nicht nur im September zum Weinfest, auch sonst lohnt ein Abstecher in den hübschen Ortskern. Die Bodega »José Luis Ferrer« an der Hauptstraße ist eine der renommiertesten der Insel und bietet, wie andere Bodegas auch, Führungen an. Auch das Zentrum von Alaró nimmt einen mit seinem ruhig-ländlichen Charme gleich für sich ein. Statt einen Café auf der Plaza zu trinken, könnte man auch noch einmal aktiv werden.
Hoch oben, auf einem mächtigen Felsen, duckt sich das ❽ ★★**Castell d'Alaró**, einer der besten Aussichtspunkte der Insel, der allerdings erst erklommen sein will. Das braucht allerdings seine Zeit. Für die Anfahrt auf einer abenteuerlichen Piste und den Aufstieg zur Burg und wieder zurück kann man 4 bis 5 Stunden einplanen. Das Verlockende an dieser Burgbesteigung ist auch der obligatorische Besuch des Berglokals »Es Verger« (► S. 114).

6X EINFACH UNBEZAHLBAR

Erlebnisse, die für Geld nicht zu bekommen sind

1. KUNSTGENUSS

Ein Stadtpalast in Palma mit einer Kollektion spanischer Kunst des 20. Jh.s, darunter Werke von Miró und Picasso. Günstiger ist solch ein Genuss kaum möglich, der Eintritt ist frei in der **Fundación Juan March**. (▶ **S. 83**)

2. PHÄNOMENAL

Die grandiose Aussicht vom **Castell d'Alaró** gibt es nicht ganz umsonst, der 45-minütige Aufstieg ist mühsam. Doch der Zugang zur Burgruine ist frei. (▶ **S. 111**)

3. BEI KÖNIGS

Im **Almudaina-Palast in Palma** residieren die spanischen Könige bis heute. Die herrschaftlichen Säle kann man umsonst anschauen: Mi., Do. und So. von 15 bis 18 Uhr. (▶ **S. 171**)

4. 10 CENT

Im spannendsten Haus für zeitgenössische Kunst **Es Baluard in Palma** zahlen Sie freitags nur so viel Eintritt wie Sie möchten, mind. 0,10 €. (▶ **S. 178**)

5. BUNTE OASE

Erfreulich ist, dass das angenehme und sehenswerte Museum der Stiftung **Coll Bardolet in Valldemossa** auf Eintrittspreise verzichtet. (▶**S. 249**)

6. WELTERBE FÜR LAU

Die Nordwestküste mit der Serra de Tramuntana ist voller Schönheiten und gehört zum Welterbe der UNESCO. Kein Tickethäuschen verlangt hier Eintritt, auch nicht zur grandiosen Straße **Sa Calobra**. (▶ **S. 242**)

Ob Burg oder Nicht-Burg, nach Alaró erwartet Sie das liebliche grüne Hochtal von 9 ★ **Orient**, sicher eines der schönsten der Insel. Einfach durchzurauschen ist viel zu schade. Bei einem kurzen Halt in Orient oder einem Spaziergang in der Bergidylle vergisst man schnell den Rummel der Küstenorte und sammelt Energie für die letzten Kilometer. Die schmale Straße führt noch einmal bergauf bis zum 650 Meter hohen Coll de Hono, ehe sie durch schattige Wälder wieder hinab nach **Bunyola** kurvt.

Vom Castell durchs Hochtal

Übrigens: Diese Tour ist eine der Königsstrecken für ambitionierte Radsportler, die die 125 bergigen Kilometer an einem Tag hinter sich bringen.

Attraktiv für Radsportler

AUSSICHT AUF MEER – ALCÚDIAS HALBINSEL

Start und Ziel: Parkplatz Ermita de la Victòria | **Dauer:** 4 Std., mit Abstieg zum Strand Coll Baix 5,5 Std. | **Länge:** ca. 10 km

Was für ein Panorama – vom ehemaligen Wachturm auf der Halbinsel von Alcúdia liegen Ihnen die Buchten von Pollença und Alcúdia zu Füßen. Am Turm führt ein recht gut ausgeschilderter Rundwanderweg vorbei. Viel Andrang gibt es in der Hauptsaison nur auf dem ersten Teilstück. Danach führt Sie der Weg durch ein stilles Tal mit einem Sturzbach und zu einer Badebucht.

Tour 3 (Wanderung)

Die Wanderung beginnt am Parkplatz bei der 1 **Ermita de la Victòria**. Dorthin kommen Sie mit dem eigenen Auto oder mit einem Taxi ab ★ **Alcúdia**. An der Einsiedelei, in der man auch übernachten kann, führt ein breiter Waldweg zunächst steil bergauf, vorbei am Restaurant »Mirador de la Victòria de la Ermita«. Neben einem Kiosk bei der Ermita ist es die einzige Möglichkeit, sich zu stärken – daher: Wasserflasche nicht vergessen! Nach ein paar hundert Metern kann man beim Aussichtspunkt »Tres Cruces« eine erste Verschnaufpause einlegen und neben drei mächtigen Kreuzen über die Bucht von Pollença schauen. Bis zum Wachturm sind insgesamt 300 Höhenmeter zu bewältigen.

Von der Ermita zur Talaia

Auf dem Berggrat, der zur 2 ★ **Talaia d'Alcúdia** führt, lichtet sich der Wald. Haben Sie eine Kopfbedeckung dabei? Schließlich wird es bis auf ein kurzes Waldstück bei der Schutzhütte am Coll Baix keinen

... und zum Strand

Schatten mehr geben. Nach etwa einer Stunde stehen Sie am Fuß des Gipfels, auf dem die Talaia steht. Die steinigen letzten Meter bis zum Turm hinauf lohnen sich. Die Rundumsicht aus 444 m Höhe ist schlicht atemberaubend. Die Ebene Es Pla, die weiten Buchten der Nordostküste sowie die beiden Gebirgszüge im Norden und im Süden sind gut zu sehen. Nun gehen Sie den Zickzackweg von der Talaia wieder hinunter in Richtung der Schutzhütte ❸ **Refugí Coll Baix**. Der Weg durch die karge Felslandschaft ist steinig, teilweise ist der Untergrund lose, doch die Schönheit der Landschaft und die Aussicht entschädigen für jegliche Mühen.

Während der Weg sich langsam zur Schutzhütte hinabschlängelt, können Sie sich schon überlegen, ob Sie für ein erfrischendes Bad im Meer gleich noch weitere 120 Höhenmeter hinunter und anschließend wieder hinaufkraxeln wollen. Bei der Schutzhütte führt ein Pfad den Wald hinab zur ❹ **Platja del Coll Baix**, einem schönen, wenig besuchten Badestrand. Beim Refugí gibt es Picknickbänke und endlich Schatten.

Vom Strand über den Coll de na Benet

Gestärkt und womöglich sogar erfrischt vom Bad geht es auf einem breiten Waldweg langsam bergab, vorbei an einem Parkplatz, bis bei einem trockenen Flussbett der Wegweiser »Coll de na Benet« und »Ermita de la Victòria« auftaucht. Dem folgen Sie und wandern durch ein stilles schönes Tal. Der Weg führt mal im, dann neben einem ausgetrockneten Bachbett, und vielleicht begegnen Ihnen unterwegs halbwilde Bergziegen. Sollte es aber stark geregnet haben und der Bergbach voll Wasser sein, ist der Weg zu gefährlich, und man muss wieder über die Talaia zurückgehen.

Beim 164 m hohen Pass 5 **Coll de na Benet** (oft auch »Coll de ses Fontanelles« genannt) taucht wieder die Bucht von Pollença auf. Folgen Sie nun immer dem Schild »Ermita de Victòria«, das Sie entlang der Nordwestflanke der Halbinsel führt. Nach einer weiteren Stunde, und erfüllt von den schönen Natureindrücken, erreichen Sie wieder den Ausgangspunkt bei der Einsiedelei.

VOM ZENTRUM IN DIE TRAUMBUCHT

Start: Sineu | **Ziel:** Cala Figuera | **Dauer:** 1 Tag | **Länge:** ca. 90 km

Sineu, Petra, Felanitx – charmante Städtchen mit viel Geschichte machten die erste Hälfte dieser Autotour aus. Aus dem Zentrum der Insel führt Sie die Route immer weiter in den Süden bis zum Meer. Dort erwarten Sie die beiden schönsten Orte der Levante: Portocolom und Cala Figuera – und eine fast unbebaute Traumbucht.

Tour 4

Von Sineu nach Felanitx

1 ★ **Sineu** liegt fast im geografischen Zentrum der Insel. Das Städtchen in der Ebene Es Pla war sogar mal eine Residenzstadt der Könige von Mallorca. »Gefühlt« ist sie es immer noch jeden Mittwoch, wenn der große Tier- und Wochenmarkt stattfindet (► S. 10).
Der Nachbarort 2 ★ **Petra** mit seinen schachbrettartig angeordneten Straßen gibt auch einen schönen Eindruck vom typischen Landleben. Wer mag, besucht das kleine Museum zu Fra Junípero Serra, auf den Los Angeles zurückgeht – oder kauft guten Inselwein, zum Beispiel bei Miquel Oliver (an der Ma 3340 in Richtung Santa Margalida). Am südlichen Ortsausgang zweigt ein Sträßchen zur 3 ★ **Ermita de Bonany** ab, einem schön gelegenen Heiligtum, von dem aus sich gut das Umland überblicken lässt. Auf schmalen Wegen erreichen Sie das herrschaftliche 4 ★ **Els Calderers**. In dem Museums-Landgut bekommt man ein Gefühl für den Lebensstil des Landadels und wie Landwirtschaft betrieben wurde. Selbst die unspektakuläre Landschaft zwischen Vilafranca de Bonany und 5 ★ **Felanitx** kann einen bezaubern.

Von Felanitx nach Portocolom

Nach dem Besuch des Weinstädtchens Felanitx und seiner Kirche Sant Miquel – Wochenmarkt ist hier am Sonntagvormittag – lockt die dramatische Aussicht vom Hausberg 6 ★ **Sant Salvador**. In 509 Metern Höhe thront ein ehemaliges Kloster, in dem man nicht

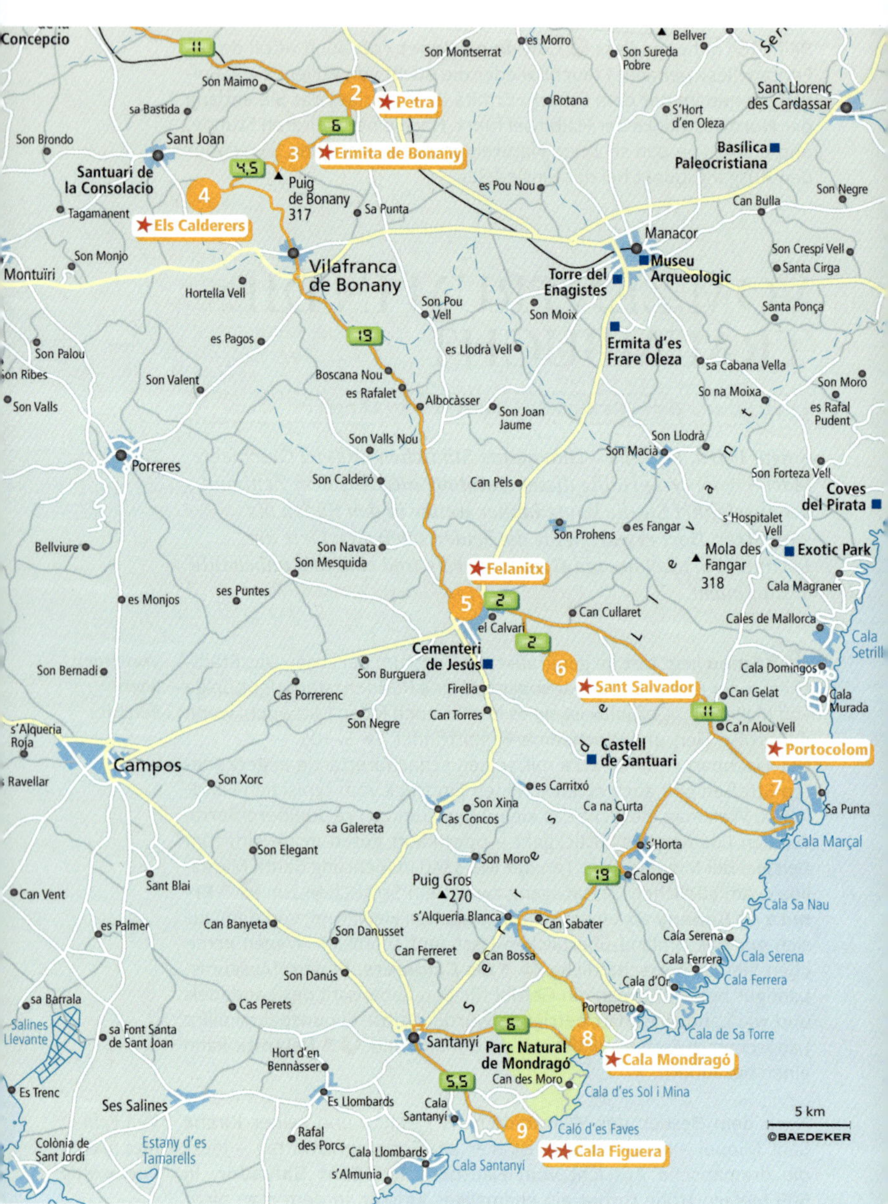
Petra
Ermita de Bonany
Els Calderers
Santuari de la Consolacio
Sant Joan
Puig de Bonany 317
Vilafranca de Bonany
Montuïri
Porreres
Manacor
Museu Arqueologic
Torre del Enagistes
Ermita d'es Frare Oleza
Basílica Paleocristiana
Sant Llorenç des Cardassar
Felanitx
Cementeri de Jesús
Sant Salvador
Castell de Santuari
Coves del Pirata
Exotic Park
Mola des Fangar 318
Portocolom
Campos
Puig Gros 270
Santanyí
Parc Natural de Mondragó
Cala Mondragó
Cala Figuera
Ses Salines
Colònia de Sant Jordi
Cala Santanyí
5 km
©BAEDEKER

nur einkehren kann, sondern auch komfortabel übernachten. Von hier aus ist schon gut das Fischerstädtchen 7 ★ **Portocolom** zu sehen, das mit seinem ruhigen natürlichen Hafen und den alten Häusern eine Rarität an Mallorcas Küsten ist.

Küstennah bis Cala Figuera

Auf dem Weg zur nächsten Küstenschönheit machen Sie doch einen Badestopp in der 8 ★ **Cala Mondragó**. Die Traumbucht ist auch einen Besuch wert, wenn das Wasser noch keine Badetemperaturen hat. Dann lassen sich die Bucht und der gleichnamige Naturpark auf ausgedehnten Spaziergängen erkunden. Gegen Abend erreichen Sie über Santanyí das malerische Städtchen 9 ★★ **Cala Figuera**, dessen Häuser und Schiffsgaragen sich um einen flussähnlichen Fjord gruppieren.

VON PALMA IN DIE BRONZEZEIT

Start und Ziel: Palma | **Dauer:** 1 Tag | **Länge:** Palma – Cap Blanc – Palma: ca. 90 km; Palma – S'Arenal – Palma: 25 km

Tour 5 (Radtour)

Bei dieser sportlichen Radtour tauchen Sie ein in den Zauber und die Stille des Südens. Schmale Nebenstraßen, die von Trockensteinmauern gesäumt werden, eine Dorfruine aus der Frühgeschichte der Insel und eine schroffe Steilküste können Sie dabei entdecken. Die ganze Tour ist Ihnen zu lang? Dann erkunden Sie doch die Platja de Palma auf einem gut ausgebauten Radweg.

Über den Radweg nach S'Arenal

Startpunkt ist der 1 **Parc de la Mar** unterhalb der ★★ **Kathedrale von Palma**. Der nächste Fahrradverleih (»Palma on bike«) befindet sich an der Avda. d'Antoni Maura. Sie können die Tour aber auch an der Platja de Palma beginnen, wo es fast an jeder Ecke einen Radverleih gibt. Obwohl die Strecke weitgehend eben verläuft, ist ein schweres Citybike nur dann angesagt, wenn man nur entlang der Platja de Palma radeln möchte. Ansonsten sind ein sportliches Trekking- oder Rennrad oder auch ein E-Bike am besten.
Vom Parc de la Mar aus geht es auf den Fahrradweg, der entlang der Küste bis S'Arenal verläuft. Die rund 12 Kilometer, vorbei am Hafen von Portixol, dem Strand von Can Pastilla sowie den Tempeln der deutschen Bierseligkeit – Lokalen wie »Oberbayern« oder »MegArena«, also der Partyzone vom »Ballermann« –, eignen sich auch gut für eine entspannte Kurztour.

Von S'Arenal hinauf nach Sa Torre

Alle anderen treten wieder in die Pedalen bis zum ❷ **Jachthafen von S'Arenal** und biegen am Ende der Bucht in die Carrer de Sant Bartomeu ein, die links den Berg hinaufführt. Dann geht's nach rechts auf die Avenida de Europa in Richtung Llucmajor und schließlich auf die Ma 6014. Die 7 Kilometer auf der leicht ansteigenden Landstraße in Richtung **Cala Pi** sind die vielleicht am wenigsten attraktivsten der Tour. Viele Rennradler sind hier unterwegs, was auch

daran liegt, dass sich ganz in der Nähe das Hotel »Delta« befindet, eine Institution für Radsportler. Bei der Urbanisation 3 **Sa Torre** hat man es geschafft und biegt links in ein schmales Sträßchen in Richtung »Hilton Sa Torre Mallorca Hotel« ab.
Gesäumt von Trockensteinmauern führt die Straße nun durch die typische Landschaft des Migjorn, des Südens der Insel. Bald taucht die neugotische Kirche des Anwesens Sa Torre auf, die sich das gleichnamige Hotel einverleibt hat, und die Bodega »Bordoy«.

Von Sa Torre nach Llucmajor

Im Norden erhebt sich der Tafelberg ★★ **Puig de Randa**, davor liegt das Städtchen 4 **Llucmajor**, das erste Etappenziel. Der Camí de Sa Torre unterquert die Autobahn, ehe er auf die Landstraße Ma 6020 trifft. Dort fahren Sie rechts nach Llucmajor, über den ersten Kreisel geradeaus und dann links dem Schild »Centre« folgend immer geradeaus bis zur Plaça d'Espanya. Nach einem kurzen Stopp im wunderbar nostalgischen Café Colón (▶ S. 144) oder in einem der anderen Lokale kann es wieder weitergehen.

Von Llucmajor nach Capocorb Vell

Die Innenstadt verlassen Sie am besten auf demselben Weg, auf dem Sie gekommen sind, also über den Carrer Jaume III bis zur Ma19a. Dort fahren Sie links in Richtung Santanyí, biegen gleich wieder rechts ab und folgen den Schildern »Talaiot«, »Pista de Son Gall« und »Cala Pi«. Nun radeln Sie wieder durch die ruhige Landschaft des Südens mit seinen weiten Ländereien, den Mandel- und Johannisbrotbäumen und dem Gefühl, dass es bis zum Meer nicht mehr weit sein kann. Beim Lokal »Ca's Busso« trifft das Sträßchen auf die Ma 6014. Bei dem Ausflugslokal machen immer viele Radler halt. Kein Wunder, das »Pa amb Oli« und die anderen rustikalen Speisen sind lecker und üppig bemessen. Nach einer Stärkung fahren Sie auf der Ma 6014 weiter. Nach ein paar Hundert Metern tauchen die Steinhügel von 5 ★ **Capocorb Vell** auf. Das bronzezeitliche Dorf ist unbedingt einen Besuch wert.

Von Cala Pi zurück nach Palma

Wer sich bei einem Bad im Meer erfrischen will, kann einen Abstecher an die 4 km entfernte 6 ★ **Cala Pi** machen oder bis zur Platja de Palma weiterfahren. Vorher kommen Sie noch am 7 **Cap Blanc** vorbei, wo Sie einen Blick von der Steilküste wagen können. Entlang der Steilküste und auf der Ma6014 geht es nun wieder zurück nach S'Arenal und Palma.

Z
ZIELE

Magisch, aufregend, einfach schön

Alle Reiseziele sind alphabetisch geordnet. Sie haben die Freiheit der Reiseplanung.

Kühlendes Nass auch ohne Strand verspricht eine Wanderung im Naturpark Puig de Galatzó. ►

★ S'ALBUFERA (NATURPARK)

Gemeinde: Port d'Alcúdia | April – Sept. 9 – 18, sonst bis 17 Uhr
Eintritt frei

Birdwatcher sind begeistert – der älteste Naturpark der Insel ist ein Vogelparadies. Besonders von Herbst bis Frühjahr, wenn Zugvögel hier eine Rast einlegen oder gleich den ganzen Winter über bleiben, bieten sich beste Voraussetzungen, seltene Arten zu beobachten. Das Gebiet im Nordosten Mallorcas ist für die Tiere ein idealer Rückzugsort – und nicht nur für sie. Auch wer Ruhe sucht, genießt die Stille in diesem einzigartigen Naturraum.

Natur-paradies

Trotz seiner 1700 ha übersieht man den großen Naturpark leicht, auch an dem kleinen Besucherparkplatz ist man schnell vorbeigerauscht. Bei ► Port d'Alcúdia, das mit seinen großen Hotelanlagen, Restaurants und Läden auch irgendwo in Florida sein könnte, erwartet man einfach kein solches Naturparadies.

Der Naturpark lässt sich auch bei einem Reitausflug angenehm erkunden.

S'ALBUFERA ERLEBEN

BESUCHERZENTRUM S'ALBUFERA

Tel. 971 89 22 50
https://ca.balearsnatura.com/parque_natural/parc-natural-de-salbufera-de-mallorca

MESÓN LOS PATOS €€

Hobbyfischer gehen noch immer in der Nacht in die Albufera, um Aale zu fangen. Die Spezialität kommt in einigen Restaurants der Umgebung auf den Tisch, u. a. im »Los Patos«. Der Küche des klassischen Restaurants kann man auch vertrauen, will man Spezialitäten aus Innereien probieren, wie ein mallorquinisches Frito oder Callos (Kutteln).

Camí de Can Blau 42,
Port d'Alcúdia
Tel. 971 89 02 65
www.lospatosrestaurant.com
Mo., Di. geschl.

FÄHRE NACH MENORCA

Menorca ist nah. Von der Halbinsel Alcúdia ist die nördliche Baleareninsel oft gut zu sehen. Warum nicht einmal hinfahren und den deutlich anderen Charakter Menorcas erleben? Die Überfahrt von Alcúdia aus in die schönste Stadt der Insel, nach Ciutadella, dauert ca. $1^1/_4$ Std.

Erste Hinfahrt tgl. 4.30 Uhr, letzte Rückfahrt tgl. 20 Uhr (Feb. – Mitte Okt.)
ab ca. 80 € (hin u. zurück)
www.directferries.com

Vogelstimmen auf Knopfdruck

Zugang und Zentrum

Vom Eingang am Canal de Siurana führt ein schnurgerades Asphaltband in den Park. Entweder Sie bleiben auf der Piste oder Sie wechseln auf einen Trampelpfad, der am Kanal entlangführt. In jedem Falle gelangen Sie nach gut 1 km zum **Informationszentrum Sa Roca** (Centro Recepció), wo Sie sich anmelden müssen. Von dem freundlichen Mitarbeiter erhalten Sie ein Faltblatt, auf dem die Routen durch das Feuchtgebiet markiert sind.

In dem kleinen Zentrum erklären Schautafeln und andere Medien das Ökosystem dieser kleinen wasserreichen Welt, man kann z. B. Vogelstimmen abrufen. Vier verschiedene Routen starten von hier, mit Längen von 700 m über 1,3 km bis zu 11,5 km. Beobachtungstürme und -stationen sind so aufgebaut, dass man die Vögel in den flachen Gewässern gut beobachten kann. Nach Auskunft der Parkverwaltung wurden bereits 300 Vogelarten gesichtet; 2022 brüteten erstmals Flamingos.

Von Kanälen durchzogen

Gelände

Das Feuchtgebiet war einst erheblich größer. Davon zeugen noch Seen wie der Llac Gran und Kanäle, die heute die Urbanisation durchziehen. Im Mittelalter war das sumpfige Gebiet ein Dorado für Jäger und Fischer. Schließlich begann man, nicht zuletzt wegen der Malariagefahr, das Areal trockenzulegen. Mitte des 19. Jh.s schuf eine englische Firma ein 400 km langes Netz aus Kanälen und führte die beiden Sturzbäche, die Torrents Sant Miquel und Muro, im Canal de Siurana zusammen. Da der Boden durch nachdrängendes Meerwasser jedoch versalzte, musste die Trockenlegung wieder eingestellt werden. Auch weitere Pläne – zum Beispiel die Papierherstellung aus Schilf und Sumpfgras – wurden aufgegeben, da sie sich nicht rentierten. Umweltschützer erreichten 1988, dass die Inselregierung die verbliebene Fläche kaufte und zum Naturschutzgebiet erklärte.

★ ALCÚDIA · PORT D'ALCÚDIA

Gemeinde: Alcúdia | **Höhe:** 0 – 16 m ü. d. M. | **Einwohnerzahl:** 21 000

Gegensätze ziehen Sie an? Hier könnten sie deutlicher kaum sein: in Alcúdia, die fast autofreie Altstadt mit prachtvollen Patrizierhäusern, mächtigem Mauerring und antiken Ruinen; in Port d'Alcúdia rund 30 000 Hotelbetten für die vielen Touristen und ein kilometerlanger Traumstrand. Am besten schauen Sie sich beides an.

Von Palma kommend, durchqueren Sie zunächst den äußeren modernen Stadtring, ehe das imposante Stadttor samt zinnenbewehrtem Mauerring auftaucht. Rund um die Stadtmauer sind mehrere Parkplätze ausgeschildert. Das historische Zentrum ist ein gut erhaltenes Ensemble mit Gebäuden aus dem 13. bis 17. Jh. – und Autos dürfen in die meisten Gassen nicht hinein.

Wohin in Alcúdia?

Wehrhaft

Das Stadttor an der Ausfallstraße in Richtung Palma ist die Porta Principal oder auch Porta Sant Sebastià. Genau auf der anderen Seite der Altstadt steht die Porta de Xara, oder auch Porta del Moll, wie ein Triumphbogen auf einem freien Platz. Die ursprüngliche Stadtmauer

Seinen ganzen Charme entfaltet Alcúdia für die abendlichen Flaneure, wenn sie durch die Gassen vor dem alten Rathaus schlendern.

ist rund 2 m dick und 6 m hoch, mit zahlreichen Türmen bestückt und von einem breiten und tiefen Graben umgeben. Sie steht hier seit 1362. In ihrem Schutz konnte die Stadt 1521, in der unruhigen Zeit der »Germanies« (Handwerker- und Bauernaufstände), sogar der Belagerung durch 6000 Rebellen trotzen. Unter der Herrschaft Philipps II. zog man noch einen zusätzlichen, äußeren Mauerwall hoch. Allerdings wurde er zu Beginn des 20. Jh.s wieder abgetragen. An ihn erinnern heute die Bastió Sant Ferran in der Nähe der Porta Xara und ein immerhin 1,5 km langer Mauerring.

Wundersames Kruzifix

Sant Jaume

Die Stadtmauer prägt Alcúdia. Sogar die Kirche Sant Jaume – mit deren Bau man im 14. Jh. begann – war einst ein Teil von ihr. Heute steht sie frei und so lässt sich ihre schöne, neogotische Fassade mit dem nötigen Abstand bewundern. Vom alten Bau sind noch der Glockenturm, die Capella del Sant Crist und die Sakristei erhalten.

Die **Pfarrkirche** hütet einen Schatz: Ein Kruzifix aus dem 15. Jh. wird in der üppig ausgestatteten Capella del Sant Crist bewahrt. Alle drei Jahre, jeweils am 26. Juli, wird es in einer Prozession durch die Stadt getragen. Der Sant Crist soll im Jahr 1507, als es wegen anhaltender Trockenheit kaum etwas zu ernten gab, nicht nur Blut und Wasser geschwitzt, sondern auch für den ersehnten Regen gesorgt haben.

Im **Pfarrmuseum** sollte man vor allem einen Blick auf das Retabel des mallorquinischen Meisters Rafael Mòger werfen, das ursprünglich für die Kapelle Santa Ana (s. u.) bestimmt war.

Sommer: Di. – Fr. 10 – 13 Uhr sowie zu den Gottesdiensten

Aus dem antiken Pollentia

Museu Monogràfic de Pollentia

Gleich gegenüber der Pfarrkirche wartet das in einem Hospital aus dem 14. Jh. untergebrachte Museu Monogràfic de Pollentia mit Exponaten aus dem antiken Pollentia.

Neben Palma war Pollentia (= die Mächtige) für die Römer auf den Balearen sehr wichtig. Bis in die Zeit zwischen 425 und 455 n. Chr., in der die Vandalen vorrückten, konnten die Römer die Siedlung halten. Danach wurde sie von den neuen Herrschern, den Arabern, als Steinbruch für die neue Stadt Al-Qudya (= der Hügel) – das heutige Alcúdia – genutzt. Unter den antiken Funden ist auch eine Patronatstafel aus dem 10. Jh. v. Chr., das älteste in Spanien gefundene Dokument von rechtlicher Bedeutung. In Tafeln dieser Art wurde das Verhältnis einer Klientel zu einem Patron dargelegt. Die Keramiken aus den Grabungen geben Hinweise auf Wirtschaft und Handel im alten Pollentia. Ein Modell jener antiken Stadt, chirurgische Instrumente und Gebrauchsgegenstände sind hier außerdem zu sehen, und sogar Theatermasken.

Mitte Juni – Sept. Di. – Sa. 9.30 – 20.30, So. 10 – 14, Okt. – Mitte Juni Di. – Fr. 10 –16, Sa./So. 10 –14 Uhr | Eintritt: 4 €

1 Can Costa
2 Satyricon
3 Maca de Castro
4 Can Gavella

1 Can Tem
2 Cas Ferrer Nou Hotelet

Die Bucht von Alcúdia steht für ungetrübten Badespaß.

Voller Charme

Altstadt

An der Plaçeta de les Verdures erhebt sich stolz die im Renaissance-Stil errichtete und mit einem prächtigen Uhrturm versehene Casa Consistorial (1523), das Rathaus. Auf diesem Platz und der Plaça Constitució lässt sich bei einem Kaffee die entspannte Atmosphäre genießen. Vielleicht schlendern Sie dann über die Hauptstraßen Major und Moll oder die Straßen Serra und Albellons. Prachtvolle Fassaden grenzen hier die Bürgerhäuser voneinander ab. Aus nächster Nähe erleben Gäste der Altstadthotels Can Tem (► S. 58), Sant Jaume oder Can Simó den Charme der Häuser.

Kleines Theater für die Spiele

Spuren der Römer

Die ehemalige Römerstadt Pollentia hatte einst ihren Platz südlich der Porta Principal, gegenüber der jetzigen Pfarrkirche Sant Jaume. Allzu viel ist von der einstigen Pracht allerdings nicht geblieben: Die Mauern sind zumeist nur kniehoch und den Rest muss die Fantasie ergänzen, denn die interessanten Fundstücke sind ja im oben genannten Museu Monogràfic de Pollentia zu bewundern.
Das Highlight der Anlage ist das antike Theater aus dem 1. Jh. v. Chr. Mit seinen rund 2000 Plätzen war es eines der kleinsten auf spanischem Boden. Es gibt einige Grabkammern, was vermuten lässt, dass der Theaterhügel später auch als Friedhof genutzt wurde.

Kapelle aus antikem Stein

Oratorio de Santa Ana

Ebenfalls außerhalb der Stadtmauern, in der Nähe des Ruinenfelds und an der Straße von Alcúdia nach Artà, steht eine kleine sehenswerte Kirche. Das Oratorio de Santa Ana gilt als die älteste Kapelle der Insel und wurde in der zweiten Hälfte des 13. Jh.s erbaut. Als Material dienten auch hier Steine aus dem antiken Pollentia. Über dem Portal zeigt sich eine Marienfigur, die Verge de la Bonanova.

Kunst, in Rosen gebettet

★ Fundación Yannick y Ben Jakober

Eine traumhafte Lage auf der Halbinsel Alcúdia hat das einem nordafrikanischen Ribat (Festungspalast) nachempfundene Gebäude **Sa Bassa Blanca.** Der ägyptische Architekt Hassan Fathy hat es entworfen. Sa Bassa Blanca ist der Sitz der Stiftung Yannick und Ben Jakober. Das Künstlerpaar hat eine exquisite Sammlung von über 150 Kinderporträts des 16. bis 19. Jh.s zusammengetragen, die hier, in einem ehemaligen Wasserspeicher, zu sehen sind. Im Haupthaus und im wundervollen Garten finden sich moderne und zeitgenössische Arbeiten von Ben Jakober und Yannick Vu sowie von Miquel Barceló, Rebecca Horn und anderen Künstlern. Blumen- und Gartenliebhaber werden vom gepflegten Rosengarten der Anlage begeistert sein.

Di. – Sa. 10 – 18, So. 10 – 15 Uhr | Eintritt: 10 €
https://msbb.org

Wiederkehrende Madonna

Ermita de la Victòria

Ein ausgesprochen schöner Ausflug führt an den Villenvororten Mal Pas und Bon Aire mit seinem exklusiven Jachthafen vorbei und an der Nordküste der Halbinsel hoch, die sich von Alcúdia östlich erstreckt. Nach etwa 5 km erreicht man die 140 m hoch gelegene Ermita de la Victòria mit ihrer wehrhaft wirkenden Wallfahrtskirche. Victòria bezog sich zwar ursprünglich auf den Sieg Karls V. über die Aufständischen, aber die Legende hat eine hübschere Version parat: So sollen Piraten 1551 nicht nur die Halbinsel geplündert, sondern sogar die Madonnenfigur geraubt haben. Doch am nächsten Tag stand sie wieder auf ihrem Platz! Mehrfach wurde sie gestohlen, und dennoch fand sie immer wieder in die Kapelle zurück – die Muttergottes blieb siegreich. Wanderer und Ruhesuchende können in der Einsiedelei auch übernachten: In die beiden Etagen über der Kapelle ist das La Victoria Petit Hotel eingezogen.

www.cancalcohotels.com

Zum Wachturm hinaufwandern

Die beliebteste Wanderung von der Ermita aus führt zum Gipfel der 444 m hohen Talaia d'Alcúdia. Von dem ehemaligen Wachturm bietet sich ein eindrucksvoller Rundblick u. a. auf die Buchten von Pollença und Alcúdia sowie auf das im Norden sich ins Meer vorschiebende ▶ Cap de Formentor (s. a. Tour 3).

Rund um Port d'Alcúdia

Aus kriegerischen Zeiten

U-Boot-Türme

Entlang der Bucht von Alcúdia ragen im Abstand von 1,2 km Türme auf. Die obeliskenförmigen Gebilde wurden im Spanischen Bürgerkrieg als Orientierungspunkte für U-Boote errichtet.

Urlaubsmaschine

Port d'Alcúdia

Port d'Alcúdia hat sich ab den 1960er-Jahren vom Fischerhafen zu einem Touristenkoloss mit ausgefeilter Infrastruktur entwickelt. Dafür sorgten kilometerlange Strände, an denen die Urbanisationen heute fast nahtlos ineinander übergehen: **Platja d'Alcúdia, Platja de Muro, Can Picafort** und **Platja de Santa Margalida.** Nach Süden zieht die breite Durchgangsstraße (getrennte Radwege; gute Busverbindungen) durch riesige Hotel- und Apartmentkomplexe, deren strandnahe Teile häufig im Stil einer Lagunensiedlung mit Kanälen und niederer Bebauung gestaltet sind. Es gibt ein reiches Angebot an Einkaufs- und Unterhaltungsmöglichkeiten, Mietwagenfirmen, Radverleih, Kneipen, Sportanlagen und vielem anderen. Liegen, Sonnenschirme, Duschen sowie diverse Wassersportmöglichkeiten sind eine Selbstverständlichkeit am Strand.

Wem das Meer nicht genügt, der kann sich auch noch im nahen **Hidropark** auf Rutschen und in etlichen Pools tummeln. Jenseits des mit Kiefern bewachsenen Dünensaums liegt der lange Strand mit fast weißem Sand und türkisgrünem Wasser. Für Radfahrer ist bestens gesorgt; im flachen Hinterland von Can Picafort kann man auf schönen **Radwegen** die Gegend erkunden.

Hidropark: Mai – Okt. tgl. 10 – 17 / 18 Uhr | Eintritt: 29,95 / 21,95 € (ab 11 Jahren / 3 – 10 Jahre) | www.hidroparkalcudia.com

Der heilige Georg in der Höhle

Cova de Sant Martí

Die Grotte von Sant Martí ist eine jahrhundertealte Stätte des Christentums. Die Höhlenkirche liegt 20 m unter Bodenniveau und wurde 1993 zum **Nationaldenkmal** erklärt. Möglicherweise haben die ersten Christen aus dem römischen Pollentia sie im 2. und 3. Jh. als Versteck und Heiligtum genutzt, wie später während der Herrschaft der Mauren. 1268 wird sie erstmals schriftlich erwähnt. Rund 360 Jahre dauerte es, bis eine Kapelle für den heiligen Georg in die Grotte gebaut wurde. Eine zweite ehrt den heiligen Martin. Interessierte Besucher brauchen etwas Geduld, denn die Cova de Sant Martí ist meist verschlossen – und sie ist schwer zu finden.

Anfahrt: Ma12 bis zum Abzweig der Landstraße nach Sa Pobla, am empfehlenswerten Restaurant »Mesón los Patos« (▶ S. 49) vorbei und nach ca. 300 m rechts ab in Richtung Inca, von wo eine schlecht oder kaum ausgeschilderte Schotterpiste zur eingezäunten Höhle führt.

Wohin in Can Picafort?

In Sand gebettet

Can Picafort

Das ziemlich genau in der Mitte der Bucht von Alcúdia gelegene Can Picafort dient nur einem Zweck: dem Badeurlaub. Viele Deutsche und Skandinavier verbringen hier ihre Sommertage. Die Hauptattraktion der Siedlung ist der herrliche Sandstrand, und das natürlich mit voller Berechtigung.

Doch es gibt noch mehr: Außerhalb, südöstlich von Son Bauló, schwappt seit knapp drei Jahrtausenden das Meer an eine mächtige Totenstadt. Die **Necròpoli de Son Real** besteht aus 110 Rundgräbern, die wahrscheinlich zwischen dem 7. und 4. Jh. v. Chr. angelegt worden waren. Archäologen fanden hier Gemeinschaftsgräber mit über 300 Toten. Die früheren Bewohner bestatteten ihre Toten in der Haltung von Föten und gaben ihnen Waffen und Schmuck mit in Grab. In Form und Bauweise erinnern die Gräber an Talaiot-Bauten (► S. 278). Wo die hier bestatteten Menschen lebten, ist unklar, denn Spuren einer Siedlung sind nicht gefuuden worden. Das 800 m² große Areal erreicht man über den Strand von Son Bauló oder über ausgeschilderte Wege, die von der Finca Pública Son Real durch einen lichten Pinienwald zur Küste führen. Die öffentliche Finca liegt an der Ma12 zwischen Can Picafort und Artà bei Km 17,7. Knapp 400 ha Fläche umschließen das Landgut, sie ist von Rad- und Wanderwegen durchzogen.

Finca Pública Son Real (mit Museum zur Region): April – Sept. tgl. 10 – 19, Okt. – März 10 – 17 Uhr

ÜBER DEN LAUF DER ZEIT SINNIEREN

Der unbebaute Küstenstreifen zwischen Can Picafort und Son Serra de Marina lädt zu weiten Strandspaziergängen ein – und um über dies und das nachzudenken. Erst recht, wenn man die rund 2500 Jahre alte Totenstadt von Son Real etwas weiter im Landesinnern auf sich wirken lässt. Was war den Urmallorquinern wichtig, die hier ihre Stammes- und Familienangehörigen beisetzten? Was ist einem selbst wichtig?

ALCÚDIA · PORT D'ALCÚDIA ERLEBEN

O.I.T. MUNICIPAL D'ALCÚDIA
Paseo Pere Ventayola
Tel. 971 54 90 22
www.alcudiamallorca.com

O.I.T. PLATJA DE MURO
Av. de S'Albufera 33
Tel. 971 89 10 13
www.playademuro.net

O.I.T. CAN PICAFORT
Pl. Gabriel Roca 6
Tel. 971 85 14 13
www.canpicafort.es

❶ CAN TEM €€
Das kleine Hotel liegt mitten in der Altstadt von Alcúdia in einem schönen Haus aus dem 17. Jh. Die sechs Zimmer sind alle unterschiedlich eingerichtet, ohne das historische Ambiente mit gewagtem Design zu überfrachten.
C/ Esglesia 14, Alcúdia
Tel. 971 54 82 73
www.hotelcantem.com

❷ CAS FERRER NOU HOTELET €€
Die jahrhundertealten Mauern des kleinen Stadthotels geben dem reduzierten und teilweise avantgardistischen Design erst die passende Bühne. Die sechs Zimmer zitieren mal türkische, mal mallorquinische oder nordafrikanische Stilelemente. Die Sonnenterrasse ist ebenso erfreulich wie das gute Frühstück.
C/ Pou Nou 1
Alcúdia
Tel. 971 89 75 42
www.nouhotelet.com

❶ CAN COSTA €€ – €
Schon der Blick von der ruhigen Nebenstraße in den hohen Speiseraum des jahrhundertealten Stadthauses macht Appetit. Der freundliche Service erklärt einem gerne, was ein Suquet de Pescado (Fischeintopf) oder ein Arroz negro (schwarzer Tintenfisch-Risotto) ist. Neben dem schön altmodischen Speiseraum gibt es auch einen lauschigen.
C/ Sant Vicenç 14
Tel. 971 54 53 94
www.cancostaalcudia.com
Mo. geschl.

❷ SATYRICON €€
Im ehemaligen Kinosaal vergisst man manchmal sein Gegenüber oder das Essen vor sich: Was für ein Interieur! Nicht ganz so außergewöhnlich ist die Küche. Sie bewegt sich im gehobenen Standard.
Plaça Constitución 4
Tel. 971 54 49 97
www.alcudiarestaurants.com

❸ MACA DE CASTRO €€€€
Wer hätte gedacht, dass in einer Hochburg des Massentourismus eines der besten Restaurants zu finden ist? Aber so ist es. Macarena de Castro hat aus dem Lokal der Eltern einen Tempel mallorquinischer Genüsse gemacht. Seit 2012 ist es mit einem Michelin-Stern ausgezeichnet. Castro ändert das Degustationsmenü zu 132 € monatlich.
C/ Tritones, Port d'Alcúdia
Tel. 971 89 23 91
www.restaurantejardin.com
Mo., Di. sowie
von Nov. – März geschl.

❹ CAN GAVELLA €€€

Die Lage (12 km südlich) ist ein Sommertraum – direkt am weißen Sandstrand genießen Sie hier Tapas, Paella oder Fideuá, letzteres die Paella-Variante mit feinen Nudeln. Das Ambiente der modernen Strandbar hat mit seinem Mix aus Korb und weißem Holz einen Schönheitspreis verdient.
Casetes des Capellans 174
Tel. 682 15 12 59
www.cangavella.com
April – Okt tgl.

JOYAS IVO

Der gebürtige Bremer Ivo Buerhop fertigt schon seit 2002 schöne Schmuckobjekte in Alcúdia, zum Beispiel Ohrringe in Muschelform und Ringe mit spannenden Oberflächen.
C/ Mayor 46, Tel. 971 54 64 00
www.ivo-online.com

MARKT

Dienstag und Sonntag

In Port d'Alcúdia heißen die Topadressen »Menta« (Riesen-Laser-Disco) und »Banana Club« (Avda. Tucán 5).

Die Bucht von Alcúdia wird von einem kilometerlangen Sandstrand gesäumt. Flach abfallend, ist er ideal für Badeurlaube mit kleinen Kindern. Kleinere, ebenfalls sehr schöne Strände finden sich an der Halbinsel von Alcúdia. Sie sind über die Straße, die zur Ermita de la Victòria führt, gut zu erreichen. Kitesurfer können im Bereich der Bucht von Pollença aufs Brett steigen, die an Alcúdia grenzt.

★ ALFÀBIA · RAIXA

Gemeinde: Bunyola
Jardins d'Alfàbia: März – Okt. tgl. 9.30 – 18.30 Uhr, Eintritt: 8 €
www.jardinesdealfabia.com | **Raixa:** an der Ma11 in Richtung Palma, 2 km südl. von Bunyola | Tel. 971 21 97 41 | Di. – Sa. 10 – 15 Uhr
https://raixa.conselldemallorca.cat/de

Uralte Platanen strecken ihre Äste aus, Wasser fällt wie Nebel und Blüten tupfen das Grün. Wer Gärten liebt, lässt sich diesen Abstecher nicht entgehen. An der Landstraße nahe Bunyola, zwischen Palma und Sóller, können die Parkanlagen der Herrenhäuser Raixa und Alfàbia ihre Pracht entfalten. Sie gehören zum Schönsten, was es in dieser Hinsicht auf Mallorca zu entdecken gibt.

Natürlich lassen sich etliche Mallorquiner mit dem grünen Daumen finden, doch die Kunst des Gartenbaus wird heute vor allem von Zugereisten gepflegt, von wohlhabenden Finca- und Villenbesitzern aus Deutschland, England, den Niederlanden und Skandinavien. Vor gut

800 Jahren waren es die Muslime, die Bewässerungsanlagen bauten und Gärten anlegten, wie sie bis dahin noch niemand auf der Insel gesehen hatte.

 Jardins d'Alfàbia

Gärten voller Romantik

Muslimische Gartenkunst

Das schönste Beispiel dieser Kunst sind die Jardins d'Alfàbia. In der muslimischen Ära gehörten sie dem **Wesir Ben Abet**. Die christlichen Eroberer erlaubten ihm, Anwesen und Gärten zu behalten. Auch wenn es rund 300 Jahre später katalanische Eigentümer umbauten und erweiterten: Die Gartenanlage wurde recht gut erhalten, was auch ihrer günstigen Lage zu verdanken ist. Die Bergrücken der Serra d'Alfàbia und Serreta d'Alfàbia halten raue Winde ab, während etliche aus der Serra de Tramuntana kommende Torrents für einen hohen Grundwasserspiegel sorgen. So gedeihen in dem Garten unterschiedliche Blumen- und Palmenarten und umwucherte Laubengänge und Wasserspiele sorgen für eine romantische Atmosphäre.

In warmen Rot- und Grüntönen

Durch Gärten zum Gutshaus

Gleich zu Beginn des Rundgangs zieht die almohadische Artesonado-Decke im Torhaus die Blicke empor: 1170 fertigte man sie aus Kiefern- und Steineichenholz in Rot und Grün und versah sie mit kunstvollen Einlegearbeiten. Unterhalb dieses Meisterwerks verweist eine kufische Inschrift auf Gott. Die in das Barockportal eingelassene, mit 365 Nägeln beschlagene Tür fand erst viel später ihren Weg nach Alfàbia. Sie stammt aus dem Inquisitionsgericht von Palma.

»
Gott ist das Gesetz, Gott ist groß, von Gott kommt die Gnade; aller Reichtum liegt bei Gott.
«
Kufische Inschrift an der Tür

Vom Torhaus folgt man zunächst der flachen, von kanarischen Dattelpalmen gesäumten Freitreppe. An ihrem oberen Ende plätschert hinter einem großen Barockfenster eine mächtige, von einem Gewölbe überspannte Zisterne, die die Bewässerung der Treppenanlage speist. Hier folgt rechts ein stimmungsvoller, schattiger Laubengang, der zu weiteren kunstvoll angelegten Gärten führt. An diese stoßen Orangen- und Zitronenkulturen, die sich dann talwärts erstrecken.
Den tiefer gelegenen zweiten Teil der Gärten erreicht man am Fuß der doppelläufigen Treppe. Er wirkt geradezu dschungelartig mit seinen dichten Palmen- und Bambusbeständen. Vom unteren Teil des Gartens kommend, führt der Weg in die Durchgangshalle des ver-

Poesie liegt über den Gärten von Alfàbia.

mutlich im 17. Jh. errichteten Gutshauses. In der mit Inkunabeln bestückten Bibliothek fallen zwei Reliefs aus der Passion Christi ins Auge, die in ihrer naiven Darstellung rührend sind; sie hängen jeweils beiderseits der Eingangstür. Im folgenden großenSalon findet man Motive der Insel auf einem großen Bilderfries.
Im nächsten, mit Kupferstichen und Gravüren ausgestatteten Raum hat eines der ältesten und schönsten Möbelstücke Mallorcas seinen Platz: ein herrschaftlicher Lehnstuhl aus schwerem, dunklem Eichenholz von 1399. Sein Schnitzwerk zeigt ein unter einem Schatten spendenden Baum in ein Brettspiel vertieftes Paar; Vögel, Hunde und Ritter zieren seine Lehne. Dabei könnte es sich um Episoden aus dem Leben König Jaumes III. oder aber um eine Darstellung Tristans und Isoldes handeln. Das angrenzende Schlafgemach wurde für einen kurzen Aufenthalt Königin Isabellas II. eingerichtet.

In Raixa

Renaissance auf dem Land

Herrenhaus Raixa

Obwohl es auch schon seit dem arabischen Mittelalter existiert, ist sein Charakter ganz anders als der des Alfàbia-Anwesens: Raixa ist von der italienischen Renaissance beeinflusst und weniger von der arabischen Gartenkultur. Da es lange leer stand, zeigen seine Räume

ALFÀBIA · RAIXA

ALQUERÍA BLANCA €€€

► S. 326

ANTIC ES GARRIGÓ €€€ – €€

Ein Grund mehr dem netten Örtchen Bunyola einen Besuch abzustatten. Kaum hatte das Restaurant mitten in der Corona-Zeit eröffnet, wurde es zum Geheimtipp. Mittlerweile ist die Fangemeinde groß, Küchenchef Ivan de Crespo zaubert traditionelle Gerichte so aromatisch und modern, einfach köstlich
Passeig Antoni Estarellas 48
Bunyola
Tel. 683 51 23 53
So., Mo. geschl.

ES FREU D'ORIENT €€

Rennradler wissen schon lange, wie schön das Dörfchen Orient ist - und der Weg dorthin. Im Ort wartet das rustikale Restaurant mit einer angenehmen Außenterrasse. Die Küche serviert mediterrane Klassiker, nicht extravagant, aber dafür überzeugend solide und modern zubereitet. Zum Haus gehört auch das empfehlenswerte Hotel Nou Dalt Muntanya.
Ctra. Bunyola-Orient, Km 10
Tel. 610 47 56 42
kein Ruhetag
www.dalt-muntanya.com

MARKT

Samstagvormittag

fast keine Wohnsituationen von früher. Vitrinen und Bildschirme informieren hier über die Kulturlandschaft des Tramuntana-Gebirges, das die UNESCO in die Liste des Welterbes aufnahm. Herrenhäuser wie Raixa werden auf Mallorca **»possessió«** genannt. Eigentlich bedeutet dies nichts anderes als »Besitz« oder »Grundbesitz«. Einst waren sie der Mittelpunkt weiter Ländereien, zum Teil mit eigener Rechtsprechung. Für den herrschaftlichen, an den Künsten orientierten Gesamteindruck von Raixa ist vor allem ein Kardinal verantwortlich: Ab 1797 ließ Antonio Despuig (1745 – 1813) das Anwesen erneuern und mit Schätzen der römischen Antike ausstaffieren; Reste dieser 1910 aufgelösten Sammlung sind heute im Museum des Schlosses Bellver in ► Palma zu besichtigen.
Der Kern des 52 ha großen Landguts ist ein zwei- bis dreistöckiges Gebäudekarree um einen Innenhof. Wohn- und Verwaltungsräume, die ehemalige Küche, das Gemach des Kardinals sowie die Hauskapelle ziehen die Blicke der Besucher auf sich. Die landwirtschaftlichen Nebengebäude mit Ölmühle, Stallungen usw. sind noch sich selbst überlassen. Das Haupthaus öffnet sich mit einer eleganten Loggia aus zehn Bögen zum unteren, englisch inspirierten Garten mit Palmen, Zypressen, Washingtonia- und Arancaria-Bäumen. Der Gartenbereich oberhalb des Gebäudes nutzt einen recht steilen Hang, den eine mächtige Freitreppe hinaufführt. Ein riesiges Wasserbassin mit Aus-

sichtsterrasse sowie ein kleinerer Teich mit einer Neptunfigur entfalten in der wasserarmen Insellandschaft ihren besonderen Reiz. Der Berggarten besitzt, wie es sich für eine romantische Schöpfung gehört, allerlei Grotten, Tempel und Figuren, die über schmale Pfade zu erreichen sind. 2001 wollte die deutsche Modedesignerin Jil Sander das Anwesen kaufen, was zu einer politisierten Debatte über den Ausverkauf der Insel führte. Der Inselrat nutzte das Vorkaufsrecht und lässt seitdem Raixa und seine Gärten restaurieren.

Auf dem Weg nach Bunyola

Beliebte Schönheit
Auf der Fahrt von Bunyola in nördlicher Richtung über Serpentinen und durch eine wilde Landschaft (oder etwas komfortabler von ►Alaró aus) erreicht man den in einer lieblichen Talweitung gelegenen Weiler Orient. Vor Jahren wurde auch er vom Tourismus eingeholt, vor allem in Gestalt betuchter Mallorquiner und Ausländer, die sich hier einen Zweitwohnsitz bauten. So herrscht trotz der gerade mal zehn Dauerbewohner wieder Leben, wenn auch kein typisch mallorquinisches: Restaurants, ein Hostal und die 3 km entfernte Luxusherberge »L'Hermitage« sorgen für Gäste.
Die Ma2100 im Gebiet zwischen Bunyola und Orient ist eine der beliebtesten Radstrecken. Südlich von Orient im Tal des Torrent d'Orient erreicht man auf einem Feldweg die **Wasserfälle Salt des Freu.** Nach starken Regenfällen und von Herbst bis Frühjahr führen sie Wasser.

★★ ALGAIDA

Gemeinde: Algaida | **Höhe:** 195 m ü.d.M. | **Einwohnerzahl:** 6100

Ein Ritual: Vor allem an Sonntagen zogen die Familien in Scharen in die urigen Restaurants des Städtchens Algaida (arab. algaida = Wald), um laut und hingebungsvoll zu tafeln. Und heute? Machen es einige noch genauso. Wer ihrem Beispiel folgt, sollte es nicht versäumen, auch den Ortskern anzuschauen und den Tafelberg Puig de Randa mit seinen

Schon in prätalaiotischer Zeit besiedelt, bestand Algaida, das an der alten Landstraße von Palma nach Manacor liegt, während der maurischen Epoche zunächst aus zwei Gehöften. Die unter den Arabern betriebene Landwirtschaft blieb ein wichtiger Wirtschaftsfaktor, zu dem sich um 1900 eine erste Art von Fremdenverkehr gesellte, denn die Postkutschenstationen an der Hauptstraße verwandelten sich in Hostals und Gasthäuser.

Wohin in Algaida?

Gotisch geprägt

Sant Pere i Sant Pau

Den Ortskern beherrscht die große gotische Pfarrkirche Sant Pere i Sant Pau, die sich mit den Strebebögen an der Fassade trutzig gibt. Im Innenraum fallen gleich die schönen Nussbaumbänke mit ihren Intarsien und die Orgel des Jordi Bosch auf – sofern man die Chance hat, den Kirchenraum überhaupt zu betreten. Denn wie so oft auf Mallorca ist auch dieses Gotteshaus nur vor und nach der Messe zu besichtigen.

Windbewegt

Windmühlen

Charakteristisch für Algaida sind die 17 restaurierten Windmühlen, allen voran der **Molí den Xina** aus dem Jahr 1738 am C. Ribera.

Glas für den Hof des Königs

Vidrerias Gordiola

Algaida ist die Heimat von **Mallorcas ältester Glasmanufaktur.** Die Familie Gordiola, die die Glasbläserkunst seit 1719 betreibt, schickte sogar einen Sohn nach Venedig, damit er dort die hohe Kunst der venezianischen Glasbläser erlernte. Schon um 1790 belieferte man Königspaläste und Adelsfamilien in ganz Europa. Heute kann man in der Werkstatt den Glasbläsern zusehen, wie sie Krüge, Vasen oder kleine Tierfiguren aus der glühenden, zähflüssigen Glasmasse herstellen und man kann in der Verkaufsausstellung neben Kitsch auch sehr schöne Stücke erstehen. Auf jeden Fall sollte man darüber nicht den Besuch des Museums im Obergeschoss versäumen, das Glas aus aller Welt zeigt.

an der Ma15, Km 19 | Mo. – Sa. 9 – 19 Uhr

Rund um den Puig de Randa

Puig de Randa

Ein spiritueller Ort

Den Puig de Randa kann man gar nicht übersehen. Nicht nur, weil es der höchste Berg im Inselzentrum ist – auch seine Form ist markant: Er sieht aus wie ein Tafelberg, wie er sich einsam und erhaben über die Ebene Es Pla erhebt. Früher waren es die Gottessucher, die sich auf die einsamen Höhen zurückzogen. Der bekannteste von ihnen war der Mystiker und Philosoph **Ramon Llull** (1232 – 1316; ▶ Interessante Menschen). Dass der Puig de Randa ein spiritueller Ort ist oder auch ein »heiliger Berg«, zeigt sich in gleich drei Klöstern beziehungsweise Einsiedeleien.

OBEN: Ein Rückzugsort: das Santuari de Cura auf dem Berg Puig de Randa. Ein Museum erinnert hier an den Mystiker Ramon Llull, der hoffte, am Puig de Randa Gott nahezukommen.

UNTEN: Die ideale Form, kein Lufteinschluss – es geht um Präzisionsarbeit in der Glasbläserei Gordiola in Algaida.

Ur-Eremit

Randa

Am Fuß des Tafelbergs liegt das 250-Seelen-Dorf Randa. Wenn Sie den Spuren Ramon Llulls folgen wollen, legen Sie doch einen Halt ein und schauen sich in der Pfarrkirche **La Immaculada i el Beat Ramon Llull** einen Wandteppich mit Szenen aus seinem Leben an. Llull war Religionsphilosoph, Dichter, Mystiker und Missionar – allerdings erst, nachdem er sich 1273 auf den Randa-Berg zurückgezogen hatte. Dort soll er der Legende nach göttliche Visionen erlebt haben, die ihn zu seinem wichtigsten Werk, der »Ars Magna«, inspirierten.
Ramon Llull wurde zum Vorbild der Eremitenbewegung auf Mallorca, auf die die ungewöhnlich vielen Einsiedeleien der Insel zurückzuführen ist. Die Mallorquiner verehren ihn wie einen Nationalheiligen; als streitbarer, für die Kirche eher unbequemer Denker wurde er allerdings nie heilig-, sondern lediglich seliggesprochen.

Am besten zu Fuß

Hinauf auf den Puig

Das schmale Sträßchen – eine der Lieblingsstrecken der Radsportler – windet sich durch eine Berglandschaft hinauf zum Puig de Randa. Der Berg ist ein **Rückzugsgebiet** für Igel und Siebenschläfer, für Schleiereulen, Falken, Zaunkönige ... Wer sich besser in der Botanik auskennt, kann Balearen-Alpenveilchen, Mäusedorn, wilden Spargel, Berg-Rosmarin und die »Nonnenkissen« entdecken. Das geht am besten zu Fuß, entweder von Randa aus, oder über den Camí Vell de Gràcia, der zwischen ▶ Llucmayor und dem Tafelberg beginnt und meist asphaltiert ist. Beide Wege vereinen sich am Santuari de Gràcia. In zwei Stunden ist der Aufstieg gut zu schaffen.

Bergheiligtum am Fels

Santuari de Nostra Senyora Gràcia

Zunächst erreicht man das Santuari de Nostra Senyora de Gràcia. Der Blick von der Aussichtsterrasse sowie die Lage des sich unter eine überkragende Felswand duckenden Bergheiligtums lohnen die Fahrt. Der Franziskanermönch Antoni Caldés hatte hier ein kleines Kloster gegründet, dem wurde 1497 das Kirchlein hinzugefügt. Die valencianischen Majolikabildnisse in der ersten Seitenkapelle links ziehen die Blicke auf sich, sie stammen aus dem 18. Jh. Über dem Hochaltar grüßt die um 1500 entstandene älteste Skulptur der Jungfrau der Unbefleckten Empfängnis auf der Insel, Nostra Senyora de Gràcia.

Unter dem Schutz des Kreuzes

Santuari de Sant Honorat

Nach weiteren Serpentinen folgt nach etwa 1 km die Abzweigung zum Santuari de Sant Honorat. Zur 1394 gegründeten Eremitage führt eine Esplanade, die Kiefern und Steineichen säumen. Gotische Lettern über dem Portal erinnern an die Weihe der ersten Kapelle; im Durchgang zum Innenhof erzählen Majolikatafeln in mallorquinischer Sprache von der Geschichte des Klosters, das noch bewohnt ist. Den Kirchenraum schmücken auf jeder Seite drei Kapellen; beim Presby-

6X DURCHATMEN

Entspannen, wohlfühlen, runterkommen

1. KLÖSTERLICH

Egal wie voll es in der Altstadt von Palma gerade ist, im gotischen Kreuzgang des Klosters **Sant Francesc** wird der Trubel zu einem fernen Rauschen. Das gilt erst recht für die Klosterkirche hier.
(▶ S. 176)

2. WANDERND

Keine Angst, man muss nicht den gesamten Fernwanderweg **GR 221** gehen, um die Schönheit und Stille der Natur zu genießen. Nach ein, zwei Kilometern wirkt der Zauber der Natur.
(▶ S. 81, 296)

3. VERWUNSCHEN

Wo lässt sich besser entspannen als in einem verwunschenen Garten? Zwischen Laubengängen, Wasserspielen, Gärtnerhaus und »Rotem Schlösschen« blüht auch in den **Jardins d'Alfàbia** der Charme des Vergänglichen.
(▶ S. 59)

4. VERSUNKEN

Auf dem heiligen Berg **Puig de Randa** haben schon Einsiedler Abstand zur Welt gefunden. Vielleicht finden Sie in der Höhle des Ramon Llull den geeigneten Ort für innere Einkehr.
(▶ S. 64)

5. NEOARABISCH

Einfach traumhaft, was das Künstlerpaar Yannick und Ben Jakober mit **Sa Bassa Blanca** bei Alcúdia mit dem Park geschaffen hat – ein Refugium voller Kunst und Schönheit. **,**
(▶ S. 55)

6. ENTSPANNT

Kein Hotel, kein Strandlokal, nur etwas Sand, Felsen und türkisfarbenes Wasser. Erst ein kurzer Fußmarsch, dann ein frisches Morgenbad – so lässt sich der Tag an der **Cala S'Almunia** begrüßen.
(▶ S. 219)

ALGAIDA ERLEBEN

ES RECÓ DE RANDA €€€

► S. 327

CA'L DIMONI €€

Die Figur des Dämon, der das Portal bewacht, zeigte in den frühen Tagen an, ob der »baile de cossiers«, ein volkstümlicher Tanz aus Algaida, aufgeführt wird. Der Dämon ist geblieben und das leckere Essen im rustikalen Gasthaus mit Holzkohlengrill auch. Lammkeule, Spanferkel oder Schlachtplatten-Reis: Das Restaurant ist etwas für Fleischliebhaber.
Ctra. Manacor, Km 21
Tel. 971 66 50 35

HOSTAL D'ALGAIDA €€ – €

Die alte Poststation mit angeschlossenem Laden, der v. a. regionale Produkte anbietet, überzeugt Touristen wie Einheimische. Auch Radsportler, die auf dem Weg zum Puig de Randa sind oder ihn geschafft haben, genießen die köstliche Hausmannskost: Frit mallorquín, Trempó oder einfach ein Pa amb Oli – im Hostal schmecken sie besonders gut.
Ctra. Vieja de Manacor, Km 21
Tel. 971 66 51 09
kein Ruhetag

MARKT

Freitagvormittag

terium zeigt ein Kruzifix den Sant Crist dels Ermitans, es wurde schon 1450 erwähnt und soll von dem Gründer Arnau Desbrull persönlich heraufgetragen worden sein.
Zum Patronatsfest von Sant Honorat am 16. Januar (und zur Festa de Sant Jaume zwischen dem 21. und 26. Juni) bietet sich Gelegenheit, den **Cossiers** zuzuschauen. Das aus dem Mozarabischen stammende Wort heißt so viel wie »die feierlich laufen« (► Montuïri).

Nostra Senyora de Cura

Hoch hinauf zur Madonna aus Sandstein
Nach ein paar weiteren Kurven geht es vorbei an einer Radar- und Funkstation auf das Gipfelplateau. Das Santuari de Nostra Senyora de Cura wurde hier oben zu Beginn des 16. Jh.s gegründet und beherbergte bis 1826 eine Grammatikschule.
Vom Eingang gelangt man über den Innenhof zur Kirche. Mitte des 20. Jh.s wurde die Anlage, deren Klosterkirche und dessen ehemaliger Klassensaal Elemente aus dem 16. und 17. Jh. zeigen, erweitert. Eine Weihnachtskrippe, wie sie typisch für mallorquinische Gotteshäuser ist, steht gleich rechts vom Eingang der Kirche. Das aus dem17. Jh. stammende Kruzifix des Altarraums kommt wohl vom Konvent Sant Domènec aus Palma; am Altar steht das Anfang des 16. Jh.s aus feinem Santanyí-Sandstein gearbeitete Gnadenbild der Nostra Senyora de Cura. Im Säulengang rechts der Kirche sind auf

Majolikabildern die sieben Mysterien des Franziskaner-Rosenkranzes (Mariä Verkündigung, Heimsuchung, Geburt Jesu, Anbetung der Könige, Jesus im Tempel, Auferstehung und Marienkrönung) dargestellt. Im Lehrsaal der einstigen Grammatikschule begegnet uns wieder Ramon Llull: In Schaukästen des **Ramon-Llull-Museums** sind historische Ausgaben des Gelehrten zu sehen, aber auch Folianten, Manuskripte, Gemälde und Votivbilder. Wertvoll ist hier auch der »Tratado de Teología« des Philosophen Duns Scotus, den Fra Junípero Serra (▶ Interessante Menschen), der andere große Sohn Mallorcas, handschriftlich niederlegte.

Museum: Di. – So. 11 – 13, 16 – 18 Uhr | Eintritt: Spende | Übernachtung: www.santuaridecura.com/de/herberge

Mysteriöser Blätterwald

Llull-Höhle

In der Nähe der Kirche befindet sich Llulls erste Unterkunft, eine von legendären Büschen umwucherte Höhle: Angeblich trugen ihre Blätter hebräische oder arabische Schriftzeichen und haben Llull zu seinen philosophischen Erkenntnissen verholfen. Tatsächlich hinterlässt eine parasitäre Pilzart auf den Blättern schwärzliche Zeichen, die wie orientalische Buchstaben aussehen. Die Höhle erreicht man auf einem Pfad, der vor dem Parkplatz der Kirche nach Süden abzweigt.

★ ANDRATX · PORT D'ANDRATX

Gemeinde: Andratx | **Höhe:** 52 m ü.d.M. | **Einwohnerzahl:** ges. 11 800

Der Name Port d'Andratx taucht gerne in Magazinen auf, die über das Leben der Reichen und Prominenten berichten. Im normalen Urlaubsleben bekommt man davon nicht viel mit. Sie können vielmehr entspannt in einem der Cafés an der Mole sitzen, dem leichten Schaukeln der Segeljachten auf dem Wasser zusehen und überlegen, ob Ihnen der ein oder andere Passant nicht doch bekannt vorkommt – die Promidichte ist hoch. Im ruhigen Landstädtchen Andratx gibt es jeden Mittwoch einen netten Markt.

Andratx liegt rund 30 km westlich von Palma an der leicht ansteigenden Flanke der Horta d'Andratx, eines ungemein fruchtbaren, vom Torrent de Saluet durchströmten Tals, das geradezu überquillt von Orangen-, Aprikosen- und Mandelbäumen. Die Bergzüge der Umgebung sind teils von Kieferngehölzen bedeckt, teils verkarstet.

Wohin in Andratx?

Eine Kirche für Komödien

Santa Maria

Die hoch gelegene, wuchtige Wehrkirche Santa Maria bewacht nicht nur das Städtchen mit seinen 6500 Einwohnern, sondern birgt in einer ihrer Seitenkapellen auch ein einzigartiges Kollektiv-Ex-Voto, ein rührend naives, von der Bevölkerung Ende des 17. Jh.s in Auftrag gegebenes Gemälde als Dank für die Errettung vom Piratenüberfall am 2. August 1578. 1702 begannen die Arbeiten an der heutigen Kirche. Kurios: Da das Geld für den Neubau knapp war, führte man in

SONNENUNTERGANG IN PORT D'ANDRATX

Der natürliche Hafen von Port d'Andratx öffnet sich nach Westen und bietet allabendlich – sofern das Wetter mitspielt – die Kulisse für einen romantischen Sundowner. Während die Sonne hinter dem Leuchtturm ins Meer taucht, wird das Wasser zu einer kupferfarbenen und goldspiegelnden Fläche.

dem Gotteshaus Komödien auf, was allerdings nicht jedem gefiel. Die Kirchenkomödien wurden nach etwa 80 Jahren wieder verboten. Schön ist der Blick über die Ziegeldächer und das Tal bis Port d'Andratx.

Noch Fragen?

Palau Son Mas

Wenn Sie die Touristinformation aufsuchen, so betreten Sie den Palau Son Mas – in dem Anwesen im neogotischen Stil hat auch die Stadtverwaltung ihren Platz. Ende des 15. Jh.s hatte hier nur ein Wehrturm gestanden, um den sich später weitere Bauten gesellten.

Mehr als Abstraktion

Centro Cultural Andratx

Etwas außerhalb an der Straße nach Capdellà im Ortsteil Sa Coma liegt das CCA Andratx, eines der größten privaten Zentren für zeitgenössische Kunst in Europa: mit einer Kunsthalle, die im Jahr drei große Ausstellungen zeigt, Galerien und einem 22 ha großen, parkähnlichen Gelände, auf dem Zitrusfrüchte, Mandeln und Oliven kultiviert werden. Initiator ist das dänische Galeristenpaar Jakob und Patricia Asbæk, das auch Ateliers für internationale Künstler zur Verfügung stellt. Kleiner und intimer geht es bei den Veranstaltungen im Kulturhaus Sa Taronja mit nettem Gartenlokal zu.

CCA Andratx: Di. – Fr. 10.30 – 19, Sa./So. bis 16 Uhr | Eintritt: 8 €
www.ccandratx.com
Kulturhaus: C. Andalucia 23 | www.sataronja.net

Wohin in Port d'Andratx?

Luxus-Treff

Im Ort

Ein klein weng ist Port d'Andratx sogar noch ein Fischerort. Dass es viele der (oft deutschen) Schönen und Reichen hierhergezogen hat, ist angesichts der eindrucksvollen Lage um eine tiefe, von Bergen umstandene Bucht nicht verwunderlich. Von der ist allerdings immer weniger zu sehen, denn eine maßlose, teilweise von Korruption gespeiste Bautätigkeit hat die Hänge ringsum mit Villen und Luxusapartments geradezu übersät. Doch wenn die Fischerboote in den natürlichen Hafen einlaufen, ist es hier nach wie vor sehr stimmungsvoll, vor allem an der Ostseite des Hafenbeckens; dort sieht man auch die kleinen Boote mit ihrem typischen geraden Vordersteven.
Vom Hafen kann man zu einem Bootsausflug nach ▶ Sant Elm und zur Insel Dragonera starten.

Kap mit Kunst

Cap de sa Mola

Ein schöner Ausflug führt zum südwestlich des Hafens gelegenen Cap de sa Mola. Auf halber Strecke, am Camí de Sant Carles 20, hat Stararchitekt Daniel Libeskind seine Spuren hinterlassen, und zwar in

ANDRATX · PORT D'ANDRATX ERLEBEN

O.I.T. ANDRATX
Av. de la Cúria 1
Tel. 971 62 80 19
https://visit-andratx.com

O.I.T. PORT D'ANDRATX
Avenida Mateu Bosch
(am Hafen)
Tel. 971 67 13 00

UMAMI FRESH BISTRO €€
Was verbindet Mallorca mit Japan? Hier können Sie es ausprobieren. Auf der überschaubaren Speisekarte treffen Gyoza, Tataki, Sushi auf Ceviche, Gnochi und Hamburger. Klingt wild, ist aber lecker. Das nette Lokal liegt in einer Nebenstraße, etwas Abseits von Trubel – der Hafen ist eben noch im Blick.
C/ Zorilla 5A
Port d'Andratx
Tel. 971 09 76 04
http://bistro.umamimallorca.rest
Mo. geschl.

TRESPAIS €€€€ – €€€
Elegant, modern und auch mediterran und romantisch – das schöne Restaurant im Ortskern von Port d´Andratx bereichert das kulinarische Angebot mit einer Küche, in der Deutsch-Österreichisches, Italienisches und Mallorquinisches zusammenkommen. Die Fusion gelingt dem italienischen Küchenchef überraschend gut.
C/ Antonio Callafat 24
Port d´Andratx
Tel. 971 67 28 14
www.trespais-mallorca.com
So., Mo. geschl.

Viele Lokale und Bars finden sich in Port d'Andratx entlang der Hafenpromenade. Die Bars »Tim's« und »Mitj & Mitj« sind gute Anlaufpunkte.

MARKT
Mittwochvormittag in Andratx

Gestalt des Atelierhauses für die US-Künstlerin Barbara Weil (1933 bis 2018). Es öffnet immer wieder Blicke in die Landschaft.
Studio Weil: C. Son Carlos | Tel. 971 67 16 47 | www.studioweil.com
Anmeldung erforderlich

Pinienduft

Camp de Mar

Über die Bergstraße Ma1020 mit schönem Meerblick erreicht man von Port d'Andratx nach 5 km die pinienbestandene kleine Bucht Camp de Mar. Den feinen Sandstrand umstellen Großhotels der gehobenen Kategorien. Dahinter breiten sich gepflegte Grünflächen der Club-Anlage von Golf de Andratx aus.

Das Atelierhaus von Barbara Weil, geschaffen vom Architekten Daniel Libeskind, wirkt selbst wie eine Skulptur mit Weils »Flying Objects« im »Open Window«.

ARTÀ

Gemeinde: Artà | **Höhe:** 120 m ü.d.M | **Einwohnerzahl:** 8100

Kein Autoverkehr stört: Cafés und Geschäfte säumen die Flaniermeile Carrer Ciutat. Erst mal einen Café con leche genießen, ehe Sie zum Spaziergang aufbrechen. Schnell wird klar, wie dicht und verschachtelt sich die Häuser der hübschen Kleinstadt an den Hang unterhalb der Wallfahrtskirche Sant Salvador drängen.

Hübsche Kleinstadt

Das Zentrum der Levante-Halbinsel ist ein fruchtbarer Garten und von Bergen geschützt. Das sieht man gut vom Burgberg aus oder von der Esplanade vor der Pfarrkirche. Sprachhistoriker können dies auch aus dem Namen Artà herauslesen. Im Mittelalter, als die Araber die Insel erobert hatten, nannten sie den fruchtbaren Flecken Yartan (= Garten), aus dem sich dann der Name der Stadt entwickelte.

Von den Zinnen von Sant Salvador schweift der Blick über die Dächer von Artá.

Wohin in Artà?

In die Frühzeit eintauchen

Stadtkern

Vom südlichen Ortseingang schlendert man durch den C/Ciutat geradeaus in den C/Antoni Blanes Joan. Die autofreien Straßen sind sozusagen die Ramblas von Artà. Hier spielt das Leben, finden sich alteingesessene Geschäfte wie die Bäckerei Can Matemales und und Shops mit schönen Dingen wie das Schmuckatelier von Cristina Bennasar. Etwa auf halber Höhe öffnet sich die Straße zur Plaza del Mercado mit vielen Lokalen und der frisch renovierten Markthalle.
Bald erreichen Sie die links abzweigende Plaça Ajuntament. Dort können Sie einen Blick in das **Museu Regional d'Artà** werfen, das über Archäologie, Naturgeschichte und Ethnografie der Insel informiert. Die archäologische Abteilung zeigt Grabfunde aus dem Prätalaiotikum und dem Talaiotikum; von nostalgischem Charme ist die umfangreiche Sammlung präparierter Vögel.

Museu Regional: C. Estel 4 | April – Okt. Di. – Fr. 10 – 17, Sa./So. 10 – 14, Nov. – März Di. – So. 10 – 14 Uhr | Eintritt: 2 €

Haus voller Kunst

Fundació Aina Ma Lliteras de Can Cardaix

Schräg gegenüber taucht man in einem historischen Herrenhaus in eine Welt aus Art-déco, ländlich-mallorquinischem Stil des 19. Jh.s und Anklängen der 1950er-Jahre ein. Um das Anwesen zu bewahren, hat die Künstlerin Aina Ma Lliteras die Stiftung Fundació Aina Ma Lliteras de Can Cardaix gegründet. Die Eingangshalle und den Treppenaufgang des Hauses zieren ihre farbenfrohen abstrakten Werke.

Rafel Blanes 14 | Tel. 971 82 92 33, Di. – Sa. 10–14 Uhr (geführte Besichtigung) | Eintritt: 7 € | www.fundaciolliterascardaix.org
gelegentlich Konzerte und Lesungen im Entree sowie im Patio

Mit gotischer Wucht

Pfarrkirche Transfiguració del Senyor

Mitte des 13. Jh.s wurde der Grundstein für dieses Gotteshaus gelegt, 1563 wurde es umgebaut. Wie bei vielen mallorquinischen Kirchen sind die Stützbögen außen wuchtig; innen wird es filigraner mit der meisterlich geschnitzten Kanzel sowie dem Gemälde »Transfiguració del Senyor« (»Verklärung Christi auf dem Berg Tabor«).

C. de les Figueretes | Mo. – Sa. 10 – 17 Uhr | Eintritt: 2 €

Wehrhaft

Sant Salvador

Zypressen säumen den Kreuzweg von der Pfarrkirche hinauf zur **Burg** mit der Wallfahrtskirche Santuari de Sant Salvador. Die ab 1825 im klassizistischen Stil errichtete Kirche nimmt einen großen Teil der mittelalterlichen Befestigung ein. Während einer Seuche diente das Gotteshaus als Hospital und wurde anschließend auf Behördenanweisung mit seiner ganzen Ausstattung verbrannt. Doch zuvor hatte man die Mare de Déu de Sant Salvador, eine **schöne Marienskulp-**

tur aus dem 13. Jh., in Sicherheit gebracht und hat sie in der neuen Kirche dann am Hochaltar aufgestellt. Auf dem Burgberg versorgt ein einfaches Lokal die Besucher.

Ses Païsses

Vom Steineichenhain umgeben

Neben Capocorb Vell (▶ Cala Pi) ist Ses Païsses nicht nur die am besten erhaltene prähistorische Siedlung Mallorcas, sie liegt auch noch romantisch in einem Steineichenhain. Über 2 m hohe Mauern schützten die Menschen wohl von 1200 bis zum ersten vorchristlichen Jahrhundert. Schon Miquel Costa i Llobera (▶ Interessante Menschen) besang sie. Die Anlage besaß 59 Behausungen innerhalb der Umfriedungsmauer.

Straße Richtung Capdepera; hinter dem alten Bahnhof rechts der Ausschilderung folgen | Mo. – Fr. 10 – 17, Sa. bis 14 Uhr | Eintritt: 2 €

Rund um Artà

Coves d'Artà

Höhlenwelt voll Musik

Auf der Fahrt zu den Höhlen von Artà biegen Sie an der Torre de Canyamel ab, einem Wehrturm des 13. Jh.s. Schließlich erreichen Sie direkt an der Küste die Coves d'Artà, **die größten Besucherhöhlen Mallorcas**. 30 Min. dauert die Führung durch den 310 m langen Komplex, dessen filigrane Tropfsteingebilde – darunter ein 22 m hoher Stalagmit – durch bunte Lichteffekte und Musik in Szene gesetzt werden. In Krisenzeiten dienten die Höhlen als Behausung und Versteck.

Mai – Okt. 10 – 18, Nov. – April bis 17 Uhr | Eintritt: 16 €
www.cuevasdearta.com

Ermita de Betlém

Rast an einer Quelle

Unterhalb des Burghügels von Artà zweigt die 9 km lange Stichstraße Richtung Norden nach Betlém ab. Straße ist zu viel gesagt, die Ma3333 ist so schmal, dass kaum ein Auto und ein Radfahrer aneinander vorbeikommen. Zunächst führt der Weg durch ein Tal mit Öl-, Nuss-, Mandel- und Feigenbäumen; danach geht es in Serpentinen bergan, wobei sich immer wieder schöne Ausblicke öffnen.

Das Plateau zwischen dem 561 m hohen Morei und dem 510 m hohen Ferrutx-Gipfel liegt mitten im **Parc Natural de la Peninsula de Llevant.** Der Naturpark besitzt eine herrliche Flora mit Johanniskraut, Steineichen, Feigen, Erdbeerbäumen und in den höheren Lagen Stechpalmen, Garrigue und verschiedenen Grasarten. Krähenscharben, Korallenmöwen, Zwergadler, Falken, Geier und Milane leben hier. Hinter der Passhöhe senkt sich die Strecke wieder steil bis zur Ermita de Betlém. Die Einsiedelei wurde 1805 auf den Trümmern eines maurischen Gutshofs gegründet. An den Wänden sind Majolikabilder angebracht.

ARTÀ ERLEBEN

O.I.T. ARTÀ
C/ Costa i Llobera 7
Tel. 971 83 69 81
www.artamallorca.travel/de

CASAL D'ARTÀ € ▶ S. 325
YARTAN €€€ ▶ S. 325

CAFÉ PARISIEN €€/€
Ganz egal ob über Artà die Sonne brennt oder sich durch den Carrer Ciutat die Menschenmengen schieben, weil gerade Markttag ist: Das hübsche Café im romantischen Shabby Chic und mit lauschigem Innenhof ist wie eine Oase. Hier können Sie sich zurückziehen und bei köstlich frischen Ensaimadas und Kaffee oder leckeren Speisen Ihren Aufenthalt genießen.
C/ Ciutat 18
Tel. 971 83 54 40
So. geschl.

FORN NOU €€€ – €€
Im noch recht neuen Restaurant kann man den Köchen bei ihrer Arbeit zusehen. Das Ergebnis überzeugt: Leckere mediterrane Küche. Auch beim Ambiente heißt es Daumen hoch. Der Ausblick von der Terrasse ist großartig.
C/ Centre 7
Tel. 971 82 92 46
www.fornnou-arta.com
kein Ruhetag

SA XARXA €€€ – €€
Viele wissen gar nicht, wie schön der Blick über die Bucht von Alcúdia von der Colònia de Sant Pere aus ist. An der Meerespromenade kann man leckeren frischen Fisch genießen. Auch die aufgetischten Tapas sind einen Umweg wert.
Paseo del Mar
Colònia de St. Pere
Tel. 971 58 92 51
www.sa-xarxa.com
Mo. geschl.

BABAM CASA
Körbe in allen Größen und überhaupt Flechtwerk in allen Formen gibt es hier. Dazu Servietten, Hamam-Tücher und andere Tischtextilien. Wer noch keine Finca hat, möchte eine haben, um sie mit diesen schönen Dinge einzurichten.
C/ d'Antoni Blanes Joan 12
Tel. 871 77 25 56

COOPERATIVA SANT SALVADOR
Einheimische und Residenten versorgen sich bei der landwirtschaftlichen Kooperative mit Sämereien und Gartenbaugeräten für ihr Zuhause. Mallorca-Besucher kaufen hier frisches Gemüse, Olivenöle, Wein vom Fass und vieles mehr.
C/ de les Parres 82
Tel. 971 83 61 75
https://artacoopsantsalvador.wordpress.com/

An der Ma15 von Artà in Richtung Capdepera zweigt am Ortsende von Artà links eine schmale Straße ab. Sie führt zu den traumhaften Sandstränden an der Cala Torta sowie an der Cala Mitjana.

Ideal für eine Rast ist die **Font de S'Ermita,** die Quelle, die die Einsiedelei versorgt. Man erreicht sie über einen breiten Fußweg bergab in Richtung Colònia de Sant Pere.

Schöne Promenade

Colònia de Sant Pere

Über eine Stichstraße von der von Artà nach Can Picafort führenden Ma12 liegt am Fuß des 510 m hohen Ferrutx die Colònia de Sant Pere. Die 1880 gegründete Siedlung ist in den letzten Jahren durch Ferienhäuser und Apartmentanlagen deutlich gewachsen. An Sant Peres Küstenpromenade kann man gut und romantisch mit Meerblick essen.

★★ BANYALBUFAR · ESTELLENCS

Gemeinde: Banyalbufar bzw. Estellencs | **Höhe:** 100 m ü.d.M.
Einwohnerzahl: 600 (Banyalbufar) bzw. 340 (Estellencs)

Banyalbufar – »Kleiner Weingarten am Meer«: Ist dieser Name nicht Einladung genug? Wer ihr folgt, kommt in einen Ort an der gebirgigen Tramuntana-Küste, der von gepflegten und jahrhundertealten Terrassengärten umgeben ist. Gemüse und Wein wachsen hier und ein wenig auch die Sehnsucht nach dem einfachen und guten Leben. Kunstvoll angelegte Terrassenkulturen hat auch Estellencs zu bieten.

Auf Terrassen gelegen

Die Araber nannten diesen Flecken »Buniola-al-bahar«, was im Katalanischen zu Banyalbufar wurde. Im Vergleich zu den Bergorten Valldemossa oder Deià sind Estellencs und Banyalbufar ruhig und beschaulich. Ob das so bleibt, ist ungewiss. 2023 hat das Luxushotel Son Bunyola des Millardärs Richard Branson eröffnet, was Folgen für den Dorfcharakter haben wird. Von Banyalbufar lassen sich aber auf jeden Fall schöne Wanderungen entlang des Gebirges unternehmen, und sogar Baden ist möglich.
Am Ende des 19. Jh.s hatte die Reblausplage der blühenden Weinkultur auch hier ein schnelles Ende bereitet. Die Terrassen blieben, doch die Reben wurden durch Tomaten, Paprika und anderes Gemüse ersetzt. Heute gedeiht der Weinbau auf der Insel, die Terrassen sind wieder mit Reben bestockt, vor allem mit der weißen Malvasiertraube. Und auch die für die Insel typischen Paprika und Chilischoten, die Pebre Bord, aus der ein spezielles Paprikapulver gewonnen wird, und Ramallet-Tomaten wachsen hier.

Stufe für Stufe schmiegen sich die Terrassen an den Hang in Banyalbufar.

Winkel mit Aussicht

Mitten im Ort, etwas unterhalb der Durchgangsstraße, liegt das **Hostal Sa Baronia**, ein ehrwürdiger, altertümlicher Gasthof, dessen Aussichtsterrasse von einem alten Wehrturm überragt wird. Mit seinen gewaltigen Ausmaßen gibt der Turm Anschauungsunterricht, wie und wo die am Meer lebenden Großgrundbesitzer und die Bevölkerung Schutz fanden, wenn wieder einmal die Piraten anrückten.
Die größte Sehenswürdigkeit des Orts sind aber nicht historische Bauten, sondern seine Winkel, in die sich immer wieder tolle Ausblicke auf die Küste und das Meer mischen. In aller Ruhe lässt sich der auch von der Terrasse des Restaurant-Cafés Bellavista (Conde de Sallent 15, ► S. 80) aus genießen.

Turm für verlorene Seelen

Etwa 1 km westlich vom Ort wacht die Talaia de ses Animes über die Küste. Der Name (animes = Seelen) geht auf die Legende zurück, dass sich die Seelen aus dem Fegefeuer hierherflüchteten. Der vermutlich älteste Wachturm Mallorcas wurde 1545 zum Schutz vor den häufigen Piratenangriffen erbaut. Er war zusammen mit der Torre na Pòpia auf ► Sa Dragonera der bedeutendste im Westen der Insel und Teil eines großen Warnsystems, das sämtliche Türme der Costa de Tramuntana verband! 1875 wurde er für ganze 78 Peseten versteigert. Neuer stolzer Besitzer war Erzherzog Ludwig Salvator von Ös-

BANYALBUFAR · ESTELLENCS ERLEBEN

SA PLANA €€ ► S. 324

CAN PACO €€

Restaurants mit guter, klassisch spanischer Küche werden immer seltener. Im Can Paco genießt man wie früher hausgemachte Paella sowie Fisch und Fleisch vom Grill. Dazu passt das Ambiente, das so authentisch ist, dass man es fast unter Denkmalschutz stellen möchte
C/ Constitució
Banyalbufar
Tel. 971 61 81 48
Mo. geschl.

MONTIMAR €€

Von dem gemütlichen Restaurant blickt man auf die Plaça und in die Gassen des Bergdorfs und lässt sich die sehr guten Fischgerichte, die »sopes«, die mallorquinischen Eintöpfe und die gehaltvollen Desserts schmecken.
Plaça Constitució 7, Estellencs
Tel. 971 61 85 76
Mo. geschl.

CAFÉ BELLAVISTA €€ – €

Der Name, der nichts anderes als »schöne Aussicht« heißt, klingt nach Urlaub längst vergangener Zeiten. Das Bellavista wurde in den 1950ern eröffnet und ein wenig hat es noch diesen Charme von gestern. Vor allem wenn man bei Kaffee und Kuchen auf der Terrasse sitzt. Seinem Namen wird das Café wie früher gerecht – was für eine Aussicht.
C/ Conde de Sallent 15
Banyalbufar
Tel. 971 61 80 04
Do. geschl.

SON TOMÁS €€

Allein der Blick über das Meer ist schon ein Genuss. Bei Paella und gegrilltem Fisch kann man es sich in dem Restaurant, das am Ortsausgang von Banyalbufar Richtung Estellencs liegt, gut gehen lassen.
C/ Baronia 17
Banyalbufar
Tel. 971 61 81 49
Di. geschl.

Banyalbufar war bis ins 19. Jh. berühmt für seine **Malvasierweine**. Der erlebt seit Jahren eine Renaissance. Probieren und kaufen kann man die Weine u. a. in der Cooperativa Malvasía de Banyalbufar im C/ de l'Esperit Sant 13 oder bei Son Vives, direkt an der Ma10 am Ortsausgang von Banyalbufar.

terreich (► Deià), der schon immer für die fantastische Aussicht über die gesamte Nordküste Mallorcas geschwärmt hatte.

Hinab zum kleinen Kieselstrand

Port des Canonge, Coll des Pi

Zum kleinen Fischerhafen Port des Canonge nordöstlich unterhalb von Banyalbufar führt eine extrem schmale und stark abschüssige Serpentinenstraße. Daher: besser das Auto stehen lassen und zum Port des Canonge und dem kleinen Kieselstrand wandern. Ein schöner Weg, der **Camí de Sa Volta des General,** beginnt 1 km nördlich von Banyalbufar an der Ma10 bei Km 85,2. Für die einfache Strecke braucht man etwa eineinhalb Stunden. Badesachen nicht vergessen! Auch der alte Postweg, der von Banyalbufar zum Coll des Pi in 454 m Höhe führt, begeistert mit den schönen Blicken auf Banyalbufar und die Nordwestküste. Dieser Wanderweg ist Teil des **GR 221** und entsprechend gekennzeichnet. Für den einfachen Weg braucht man ca. 1 Stunde.

Verträumter Hafen am blauen Meer
Das 8,5 km weiter südwestlich gelegene Estellencs ist etwas weniger hübsch als sein Nachbarort. Doch Terrassengärten, Orangenplantagen und tintenblaues Meer, das gibt es auch hier. Die verwinkelten Gassen des Ortes drängen sich um die schmucklose **Wehrkirche Sant Joan.** Die Pfarrkirche entstand im 17. Jh., der Glockenturm wurde bereits ein Jahrhundert vorher erbaut und diente zunächst als Schutz- und Verteidigungsturm vor den häufig einfallenden Piraten. Zum verträumten Hafen **Port d'Estellencs** führt ein schmales Sträßchen, das dem Fahrer starke Nerven abverlangt. Zu Fuß braucht man etwa eine halbe Stunde bis zum Kiesstrand. In der Saison sind einige kleine Bars geöffnet.

Grandiose Aussicht
6 km südwestlich von Estellencs gelangt man zu den Aussichtspunkten der Nordwestküste, dem Mirador de Ricardo Roca. Hinter dem kurzen Tunnel, der den Felssporn unterquert, folgt an der Bergseite (links) ein Parkplatz. Ein Stufenweg führt von hier zum Mirador mit den Resten eines Wehrturms und einer Kapelle. Ein kleiner Gedenkstein von 1923 erinnert an Ricardo Roca, der sich Verdienste um die Entwicklung des Tourismus auf Mallorca erworben hat. Der Blick von rund 400 m ü. d. M. über die schroffe, stark gegliederte Küste und auf das an dieser Stelle oft heftig bewegte Meer ist einfach grandios.

BINISSALEM

Gemeinde: Binissalem | **Höhe:** 137 m ü.d.M. | **Einwohnerzahl:** 9000

Jedes Jahr im September wird in dem angenehmen Landstädtchen ausgiebig der Weinbau gefeiert: mit Volkstanz und Verkostungen – und der Traubenschlacht. Trauben, die nicht zu verwenden sind, werden zu Wurfobjekten – für die Teilnehmer ein großer Spaß. Doch Binissalem ohne Wein, das geht auch. Das beweisen herrschaftliche Altstadthäuser und der angenehme Hauptplatz mit seinen Lokalen.

Zentrum des Weinbaus

Eine schon rund 2000 Jahre alte Verbindung ist die heutige Landstraße Ma13A. Sie verband die römischen Siedlungen Palma und Pollentia. Wer auf der Ma13A in den Ort kommt, kann sich auch gleich davon überzeugen, dass Binissalem die Hauptstadt des Weines auf Mallorca ist: Am Ortsausgang, in Richtung Santa Maria del Camí, liegt das **Weingut José Luis Ferrer**. Es ist das wahrscheinlich bekannteste der Insel. Hier können Sie auch ohne Voranmeldung an einer Besichtigung teilnehmen und sich erklären lassen, wie und wo die Weine gemacht werden, wie sie gelagert werden und welche Rebsorten die Winzer der D.O. Binissalem anbauen dürfen. Die Weine der Region waren die ersten außerhalb des spanischen Festlands, die sich mit dem Herkunftsprädikat D.O. (Denominación de Orígen) schmücken durften, einem wichtigen Siegel auf dem hart umkämpften Weinmarkt.

Stadt der Winzer und Steinmetze

Im Ort

Binissalem klingt weder spanisch noch katalanisch. Wahrscheinlich geht der Name auf Banu Ssalam (»Söhne des Friedens«) oder Banu Sselim (»Söhne des Selim«) zurück und damit auf die arabische Phase Mallorcas vom 10. bis 13. Jahrhundert.

Die **Pfarrkirche Nostra Senyora de Robines** errichtete man ab Ende des 16. Jh.s, doch erst zu Anfang des 20. Jh.s wurde sie fertig. Auf dem Kirchplatz haben die Winzer ein Denkmal wie auch die

Bis heute in Familienbesitz: die Weinkeller der Bodega von José Lluis Ferrer

BINISSALEM ERLEBEN

ES P'DAL €

Im liebevoll eingerichteten Café-Bar-Restaurant kann sich jeder wohlfühlen. Dafür sorgen u.a. die bequemen Chippendale-Sessel oder die romantisch-alten Holzstühle. Die leckeren Tapas und Pizzen können Sie auch auf der Terrasse mit Blick auf die Pfarrkirche genießen.
Paseo Born 8
Tel. 971 51 10 61
kein Ruhetag

TERRA DE VINO €€

Es lohnt sich nach dem kleinen Lokal im Zentrum von Binissalem zu suchen. Die italienische Küche überzeugt nicht nur bei der hausgemachten Pasta. Da die Tische schnell besetzt sind, besser rechtzeitig reservieren.
C/ Creu 3
Tel. 871 91 02 26
Mo. geschl.

Am dritten Wochenende im September wird das Weinfest »Festa des Vermar« gefeiert, u. a. mit Traubenschlacht, Traubentreten, Tanz und Musik. Traditionell wird »Fideus des Vermar«, ein Gericht aus Fadennudeln und Lammfleisch, gegessen.

BODEGAS

JOSÉ LUIS FERRER

Bei José L. Ferrer bietet man Besuchergruppen drei unterschiedliche Führungen mit Proben an.
C/ Conquistador 103
Tel. 971 51 10 50
www.vinosferrer.com
Di. - Fr. 10 - 19, Sa. bis 18,
So. bis 16 Uhr

CELLER TIANNA NEGRE

Zur hochmodernen Bodega gehört auch ein großer Verkaufsraum, wo die Weine des Hause probiert werden können. Die Sammlung alter Motorräder stammt aus dem Familienbesitz.
Camí des Mitjans
(Polígon 7, Parcela 67)
Tel. 971 88 68 26
www.tiannanegre.com
Mo. - Fr. 9 - 18, Nov. - März
bis 16 Uhr

VINS NADAL

Das Gebäude der Bodega gehört zu den ältesten von Binissalem. Beim Besuch können Sie zwischen unterschiedlichen Führungen wählen.
C/ Ramon Llull 2
Tel. 971 51 10 58
www.vinsnadal.es
Weinverkauf: Mo. - Fr.
9.30 - 14.30 Uhr

BODEGUES RIBAS

Schon seit 13 Generationen baut die Familie Ribas Wein an. Beim Besuch der Finca aus dem 18. Jh. sollte man auf jeden Fall die köstlichen Rotweine probieren.
Camí de Muntanya 2, Consell
Tel. 971 62 26 73
www.bodeguesribas.com
nach Voranm.: Mo. - Fr. 10 - 18
Uhr

MARKT

Freitag und Sonntag

FLOHMARKT

Sonntagvormittags zieht es viele zum Stöbern ins Industriegebiet am Ortseingang von Consell (aus Richtung Palma)

WEINBAU AUF MALLORCA

Als die Römer Mallorca eroberten, brachten sie auch Rebstöcke mit. Seither wurde auf der Insel Wein angebaut. Doch 1891 vernichtete der Reblausbefall fast sämtliche Weinstöcke. Die Rebflächen bepflanzte man mit Mandelbäumen. Erst in den 1980er-Jahren wagten junge Winzer einen Neuanfang.

▶ **Anteile der Rebsorten im DO Binissalem**
Mallorca ist Rotwein-Region. Hauptsorte im DO-Gebiet Binissalem ist »Manto Negro«.

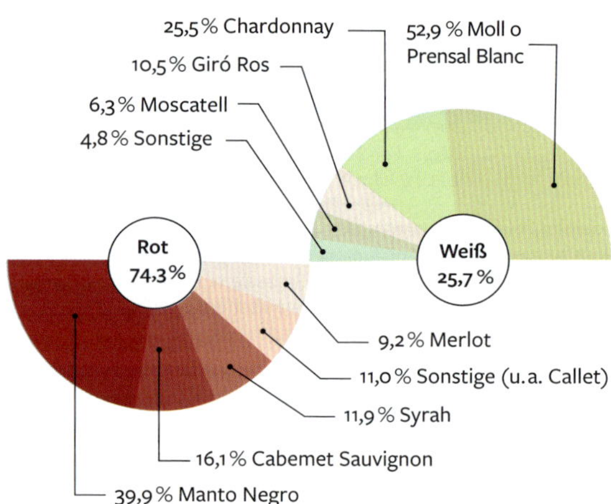

Das Qualitätssystem:
DO (Denominación de Origen) steht für ein kontrolliertes Herkunftsgebiet und ist mit der deutschen Qualitätsangabe »QbA« zu vergleichen.
Vino de la Tierra entspricht einem Landwein und **Vino de Mesa** ist ein einfacher Tafelwein.

Aromen:
Manto Negro: Brombeere, Feige, Granatapfel, Johannisbrotfrüchte
Moll o Prensal Blanc: Birne, Apfel, blumig, Zitrus, Anis

▶ **Reifegrade spanischer Weine**
Ausbauzeit in Monaten

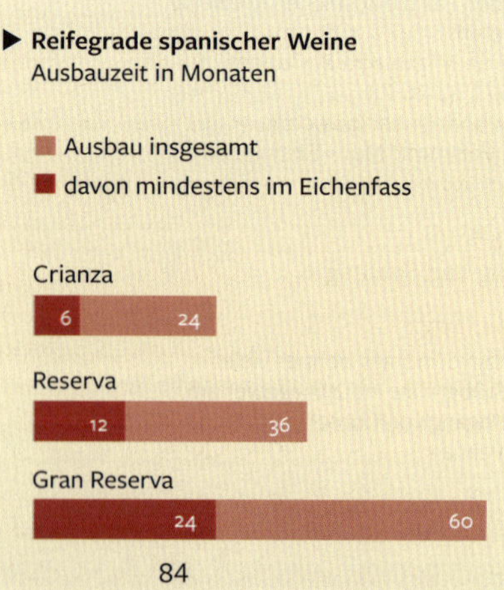

▶ **Die Sprache des Etiketts**
Zusätzlich zur Herkunftsbezeichnung (Baleares: Binissalem-Mallorca bzw. Pla i Llevant) können noch folgende Bezeichnungen aufgeführt sein:

blanco: weiß
tinto: rot, Rotwein
bodega: Weinkellerei
seco: trocken
semiseco: halbtrocken
abocado: lieblich
vino de pasto: einfacher Tafelwein

Anbaugebiete
Auf Mallorca gibt es drei anerkannte DO-Regionen: Binissalem, Pla i Llevant und Tramuntana. Weingüter, die nicht den strengen Vorgaben folgen, tragen das Label Vi de la Terra (dt. Landwein).

Die Qualitätsweingebiete im Vergleich

Fläche in Hektar: 612 | 460 | 11

Weingüter (Bodegas): 13 | 13 | 12

Ende und Neuanfang
Vor dem Reblausbefall 1891 waren Anbaufläche und produzierte Menge ungleich größer als heute.

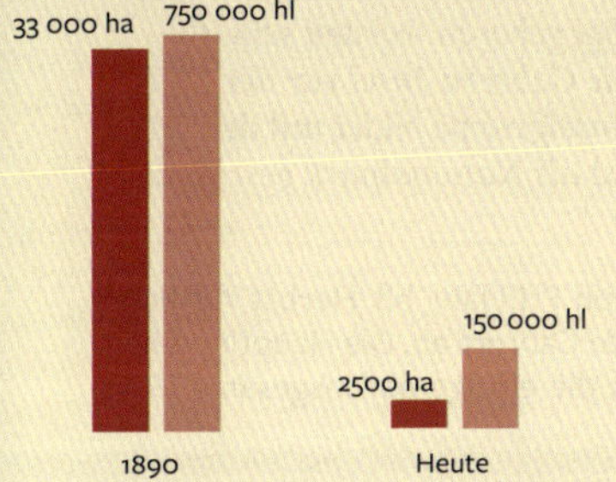

▶ **Jährliche Produktionsmengen ausgewählter spanischer DO-Regionen**
In Millionen Litern

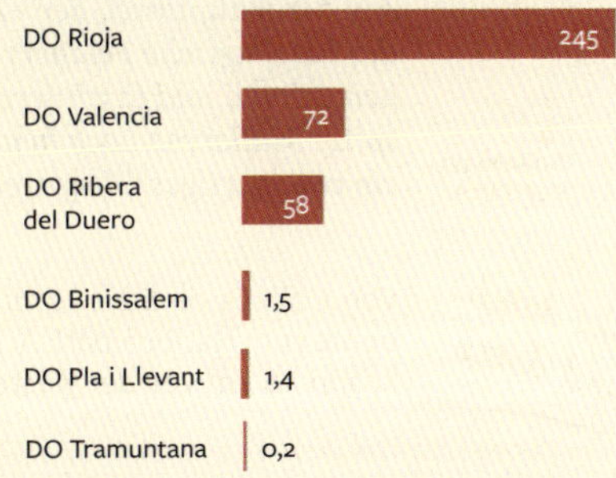

Steinmetze, die die Pedra de Binissalem, die Steine aus Binissalem, bearbeitet und einen ausgezeichneten Ruf hatten. Viele Gebäude bestehen aus hellem Sandstein und durch den einheitlichen Farbton ergibt sich ein geschlossenes Gesamtbild der Altstadt mit ihren herrschaftlichen Stadthäusern.
Im **Can Gelabert,** einem Herrenhaus mit typischem Patio und Wandmalereien im pompejanischen Stil, lebte der Autor Llorenç Moyà (1916–1980), heute ist es ein Kulturzentrum mit großem Programm. Weitere Gebäude, die einen Besuch lohnen, sind das Museum **Casa Llorenç Villalonga** (hier lebte der in Palma geborne Schriftsteller Llorenç Villalonga, 1897–1980), das Cas Capità Bisso mit seiner prächtigen Pforte (C/Maria, Ecke Dr. J. Terrassa), Can Tirò de ses Bolles mit einer Fassade im manieristischen Stil (C/Rectoria/Plaça Estruch) und der Pou Bo (»guter Brunnen«), der schon im 14. Jh. erwähnt wurde.

Casa Llorenç Villalonga: C. Bonaire 25 | Mo. - Fr.. 10 - 14 Uhr

Lebendiges Handwerk

Consell

Das vermutlich im 13. Jh. in der Nähe des maurischen Gehöfts Conxel gegründete Straßendorf Consell wird zwar immer mehr zur Schlafstadt Palmas, dennoch hat es sich einiges an Ursprünglichkeit bewahrt. Noch heute gibt es hier Messerschmiede, Handschuhmacher, Drechsler, Töpfer und den **größten Flohmarkt der Insel** (So. ab 7 Uhr). Und wenn man bei denen nicht fündig wird, geht man der vorzüglichen Weine wegen hn, die aus der Region Binissalem stammen und die man an Ort und Stelle erstehen kann. Seit 1711 bereits vertreibt Can Ribas seine ausgezeichneten Weine.

★ CABRERA

Lage: vor der Südspitze | **Fläche:** 10 000 ha (8700 ha Meer, 1300 ha Inseln) | **Einwohner:** keine ständigen Ew.

Außerhalb der Karte

Auf der Hauptinsel, der »Ziegeninsel«, soll kein Geringerer als der karthagische Feldherr Hannibal geboren worden sein. Geheimnisvoll und faszinierend ist die Cabrera-Insel vor der Südspitze Mallorcas noch heute. Die Inselgruppe bildet mit dem Meer ein einzigartiges Ökosystem und ist als Nationalpark geschützt.

Öko durch und durch

Von Colònia de Sant Jordi legen von Frühjahr bis Herbst Ausflugsboote zum Nationalpark Arxipèlag de Cabrera ab. Die Hauptinsel liegt knapp 16 km vor der Küste und ist die einzige der insgesamt 19 In-

seln, die Besucher betreten dürfen. Die Boote fahren an den kargen Felsbrocken im Meer – Na Pobre (»die Arme«), L'Esponja (»der Schwamm«) und Illa dels Conills (»Kanincheninsel«) – vorbei und legen in Es Port (»der Hafen«) an. Hier gibt es eine Bar und außer dem Büro der Nationalparkverwaltung auch eine Militärstation. Doch **keinen Shop, keine Kioske, keine Restaurants** oder befestigten Straßen. Auch Mülleimer fehlen. Jeder erhält auf dem Boot bei der Überfahrt eine Tüte, in die alle Abfälle hineinkommen. Wer rechtzeitig reserviert, darf in der Inselherberge eine Nacht verbringen.

Mehr als ein Felsklotz

Castell und Museum

Tagesbesucher können an einem der drei schönen Strände der Bucht baden. Sie können aber auch zu einem Castell aus dem 14. Jh. steigen und den Blick über das felsenreiche, aber baumarme Eiland schweifen lassen.

CABRERA ERLEBEN

NATIONALPARKBÜRO

Gremi de Corredors 10
Polígon Son Rossinyol
Palma de Mallorca
Tel. 971 17 76 45
(Reservierungen/Anträge)
Mo. - Fr. 11 - 15 Uhr

Auf eigene Faust darf man auf Cabrera nur zur Burg hinaufsteigen und das Gebiet rund um die Hauptbucht erkunden. Die Ranger des Nationalparks bieten aber sechs **geführte Wanderungen** an, etwa zum Berg Na Picamosques oder zur Südspitze und dem Leuchtturm Ensiola.

ALBERGUE €

Seit 2014 kann man nach Voranmeldung in einer neuen, einfachen Herberge übernachten. Handtücher und Bettwäsche können ausgeliehen werden oder man bringt sie selbst mit. Infos und Reservierung im Besucherzentrum La Cabrera in Colònia de Sant Jordi.
Tel. 971 65 62 82
https://de.balearsnatura.com

EXCURSIONS A CABRERA

Es werden Touren von 3 bis 6 Stunden Dauer angeboten. Da schon die einfache Überfahrt 40 bis 50 Minuten dauert, empfiehlt sich ein möglichst langer Aufenthalt. Die 6-stündige Classic-Tour kostet beispielsweise 42 €.
Tel. 971 64 90 34
www.excursionsacabrera.es/de

MARCABRERA

Marcabrera bietet ein vergleichbares Tourenprogramm zu fast identischen Preisen an. Beide Reedereien fahren ab Colònia de Sant Jordi und bieten Verpflegung gegen Aufpreis an Bord.
Gabriel Roca 20
Tel. 971 65 64 03
www.marcabrera.com

Die klaren und artenreichen Gewässer des Nationalparks sind ein außergewöhnliches Tauchrevier. Um es erleben zu dürfen, muss man vorher einen Antrag bei der Parkverwaltung stellen. Einfacher ist es, einen Tauchgang über spezialisierte Anbieter wie zum Beispiel Michael's Diving School in Cala d'Or zu buchen:
http://mds-mallorca.de

Beim Strand Des Pagés zweigt ein Weg zum kleinen **Museum »Es Celler«** ab. Die Exponate erzählen sehr anschaulich von den phönizischen Schiffen, die bei der Insel und bei Colònia de Sant Jordi gefunden wurden, von den gescheiterten Versuchen, auf Cabrera Wein anzubauen, ein Hotel zu errichten, und von einem deutschen U-Boot, das im Ersten Weltkrieg in der Hafenbucht auftauchte.
Traurige Berühmtheit erlangte die Insel nach der **Schlacht von Bailén** gegen napoleonische Truppen, als 1809 etwa 11 800 französische Kriegsgefangene (außer Franzosen u. a. auch Polen, Schweizer, Italiener) hier interniert und mehr oder weniger ihrem Schicksal über-

lassen wurden. Nicht ganz 3400 von ihnen überlebten bis zu ihrer Freilassung 1814. An ihr grausames Schicksal erinnert ein Monument in der Nähe des Museums.

Vogelvielfalt

Parc Nacional Arxipèlag de Cabrera

Seit dem Ersten Weltkrieg sind die Inseln **militärisches Gebiet.** Erst durch den Druck der mallorquinischen Bevölkerung und des Natur- und Umweltschutzverbands GOB (▶ S. 27) wurde der Weg für den Nationalpark frei, der 1991 eingerichtet wurde. Es gibt Pläne zur Erweiterung der geschützten Fläche. Dann haben Delfine, Wale, Seeschildkröten und andere Meerestiere noch bessere Rückzugsmöglichkeiten. Wanderfalke, Sardengrasmücke, Weißbartgrasmücke und andere Arten brüten auf dem Archipel. Einige Fischadlerpaare ziehen an den Steilhängen ihre Jungen auf und die Seefalkenkolonie wächst ständig. Auch Rotmöwe, Seemöwe, Kormoran und Sturmschwalbe lassen sich sehen – ein gutes Ziel für Vogelbeobachter.

In strahlendem Blau

Cova Blava

Auf der Rückfahrt nach Colònia de Sant Jordi steuern die Boote bei gutem Wetter die Cova Blava (Blaue Grotte) an, die nur vom Wasser aus durch eine relativ große Einfahrt zu erreichen ist und deren Wasser bei sonnigem Abendlicht intensiv blau leuchtet.

★ CALA D'OR

Gemeinde: Santanyí | **Einwohnerzahl:** 4000

So einladend kann ein reiner Ferienort sein: Schatten spendende Kiefern und leuchtend weiß gekalkte Villen, autofreie Gassen zum Einkaufen und Flanieren. Am hübschen Hafen lässt man es sich in einem der Restaurants gut gehen. Traumhaft ist die unbebaute Badebucht Sa Nau nördlich der Urbanisation.

Unter den Ferienorten der Insel nimmt Cala d'Or eine Sonderstellung ein. Im leichten Bogen öffnet sich die fjordähnliche Cala Llonga zum Meer. Segel- und Motorjachten leuchten mit den weißen Villen und Häusern um die Wette. An der Bucht und im Zentrum von Cala d'Or haben sich Restaurants und Boutiquen angesiedelt. Das Konzept von Josep Costa Ferrer ist aufgegangen. Auch nach mehr als fast 100 Jahren überzeugt die »Goldbucht«, die der aus Ibiza stammende Architekt zwischen den Fischerorten Portopetro und Portocolom auf dem Reißbrett entwarf.

Die Cala Gran kommt mit ihren Farben einem Karibikstrand schon sehr nahe.

Wohin in Cala d'Or?

Ausgerechnet kubisch

Im Ort

Typisch für das »alte« Cala d'Or ist die Bauweise der Häuser. Ferrer ließ sich von seiner Heimatinsel Ibiza und ihrer traditionellen Landarchitektur beeinflussen: Die Häuser bilden sich aus einfachen Kubusformen mit Flachdächern heraus. Er ließ immer wieder Flächen unbebaut, um den Gesamteindruck der Landschaft mit ihren Kiefern und Kalksandsteinfelsen zu erhalten.

Ein gewachsenes Urlaubszentrum

Buchten

Für diese frühe touristische Urbanisation wurde ein Küstenstrich mit mehreren kleinen Buchten ausgewählt: **Cala Gran, Cala d'Or, Cala Llonga** und **Cala d'es Forti.** Bis auf die Cala Llonga kann man an allen Buchten auch baden. Mit schönem Ausblick über die Calas wacht die restaurierte Festung Es Forti (18. Jh.) oberhalb der Hafeneinfahrt.

Von dort aus lässt sich auch erahnen, dass Cala d'Or seit den Zeiten Ferrers um einiges gewachsen ist: Im Süden um die Siedlung Cala Forti und Cala Egos. Nördlich stehen Apartmenthäuser und Hotels dicht gedrängt und weniger ansprechend um die Nachbarbuchten Cala Serena, Cala Ferrera und Cala Esmeralda. Sie alle sind zu einem einzigen Urlaubszentrum zusammengewachsen. Da die Strände der fünf Calas im Sommer bei Weitem nicht für die Sonnenhungrigen ausreichen, fahren Sonderbusse und eine Bimmelbahn (»Minitren«) die nahe **Cala Mondragó** an.

Nahe Cala d'Or

Fisch satt

Südwestlich von Cala d'Or liegt das kleine Portopetro. Im Hafenbereich locken einige Fischrestaurants und es fehlen auch nicht die typischen Fischerboote, die »Llaüts«. Portopetro

CALA D'OR ERLEBEN

O.I.T. MUNICIPAL CALA D'OR
Avda. Perico Pomar 10
Tel. 971 65 74 63,

A TABLE €€€-€€
Sehr gute französische Küche ist auf Mallorca eher selten. Am Port Petit, etwas versteckt zwischen den großen und auftrumpfenden Lokalen, können Sie das Vergnügen haben. Der Blick auf den Hafen rundet den Genuss ab.
Avda. Cala Llonga 102 , Port Petit
Tel. 971 65 99 81
www.atable-calador.com
kein Ruhetag

PORT PETIT €€€€ – €€€
Das Port Petit über dem Jachthafen von Cala d'Or ist eine Institution im Süden Mallorcas. Seit knapp 30 Jahren zaubert die Crew eine mediterrane Gourmetküche auf die weißen Teller. Nicht nur am Tag auf der mit Sonnensegeln geschützten Terrasse, auch am Abend ist das Lokal eine gute Wahl für ein anspruchsvolles Dinner. Das günstigste Menü liegt bei knapp 40 €.
Avda. Cala Llonga
Tel. 971 64 30 39
www.portpetit.com
Di. geschl.

XIRINGUITO €€/€
Ein Glas Cava am Strand, Salat oder gebratenen Fisch? Die Strandbar am Naturstrand Cala sa Nau ist ein wundervoller Platz für einen Snack oder Drink am Abend. Die Küche hat bis um 22 Uhr geöffnet, die Bar noch länger, je nachdem, was los ist.
Cala Sa Nau
Tel. 637 83 32 76
www.calasanau.com

Baden können Sie im Ortsbereich in den Buchten Cala Egos, Caló d'es Pou, Cala d'Or, Cala Gran, Cala Esmeralda, Cala Ferrera und Cala Serena. Die schönen und kleinen Badebuchten sind im Sommer mehr als gut besucht. Ausweichmöglichkeiten sind die kleine Cala Mitjana nördlich der Cala Serena und geradezu traumhaft, weil unverbaut, die sich daran anschließende Cala Sa Nau.

Schiffsausflüge: Mai – Okt. an der Küste entlang und zur Cala Llombards (►S. 219)

Cala Mondragó

Ganz vorn im Strandranking
Noch ein Stück weiter südlich gelangt man zu einer der schönsten Buchten Mallorcas: Die Cala Mondragó wurde bereits 1992 zusammen mit der angrenzenden **Cala de s'Amarador** und dem Hinterland zum Parc Natural de Mondragó erklärt. So gibt es hier auch nur zwei vor der Gründung entstandene Hostals. Schön ist ein Spaziergang am Morgen oder außerhalb der Badesaison durch das Hinterland mit seinen Lagunen und Feuchtgebieten. Mehr als 70 Vogelarten wurde hier schon gezählt. Außerdem leben im Schutzgebiet die seltene Ginsterkatze, das Wiesel und langschwänzige Fledermäuse.

Im Norden von Cala d'Or breitet sich ein **Bilderbuchstrand** an türkisfarbenem Wasser aus. Die unbebaute Cala Sa Nau liegt in den Urlauberrankings der schönsten Strände stets auf einem der vordersten Plätze – und ist entsprechend gut besucht. Cala sa Nau

CALA MILLOR

Gemeinde: Son Servera | **Einwohnerzahl:** 5100

In der »guten Bucht«, der Cala Bona, und der angrenzenden »besseren Bucht«, der Cala Millor, geht es nur darum, einen schönen Urlaub zu verbringen. Die überzeugendsten Argumente dafür sind die weiten Sandstrände, auch von Costa dels Pins und Sa Coma. Für Radfahrer oder Strandwanderer aber hält die gesichtslose Urbanisation noch weitere Attraktionen bereit: eine frühe Siedlung und einen artenreichen Naturpark.

Entlang der Sandstrände der Bucht von Artà dominieren zwar Hotelhochhäuser, doch die 3 km lange, autofreie Promenade zwischen beiden Orten und dazu die großzügigen Grünflächen geben dem Urlaubszentrum eine gepflegte und angenehme Atmosphäre. Das wissen auch die vielen deutschen Pauschalurlauber zu schätzen.

Rund um Cala Millor

Landzunge

Südlich von Cala Millor ragt die Punta de n'Amer ins Meer hinaus. Auf einer 3 km langen Wanderung über die Landzunge gibt es einen Wehrturm aus dem 17. Jh., einen prähistorischen Talaiot und Bunkeranlagen aus dem Spanischen Bürgerkrieg zu entdecken. An ihrer Südseite erstreckt sich die feinsandige Platja de sa Coma, in deren Hinterland ein Hotelklotz neben dem anderen steht. Sa Coma ist mittlerweile mit der älteren Hotelkolonie S'Illot zusammengewachsen, von wo es nicht mehr weit nach ▶ Porto Cristo ist. Punta de n'Amer

»Steinreich«

Am Ortsrand von S'Illot lagern Tausende von Steinbrocken auf einem Feld, das von Hotel- und Apartmentblöcken umstanden ist. Mal liegen sie wild durcheinander, mal geschichtet, Reste und Mauern von Gebäuden sind zu erkennen: Das Poblat Talaiot S'Illot ist eine frühgeschichtliche Siedlung, wahrscheinlich aus dem 1. Jtd. v. Chr. Bei den Poblat Talaiot S'Illot

CALA MILLOR ERLEBEN

O.I.T. CALA MILLOR
Plaza Eureka
Tel. 971 58 58 64
http://visitcalamillor.com

O.I.T. S'ILLOT
Carrer Llevant 15
C/ Sipions
Tel. 971 81 06 99
https://visitmanacor.com

BAR PLAYA
Eigentlich nur eine einfache Strandbar. Doch was in der kleinen Küche gezaubert wird, ist so lecker, dass man gerne immer wieder kommt – in der Hoffnung, dass noch ein Tischchen frei ist. Küche schließt gegen 17 Uhr.
Avda. Del Pinar
Costa De Los Pinos Beach
Tel. 971 81 65 76

TOMEU CALDENTEY CUINER €€€
Sternekoch Tomeu Caldentey ist einer der großen Kochkünstler der Insel. 2018 hat er seinen Michelin-Stern zurückgegeben, um ein neues, unprätentiöses Konzept zu verfolgen. Mit der neuen Einfachheit wird seine mallorquinische Gourmetküche erschwinglicher, die Menüs kosten derzeit zwischen 40 und 70 Euro.
C/ Liles, Sa Coma (im Hotel Protur Sa Coma Playa)
Tel. 971 56 96 63,
Mi.–Sa. mittags und abends,
So. nur mittags
http://tomeucaldentey.com

SA PUNTA €€€
Lust auf diesen etwas klassisch-förmlichen Stil gehobener spanischer Restaurants? Die Lage auf einer schmalen Landzunge direkt am Meer ist traumhaft. Die klassisch mediterrane Küche kommt ohne Chichi aus und setzt auf die gute Qualität der Produkte. Für einen Tisch am Abend oder mit Blick aufs Meer sollte man besser reservieren. Vielleicht sitzt nebenan der Tennisspieler Rafael Nadal – das Sa Punta ist eines der Lieblingslokale der Mallorquiner.
Urbanisació Port Verd
Cala Bona
Tel. 971 58 53 78
www.restaurantesapunta.es
Mo. geschl.

PEPERONCINO €€ – €
Schön und gemütlich ist dieses italienische Lokal im Zentrum von Son Servera mit Pasta, Pizza und kleiner Auswahl mediterraner Gerichte.
Pl. Sant Joan 15, Son Servera
Tel. 971 81 73 82
Di. geschl.

MICROVINOS
Wer guten Wein mag, wird in der bestens sortierten Weinhandlung fündig.
Avda. Bon Temps 29
Cala Millo, Tel. 971 58 72 89

Bei Cala Millor feinsandig, ganz flach abfallend und deswegen gut für Kinder geeignet. Achtung: hoher Wellengang ist möglich! Ähnlich, etwas ruhiger: Platja de sa Coma. Schön auch die sich anschließende Platja Moreira.

Glasbodenboote an der Küste entlang, nach Porto Cristo und zu den Coves del Drac, April – Okt.

Grabungen wurden 35 Wohnstätten identifiziert und ein zentraler viereckiger Talaiot freigelegt.

Dachlose Kirche

Son Servera

Das vermutlich durch Jaume Servera im 13. Jh. gegründete Son Servera besitzt mit seiner »Neuen Kirche« (Església Nova) ein echtes Kuriosum. Sie wurde 1905 vom Gaudí-Schüler Joan Rubió begonnen, doch dann fehlte plötzlich das Geld. Die Arbeiten wurden eingestellt und nun stehen zwar die Seitenwände, doch es fehlt das Dach. So hat man aus der Not eine Tugend gemacht und nutzt die attraktive Ruine wenigstens hin und wieder als Freiluftbühne für sommerliche Folkloredarbietungen und Konzerte.

An kristallklarem Wasser

Costa dels Pins

Die in einem Pinienwald 4 km nördlich von Cala Millor gelegene Villensiedlung Costa dels Pins erstreckt sich an der feinsandigen Platja des Rivell, zwischen Port Vell und Cap des Pinar. Nicht nur kristallklares Wasser und ein kleiner Strand ziehen hier an, die Stichstraße endet hoch über der Felsküste an einer Wendeplatte mit reizvollem Blick.

★ CALA PI · CAPOCORB VELL

Gemeinde: Llucmajor | **Einwohnerzahl:** 420

Romantisch wird es am Ende der Fahrt über die Stichstraße nach Cala Pi – in der Bucht der Pinien mit ihrem feinen Sandstrand und den alten Bootsschuppen zwischen hohen Felswänden. Wenn Sie sich von diesem Ort losreißen können, tauchen Sie nur wenige Kilometer weiter in die Frühgeschichte der Insel ein.

Vorsicht: steil!

Die Stichstraße zur Bucht zweigt von der Ma6014 ab, rund ums Cap Blanc ist sonst nur Steilküste. Der Strand ist rund 100 Meter breit und über viele Stufen zu erreichen. Genau genommen stehen wir an der Mündung eines Sturzbaches. Einige Bootshäuser wurden in den 1950er-Jahren seitlich an die Felswand gebaut. Deutlich älter ist der Wachturm aus dem 17. Jh., der an der Landspitze oberhalb der Bucht über der Steilküste thront. Von hier aus bietet sich ein grandioser Blick bis zu den ▶ Cabrera-Inseln. Beim Wachturm liegt auch das Zentrum der ruhigen Urlaubssiedlung Cala Pi.

MEGALITHKULTUREN

Zwischen 1400 und 650 v. Chr. entstanden auf Mallorca Großsteinbauten, oft mit Türmen, von denen die sog. Talaiotkultur ihren Namen hat. Auch andernorts – in und außerhalb Europas – bildeten sich während der Jungsteinzeit und der Bronzezeit Megalithkulturen aus. Man geht heute allerdings davon aus, dass sie sich unabhängig voneinander entwickelten.

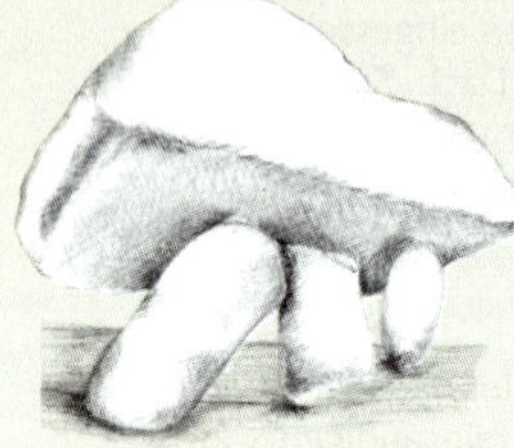

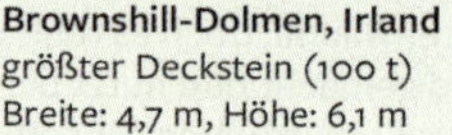

Brownshill-Dolmen, Irland
größter Deckstein (100 t)
Breite: 4,7 m, Höhe: 6,1 m

Dolmen (Steintisch)
große Steinblöcke, die oftmals als Grabstelle dienen.

Stonehenge, England
115 m Ø

Steinkreise
Runde oder ovale Anordnung von Menhire/Findlinge. Oft in Verbindung mit Grabstätten.

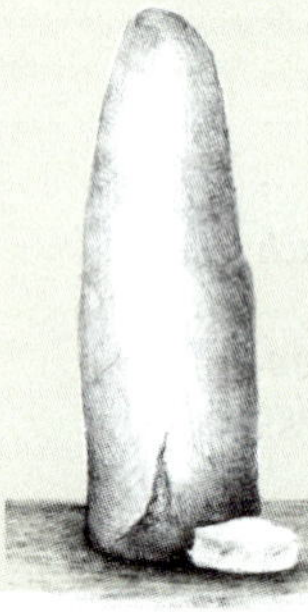

Menhir du Champ-Dolent, Frankreich
9,5 m Höhe

Menhire (Hinkelstein/langer Stein)
Ein aufgerichteter Monolith, der einzeln, aber auch in Reihen, runder- oder ovaler Anordnung vorzufinden sind.

4500 | 4000 | 3500 | 3000

Megalithkulturen
Pyramiden
Weitere Steinbauten

Sieben Steinhäuser
Brownshill-Dolmen
Alignements von Carnac
Mastabas, Vorläufer der Pyramiden
Ħaġar Qim

JUNGSTEINZEIT

Klekkende Høj, Dänemark
Ganggrab mit Doppelkammer
Länge: ca. 7 m

Ganggrab
Der Gang führt zu einer meist länglichen Grabkammer.

Sieben Steinhäuser, Deutschland
Ist eine Gruppe von fünf Großsteingräbern, Anlage D

Tempelanlage von Ħaġar Qim »Steine des Gebets«, Malta
Auf Malta und Gozo sind rund 40 Tempelanlagen aus neolithischer Zeit erhalten. Ħaġar Qim ist eine der eindrucksvollsten.

Capocorb Vell, Mallorca
3 Rundtürme, 2 rechteckige Türme, 28 Behausungen. Die größte Talaiot-Anlage (ca. 7000 m²) auf Mallorca.

2500 2000 1500 1000

Stonehenge

Naveta d'es Tudons

…kendehøj

Naos, Vorläufer der griechischen Tempel

Zikkurat, stufenförmige Pyramiden, Mesopotamien

Pyramiden

Capocorb Vell

ÄGYPTISCHES REICH

MEGALITHKULTUR

EISENZEIT

BRONZEZEIT

Rund um Cala Pi

Glückliche Fügung
Schon zweimal schien das Schicksal dieser Talaiot-Siedlung besiegelt, die man nur wenige Kilometer weiter im Landesinneren erreicht. Im Mittelalter wollte König Jaume II. an der Stelle der um 1000 v. Chr. entstandenen Siedlung eine Stadt gründen, und im 17. Jh. begeisterte sich der Bischof von Mallorca für die Idee, hier eine Kapelle zu errichten. Aus beidem wurde nichts, sodass wenigstens einiges von der Megalithanlage erhalten geblieben ist – Capocorb Vell (Abb. ► S. 267) ist sogar eine der größten und bedeutendsten des westlichen Mittelmeerraums.

WANDERN MIT BADESTOPP GANZ IM SÜDEN

Einfach am Meer entlangwandern – so leicht ist das auf Mallorca und seiner dichten Bebauung gar nicht. Aber es gibt noch Möglichkeiten: Zwischen dem südlichsten Punkt, dem Cap Blanc, und der Colònia de Sant Jordi können Sie einen ganzen Tag verbringen, stille Buchten erwandern, baden, picknicken und sich vom Rauschen des Meeres inspirieren lassen.

CALA PI ERLEBEN

CAS BUSSO €€/€

Dass ein Restaurant jenseits von Ortsgrenzen an einer Straße liegt, ist auf Mallorca ein Grund, neugierig zu werden. Oft ist das Essen in diesen alten Raststationen ausgezeichnet. So ist es auch im Cas Busso, wo Wachteln, Spanferkel und andere Fleischgerichte auf dem Grill zubereitet werden. Lecker und reichhaltig ist auch das »Pa amb Oli«, das den vielen Radsportlern, die hier rasten, neue Kräfte verleiht.
Ctra. Cap Blanc, Km 24
Tel. 971 12 30 02, kein Ruehtag

MIRADOR DE CABRERA €€/€

Das Restaurant liegt etwas versteckt in einem Wohnviertel direkt über der Steilküste. Phänomenal ist die Aussicht von der Terrasse, doch der Deutsche Jörg Klausmann verwöhnt seine Gäste auch mit feiner Fusionküche. Mittags wird ein 3-gängiges Menü für 26,50 € angeboten.
Murillo 8,
Urbanisation Es Pas de Vallgonera (Cala Pi)
Tel. 971 12 33 38
www.mirador-de-cabrera.com
Mo., Di. geschl.

Der erste Rundturm, aus mächtigen Quadern aufgeschichtet und etwa 8 m hoch, steht gleich im Eingangsbereich. Ein Weg führt zu einem quadratischen Talaiot, der – einzigartig auf Mallorca – noch die Zwischendecke des ersten Stockwerks aus dünnen Steinplatten trägt. Ob die oberen Geschosse der Verteidigung dienten und die unteren zum Wohnen oder auch für rituelle Zwecke, ist nicht zweifelsfrei geklärt. Neben zwei quadratischen und drei runden Türmen lassen sich 28 Räume zählen. Wissenschaftler vermuten, dass in der Talaiotzeit **etwa 500 Menschen** im Dorf lebten. Im südlichen Bereich befindet sich eine Art Haus, das vermutlich im 5. – 4. Jh. v. Chr. entstand und mehr als 15 Jahrhunderte bewohnt war – das jedenfalls belegen Funde aus punischer, maurischer und christlicher Zeit.
tgl. (außer Do.) 10 – 17 Uhr | Eintritt: 3 €
www.talaiotscapocorbvell.com

Betreten verboten

Cap Blanc

Von Cala Pi sind es nur 3 km bis zum Cap Blanc. Ein Leuchtturm steht hoch über der rund 100 Meter hohen Steilküste: ein schwindelerregender Ausblick. Das Gelände des 1863 erbauten Turms darf offiziell nicht betreten werden. Entlang der Steilküste waren im Spanischen Bürgerkrieg (1936 – 1939) Bunker angelegt worden, die noch heute immer wieder aus dem Fels ragen und durch unterirdische Gänge miteinander verbunden sind.
Das Höhlensystem der **Cova des Pas de Vallgornera** in der Nähe von Cala Pi ist knapp 80 km lang und wird noch erkundet.

★ CALA RATJADA · CAPDEPERA

Gemeinde: Capdepera | **Einwohnerzahl:** 12 100

Vom Hafen der »Rochenbucht« startet eine der letzten Fischereiflotten der Insel. Mit seinen Ausflugsbooten, Segeljachten und Kuttern ist der Hafen zweifellos das Zentrum des Geschehens. Während sich das junge Publikum ins Nachtleben stürzt, zieht es die eher romantisch Gestimmten wenige Kilometer landeinwärts in den urigen Ortskern von Capdepera.

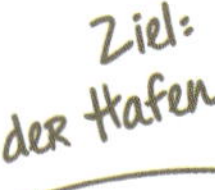

Nach Palma liegt in Cala Ratjada die größte Fischereiflotte vor Anker. Allerdings gibt das Meer kaum noch genug her, damit die rund 700 hauptberuflichen Fischer auf der Insel über die Runden kommen. Aber ganz vorbei ist es mit der Fischerei noch nicht, und so wundert es auch nicht, dass der Hafen mit seinen Ausflugsbooten, Segeljachten und Kuttern zweifellos das Zentrum des Geschehens ist.
Von der Blüte und Geschichte dieses Wirtschaftszweigs spricht nicht nur der Name des Orte, die »Rochenbucht«, sondern auch die flachen Häuschen, die von der Promenade aus am Felsensaum der Küste zu sehen sind. Früher hielten die Fischer darin Krustentiere, bis sie auf den Markt kamen, heute stehen sie unter Denkmalschutz.
Am Hafen reihen sich die Fischrestaurants und Bars auf, und hierher kommen die Touristen und Einheimischen. Cala Ratjada hat sich in den letzten Jahren zu einem beliebten Reiseziel bei einem trink- und partyfreudigen Publikum entwickelt.

Wohin in Cala Ratjada?

Ein Prachtstück

Promenade

Die Promenade führt gen Süden zur Hausbucht Platja de son Moll mit Hotels, Restaurants und Terrassencafés und, von der großen Mole aus, nach Nordosten auf einem ebenfalls sehr schönen Weg zum Strand der Cala Gat. Von hier geht ein kurvenreicher Weg zum Leuchtturm auf dem Cap de Capdepera, das einen fabelhaften Blick bietet.
Weitere Spazierwege zur Punta des Faralló, zur Cala Agulla und zur Cala Moltó (FKK-Möglichkeit) bieten sich an.

Am blinden Turm

Casa March

Am Hang oberhalb des Hafens sieht man schon von Weitem eine mächtige Villa. Es ist die Casa March oder »Sa Torre Cega« (»Der blinde Turm«). 1911 ließ sich der Magnat Juan March i Ordinas

(1880 – 1962) aus einem Wachturm des 15. Jh.s. sein Sommerhaus bauen – mit 60 000 m² großem Garten. Besucher werden nach Voranmeldung im Tourismusbüro durch die Anlage geführt. Von der Villa ist leider nur ein kleiner Teil zugänglich.

Mai. – Nov. Di., Do. und Fr. 10.30 – 12, Sa., So. 11 – 18 Uhr, Feb./März Mi., Sa. 11 – 12.30 Uhr | Anmeldung: Tel. 971 81 94 67 Eintritt: 4,50 € www.fundacionbmarch.es

Zinnenbewehrt und mit starken Mauern gibt sich die Festung von Capdepera im Nordosten – und verspricht tolle Ausblicke.

CALA RATJADA · CAPDEPERA ERLEBEN

O.I.T. CALA RATJADA
Plaça dels Pins, Cala Ratjada
Tel. 971 81 88 54
https://visitcapdepera.com

O.I.T. CAPDEPERA
C/ Centre 9 , Capdepera
Tel. 971 55 64 79

CASES DE SON BARBASSA €€€
►S. 326

TRÄUMERIA SON MOLL €€€ – €€
Nicht nur wegen des Blicks aufs Meer ist das Frühstücken hier ein Vergnügen. Es ist auch die Auswahl von Croissant über Bowls bis zu pikanten Varianten. Später am Tag überzeugen Tapas, Pizza und andere internationalen Klassiker.
Avda. America 36
Tel. 971 56 50 38
www.sonmoll.de | kein Ruhetag

DEL MAR €€
Das von Schweizern geführte Del Mar sticht mit seiner Küche aus den Lokalen mit Standardküche heraus. Schon die Lage mit Blick über das Meer ist ein Vergnügen. Neben Tapasklassikern wie Garnelen mit Chili und Knoblauch machen Hauptgerichte wie gegrillter Tintenfisch Appetit auf mehr. Auch Klassiker wie das echte Wiener Schnitzel oder Zürcher Geschnetzeltes...
Avda. América 31
Tel. 680 13 33 81
www.mallorca-delmar.com
Mo. – Mi. geschl.

Im »Bolero« findet man den meisten Platz zum Tanzen, deshalb herrscht hier auch entsprechend Betrieb. Beliebte Bars sind das »Chocolate« an der Plaça dels Pins und die Bar »Casa Nova«. Zum Tanzen öffnet nachts das »Physical« seine Pforten. Seit einigen Jahren ist der Ort bei Abiturienten und jungem, trinkfreudigem Publikum angesagt.

MARKT
Samstagvormittag in Cala Ratjada
Mittwochvormittag in Capdepera

SHOPS
Cala Ratjadas Einkaufsmeilen sind die Straßen Cala d'en Agulla und Leonor Servera mit vielen Modeboutiquen. In Cala Ratjada und Capdepera arbeiten **die letzten Palmblattflechter der Insel**. Ihre Körbe, Taschen etc. sind u. a. im kleinen Laden unterhalb der Burg in Capdepera zu bekommen.

Großes Angebot für sportliche Naturen: Tauch- und Segelschule, Wasserski, Bootsverleih, Reitklubs, Golfplätze und vieles mehr.

Die feinsandige Cala Agulla im Norden von Cala Ratjada ist ein Traumstrand. Obwohl rund 500 m breit, kann es hier im Sommer eng werden. Näher am Zentrum: unterhalb der March-Villa Sa Torre Cega die kleine Cala Gat mit rund 40 m breitem Strand.
Etwas südlich vom Hafen und über die Küstenpromenade erreichbar ist der Son-Moll-Strand, wegen der um-

liegenden Hotels wird es hier im Sommer voll.
Ein Traumstrand findet sich etwa 7 km nördlich an der Cala Mesquida. Man erreicht ihn über eine Stichstraße, die bei Capdepera zur Urbanisation Cala Mesquida abzweigt.

Station in Capdepera

Im Zeichen des Palmblatts

Der Ort

Auf dem Weg von Artà nach Cala Ratjada schmiegt sich Capdepera an einen Bergrücken. Obenauf sieht man die Zinnen einer Festungsanlage: ein wunderbares Stadtbild. Doch in den engen und steilen Gassen ist das Autofahren kein Vergnügen. Besser stellt man den Wagen zum Beispiel an der Plaça de l'Orient im Zentrum ab.

★ Castell de Capdepera

Vermutlich haben schon die Römer den Berg als natürliche Bastion genutzt – der Name Capdepera kommt von »Caput Petrae« (»Felsgipfel«) –, später hatten die Araber hier ihr letztes Bollwerk.
Die Anlage ist auf einem dreieckigen Grundriss konzipiert (1386). Innerhalb der Mauern lebten in etwa 60 Häuschen die Dörfler. Im 15. Jh. wurde das Bollwerk wegen der Piratenangriffe verstärkt. Das Museum **Casa del Gobernador** zeigt die lange Geschichte der Palmblattflechterei, die Kunst der »Llatra«. Heute beherrschen nur noch einige Seniorinnen diese Kunst.
In dem Wachturm »Miquel Nunis«, der noch vor der Festung hier stand, soll Jaume I. von Aragón die Rückkehr seiner Gesandten von Menorca erwartet haben. Sie sollten dort die Übergabe der von den Arabern gehaltenen Nachbarinsel aushandeln, denen man mit Riesenfeuern an der Küste eine große Armee vorgegaukelt hatte. Am 17. Juni 1231 wurde dann **der erste schriftlich festgehaltene Friedensvertrag der europäischen Geschichte**, der Vertrag von Cap de Pera, unterzeichnet. Dem Rais und dem Volk von von Menorca wurde darin Religionsfreiheit und Autonomie gegen die jährliche Zahlung von u. a. 500 Ziegen, 100 Kühen und 3000 Scheffel Weizen versprochen. Eine Plakette an der Kirche erinnert daran; heute wird der Vertag in der Bibliothèque Nationale de Paris aufbewahrt.
Die kleine Kapelle auf der Burg, bereits 1316 erwähnt, bewahrt u. a. eine Kopie der Skulptur der **Nostra Senyora de l'Esperança**. Dass die Muttergottes guter Hoffnung ist, symbolisiert eine Sonne auf ihrem Leib, doch bezieht ihr Beiname sich eher auf das von ihr bewirkte Wunder: Als türkische Seeräuber sich wieder einmal der Küste näherten, stellte man die Skulptur »voller Hoffnung« (katal. *esperança*) auf den Wachturm und sogleich zog dichter Nebel auf, der es den Korsaren unmöglich machte, anzulanden.
Juli – Sept., Nov. – März tgl. 10 – 14 u. 17.30 – 20.30, April, Mai, Okt. tgl. 10 – 19 Uhr http://www.capdeperacastell.com

★ CAMPANET

Gemeinde: Campanet | **Höhe:** 134 m ü.d.M. | **Einwohnerzahl:** 2800

Rätselhafte Wasserströme, die ein bis zweimal im Jahr aus dem Waldboden dringen, und ein Höhlensystem mit feinen Kalkablagerungen – bei der Kleinstadt Campanet zeigt sich die Inselnatur von ihrer zauberhaft poetischen Seite.

Im Ortsnamen klingt noch das lateinische capanna nach, aus dem die Araber »kapanat« (»Ansammlung von Hütten«) machten. Wie in vielen Orten der Insel lebte man lange Zeit fast ausschließlich von der Landwirtschaft. Nach dem Spanischen Bürgerkrieg wurde die Schuhproduktion eine wichtige Einnahmequelle. In den 1940er-Jahren wurden Hunderttausende Schuhe produziert und nach Lateinamerika exportiert.

Wohin in Campanet?

Ein Märtyrer als Geschenk

Pfarrkirche

Die Häuser gruppieren sich um die Pfarrkirche an der Plaça Major. Zwei Dinge sind in dem 1717 begonnenen Bau bemerkenswert: in der Capella de Sant Joan Baptista eine bereits 1578 erwähnte Skulptur der entschlafenen Muttergottes und in der Capella de Sant Victoria der Leichnam eines Soldaten aus den Katakomben von Rom, der als der Märtyrer Viktorianus gilt und als ein Geschenk von Papst Pius VI. an Kardinal Despuig kam, der sie 1823 der Pfarrgemeinde überließ.

Literarischer Modernist

Carrer Major

Der von der Plaça Major abzweigende C/Major führt zur Sala Vella, dem aus dem 16. Jh. stammenden Alten Rathaus. Nordöstlich der Plaça, am C/Sants Oliver, steht das **Geburtshaus von Miquel dels Sants Oliver** (1864 – 1920), der zu den Führungsfiguren der literarischen Modernisten auf Mallorca zählte.

Bizarres System

Oratori de Sant Miquel und Höhlen

Etwa 2 km nördlich von Campanet steht die schlichte Kapelle, unter Jaume I. erbaut und dem hl. Michael geweiht. Ein stiller Friedhof mit vielen verwitterten Grabsteinen ist an ihrer Seite. Das Oratori de Sant Miquel selbst birgt u. a. ein kostbares Renaissance-Retabel (»Madonna im Rosenkranz«) aus dem 16. Jahrhundert.

Nahezu feenhaft erscheint die Welt der nicht weit von der Kapelle liegenden **Höhlen von Campanet**. Das etwa 1300 m lange Höhlensystem bezaubert mit bizarren rötlichen bis ockerfarbenen Sinterbil-

CAMPANET ERLEBEN

A TERCERA €

Maria und Tomeu, die Gastgeber im Restaurant, haben eine große Fangemeinde. Angelockt von der hausgemachten Paella, Pizza und anderen leckeren Gerichten trauen sich auch immer mehr internationale Gäste in die gute Stube.
C/ Llorenç Riber 6
Tel. 971 51 69 19

SES COVES CAFÉ & GRILL €€€-€€

Nicht jeder, der die Höhlen ansteuert, will sie auch besichtigen. Das Café ist schön schattig und die Bar am Eingang der Höhlen kann mit leckerem Fisch und Fleisch vom Grill überzeugen – und einer wunderbaren Aussicht über das bergige Umland.
Coves de Campanet
Autobahn Palma – Port d'Alcúdia, Ausfahrt 37
Tel. 667 08 05 14
www.covesdecampanet.com
Mo. – Mi. geschl.

MARE NOSTRUM €

Im romantischen Finca-Restaurant wird ein köstliches 7-Gänge-Menü serviert, und das zu einem erstaunlich günstigen Preis von rund 30 €. Besser vorher reservieren.
C/ Ric 35, Sa Pobla
Tel. 670 51 46 87
Mo. – Mi. geschl.

MARINA €

Alles authentisch: das Interieur wie die mallorquinische Hausmannskost.
C. de Marina 1+5
Tel. 971 54 09 67
kein Ruhetag

MARKT

Samstagvormittag in Búger
Sonntagvormittag in Sa Pobla

MANUFAKTUR MENESTRALIA

Vom aufwendigen Kronleuchter für mehrere Tausend bis zum Ring für ein paar Euro – bei Menestralia ist alles aus Glas und handgemacht. Beim Besuch der Manufaktur kann man zuschauen, wie aus dem heißen und zähflüssigen Material Gläser, Vasen und anderes entsteht.
Ma13, Km 36
Mo. – Fr. 10 – 13 und 15 – 19, Sa. 10 – 14 Uhr
www.menestralia.com

---

dungen, darunter bis zu 3 m langen, zum Teil aber nur Millimeter feinen Stalaktiten. Ein 4 mm messender »Faden« soll der dünnste Stalaktit ganz Spaniens sein. Die Führung, bei der es etwas familiärer zugeht als in den von den meisten Touristenbussen angefahrenen großen Höhlen, dauert etwa 45 Minuten.
April – Sept. 10 – 18.30, Okt. – März bis 17.30 Uhr | Eintritt: 16 €
www.covesdecampanet.com

Ses Fonts Ufanes

Sprudelndes Wasser
Ein oder zweimal pro Jahr, selten häufiger, machen sich Heerscharen von Einheimischen und Residenten auf den Weg in Richtung Oratori

de Sant Miquel. Ihr Ziel ist allerdings nicht die Kapelle, sondern ein Waldstück bei der Finca Gabelli Petit. Dort lässt sich nach starken Regenfällen ein einzigartiges Naturschauspiel beobachten – Ses Fonts Ufanes. Wasser quillt an zahllosen Stellen aus dem Boden und fließt in sprudelnden Bächen bergab. Auch bei gutem Wetter lohnt der drei Kilometer lange Spaziergang durch das schöne Schutzgebiet.
tgl. 10 – 17 Uhr zugänglich

Rund um Campanet

Teuflisch

Sa Pobla Das »Dorf« (nichts anderes bedeutet »Pobla«) mit der strengen Pfarrkirche Sant Antoni Abat ist eines der landwirtschaftlichen ZentrenMallorcas. An der hübschen, von Platanen gesäumten Plaça wird es zur Fiesta des heiligen Antonius laut: Dann stürmen die Dimoni, die Teufel, das Rathaus, und in den Bars gibt es pikante, mit Aal gefüllte Teigtaschen (Espinagades).

Echte Handarbeit: die Pferdchen aus der Glasbläserei Menestralia in Campanet

Die Teufelsfiguren werden, wenn sie nicht gerade im EInsatz sind, im **Museu de Sant Antoni i el Dimoni** im C/ Antoni Maura 6 gezeigt. Im selben Haus finden sich auch das **Museu d'Art Contemporani** für zeitgenössische Kunst sowie das Museu de Sa Jugueta Antiga. Zu sehen sind dort historische Brettspiele, Spielzeugautos und anderes mehr.

Museen: Di. – Fr. 10 – 14 und 16 – 20, So. 10 – 14 Uhr | Eintritt 4 €

Liebliche Mandelbaumhaine

Búger

Búger, der sich über einen Hügel verteilende Flecken von gerade mal 1000 Seelen, liegr 4,5 km westlich von Sa Pobla, war bereits in römischer Zeit besiedelt und lebte damals von Oliven, Wein und Getreide. In der islamischen Zeit kam noch intensiver Gartenbau hinzu. Da man auch hier nicht von der Reblausplage verschont blieb, stellte man auf Mandelbäume um, die noch heute das liebliche Landschaftsbild bestimmen. Die Pfarrkirche besitzt u. a. **Tafelbilder zu den 15 Geheimnissen des Rosenkranzes** aus der Schule der mallorquinischen Künstlerfamilie Oms sowie eine von Pere Josep Bosch gebaute Orgel.

CAMPOS

Gemeinde: Campos | **Höhe:** 22 m ü.d.M. | **Einwohnerzahl:** 11 600

Wenn nicht gerade Wochen- und Flohmarkt ist, ruht das Landstädtchen in sich selbst. Doch wenn Sie es einrichten können, kommen Sie am Samstag, um das Markttreiben zu erleben.

Wie der Name, so das Umland. Campos leitet sich vom lateinischen Wort für Felder ab. Rund um die Stadt, die es schon seit über 700 Jahren gibt, wächst, was an den Ständen des Wochenmarkts angeboten wird und dann in die Töpfe der Mallorquiner wandert. Wo wir beim Thema Essen sind: Inselweit bekannt ist die **Konditorei Pomar**. Das Gebäck und die süßen Törtchen sind einfach himmlisch.

Wohin in Campos?

Unerwartete Schätze

Sant Julià

Nur wenige Schritte von der Konditorei entfernt, überrascht die klassizistische Pfarrkirche Sant Julià mit ihrem strahlenden Innenraum. Sie besitzt auch einige Kunstschätze, die man hier nicht erwartet hätte: das Triptychon »Nostra Senyora de la llet« des mallorquini-

CAMPOS ERLEBEN

C/ Síquia
Tel. 971 65 15 88
www.ajcampos.org

KARIKU €€€€

Interessant, dass es im ländlichen Campos ein ausgezeichnetes japanisches Restaurant gibt. Maximal zehn Gäste finden im intimen und typisch asiatisch reduzierten Interieur Platz - gemeinsam an einer langen Tafel. Der Speiseplan richtet sich nach dem Omakase-Prinzip, was bedeutet: Vertrauen Sie dem Küchenchef und lassen Sie sich überraschen!

C/ Nou 10
Tel. 871 51 53 45
www.kairiku.es
So. – Di. geschl.

POMAR

Die Backwaren, Törtchen und Kuchen der Konditorei mit kleinem Café sind eine Klasse für sich.

C/ Plaça 20 – 22
Tel. 971 65 06 06
www.patisseriespomar.es

MARKT

Donnerstagvormittag
Samstagvormittag (Flohmarkt)

schen Meisters Gabriel Mòger (1380 – 1438) in der ersten Kapelle rechts vom Hauptportal. Und das **Bartolomé Esteban Murillo** zugeschriebene Gemälde »El Santo Cristo de la Paciencia« in der Capella de Sant Josep. In der Capella del Corpus i Nom de Jesús schließt sich ein weiterer großer Name an: Hier ist das Retabel von Rafael Blanquer, dem Sohn des berühmten Bildhauers und Architekten Jaume Blanquer.

Das **Pfarrmuseum** in der Sakristei zeigt ein dem hl. Joseph geweihtes Retabel vom Ende des 16. Jahrhunderts.

Piratenalarm

Torre de Can Cos

Die Nähe zum Meer und die damit verbundene Gefahr von Piratenüberfällen machten auch in Campos – dessen Wurzeln wohl schon in der Zeit der Römer liegen – die Errichtung von Wehrtürmen nötig. Um die Torre de Can Cos wurde 1649 das Rathaus herumgebaut. Erhalten ist das doppelbogige Portal im Erdgeschoss des Renaissancebaus.

Mit maurischem Einschlag

Sant Blai

Etwas abseits der von Campos nach Colònia de Sant Jordi führenden Ma6040, rund 3 km südlich, steht eine dem hl. Blasius geweihte Kapelle. Erhalten sind Bögen in Hufeisenform, die möglicherweise nach der Reconquista noch von arabischen Handwerkern und Arbeitern ausgeführt wurden.

CAP DE FORMENTOR

Lage: äußerster Nordosten der Insel

Bevor das Tramuntana-Gebirge im Norden im Meer versinkt, zeigt es sich noch einmal in seiner ganzen Pracht: mit schroffen Felsformationen, Buchten und grandiosen Aussichten. Entlang der wilden Halbinsel führt eine traumhafte Panoramastraße.

Der Fußweg am Aussichtspunkt Mirador d'es Colomer führt am Abgrund entlang: Rund 200 m steil abfallende Felswände tiefer schwappt das Meer an die nördlichen Ausläufer der Tramuntana. Ob mit Schwindel, Angst oder staunender Faszination: Das dramatisch-schöne Spektakel der Halbinsel Formentor lässt niemanden kalt. Sie ist der gewaltige Schlussakt einer wildromantischen Berglandschaft.
Von **Juni bis September** können Urlauber mit dem PKW zwischen 10 und 22.30 Uhr nur bis zum Strand Formentor fahren. Auf der restlichen Strecke bis zum Leuchtturm fährt ein Bus.

Inspiration für Dichter

Fels

Für die Mallorquiner ist die Halbinsel mehr als ein rund 13 km langer Felsfinger im Meer. Miquel Costa i Llobera (▶ Interessante Menschen), schrieb hier das romantische Gedicht »Die Pinie von Formentor«, heute Teil des kulturellen Selbstverständnisses vieler Insulaner. Auch der Sc hriftsteller Miguel de Unamuno, der im frühen 20. Jh. nach Mallorca kam, war von der Szenerie tief beeindruckt.

»

Diese gesamte Küste ist ein Wunderwerk des Lichtes, wie eine Insel aus Edelsteinen, aus Smaragden, Topasen, Rubinen und Amethysten, die sich in der Sonne wie in ihrem eigenen Blute badet.

«

Miguel de Unamuno

Straße zum Cap de Formentor

Mirador d'es Colomer

Atemberaubende Aussicht

Hinter Port de Pollença windet sich die Ma2210 in einigen Kehren den Berg hinauf. Nach etwa 5 km ein erster Halt: Hier, am Mirador d'es Colomer, ragt eine Landzunge weit ins Meer hinaus, fällt dabei bis zu 232 m senkrecht ab und ermöglicht von den Aussichtsterrassen atemberaubende Ausblicke über tiefe Schluchten und im meist tintenblauen Meer hockende Felsbrocken wie das Inselchen Colomer.

Morgendliche Nebelschwaden wallen über das Cap de Formentor.

Lohn des Anstiegs

Talaia d'Albercutx

Vom Mirador d'es Colomer kann man noch zur Talaia d'Albercutx hinauffahren oder -wandern. Die letzten Meter zu diesem Wachturm müssen allerdings ohnehin zu Fuß zurückgelegt werden, doch des grandiosen Panoramablicks wegen lohnt sich das allemal.

Weisheit am Traumstrand

Hotel Formentor und Mirador

Hinter dem Mirador geht es weiter auf kurvenreicher Strecke bis zur rechts auftauchenden Abzweigung zur Cala Pi de sa Posada, einer traumhaften Sandbucht mit Kiefern, über der das Luxushotel Four Seasons Formentor steht. Nach Komplettrenovierung eröffnet es 2024. Knapp 100 Jahre zuvor hat der Argentinier Adán Diel das Hotel erbaut und sich damit einen Lebenstraum erfüllt – eine Luxusherberge für eine anspruchsvolle, betuchte Klientel. Und wie erhofft, kam diese auch: Als ein Seelenverwandter des bereits erwähnten Miguel de Unamuno fühlte sich der deutsche Philosoph Hermann Graf Keyserling, der in den 1930er-Jahren zur **»Woche der Weisheit«** nach Formentor geladen hatte. Später folgten Audrey Hepburn, Soraya, Placido Domingo, Helmut Schmidt, der Dalai Lama und viele andere. Durch seine exklusive und leicht zu überwachende Lage wurde es auch zu einem beliebten Aufenthaltsort für Staatsgäste. Nicht nur Hotelgäste, sondern jeder, der möchte, kann am Traumstrand Platja de Formentor seine Badematte ausrollen. Der schmale, mehrere

CAP DE FORMENTOR

Die 800 m lange Platja de Formentor (Blaue Flagge) ist ein herrlicher Sandstrand unterhalb des gleichnamigen Luxushotels. Beim Strand gibt es einen bewachten und kostenpflichtigen Parkplatz. Zur unbebauten Cala Figuera kommt man nur zu Fuß. Vom Parkplatz an der Ma2210 bis zum Strand ist es 1,4 km. Am selben Parkplatz kann man sein Fahrzeug auch stehen lassen, um ein Bad in der Cala Murta zu nehmen. Sie öffnet sich zur Bucht von Pollença und ist über einen Fußweg nach 2 km zu erreichen.

Hundert Meter lange Sandstrand wird zum Teil von Kiefern beschattet. Nach dem Abzweig zum Hotel führt die Ma2210 weiter bergan zum Mirador Fumat und zur Punta Tomàs, die einen schönen Blick hinüber zum Leuchtturm auf dem Kap bietet.

Ausrufezeichen an der Kapspitze

Weitere kurvenreiche Kilometer ziehen sich durch einen etwas dichteren Pinienwald. In den Häusern rechts der Straße, Ses Cases Velles, verfasste Miquel Costa i Llobera viele seiner Gedichte. Vom Parkplatz vor dem Tunnel, der den 334 m hohen Fumat unterquert, zweigt ein Schotterweg zur Bucht **Cala Figuera** ab (nur zu Fuß), und schließlich gelangt man zum 1862 erbauten Leuchtturm, der sich wie ein Ausrufezeichen an der Spitze des Cap de Formentor über die blaue Weite erhebt (mit Cafeteria und Aussichtsterrasse). Die bisherigen Ausblicke sind zwar ohnehin kaum zu überbieten, doch von hier kann man bei klarem Wetter bis zur Insel Menorca hinübersehen.

Cap de Formentor

Zufahrt von Juni – Sept. 10 - 22.30 Uhr nur mit Shuttlebus

★★ CASTELL D'ALARÓ · ALARÓ

Gemeinde: Alaró | **Höhe:** 821 m ü. d. M. | **Einwohnerzahl:** 5800

Ein Zauber geht vom Puig d'Alaró und seinem etwas kleineren Bruder, dem Puig de s'Alcadena, aus: Am Rand der Tramuntana gelegen, sehen sie aus wie Säulen aus mythischer Zeit, die den Zugang zu diesem Gebirge bewachen. Spektakulärer noch ist es, auf einen der Berge zu steigen und von der Burgruine hinunterzuschauen: Die Aussicht ist überwältigend.

Auf dem Dach der Insel

Von der Burg auf dem Puig d'Alaró sind nur noch einige Mauern und ein Turm erhalten. Doch das tut dem Zauber keinen Abbruch: Ist der Aufstieg erst einmal geschafft, öffnet sich ein **großartiges Panorama**, das ein Landschaftsmaler hätte erfinden können – aus rund 800 m Höhe schaut man wie in einem Weltengemälde auf Mallorca. Da ist die Ebene Es Plà mit ihren Feldern und Gärten sowie den Städten und Dörfern, die in einem gleichmäßigen Rhythmus darauf verteilt sind, da sind die höchsten Berge der Tramuntana und in der Ferne das Meer. Hier auf dem Dach der Insel bekommt man auch eine Ahnung davon, wie verlockend sie in all den früheren Jahrhunderten schon gewesen sein musste. Wer auch immer auf dieser schönen und fruchtbaren Insel das Sagen hatte, der wusste, dass früher oder später andere kommen würden, um sie zu erobern. Von wo ließe sich Mallorca also besser überwachen als vom Puig d'Alaró?

Auf dem Puig d'Alaró

★ Castell und Puig d'Alaró

Der Wächter Mallorcas

Der Berg war schon in der Talaiotzeit besiedelt und unter den Römern befestigt. Das lässt sich aus dem Namen schließen, den ihm die Araber gaben: »Hish Alrum« (Burg der Römer). Aus »Alrum« könnte über »Alarum« schließlich Alaró geworden sein.
Im Jahr 902 flüchtete die Bevölkerung vor den maurischen Truppen auf den Burgberg. Es half aber nichts. Die Araber eroberten Mallorca und bauten die Festung auf dem 825 m hohen Felsklotz weiter aus. Seltsamerweise sollen sie die Burg 1231 – aus dieser Zeit gibt es die ersten schriftlichen Dokumente – dennoch kampflos Jaume dem Eroberer übergeben haben.
Ganz anders sah die Situation gut 50 Jahre später aus: Als König Alfons III. von Aragón König Jaume II. von Mallorca bekriegte, leisteten die Festungskommandanten **Guillem Cabrit** und **Guillem Bassa** heftigen Widerstand. Nicht nur das, sie verhöhnten die Abgesandten des Königs mit einem Wortspiel: »Anfós« (katalanisch: Zackenbarsch) esse man auf Mallorca eigentlich mit Soße, ließen sie ausrichten. Doch dieser konterte prompt, er werde sich Ziegenfleisch vom Holzkohlengrill köstlich munden lassen (»cabrit«: Ziegenbock, Bassa klingt wie »brasa«, Holzkohlenglut).
Cabrit und Bassa, einmal überwältigt, wurden lebendigen Leibes verbrannt und fanden als Märtyrer, fast wie Heilige verehrt, in der Kathedrale von Palma ihre letzte Ruhestätte. Auch in der Burg ehrt man sie: Je eine Rippe der Helden wird in der Wallfahrtskapelle **Mare de Déu del Refugi** als Reliquie aufbewahrt. Beider Bildnisse rahmen die Madonnenstatue Verge del Refugi im Retabel aus dem 17. Jh. In der ehemaligen Einsiedelei auf dem Burgberg finden heute Wanderer, die auf dem Fernwanderweg GR 221 unterwegs sind, eine Unterkunft.

6x ERSTAUNLICHES

Überraschen Sie Ihre Reisebegleitung: Hätten Sie das gewusst?

1. LÖCHRIG

Rund 6000 Höhlen durchziehen den Boden Mallorcas, darunter die spektakulären **Coves des Drac**. Das größte bekannte Höhlensystem, die Cova des Pas de Vallgornera, ist 78 km lang. (▶ **S. 208**)

2. KÄMPFERISCH

In der **Kunstperlen-Manufaktur Majorica** in Manacor streikten die Arbeiterinnen um 1902. Es war der vermutlich erste Frauenstreik in Spanien. In den 1960 Jahren richtete das Unternehmen einen der ersten Werkskindergarten in Spanien ein.... (▶ **S. 145**)

3. EISIG

Als es noch keine Kühlschränke gab, wurde das seltene Weiß in Schneehäusern gelagert. Wanderer können in der **Serra de Tramuntana** noch auf ihre Ruinen stoßen. (▶ **S. 238**)

4. NASS

Nach starken Regenfällen dringt im Waldstück **Fonts Ufanes** bei Campanet Wasser aus dem Boden: Tausende strömen herbei, um das Schauspiel zu sehen. (▶ **S. 105**)

5. GESCHÄFTIG

Der Flohmarkt von **Consell** war der erste auf Mallorca – 1995 baute ein Australier in Consell einen Stand auf, um all das zu verkaufen, was er nicht mehr brauchte. Ihm taten es bald viele Leute gleich. (▶ **S. 86**)

6. BESINNLICH

Weihnachtskrippen sind in vielen Kirchen der Insel das ganze Jahr über zu sehen, z. B. in den Klosterkirchen der Ermita de Sant Salvador, Betlém und Nostra Senyora de Bonany. (▶ **S. 75, 76, 191**)

Eine Alternative zum einfachen Lokal (Di. geschl.) in der Festung ist das sehr beliebte, urige **Bergrestaurant Es Verger,** das auf halber Strecke liegt. Vor allem sonntags wird es gerne von den Einheimischen besucht. Dabei verlangt die Anfahrt über eine staubig-holprige Piste schon etwas Mut. Nach ca. 3 km ist die Finca Es Verger erreicht, wo man das Fahrzeug stehen lassen muss. Für die verbleibende Strecke bis zur Ruine braucht man etwa 45 (anstrengende) Gehminuten. Wer von Alaró aus zu Fuß den Puig Alaró erklimmen möchte, muss mit etwa 2,5 Stunden für eine Strecke rechnen.

Am Fuß des Puig d'Alaró

Der Fortschritt klopft an

Alaró

Am Fuß der mächtigen Felsgipfels liegt Alaró. Kaum zu glauben, doch das ruhige Landstädtchen war ganz vorne mit dabei, als der Fortschritt auf Mallorca anklopfte. Nicht in Palma, sondern in Alaró nahm 1901 das erste Elektrizitätswerk der Insel seinen Dienst auf. Dessen

ALARÓ ERLEBEN

ES VERGER €€

Es gibt Lokale, die lassen sich nicht nur daran bemessen, wie gut die Speisen sind. Dabei ist etwa die gegrillte Lammschulter ein Traum. Es Verger ist seit Jahrzehnten eines der beliebtesten Ausflugslokale der Insel – für Mallorquiner ebenso wie für Touristen.
ca. 10 km außerhalb am Fuß des Castell d'Alaró
Tel.: 971 18 21 26, Mo. geschl.

VILA CINC €€

In der Vila Cinc sitzt man sehr schön. Der offene Salon des alten Stadthauses ist dezent mit einigen Designerstücken eingerichtet. Aus der Küche kommen leckere Salate und Gerichte mit asiatischem Einschlag.
Plaça de la Vila 5
Tel. 605 41 17 01
http://vilacinc.com, Mo. geschl.

RESTAURANT TRAFFIC €€

Das Restaurant Traffic gehört zum Hotel Can Xim. Schön klassisch mit weißer Tischwäsche und mallorquinischen Holzstühlen ist der große Speisesaal eingerichtet. Was aus der Küche kommt, ist guter Standard.
Plaça de la Vila 8
Tel. 97187 91 17
www.canxim.com,
Mo. -Mi. geschl.

TONY MORA

Bereits legendär sind die Westernstiefel des 1918 gegründeten Familienunternehmens. Zu den Kunden gehören viele Prominente.
Ctra. Alaró, km 4,
www.tonymora.com

MARKT

Samstagvormittag

Umbettet von weiß-rosa Mandelblüten erhebt sich schroff der Puig d'Alaró.

Schornsteinreste sind an der Avda. de la Constitució noch heute zu sehen. Typisch für eine Insel mit ihren ewigen Wasserproblemen sind die Kanäle der Bewässerungsgemeinschaft, die hier von der Quelle Ses Artigues ab Dorfeingang am Waschplatz vorbei- und dann mitten durch den Ort führen.
Das Wohnzimmer der Stadt mit einigen Lokalen ist die Plaça de l'Ajuntament. Sie wird von der mächtigen **Pfarrkirche Sant Bartomeu** beherrscht, die schon im 13. Jh. erwähnt wird und im 18. Jh. gründlich umgestaltet wurde.

★★ DEIÀ

Gemeinde: Deià | **Höhe:** 160 m ü.d.M. | **Einwohnerzahl:** 680

Der Traum vom Süden, vom kreativen Leben, das vom Meer, der Landschaft und der Sonne inspiriert wird, hat einen Namen: Deià. Seit dem 19. Jahrhundert haben sich in dem Dorf immer wieder Künstler und Schriftsteller niedergelassen. Denn seine Lage, hoch über dem Meer, umgeben von sattem Grün und unterhalb des 1062 m hohen Teix, ist fantastisch.

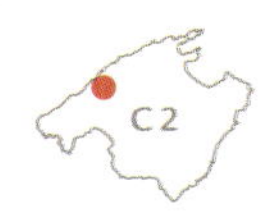

Künstlerdorf

Heute gehören die restaurierten Natursteinhäuser wohlhabenden Zeitgenossen aus aller Welt. Hollywoodstar Michael Douglas hat die von Erzherzog Ludwig Salvator (▶ Baedeker Wisen, S. 118) im 19. Jh. umgebaute **Finca S'Estaca**, eines der exklusivsten Anwesen im Umland, erworben. Zwischenzeitlich schien sich Douglas' Mallorca-Liebe etwas abgekühlt zu haben: 2016 stand seine Traumfinca für 50 Mio. € Euro zum Verkauf, doch trotz Preisnachlass bekam er sie nicht los und behält sie nun. Douglas ist nicht der einzige Schauspieler, der sich von Deià verzaubern ließ: Pierce Brosnan, Peter Ustinov, Ava Gardner und einige mehr waren hier. Die kleine Liste zeigt schon: Der Ruhm des Künstlerdorfs reicht weit in die Vergangenheit.
Genauer gesagt beginnt er mit dem erwähnten österreichischen Erzherzog. Der beschließt 1873, dauerhaft auf die Insel überzusiedeln. Er kauft die Anwesen Miramar und **Son Marroig** und einige andere zwischen Valldemossa und Deià und legt den Grundstein dafür, dass die Schönheit dieser einmaligen Küste international wahrgenommen wird. Ihm folgen Künstler wie der katalanische Maler und Autor Santiago Rusiñol. Mit Gleichgesinnten quartiert er sich im frühen 20. Jh. in Deià ein. Berauscht von der Natur – so schreibt er in »Die Insel der Ruhe« – versammeln sich die Künstler am Abend in der Cala Deià, um einen schönen Sonnenuntergang wie ein gelungenes Theaterstück zu beklatschen. Den nachhaltigsten Einfluss am Mythos des Künstlerdorfs hat der Schriftsteller **Robert Graves** (1895 – 1985, »Ich, Claudius, Kaiser und Gott«). Er lebte rund 50 Jahre in Deià und wurde auf dem kleinen Friedhof hinter der Pfarrkirche beigesetzt.

Wohin in Deià?

Romantische Winkel

Ortzentrum

Immer wieder bieten sich beim Spaziergang durch den Ort Blickwinkel mit alten Natursteinhäusern und Ausblicken über die gebirgige Küste. An der höchsten Stelle des Dorfzentrums erhebt sich die **Pfarrkirche Sant Joan Baptista**. Das im 16. Jh. errichtete Gotteshaus fiel einer Feuersbrunst zum Opfer. Die heutige einschiffige Kirche entstand im 18. Jh. Im Pfarrmuseum nebenan sind unter anderem Talaiotfragmente und ein »Christus in der Glorie« aus dem 12. Jh. zu sehen.

Exklusive Adresse

La Casa de Robert Graves

Das Haus, in dem Robert Graves seit den 1930er-Jahren gelebt hat, liegt am Ortsausgang in Richtung Sóller. Es ist weitgehend im Originalzustand belassen worden. Neben dem Arbeitszimmer des Schriftstellers, der Küche, dem Schlafzimmer und anderen Räumlichkeiten

In Deià spaziert man entspannt durch schmale, manchmal steile Gassen.

16

BAEDEKER WISSEN

DER K. U. K. AUSSTEIGER

Am 18. August 1867 stieg ein schlanker Zwanzigjähriger in Palma von Bord des Dampfers, der von der Nachbarinsel Ibiza gekommen war. Er nannte sich Ludwig Graf Neudorf. Sein eigentlicher Name war Königliche Hoheit Erzherzog von Österreich Ludwig Salvator von Habsburg und Bourbon. Es war ein Besuch mit Folgen.

Ludwig Salvator (1847 – 1915), Sohn des Großherzogs der Toskana Leopold II., war nicht das, was man sich unter einem Mitglied des Hauses Habsburg vorstellt. Er beschäftigte sich mit Naturwissenschaften und besaß umfassende nautische Kenntnisse. Beides kam ihm für seinen Lebenstraum zugute: ein Leben als Forscher. Durch die Abdankung seines Vaters und den Anschluss der bis dato österreichischen Toskana 1859 an Sardinien-Piemont hatte er keine politischen Verpflichtungen mehr. Auch Geld spielte keine Rolle, denn er hatte reiche Einkünfte aus seinen Besitzungen in der Donaumonarchie. Mit dem Wiener Hof indessen hatte er wenig im Sinn; wenn er dort noch auftauchte, fiel er vor allem durch unhöfisches Benehmen auf. Nur mit **Kaiserin Elisabeth** (»Sisi«), seiner Cousine, verband ihn eine gewisse Seelenverwandtschaft. Sie besuchte ihn zweimal auf Mallorca, einmal sogar am Heiligen Abend 1892, was bei ihrem Gatten Franz-Joseph nicht gut ankam: »Ich hoffe, dass der dicke Luigi für Dein Wohlergehen sorgt«, telegrafierte er ihr hinterher.

Als eine der ersten Liegenschaften kaufte Ludwig Salvator das Landgut **Son Marroig** bei Deià. Der mallorquinische Schriftsteller Lluis Ripoll berichtet: »[Der Erzherzog] war umgeben von einem bunten Hofstaat, bestehend aus Männern und Frauen, Hunden und Katzen, Papageien, Affen und vielen anderen Tieren. Es ging zu wie auf der Arche Noah.«

Grüne Überzeugungen

Der »Arxiduc« hat sich **große Verdienste um den Naturschutz** erworben. Auf seinen Gütern wurden kein Baum gefällt, kein Tier getötet. Das blieb auch den Inselbauern nicht verborgen und sie nutzten diese Einstellung. Denn von ihnen kaufte er gelegentlich ohne langes Feilschen ein Areal, um die Natur zu bewahren. Wirtschaftlich war die »Umweltpolitik« der fürstlichen Güter wenig erfolgreich. der Erzherzog häufte Schulden auf Schulden. Ludwig Salvator hatte sich bald völlig an den insularen Lebensstil angepasst, in Kleidung und Sprache. Eine wichtige Rolle spielte er bei der Wiederentdeckung des Lebenswerks von Ramon Llull, dem katalanischen Denker (▶ Interessante Menschen).

Die Liebe seines Lebens

Sein Liebesleben sorgte schon zu Lebzeiten für reichlich Gesprächsstoff auf der Insel wie am Wiener Hof. In **Catalina Homar**, einer einfachen Tischlerstochter, fand er die Liebe seines Lebens. Die Liaison – sie endete erst mit dem Tod Catalinas 1905 – wurde niemals legitimiert und daher von der Familie Homar stets missbilligt. Überraschend schnell fand sich die junge Frau in ihre neue, anspruchsvolle Rolle. Sie lernte Französisch, Italienisch und

Deutsch. Bald begleitete sie den Erzherzog auch auf seinen Forschungsreisen, die ihn u. a. zu den Ionischen Inseln, nach Konstantinopel, Palästina, Ägypten und an die afrikanische Küste führten.

Wie bei Jules Verne

Zu einer nicht ganz freiwilligen Umrundung der Erde geriet der Besuch der **Weltausstellung 1881 in Melbourne**. Mit dem Postschiff ging es durch den Suezkanal und durch den Indischen Ozean nach Australien. Auf der gleichen Route wollte er auch zurückreisen. Doch die Passage war ausgebucht, und so entschied sich Ludwig Salvator für die Reise über den Pazifik und quer über den nordamerikanischen Subkontinent, um dann von New York nach Liverpool zu gelangen: Nach knapp fünf Monaten war der Erzherzog wieder auf Mallorca. Die reich bebilderte Beschreibung dieser Reise, die noch im selben Jahr veröffentlicht wurde, entwickelte sich rasch zu einem Bestseller. Heute fühlt man sich an den Roman »Reise um die Welt in 80 Tagen« erinnert, den Jules Verne 1873 geschrieben hatte. Und tatsächlich: Verne und Ludwig Salvator lernten einander zwei Jahre später kennen.

Sein Lebenswerk

»Die Balearen in Wort und Bild geschildert« – dieses siebenbändige Werk ist 1869 bis 1891 bei Brockhaus in Leipzig erschienen und bildet noch heute eine überreiche Quelle zur Kulturgeschichte und Volkskunde der Inselgruppe. In seinem Hauptwerk zeigt sich Ludwig Salvator als glänzender und unvoreingenommener, gebildeter Beobachter. Für die detaillierten und aussagekräftigen Illustrationen hat er die Vorskizzen geliefert; und da er das Mallorquinische vollendet beherrschte, konnte er auch aus der mündlichen Überlieferung der Inselbevölkerung schöpfen. Das Kompendium wurde auf der Pariser Weltausstellung von 1889 mit einer Goldmedaille ausgezeichnet.

Kein Mann von Konventionen: Erzherzog Ludwig Salvator

Prominenter Promoter

In seinen letzten Lebensjahren ließ Ludwig Salvator an der Straße nach Deià eine Posada errichten, eine Herberge, in der jeder dreimal übernachten konnte. Die unberührte Pflanzen- und Tierwelt seiner großen Besitztümer an der wildromantischen Nordwestküste Mallorcas übte eine große Anziehungskraft auf Naturfreunde aus und noch heute kann man auf den Balearen auf manchen Wanderpfaden den Spuren des ungekrönten Königs von Mallorca folgen. Als der Erste Weltkrieg ausbrach, musste er sein kleines Königreich an der Costa Nord verlassen. Auf **Schloss Brandeis bei Prag** starb der blaublütige Aussteiger am 12. Oktober 1915.

sind im Obergeschoss seltene Ausgaben, Briefe und Manuskripte ausgestellt. Ein Film (auch auf Deutsch, gezeigt in einem Extragebäude) bringt das Leben und das Werk des Engländers näher.
April – Okt. Mo. – Fr. 9.30 – 16.30, Sa. bis 15, Nov. – März Mo. – Fr. 9 – 16 Uhr | Eintritt: 10 € | www.lacasaderobertgraves.org

Rund um Deià

Picasso auf der Spur

In nördlicher Richtung

1,5 km hinter dem Ortsausgang in Richtung Sóller zweigt ein schmales Sträßchen ab, den Hang hinab. Mit dem Auto, dem Fahrrad oder in einem gut halbstündigen Fußmarsch gelangt man an die kleine Bucht **Cala de Deià**. In der Feriensaison ist der Kiesstrand allerdings hoffnungslos überfüllt. Noch ein Stück weiter in Richtung Sóller liegt der Weiler **Lluc Alcari**. Im frühen 20. Jh. war das Dörfchen fast verlassen. Heute ist es eine der exklusivsten Adressen der Insel, auch Pablo Picasso weilte einst hier.

In bester Lage

Son Marroig

In der anderen Richtung, rund 2 km nach dem Ortsausgang Richtung Valldemossa, wartet ein weiteres Highlight. Hoch über der wilden Küste der Serra de Tramuntana liegt das Landgut Son Marroig. Hier lebte **Erzherzog Ludwig Salvator** (► Baedeker Wissen, S. 116), nachdem er sich das alte Gutshaus aus dem 16. Jh. zu einer Villa im toskanischen Stil hatte umbauen lassen. »Das am schönsten gelegene Haus Mallorcas« nannte der adlige Aussteiger das Anwesen, das zum Zentrum seines kleinen, rund 16 km langen Reiches an der Küste wurde. Nach dem Tod des Erzherzogs 1915 ging Son Marroig an seinen Sekretär Antoni Vives über. Dessen Familie richtete 1929 ein Museum ein. Schon im Vorsaal werden Gemälde und auch Kuriositäten wie der Wirbel eines in der Nähe gestrandeten Wals ausgestellt.
Die Räume sind mit Porzellan und Keramik, Zeichnungen und Stichen ausgezeichnet sowie Landkarten, auf denen die zahllosen Reiseziele des Arxiduc vermerkt sind oder über die er geschrieben hat. Auf Fotografien ist auch Kaiserin Elisabeth zu sehen, die ihren Cousin zweimal auf Mallorca besuchte. Originalausgaben von seinen Werken liegen in einer Vitrine – 64 hat er verfasst.
Von der Loggia genoss er die Sonnenuntergänge und den Blick auf seine Jacht »Nixe«, die an der durchlöcherten Felsnase der Foradada ankerte. Der neoklassizistische Pavillon aus weißem Marmor im Garten ist eines der beliebtesten Fotomotive der Insel. Wer sich von dem wunderbaren Panorama losreißen kann, kann auch durch Oliven-

Der Erzherzog wusste genau, weshalb er hier seinen Landsitz wählte: Blick auf das tiefe Meeresblau und auf die weite Tramuntana.

DEIÀ ERLEBEN

D'ES PUIG €€€ ► S. 323

CA'S PATRÓ MARCH €€€–€€

Das einfache Lokal direkt am Meer wird von einer Fischerfamilie geführt, die auf der stets gut besuchten Terrasse frischer Fisch serviert. Unter den Gästen sitzt ab und an ein Schauspieler oder sonstiger Promi.
Cala de Deià
Tel. 971 63 91 37
tgl. bis 18 Uhr, im Juli und Aug. auch abends, Nov. – April geschl.

S'HORTET €

Das nette Café mit seiner unkomplizierten und frischen Atmosphäre ist ein echter Gewinn für Deià. Frische vegetarische Zutaten wandern hier in leckere Bowls, Salate und Bagels. Im romantischen Terrassengarten schmeckt's nochmal so gut.
C/ Es Clot 20
Tel. 687 95 59 18, Mo., Di. geschl.

ES RACÓ D'ES TEIX €€€€–€€€

2021 hat Josef Sauerschell den Michelinstern, mit dem sein Restaurant 20 Jahre lang ausgezeichnet wurde, abgegeben. An der ausgezeichneten Küche ändert sich nichts, auch nicht am herrlichen Blick von der Terrasse. Das dreigängige Mittagsmenü wird für 45 € serviert, das Degustationsmenü am Abend ab 84 €
C/ Sa Vinya Vella 6
Tel. 971 63 95 01
http://esracodesteix.es
Mitte Nov. – Mitte Jan. sowie Mo. und Di. geschl.

SA VINYA €€€

Mit ausgezeichneter Küche hat sich das Restaurant über die Ortsgrenzen einen Namen gemacht. Die schöne Gartenterrasse spricht für sich, ebenso wie die Preise, die trotz der Lage vergleichsweise günstig sind.
C/ Vinya Vella 4, Tel. 971 63 95 00
www.restaurant-savinya.com
Di. geschl.

---

und Kiefernhaine bis zur Halbinsel Foradada und dem gleichnamigen Lokal spazieren, das nur per Boot oder eben zu Fuß zu erreichen ist.
Mo. – Sa. 9.30 – 14 u. 15.30 – 16.30 Uhr | Eintritt: 4 €
www.sonmarroig.com

Wie ein Magnet

Nach weiteren 2,5 km in Richtung Valldemossa steht ein Anwesen, das ebenfalls von Ludwig Salvator gekauft und restauriert wurde. Dessen Geschichte reicht bis ins 13. Jh. zurück. Damals gründete **Ramon Llull** (► Interessante Menschen) eine Missionarsschule in der abgeschiedenen Küstenregion. Die dort lebenden Mönche lernten Arabisch, um in den Ländern Nordafrikas Muslime zum Christentum zu bekehren. Nach dem Tod Ramon Llulls übte die Gegend eine geradezu mystische Anziehungskraft auf potenzielle Einsiedler aus. Vier Jahrhunderte später ließ sich der Eremit Joan Mir Vallès hier nieder

und begründete das auf Mallorca besonders ausgeprägte Eremitentum. Das von ihm verfasste Regularium für Klausner wurde auch von anderen Eremitengemeinschaften übernommen. Das Gebäude wurde als Landgut genutzt, als Salvator es kaufte. Er ließ Teile des ehemaligen Kreuzgangs vom Kloster Santa Margarita aus Palma ins Gebirge schaffen und dort wiederaufbauen und auch die Kapelle restaurieren. Die darin aufgestellte Madonna aus Carrara-Marmor ist ein Gastgeschenk von Kaiserin Elisabeth aus dem Jahr 1892.
Im Haus sind ein **Modell der Jacht »Nixe II«**, mit der Salvator seine Forschungsreisen unternommen hat, und nautische Instrumente zu sehen. Ramón Llull und seine »Ars Magna«, eine Art kombinatorische Denkmaschine, wird in einigen Beispielen erklärt. Auch hier erfreut ein schönes Küstenpanorama: vom nahen Mirador del Portalet und von der Galerie unterhalb des Anwesens.
Mai – Okt. Mo – Sa. 10 – 17.45, Nov. – April 9 – 16.45 Uhr | Eintritt: 4 €

BAEDEKER MAGISCHE MOMENTE

PAELLA IN DER PIRATENBUCHT

Nicht nur weil schon so mancher Hollywoodstar hier gegessen hat, ist das Restaurant Sa Foradada an der gleichnamigen Halbinsel ein Mythos. Es liegt auch daran, dass man schon ein Boot braucht, um hinzukommen – oder gut eine Stunde zu Fuß gehen muss. Gut, dass Sie einen Tisch reserviert haben. Die Paella köchelt schon auf dem Holzgrill und ist wie die Lage des Lokals ein Traum.
Tel. 616 08 74 99, https://restaurantesaforadada.com

★ FELANITX

Gemeinde: Felanitx | **Höhe:** 108 m ü.d.M. | **Einwohnerzahl:** 18 400

Jeden Sonntag erwacht das ruhige Landstädtchen zum Leben. Dann bauen rund um die Markthalle und die Pfarrkirche die Markthändler ihre Stände auf. Nach dem Bummel an den Ständen bietet es sich an, an den Kreuzwegstationen vorbei den Kalvarienberg hinaufzugehen: Spektakulär ist der Ausblick vom Kloster Sant Salvador vor den Toren der Stadt.

Unabhängig und eigensinnig

Felanitx ist schon seit dem Jahr 1300 eine Stadt. Vielleicht ist es der Stolz auf die lange Geschichte, die den Bewohnern den Ruf eingebracht haben, dass sie unabhängig und ein wenig eigensinnig seien. Ins Bild passt aber die in Felanitx gerne vertretene Ansicht, wonach der Amerika-Entdecker Christoph Kolumbus nicht in Genua, sondern in Felanitx geboren wurde. Sicher ist dagegen, dass der berühmte Künstler Miquel Barceló (geb. 1957) aus der Stadt im Südwesten der Insel stammt.

Wohin in Felanitx?

★ Sant Miquel

Unter dem Schutz des Erzengels

Das Zentrum von Felanitx beherrscht die Pfarrkirche Sant Miquel. Durch die große Freitreppe, die zum Hauptportal mit seinen plateresken Elementen führt, wirkt sie noch eindrucksvoller. Das Portal von ca. 1600 bewacht der Schutzpatron der Kirche, der Erzengel Michael. Das gotische Kirchenschiff stammt aus der zweiten Hälfte des 16. Jahrhunderts.

Die Seitenkapellen sind verschwenderisch ausgestattet: Die **Capella de Sant Pere** wurde von dem Maler Jaume Blanquer und dem Bildhauer Gabriel Oliver 1652 gemeinsam gestaltet. Gaspar Oms, der zu einer auf Mallorca berühmten Maler- und Bildhauerdynastie gehört, vergoldete und bemalte das Retabel der Capella de Sant Sebastià. Die Capella de Sant Francesc schließlich baute der geniale Meister Guillem Sagrera im 15. Jh. n. Chr. Bemerkenswert ist auch die Orgel von Damià und Sebastià Caimari, den neben Jordi Bosch berühmtesten Orgelbaumeistern, die auf der Insel wirkten.

Die Darstellung von liegenden oder auch entschlafenden Madonnen sind auf Mallorca in vielen Kirchen zu finden. Sie werden am Tag vor Mariä Himmelfahrt (15. August) mit einem uralten Brauch geehrt: Die Gläubigen stellen Basilikumsträucher vor der Madonna auf, damit diese sie segnet. Eine solche Darstellung, aus dem 15. oder 16. Jh., ruht in der Capella Mare de Déu dels Dolors.

An der Längsseite der Außenfassade, oberhalb des C. Major, ist eine Plakette eingelassen. Sie erinnert an das **tragische Osterfest des Jahres 1844**. Damals stürzten Teile der Kirche und Stützmauern ein und begruben mehr als 400 Menschen unter sich.

Bühne des städtischen Lebens

Rund um die Kirche

Gegenüber der Freitreppe an der Kirche sprudelt die seit 1830 genutzte **Font de sa Margalida.** Es ist eine angeblich nie versiegende Quelle, zu der einige Stufen hinunterführen. Dahinter präsentiert das Kulturzentrum in dem Patrizierhaus **Can Prohens** die Arbeiten einheimischer Künstler.
Die **Markthalle** direkt hinter der Kirche ist jeden Sonntag das Zentrum des Wochenmarkts, der sich von dort in den Gassen bis zur Plaça Espanya ausbreitet. Dann sind auch die meisten Geschäfte geöffnet.

Stufe um Stufe

Calvari

Ein hübscher Spaziergang führt den Kalvarienberg hinauf: Man folgt dem C/Major, biegt rechts in den C/des Call ein und erklimmt die Stufen, die an Kreuzwegstationen und Zypressen vorbei hinaufführen. Oben lässt man sich Zeit, um die herrliche Aussicht zu genießen.

Festtagsstimmung herrscht vor der mächtigen Kirche Sant Miquel.

FELANITX ERLEBEN

O.I.T. MUNICIPAL PORTOCOLOM

Avda. Cala Marçal 15
Tel. 971 82 60 84
www.portocolom.info
http://mallorcador.com

SANT SALVADOR €€ ▶ S. 325

CAFE CANDELA €€

Das Café im Ortszentrum ist ein wahrer Wohlfühlort. Im hübschen Mallorca-Romantik-Ambiente genießen die Gäste gerne eine der liebevoll zubereiteten Frühstücksvarianten. Auch die Tostadas und Baguettes können sich sehen lassen.
C/ Major 60
Tel. 646 37 02 69
https://cafe-candela.es
Mo., Di. geschl..

ORGANIC €€

Die Lage des Biorestaurants könnte kaum schöner sein, es liegt etwas erhöht an der Cala Marçal. Von der Terrasse blickt man über das türkisfarbene Wasser. Die Küche ist mediterran und bietet neben Fisch- und Biofleisch auch eine Auswahl veganer Gerichte.
Playa Cala Marçal
Portocolom
Tel. 674 80 41 51
Mo., Di. geschl.

COLÓN €€€€ – €€€

Das Restaurant an der Hafenbucht des Fischerorts gehört zu den besten des Inselsüdens. Seit gut 20 Jahren verwöhnt der Österreicher Dieter Sögner seine mitunter prominenten Gäste mit wunderbar aromatischen Kreationen. Das Colón verbindet Kaffeehausflair mit edel-rustikalem Charme.
C/ Cristófor Colom 7
Portocolom
Tel. 971 82 47 83
www.restaurante-colon.com
Mi. geschl.

Die Bademöglichkeiten bei Portocolom sind zwar begrenzt, doch kann man in die nördliche Cala s'Algar und die südliche feinsandige Cala Marçal ausweichen, wo es eher ruhig zugeht.

KERAMIK

Maria Ramis ist nicht nur eine außergewöhnliche Keramikkünstlerin, ihr Ladenatelier ist so einladend, dass man am liebsten selbst einen Kittel anziehen möchte, um kreativ zu werden. Die Kunstobjekte, Vasen und Schalen haben oft matte, kreidige Farben und roh wirkende, raue Oberflächen.
Call Vermell, C/ Major 44
Tel. 971 58 21 58

KULTWEINE AUS FELANITX

In Felanitx sind zwei Weingüter zu Hause, deren Weine Kultstatus genießen. Diese sind: An Negra Viticultors mit den Rotweinen »An/1« und »An/2« sowie die Bodega 4kilos mit den ausdrucksstarken Roten »12 Volts« und »4 Kilos«. Man kann die Weine in vielen Weinhandlungen der Insel kaufen.

MARKT

Sonntagvormittag

Rund um Felanitx

Castell de Santueri

Kaum angreifbar

Bei klarem Wetter bietet sich vom Castell de Santueri wenige Kilometer südöstlich der Stadt ein fantastischer Weitblick: Kein Wunder, dass dieser 400 m hohe, auf einer exponierten Bergkuppe liegende und fast uneinnehmbare Platz geeignet war, herannahende Feinde schon von Weitem auszumachen. Und so hatten die Römer hier eine Festung errichtet, später die Araber. Im 14. Jh. begann der Wiederaufbau und die Feste konnte auch längeren Belagerungen trotzen. Allerdings kam mancher Besucher nicht freiwillig herauf; so war der Infant Don Carlos von Navarra einige Zeit von seinem eigenen Vater hier gefangengesetzt worden, und während der »Germanies«, der Bauernaufstände (1521 – 1523), mussten auch die reichen Landbesitzer es ein Weilchen hier oben aushalten.

Das Bollwerk ist längst verfallen, doch ist die eigentümliche Atmosphäre im weiten Mauerring die schmale, kurvenreiche Auffahrt wert. Den Hauptakzent des fantastischen Rundblicks bildet im Norden die Ermita de Sant Salvador. Markantester Punkt der Küstenlinie ist der Hafenort Portocolom. Bei klarem Wetter sind selbst Menorca (nördlich) und Ibiza (südlich)zu erkennen. Nach Ansicht einiger Hobbyhistoriker wurde auf der Burg **Christoph Kolumbus** als unehelicher Sohn des Prinzen von Viana gezeugt, der hier in Gefangenschaft gewesen sein könnte. Im Restaurant Colón (▶ S. 126) kann man Näheres zu dieser Theorie erfahren.

Apri – Okt. tgl. 10 – 18.30 Uhr | Eintritt 4 € | www.santueri.org

Ermita de Sant Salvador

Herausforderung gesucht?

Die fantastische Lage der Wallfahrtsstätte Ermita de Sant Salvador in der Serra de Llevant wurde schon im Mittelalter genutzt: Sie war eine Art »Kommunikationszentrale«, denn im Falle eines Piratenangriffs konnten sich die Turmwächter hier rechtzeitig mit jenen von Portocolom und Monti-Sion verständigen. Den überwältigenden Blick von der 506 m hohen Felsnase wollen auch Radsportler genießen, bei denen die steile Serpentinenstraße sehr beliebt ist.

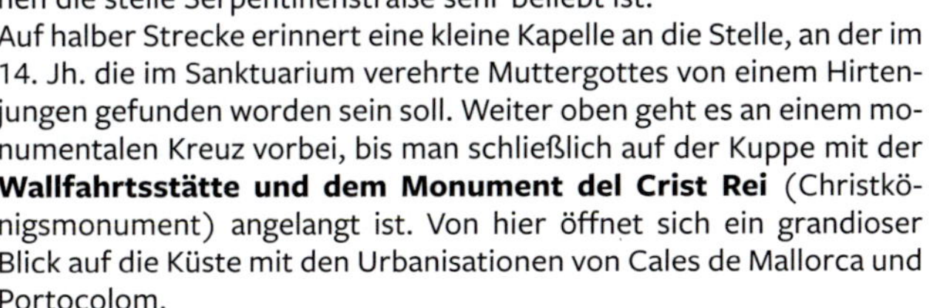

Auf halber Strecke erinnert eine kleine Kapelle an die Stelle, an der im 14. Jh. die im Sanktuarium verehrte Muttergottes von einem Hirtenjungen gefunden worden sein soll. Weiter oben geht es an einem monumentalen Kreuz vorbei, bis man schließlich auf der Kuppe mit der **Wallfahrtsstätte und dem Monument del Crist Rei** (Christkönigsmonument) angelangt ist. Von hier öffnet sich ein grandioser Blick auf die Küste mit den Urbanisationen von Cales de Mallorca und Portocolom.

Die Geschichte des mächtigen, aber schmucklosen Heiligtums reicht bis 1348 zurück. Nachdem in Felanitx die Pest gewütet hatte, gab König Pere IV. die Erlaubnis zum Bau einer Kapelle, die dem Erlöser

Die Netze sind eingeholt, die Segel gerefft: abendliche Ruhe in Portocolom.

(»Salvador«) gewidmet sein sollte. Die Kapelle konnte schließlich die Flut der Pilger nicht mehr aufnehmen, sodass mit dem Bau der Kirche und der Unterkünfte begonnen wurde, die 1788 fertiggestellt waren. Der Kult um die Marienstatue, die von dem Hirten gefunden worden war, nahm stetig zu, sodass der Bau erweitert werden musste. In der Eingangshalle hat neben einem Abendmahlrelief (eine Replik vom Südportal der Kathedrale von Palma) eine Vielzahl von Radfahrertrikots ihren Platz gefunden. Der 1926 in Felanitx geborene Radsportler Guillem Timoner Obrador hat sie nach seinen zahllosen Siegen (u. a. sechsfacher Steher-Weltmeister) gestiftet.

Die prächtig ausgestattete **einschiffige Kirche** bewahrt auf der rechten Seite eine Steinschneidearbeit auf, die ursprünglich den Anlass zum Bau des Heiligtums gegeben hatte: die aus Sandstein geschaffene **»Passio Imaginis«.** Man schreibt sie Guillem Sagrera oder seiner Schule zu. Einer antisemitischen Legende nach fügten Juden im Jahr 765 in Syrien einem Christusbildnis dieselbe Marter zu, wie Jesus sie erlitten hatte. Daraufhin begann das Bildnis auf wundersame Weise zu bluten und die reumütigen Juden baten um die Taufe.

Seit' an Seit' auf dem Wasser

Portocoloms Hafen

Portocolom, knapp 14 km südöstlich von Felanitx, ist der größte Naturhafen Mallorcas und wird schon im 13. Jh. erwähnt. Vom Hafenviertel Sa Capella wurden einst die Weine aus Felanitx zum spanischen Festland und nach Frankreich exportiert.Der Fischerhafen mit seinen bunten Bootsschuppen belegt den Nordteil der Bucht, die dort in der Punta de ses Crestes mit dem 25 m hohen, aktiven **Leuchtturm** endet. Südlich an den Fischerhafen schließt der Sporthafen an, und so dümpeln hier rustikale Fischerboote neben coolen Jachten hinter der engen Hafenzufahrt.
Entlang der Südseite der Bucht verläuft eine schöne Promenade. Hier sind auch die meisten Restaurants, mit Außenterrassen und Blick auf die Hafenbucht.

INCA

Gemeinde: Inca | **Höhe:** 121 m ü.d.M. | **Einwohnerzahl:** 34 100

In Shopping-Laune? Das ganze Jahr über kann man in Inca auf Einkaufstour gehen. Zum Beispiel um nach schönen Lederwaren bekannter mallorquinischer Hersteller Ausschau zu halten. Eine Entdeckung ist auch die lebendige Altstadt, die nach Palma das beste Shoppingangebot zu bieten hat.

Ziel für Shopping-queens

Mit dem oft dichten Verkehr, der Geschäftigkeit in den Straßen und den hohen und modernen Gebäuden wirkt Inca schon fast wie eine Großstadt. Dennoch lohnt sich der Besuch, denn Inca ist über Mallorca hinaus für seine Lederwarenindustrie bekannt. Seit frühesten Zeiten ist die heute drittgrößte Stadt der Insel bereits ein wichtiger Handelsplatz.

Halb Mallorca trifft sich hier im Herbst zur größten Messe der Insel, dem **»Dijous Bo«** (guten Donnerstag): Das bunte Fest am dritten Donnerstag im November ist Landwirtschaftsmesse, Tierschau und Volksfest – und lockt mehr als hunderttausend Menschen an.

Marken wie Camper, Lottusse, Georges, Barrats und Munper haben in Inca ihren Firmensitz – und große Verkaufsshops sowie Outlets. Die liegen vor allem an den großen Ausfallstraßen wie der Ma13a, der alten Landstraße zwischen Palma und Alcúdia.

Ein Grund zu bleiben

Cellers

Die Lederindustrie war im 19. Jh. wichtig geworden und hatte einen anderen Wirtschaftszweig abgelöst, dessen Erbe noch in Form von urigen Kellern erhalten ist: Inca war eines der bedeutendsten Weinzentren Mallorcas. Sogar die Könige der Insel besaßen im 13. Jh. Weinkeller in der Stadt.

Neben dem überschaubaren, aber lebendigen Altstadtzentrum sind die verbliebenen Cellers ein überzeugender Grund, zum Mittag- oder Abendessen in der Stadt zu bleiben. Zum Beispiel im **Celler Can Ripoll:** Hier isst man nicht nur sehr gut, sondern kann sich auch gleich die herrschaftliche Bauweise von einst anschauen.

Can Ripoll

Can Ripoll, ein mächtiger, strenger Bau aus dem Sandstein der Umgebung, entstand im 17. Jh.; in seinem Keller, dem heutigen Restaurant, wurde der Wein gekeltert und in gigantischen Fässern, meist aus Olivenholz, aufbewahrt. Der Wein wurde früher auch ab Fass ausgeschenkt, und wer wollte, konnte sich etwas zum Essen mitbringen und an Ort und Stelle sein Glas Wein dazu trinken. Später gingen die Cellers dazu über, selbst einfache Mahlzeiten zuzubereiten und den Gästen anzubieten.

Wohin in Inca?

Für Freunde des Modernisme

Innenstadt

Die Innenstadt bietet schicke Boutiquen wie auch nostalgische kleine Geschäfte. Zahlreiche Häuser im Modernisme-Stil zeugen vom einstigem Wohlstand. Wer sich für Architektur und historische Ambiente interessiert, kann der **Route der emblematischen Geschäfte** folgen Bäckereien, Uhrengeschäfte und anderes im Jugendstil oder Geschäfte im aufkommenden Rationalismus sind zu entdecken.
Info: https://incaturistica.es

Mallorcas Malerpionier

Santa Maria la Major

Der Bau der heutigen Pfarrkirche Santa Maria la Major zog sich bis ins 19. Jh. hinein. Neben detailliert ausgestatteten Retabeln ist die größte Kostbarkeit in der Taufkapelle zu sehen: Das Tafelbild Santa Maria la Major (1373) von **Joan Daurer** ist in der Tat das erste Gemälde Mallorcas, dessen Entstehungsdatum und Künstler genau bekannt sind. Er lebte von 1358 bis 1374 auf Mallorca.

Varianten in Leder: Angebot auf dem Markt von Inca

INCA ERLEBEN

TOURISTINFO
Plaça Espanya 1
http://incaturistica.es

SA BISBAL €€ ▶ S. 324
FINCA CAN BENEÏT €€€ ▶ S. 327

CELLER CAN RIPOLL €€€/€€
Zu einem typischen Celler gehört echte mallorquinische Küche: saisonal, regional und oft frisch vom Markt. So auch im Can Ripoll, wo sich Lomo con col (Schweinelenden mit Kohl) und die hausgemachten Nachspeisen sehr empfehlen.
C/ Jaume Armengol 4
Tel. 971 50 00 24
www.restaurantcanripoll.com
Mo. geschl.

JOAN MARC €€€
Das Kontrastprogramm zu den urigen Cellers ist Joan Marcs zeitgenössische Spitzenküche im modern-kühlen Ambiente. Die Gäste haben die Wahl zwischen diversen Menüs, wie ein Degustationsmenü mit fünf Gängen für 60 €. Der Chef begeistert mit überraschenden Aromakombinationen, zum Beispiel bei seiner »Königinnen-Cremesuppe« von Truthahn-Gnocchi, Pistazien und Herbsttrompete.
Plaça Blanquer 10
Tel. 971 50 08 04
www.joanmarcrestaurant.com
Mo., Di. geschl.

CA NA TONETA €€€
Wie gut man bei den Schwestern Maria und Teresa Solivella isst, hat sich schnell herumgesprochen. Das kleine, liebevoll eingerichtete Restaurant in Caimari (▶ Lluc) ist eine Institution der neuen naturnahen Küche Mallorcas. Am besten man reserviert noch vor der Abfahrt nach Mallorca.
C/ Horitzó 21, Caimari
Tel. 971 51 52 26
www.canatoneta.com
Di. – Do. geschl.

CAN CARROSSA €€€ – €€
Um den authentischen Geschmack mallorquinischer Küche zu kreieren, geht Küchenchef Joan Abrines auf die Suche nach verschollenen Rezepten und bereitet seine Speisen u. a. in Greixoeras auf dem Herd zu.
C/ Nou 28, Lloseta
Tel. 971 51 40 23, Mo. geschl.

MICELI €€
Im hübschen Dorf Selva – an der Straße von Inca in Richtung Kloster Lluc – bietet das familiengeführte Restaurant exquisite mallorquinische Küche. Die Köchin kreiert ihre wechselnden Menüs anhand der Zutaten, die gerade frisch zu bekommen sind. Von der Terrasse öffnet sich ein schöner Blick. Unbedingt reservieren.
C/ Àngels 11, Selva
Tel. 971 87 37 84
www.miceli.es
i.d.R. Mo., Di., Mi. geschl.

LEDER UND TEXTIL
ReCamper Factory Outlet: Sonder- und Auslaufmodelle von Camper gibt es im Outletstore im Industriegebiet, Nähe Stadtumgehung Ronde de Migjorn, Poligono Industrial. **Lottusse:** Gegenüber vom Camper-Shop, im Carrer dels Pagesos 14, hat die mallorquinische Luxusmarke einen

kleinen Shop mit Schuhen, Handtaschen und mehr. Das Familienunternehmen **Cabrit** (C/Colon 6) stellt Straßen- und Wanderschuhe noch vor Ort her. Verkauft wird im Wandershop »Sa Mutanya« im C/Antoni Oliver 7. Seit mehr als 100 Jahren stellt die Werkstatt von **Teixits Riera** typische mallorquinische Textilien u.a. mit Zungenmuster (»llengües«) her (Lloseta, C/Major 50).
www.cabrit.com
http://teixitsriera.com

CA'N DELANTE

In der Traditionskonditorei bekommt man sowohl die mit Öl und Salz gebackenen Galetas als auch Ensaimadas.
C/ Major 27, Inca

SON CATIU

In der modernen Ölmühle kann man im Winter zusehen, wie natives Olivenöl entsteht, und sich das ganze Jahr über bei einem leckere »Pa amb Oli« in der Cafeteria stärken. Im Shop gibt es die vorzüglichen Öle von Son Catiu und andere Kulinaria.
Ctra. Inca, Llubí, Km 3,8
www.soncatiu.com

MARKT

Donnerstagvormittag findet in Inca einer der größten Märkte der Insel mit einem riesigen Angebot statt; die ganze Woche offen ist die Markthalle.

Ruhe im Kreuzgang

Kirchen und Klöster

Das Kloster **Sant Domènec** wurde 1604 gegründet, ist überwiegend barock ausgestattet und besitzt einen schönen Innenhof. In der Rosenkranzkapelle (1666) befindet sich ein mit Engeln, Blumen und Früchten überladenes Retabel aus dem 17. Jh. Die Capella de Sant Vicenç Ferrer erinnert an den Dominikaner Vicenç Ferrer aus Valencia, der 1413 in Inca predigte.

Der harmonisch gestaltete Kreuzgang im Kloster **Sant Francesc** am C. Vent lädt zu einer kleinen Pause ein. Sehenswert ist die von Gabriel Mòger im 16. Jh. geschaffene Skulptur der Mare de Déu de Gràcia. Ruhe verströmt auch der Innenhof mit Ziehbrunnen im Kloster **Sant Bartomeu** (16. Jh.) am C/des Monges (mit kleinem Museum).

Ein Schmuckstück in der barocken Kirche des Klosters **Sant Domingo** ist wiederum der weiträumige Kreuzgang. Auch die Altarretablen von Gaspar Horns verdienen einen genauen Blick.

Fels mit Eindruck

Sa Pota del Rei

Ganz in der Nähe von Sant Bartomeu sieht man bei sechs ehemaligen Mühlen den Felsklotz »Sa Pota del Rei«: Auf ihm soll das Pferd Jaumes des Eroberers seinen Hufabdruck hinterlassen haben.

Immer wieder: Leder

Museu del Calçat i de la Pell

Der Rolle Incas als Schuh- und Lederstadt widmet sich ein Museum im Cuartel General Luque. Zu sehen sind historische Maschinen und Werkzeuge des Lederhandwerks sowie mallorquinische Schuhtypen.
Antic Quarter General Luque, Av. del General Luque 223 | Mo.–Fr. 10–14, 16–20, Sa. 10–13 Uhr | Eintritt frei

Kloster mit Verskunst

Puig d'Inca

Östlich der Stadt erhebt sich der 304 m hohe Puig d'Inca. Auf dem Gipfel stehen die kleine Wallfahrtskapelle Ermita de Santa Magdalena mit Pilgerhospiz sowie ein Terrassenrestaurant mit ausgezeichnetem Rundblick. Neben der Konventspforte (Porteria) prangt oben an der Wand, auf Keramikfliesen geschrieben, das Gedicht »Peregrinació Pollensina« (»Wallfahrt nach Pollença«, 1891) von Miquel Costa i Llobera.

Rund um Inca

Aus mandelförmigen Augen

Lloseta

Lloseta, 3 km westlich von Inca, lädt zu einem Bummel, auch wenn zunächst die verstaubte Zementfabrik der Portland de Mallorca grüßt, aus der gut zwei Drittel des auf der Insel verarbeiteten Zements kommen.

An der Plaça Espanya steht der **Palau Aiamans**, Mitte des 18. Jh.s für die Grafen von Aiamans gebaut und 1927 in den Besitz der Bankiersfamilie March übergegangen. Er verbindet in seinem lauschigen Garten Elemente der traditionellen Architektur Mallorcas mit dem Geist der italienischen Renaissance. In der klassizistischen **Pfarrkirche Nostra Senyora de Lloseta** neben dem Palau blickt eine der ältesten romanischen Madonnenstatuen Mallorcas, Nostra Senyora de Lloseta, mit großen, mandelförmigen Augen.

Eine Kopie dieser Statue befindet sich in der **Einsiedelei von Cocó,** 1 km vom Ortszentrum entfernt, wo – nach einer der vielen rührenden Legenden, die nach der Reconquista entstanden – das Original im 13. Jh. von einem maurischen Hirtenjungen gefunden worden sein soll. Das EEreignis gab Anlass für eine heute bedeutende Wallfahrt nach Cocó, die am ersten Mittwoch, der auf Ostern folgt, stattfindet.

In üppigem Grün

Llubí

Der Torrent de Vinagrella speist einen großen Teil des Gebiets um das verträumte Dorf Llubí, das 8 km östlich von Inca liegt)und das dadurch mit einer üppig grünen Vegetation gesegnet ist. Grün ist auch der hier destillierte Kräuterlikör, und grün ist der Teppich aus Kapernbüschen, die die Gemeinde umgeben und für deren Früchte der Ort bekannnt ist. Die frischen oder in Essig bzw. Öl eingelegten **Kapern** sind die Knospen der Büsche – je kleiner, desto teurer! Probieren Sie doch mal ein Pa amb Oli mit Kapern...

Rund 2 km außerhalb (Wegweiser) auf einer Anhöhe die idyllische **Ermita Sant Crist** (19. Jh.): Sie ist bei den Einheimischen als Ausflugsziel sehr beliebt und zu Fuß über den »la Canastreta« genannten Weg zu erreichen.

Diese steng dreinblickenden Herren in Sencelles erinnern an die Seligsprechung der wundertätigen Nonne Francinaina Ciner.

Voller Romantik

Selva

Das am Fuß der Serra de Tramuntana 4 km nördlich von Inca gelegene romantische Dorf Selva ist von jeher bekannt für handwerkliche und kunstgewerbliche Produkte wie Olivenöl, Lederwaren und dekorative Keramik. Eine von mächtigen Zypressen gesäumte Treppe führt zur **Pfarrkirche Sant Llorenç** hinauf. Deren Anfänge gehen auf eine dem hl. Laurentius gewidmete Kapelle zurück. Den Grundstein für die heutige Kirche legte 1301 der Bischof von Mallorca, Ponç de Jardí. Im Presbyterium befindet sich ein 1928 im neogotischen Stil gefertigtes Retabel mit dem Bildnis der »Verge de la Mercé«. Dieses Tafelbild ist als einziges vom Retabel des ursprünglichen Hochaltars übrig geblieben, den Selva 1479 bei dem Maler Rafael Mòger (1424 – 1490) in Auftrag gegeben hatte. Die fein ausgearbeiteten Skulpturen einenr Kreuzigungsszene (15. Jh.) hat wohl Gabriel Mòger geschaffen.

Dudelsack und Liedgut

Sencelles

In dem ruhigen Städtchen Sencelles 10 km südlich von Inca haben sich viele Ausländer einen Zweitwohnsitz gekauft oder leben dort ständig. Zugleich gibt es noch das traditionelle Sencelles, in dem die Landwirtschaft, nicht zuletzt der Weinbau, eine ökonomisch wichtige Rolle spielen. Bis heute werden im Ort Dudelsäcke gebaut. Die **»Xeremiers«** sind neben Flöten und Trommeln für das jahrhundertealte Liedgut Mallorcas verantwortlich.
Am zweiten Sonntag nach Ostern wird es lebhaft, denn dann kommen von der ganzen Insel Wallfahrer zu der aus Sencelles gebürtigen, 1989 selig gesprochenen Nonne **Francinaina Cirer** (1781 – 1856) der man viele Heilungen zuschreibt. Ihr Denkmal steht auf dem Vorplatz der zwischen 1705 und 1766 erbauten Pfarrkirche Sant Pere. Deren Schätze sind eine restaurierte Orgel von Mateu Bosch (1746), eine Rosenkranzmadonna (16./17. Jh.) und ein Retabel.

★★ LLUC (KLOSTER)

Höhe: 400 m ü.d.M.

Welches ist die liebste Pilgerstätte der Mallorquiner? Kein Zweifel, das Santuari de Santa Maria de Lluc, so der offizielle Name, ist die Nummer eins unter den Wallfahrtsorten. Seine Geschichte als Klosterschule und als identitätsstiftendes Symbol und natürlich die Wunder der Schwarzen Madonna spielen dabei eine Rolle. Das zauberhafte Hochtal und die goldglänzende Klosterkirche lockt aber nicht nur fromme Insulaner; auch Touristen aus aller Welt lassen sich von Lluc begeistern.

Weltabgewandt

Jede Anfahrt hat ihre Vorzüge und ihren eigenen Charakter: Aus Richtung Pollença nähert man sich über die Ma10 dem Kloster durch eine weite und stille Bergwelt. Wer aus Sóller kommt, hat zahllose Kurven und das Hochgebirge der Serra de Tramuntana hinter sich. Und für die Anfahrt aus Inca spricht das wildromantische Bergtal, durch das sich hinter Caimari ein schmales Sträßchen emporschlängelt und dabei immer wieder auf den alten Pilgerweg trifft.
Selbst für heutige Maßstäbe liegt das Santuari de Santa Maria de Lluc in einer weltabgewandten Gegend. Inmitten eines Hochtals, umgeben von Steineichenhainen und Felsen, die von Wind und Wetter zu markanten und die Fantasie anregenden Formen geschliffen wurden, merkt man schnell, dass die Lage für die Bedeutung von Lluc mitentscheidend war und ist.

BEI DEN BLAUEN CHORKNABEN

Wer vormmittags kommt, kann den Chor »Els Blauets« im Kloster Lluc höre. Um 12.30 Uhr (Sa. 11.30, So. u. Fei. 11 Uhr; nicht von Mitte Juni bis Mitte August) singt der Schülerchor in der Basilika. Er besteht aus insgesamt etwa 50 jungen Sängern, die im Turnus auftreten, da sie vormittags im Internat des Klosters Unterricht haben.

Die Legende von La Moreneta

Fund mit großer Wirkung

Gründung des Klosters

Die in der Nähe des Klosters gelegene prähistorische **Höhle Sa Cometa dels Morts** wurde in der Talaiotzeit vermutlich für einen Totenkult genutzt. Nach den Römern kamen im 13. Jh. die Christen ins Spiel. Damals überließ Jaume I. den Landstrich den Tempelrittern, die sich bei der Rückeroberung der Insel besondere Verdienste erworben hatten. Im 14. Jh. errichtete man eine erste Herberge für die Wallfahrer, die vor dem Bildnis der Muttergottes beteten, und mit der Anlage des von Caimari herauffführenden Pflasterwegs wurde begonnen. Denn der Legende nach war die Madonna von einem Hirtenjungen namens Lluc (Lukas) in der abgeschiedenen Bergregion gefunden worden. Er hatte sie zum Pfarrer von Escorca gebracht, der sie in seiner Kirche aufstellte. Allerdings ohne Erfolg, denn zweimal entschwand sie auf wundersame Weise aus der Kirche und kehrte an ihren Fundort zurück. Also baute man ihr dort eine Kapelle: der Ursprung des Klosters Lluc.

Im 15. Jh. genehmigte Papst Calixtus III. die Gründung eines Priesterseminars in den Bergen. Eine der Bedingungen war, dass die Morgenmesse von sechs Knaben gesungen wurde. So begann eine Tradition, für die das Santuari de Lluc noch immer berühmt ist: der Knabenchor **»Els Blauets«** (katalan. »Die Blauen«, s.o.).

Im Kloster

Früher Pilgerladen

Porxets

Auf dem Weg vom gebührenpflichtigen Parkplatz (4 €) zum Gebäudekomplex passiert man einen 1589 errichteten Renaissancebrun-

OBEN: Schier überbordend sind die Verzierungen in der Kirche des Klosters von Lluc, …

UNTEN: … das von außen einen eher schlichten, fast abweisenden Eindruck macht.

LLUC ERLEBEN

WOHNEN IM KLOSTER

Mitten in den Bergen ist das Kloster Lluc eine sowohl bei Pilgern als auch bei Wanderern und Radlern beliebte Unterkunft. Die 120 Zimmer sind einfach und für einen Aufenthalt doch ausreichend komfortabel eingerichtet
Santuari de Lluc
Tel. 971 87 15 25,
www.lluc.net

nen, der als Tränke diente, und einen Bildstock aus dem Jahr 1400. Rechter Hand liegen die Porxets, im 16. Jh. entstandene Pilgerunterkünfte. 1578 wurde ihnen ein Lädchen für den Verkauf von Brot, Öl und Wein für die Pilger angegliedert; heute kann man hier Souvenirs, CDs mit Musik der »Blauets« sowie Bücher (auch Wanderführer in Deutsch) erstehen.

Immer wieder: Gaudí

Klosterareal

Im Haupttrakt befinden sich die Unterkünfte der Pilger, die Information, das Restaurant sowie ein Museum. Im Innenhof, über den ein Denkmal des emsigen Bischofs Pere Joan Campins i Barceló wacht, erhebt die Basilika ihre schlichte, 1925 im Neobarockstil gestaltete Fassade. Integriert blieb lediglich das alte Barockportal. Der Innenraum wurde von dem Architekten und Meister des Modernisme Antoni Gaudí umgestaltet. Jaume Blanquer (der auch das Retabel der Corpus-Christi-Kapelle in der Kathedrale von Palma schuf) gestaltete den Hochaltar. Er birgt in einer drehbaren Nische die Muttergottes von Lluc, die außerhalb der Messe in der Kapelle hinter dem Altar ihren Platz hat. Prunkvolle Seitenkapellen sind den Heiligen Joseph und Petrus sowie Jesus Christus geweiht, mahnend schauen die zwölf Apostel von der Vierungskuppel herab.
Über das Querschiff und eine Treppe betritt man die hinter dem Chor gelegene Madonnenkapelle (camarin). Die Madonna in ihrer strahlenden Bekrönung aus einem filigranen Heiligenschein mit Sternmotiven und dem Wappen Mallorcas ist die zentrale Figur des neobarocken Altars. Die dunkle Färbung könnte daher rühren, dass sie tatsächlich in dunkler Erde vergraben war oder auch dass Weihrauch und die neben ihr brennenden Kerzen Auswirkungen zeigen.
Das **Museum des Klosters** zeigt Objekte zur Frühgeschichte. Es gibt eine »Schatzkammer der Muttergottes von Lluc« mit Edelsteinen und Schmuckstücken, die zu Ehren der Madonna angefertigt oder gespendet wurden. Ein Saal ist dem historischen Leben auf Mallorca gewidmet, einer der mallorquinischen Keramik und ein weiterer dem katalanischen Maler Coll Bardolet (1912 – 2007, ▶ Valldemossa).
Mo. – Fr., So. 10 – 14 Uhr | Eintritt: 8 €, inkl. Parkplatz

Außerhalb der Mauern von Kloster Lluc

Kreuzweg voll Kunst

Kalvarienberg (Camí dels Misteris)

Vom Kloster führt der Kreuzweg zum **Pujol de la Trobada** hinauf. Die fünf Stationen mit den Mysteriendarstellungen schufen Joan Rubió, ein Schüler Gaudís, und Guillem Reynés, während die großen Bronzereliefs von dem Katalanen Josep Llimona stammen, der eine ähnliche Arbeit bereits für das Kloster Montserrat ausgeführt hatte. Das Kreuz brachte eine spanische Pilgergruppe 1910 aus Jerusalem mit.

Besinnungsbedarf?

Botanischer Garten (Jardí Botànic)

Auf der Rückseite des Klosterkomplexes haben die Mönche einen verwunschenen botanischen Garten angelegt. Schmale Pfade durchziehen den Jardí Botànic, in dem Kräuter, Blumen und Sträucher der mediterranen Flora wachsen, und führen zu verschwiegenen Plätzen, die zur Besinnung einladen.

tgl. 10 – 13 und 15 – 18 Uhr

In die Bergwelt hinein

Infozentrum

Vom Kloster Lluc aus lassen sich herrliche Wanderungen unternehmen. Vorschläge für kurze Wanderungen sowie Informationen über die Natur der Serra de Tramuntana erhält man im Informationszentrum Centre d'Informació Serra de Tramuntana (Ca s'Amitger) an der Zufahrt zum Parkplatz.

tgl. 9 – 16.30 Uhr

LLUCMAJOR

Gemeinde: Llucmajor | **Höhe:** 143 m ü.d.M. | **Einwohnerzahl:** 38 700

Vom Treiben an der Küste bleibt das Leben an der sehenswerten Plaça d'Espanya unbeeindruckt. Davon kann man sich schön im nostalgischen Café Colón an dem Platz überzeugen.

Geschichtsträchtig und entspannt

Llucmajor ist die flächenmäßig größte Gemeinde Mallorcas; ein großer Teil der Südküste, darunter der Ferienort Cala Pi, und auch Arenal gehören zu ihr. Hier wurde mallorquinische Geschichte geschrieben. Am 25. Oktober 1349 schlug das Invasionsheer des Königs von Aragón die Truppen Jaumes III. von Mallorca, das damit seine Unabhängigkeit verlor.

Das entspannte Landstädtchen im Südosten hat einen der schönsten Plätze Mallorcas. Erst recht, wenn mal wieder Markttag ist und die Obst- und Gemüsehändler ihre Stände aufgebaut haben.

Im alteingesessenen Café Colón in Llucmajor vergeht die Zeit anscheinend etwas langsamer.

Wohin in Llucmajor?

Den Schuhmachern zur Ehre

Plaça des Sabater

Auf dem Weg ins Zentrum passiert man am Ende des Passeig de Jaume III das Denkmal, das an jene Schlacht erinnert. Man kommt dann an der lauschigen Plaça des Sabater am hübschen Denkmal für die Schuhmacherzunft vorbei, die noch heute hochwertiges Schuhwerk produziert. Ganz in der Nähe stehen die trutzige, 1820 entstandene **Pfarrkirche Sant Miquel** und die restaurierte Fischmarkthalle von 1915, in der das Tourismusbüro untergebracht ist.

Kommet, ihr Hirten

Sant Bonaventura

Die barock ausgestaltete Kirche des Franziskanerordens, Sant Bonaventura, konnte im Jahr 1656 geweiht werden. Sie besitzt Wandgemälde, eine (ständige) Weihnachtskrippe mit einigen barocken Figuren und reich ausgeschmückte Kapellen. Die Capella de Sant Roc ist mit Gemälden der mallorquinischen Künstlerfamilie Oms ausgestattet, die vom 16. bis 18. Jh. tätig war. Schöne Majolikabilder schmü-

LLUCMAJOR ERLEBEN

O.I.T. LLUCMAJOR

Plaça d'Espanya 12
Tel. 971 66 91 62
https://visitllucmajor.com

CAFÉ COLÓN €

Das Jugendstilcafé aus dem Jahr 1928 muss man eigentlich zu den Sehenswürdigkeiten von Llucmajor zählen. Das vielleicht bekannteste Inselcafé ist dennoch authentisch geblieben. Die hohen Räume sind mit Stuck verziert.
Plaça Espanya 17
Tel. 971 10 72 07
Di. und im Aug. geschl.

TOMATES VERDES €€

Das kleine, angenehm modern eingerichtete Lokal mit Außenterrasse an der Plaça d'Espanya begeistert mit einer sorgfältig zubereiteten Bistrotküche: Die schlägt einen Bogen von spanischen Tapas und Hauptgerichten wie gegrilltem Oktopus nach Asien mit Curry und Chop Suey.
Carrer Constitució 2
Tel. 971 90 43 71
So. geschl.

CUCHILLERÍA ORDINAS

Das Haushaltswarengeschäft ist zugleich eine auf Mallorca bestens bekannte Messerschmiede. Handwerklich gut gemachte, schlichte Messer für die Jagd, zum Angeln oder für die Küche, zum Beispiel das halbmondförmige Trinxet, mit dem sich gut das Landbrot schneiden lässt, sind hier zu bekommen.
C/Vall 128

OASIS

Oasis Living bietet in der Straße, die zum Hauptplatz führt, ein schönes Sortiment spanischer Textilien: handgeknüpfte Teppiche, Tücher und Schals, Schmuck und Wohnaccessoires.
Carrer del Bisbe Taixequet 11
www.oasislivingmallorca.com

MARKT

Mittwoch-, Freitag- und Sonntagvormittag

cken die Capella de la Mare de Déu dels Angels. Eine Jungfrau der Unbefleckten Empfängnis in der gleichnamigen Kapelle schuf der bedeutendste Künstler des mallorquinischen Barock, Francisco de Herrera. Der angrenzende barocke Kreuzgang ist doppelstöckig.

Guter Platz für Jachten

S'Estanyol de Migjorn, Sa Ràpita

Der einfache Ferienort S'Estanyol de Migjorn liegt an der mallorquinischen Südküste, 18 km von Llucmajor entfernt. Die touristische Infrastruktur ist begrenzt. Die kleine, teilweise etwas antiquierte Urbanisation besitzt einen ansehnlichen Jachthafen (mit Club Náutic). Es bieten sich gute Ausblicke zur Südspitze von Mallorca bzw. nach Cabrera und zur gegenüberliegenden Buchtseite mit der Colònia de

Sant Jordi. Der Strand von S'Estanyol ist felsig. Östlich liegt das größere Sa Ràpita, das zum Gemeindegebiet von ▶ Campos gehört. Auch hier gibt es einen Jachthafen, dahinter beginnt feinsandiger Strand. Nach Osten erstreckt sich der Strand von Arenal de sa Ràpita.

MANACOR

Gemeinde: Manacor | **Höhe:** 170 m ü.d.M. | **Einwohnerzahl:** 45 400

Seit rund 120 Jahren werden in Manacor, Mallorcsa zweitgrößter Stadt, Kunstperlen hergestellt, die »Perlas Majorica«. Am Ortseingang locken schon die riesigen Verkaufsräume von Majorica.

Das Herstellungsverfahren wurde 1890 von dem Deutschen Eduard Friedrich Hugo Reusch entwickelt, der nach ersten Versuchen in Barcelona 1902 in Manacor die Firma gründete. Ein Glas- oder Alabasterkern wird beim Herstellungsprozess mehrfach in ein Bad aus einer Mischung von fein gemahlenen Fischschuppen und Meerespflanzen getaucht, um dann unter Hitzeeinwirkung und in Reaktion mit bestimmten Chemikalien auszuhärten. Die täuschend echt wirkenden Perlen waren Mitte des 20. Jh.s so begehrt, dass bis zu 1000 Mitarbeiter mit der Produktion beschäftigt wurden.

Aufgefädelte Eleganz: Manacor ist bekannt für seine Kunstperlen.

Wohin in Manacor?

Großzügiger Kapitän

Im Zentrum

Als Ausgangspunkt eignet sich gut die **Plaça Ramon Llull.** Parkplätze finden sich auch an der Plaça d'En Jordi Caldentey. Von beiden erreicht man schnell die Plaça del Rector Rub mit der Pfarrkirche **Nostra Senyora dels Dolors**. Die neugotische Kirche krönt die weithin sichtbare **Torre Rubí.** In einer Kapelle wird die Mare de Déu de la Neu (Muttergottes vom Schnee), eine mit kostbaren Stoffen eingekleidete, 2 m hohe polychrome Holzskulptur, verehrt. Sie soll die Dankesgabe eines Kapitäns sein, der 1260 sein Schiff samt Besatzung trotz eines verheerenden Sturms nach Porto Cristo retten konnte. Er schenkte auch gleich noch eine Glocke und eine als wundertätig verehrte Christusfigur. Sie ist rechts vom Altar in der zentralen Kapelle des Querschiffs zu bewundern.

Gegenüber der Kirche, an der Plaça del General Weyler, blieb die **Torre del Palau** erhalten. Dieser Turm aus dem 14. Jh. gehörte einst zum Palast von Jaume II.

Über die lebendige Plaça spaziert man auf autofreien Gassen zur Plaça de Sa Bassa mit ihren Cafés und zum **Claustre Sant Vicenç Ferrer** an der Plaça del Convent. Das Kloster geht auf das Jahr 1576 zurück. Es diente in späteren Jahren u. a. als Hospiz.

Nostra Senyora dels Dolors: tgl. 8.30 – 12.45 und 17 – 19.30 Uhr
Claustre Sant Vicenç Ferrer: Mo. – Fr. 8 – 20, Sa. 9.30 – 13.30 Uhr

Topspin, Slice und Smash

Rafa Nadal Museum

Tennisstar Rafael Nadal hat seiner Heimatstadt ein neues Highlight geschenkt. In der Rafa Nadal Academy außerhalb des Stadtzentrums an der Ausfallstraße zu den Cales de Mallorca trainiert der mallorquinische Nachwuchs und werden Tenniscamps veranstaltet. Im dazugehörigen **Museum Xperience** sind Trophäen und Erinnerungsstücke des Meisters zu sehen. In einem interaktiven Raum tauchen die Besucher selbst in virtuelle Sportwelten ein.

Ctra. Cales de Mallorca | Mo. – Fr. 10 – 15, Sa.u. So. 10 – 17 Uhr
Eintritt: 18 € | www.rafanadalmuseum.com

Steinchen an Steinchen

Museu d'História de Manacor

Nur ein Stückchen weiter vom Tenniszentrum liegt die **Torre dels Enagistes**. Der ehemalige Gutshof mit Wehrturm ist ein Beispiel für den Baustil des Landadels aus der Zeit nach der Reconquista. Das interessanteste Objekt des Archäologischen Museums, das hier seinen Platz hat, ist das restaurierte Bodenmosaik (4./5. Jh.) der frühchristlichen Basilika Son Peretó (▶ S. 146).

Mitte Juni – Mitte Sept. Mo., Mi. – Sa. 9 – 14, Do. – Sa. auch 17 – 20.20; Mitte Sept. – Mitte Juni Mo., Mi. – Sa. 9 – 14 u. Do. – Sa. auch 17 – 19, So. 10.30 – 13 Uhr | Eintritt: frei | https://museudemanacor.com

MANACOR ERLEBEN

O.I.T. MANACOR
Plaça del Convent 3
Tel. 662 35 08 91
www.visitmanacor.com

SA FRANQUESA NOVA €€€
► S. 327

SON PENYA €€€€
► S. 327

CAN MARCH €€€
In einem Wohnhaus, etwas abseits des Zentrums, soll das beste Lokal der Stadt sein? Kaum hat man die erste Etage erreicht, schwinden die Zweifel. Im angenehmen Speiseraum sitzen Geschäftsleute und Pärchen, Familien und Touristen und genießen die ausgezeichnete moderne mallorquinische Küche, etwa bei einem Marktmenü am Mittag (ab 14 €).
C/Valencia 7
Tel. 971 55 00 02
www.canmarch.com
Mo. geschl.

FACTORIA €€€ – €€
Im Rücken von Manacors großer Kirche sitzt man lauschig auf einer Terrasse oder im netten Innenraum im Bistrotstil. Die kreative Küche hebt sich nicht nur optisch, sondern auch in der Qualität von der Masse ab. Dass die Preise moderat sind, freut umso mehr.
Plaza Weyler 1
Tel. 654 60 27 69
So., Mo. geschl.t

CAN GARANYA
Bei dem Familienbetrieb hat man sich auf Produkte aus Esparto-Gräsern und andere mallorquinische Produkte spezialisiert. Es gibt drei Filialen im C/Lliteras: In Nr. 30 werden Leinen-, Flecht- und andere Schuhe. in schönen Designs verkauft, in Nr 40 Körbe, Matten und nette Accessoires für das Zuhause. Nr. 51 ist der älteste Laden: Handgewebte Stoffe, Kordeln und Seile sind hier noch zu bekommen.
C/Joan Lliteras 30
Tel. 971 55 01 90
www.cangaranya.com

MAJORICAS FACTORY SHOP
Am Ortseingang von Manacor empfängt die Besucher ein riesiger Werksverkauf der Kunstperlenmanufaktur. Ein Museum informiert über die Herstellungsweise.
Via Palma 9
Tel. 971 55 09 00
www.majorica.com

MARKT
Montagvormittag

Rund um Manacor

Madonna unter Disteln

Sant Llorenç des Cardassar

In dem 6 km nordöstlich an der Straße nach Artà liegenden stillen Dorf Sant Llorenç des Cardassar ist die romanische Mare de Déu Trobada, eine polychrome Holzskulptur, anzuschauen, die man nach der christlichen Rückeroberung gefunden hatte, und zwar unter Disteln. Sie gehört zu den etwas ernst wirkenden katalonischen Madonnen aus dem 12. und 13. Jahrhundert.

Frühes Christentum

Son Peretó

Bei Km 7,5 der Ma15 zwischen Manacor und Sant Llorenç des Cardassar liegen die Reste der frühchristlichen Basilika Son Peretó. Basiliken aus jener Zeit folgten auf Mallorca wie diese dem syrischen Modell: Vorhalle mit Taufstein und Taufbecken, dreischiffige, durch Säulen unterteilte Halle, Apsis mit Altar.

Mallorca von oben

Ballonfahrt

Westlich außerhalb von Manacor, gleich neben der Schnellstraße Ma15, liegt der **Globodromo**, der einzige Ballonhafen Spaniens. Von hier aus steigen die Heißluftballons von Mallorca Balloons in die Lüfte. Ein Flug, der Höhen von 300 bis 500 Metern erreicht, dauert zwischen einer und fünf Stunden und kostet ab 200 €/Pers.

Autovia Ma15, Ausfahrt 44 | Büro: C/ Farallo 4, Cala Ratjada
Tel. 971 59 69 69 | www.mallorcaballoons.com

Gemeinde: Montuïri | **Höhe:** 188 m ü.d.M. | **Einwohnerzahl:** 3100

Auf einem Bergrücken drängen sich dicht an dicht die Häuser, die etliche Windmühlen und ein mächtiger Kirchturm überragen. Erstaunlich, dass Montuïri, eine der ältesten Gemeinden Mallorcas, vom Radar des Tourismus noch kaum erfasst wurde. Wer das urige Landstädtchen besucht, sollte unbedingt auch einen Abstecher zur Talaiotsiedlung Son Fornés einplanen.

Der Ortskern von Montuïri ist **typisch für ein »poble reial«**, ein »königliches Dorf« des 14. und 15. Jh.s auf Mallorca: einen rechteckigen Ortskern durchquert eine Hauptachse, der Carrer Major.

Wohin in Montuïri?

Männer in Tüll

Sant Bartomeu

Der fünfstöckige Glockenturm mit Doppelfenstern im oberen Stock, ein Balkon und ein achteckiges, kuppelbedecktes Türmchen fallen an der Pfarrkirche Sant Bartomeu an der Plaça Major gleich auf. Zwi-

Die Cossiers in Montuïri treten am Fest des hl. Bartolomäus im August bestrumpft und mit Rock zum Tanz an.

schen 1546 und 1550 führte Mateo López unter Mitarbeit von Rafael Guitard die Bilder aus und die Werke im Chor (1775) stammen von Jaume Martorell. Aus der Zisterne, die in der Pfarrei aufbewahrt wird, tranken **die Tänzer aus Montuïri**, bevor ihr Tanz begann. Noch heute wird dieser Volkstanz aufgeführt, bei dem Männer, die Cossiers (▶ Algaida), Tüllröcke über ihren Hosen tragen.

Spaziergang im Schatten der Mühlenflügel

Mühlenviertel Es Molinar

Ein hübscher Spaziergang lässt sich von hier zum Mühlenhügel unternehmen: Durch den C/ des Mig geht man zum C/ Sant Antoni über die Plaça de ses tres Creus den Hügel hinauf. **Acht Windmühlen** haben hier ihren Platz. Jedes Jahr am 3. Mai werden in einer Zeremonie auf dem »Platz der drei Kreuze«, den man passiert, Früchte gesegnet. Ein ebenso schöner Weg zum Mühlenhügel führt von der Kirche über den C/ Major mit seinen Patrizierhäusern Can Xorri und Can Socies zum Kreuz Son Rafel Mas, weiter über den C/ del Pou del Rei bis hin zur Landstraße von Lloret, wo der Brunnen Pou del Rei mit Waschplätzen steht.

MONTUÏRI ERLEBEN

ES MOLI €€

Für Fine Dining ist Montuïri nicht der richtige Ort. Also macht man es wie die Einwohner des Landstädtchens und genießt eine leckere Pizza mit toller Aussicht. Gut, dass die Terrasse groß ist, das Lokal ist eines der beliebtesten der Stadt.
C/ del Molinar 51
Tel. 971 64 65 08
www.pizzeriaesmoli.com
Mo. geschl.

S'HOSTAL DE MONTUÏRI €

Das urige Lokal darf man noch einen Geheimtipp nennen. Unter der Veranda sitzt man bei warmem Wetter an einfachen Holztischen. Gegessen werden hier riesige Stullen: »Pa amb Oli« mit Schinken, Käse oder Wurst.
C/Constitucion 59
Tel. 971 64 60 49
Mo. geschl.

MARKT

Montagvormittag

Museo Arqueológico de Son Fornés

In der letzten Mühle vor dem Ortsausgang stellt in der **Molí d'en Fraret** das Museo Arqueológico de Son Fornés Grabungsfunde aus der Talaiotsiedlung Son Fornés aus.
Mo. – Mi. 10 – 14 Uhr | Eintritt: 3,50 €

Mächtige Mauer

Son Fornés

Die **Talaiotsiedlung** Son Fornés liegt etwa 2,5 km nordöstlich von Montuïri. Das 2 ha große Areal wurde vom 8. bis zum 1. Jh. v. Chr. bewohnt. Die Ausgrabungsarbeiten ab 1975 brachten eine Mauer aus Felsblöcken von mehr als einem Meter Stärke hervor. Die Ruinen von fünf Häusern und zwei runden Talaiots mit Durchmessern von 17 bzw. 12 m sind recht gut erhalten. Im größeren Rundturm führt ein langer Gang in eine Kammer, in der eine 4 m hohe, aus 5 Steinblöcken errichtete Säule das Dach stützt.
März – Okt. Mo. – Fr. 10 – 17, Nov. – Feb. bis 14 Uhr | Eintritt: 3,50 €

Der hl. Michael im Naturschutzgebiet

Puig de Sant Miquel

Auf dem 247 m hohen Puig de Sant Miquel im Südosten Montuïris wachsen Mastixstrauch, wildes Johannisbrot und Zistrose, daneben machen sich Kapernsträucher und Feigenkakteen breit. Obenauf thront das **Oratori de la Mare de Déu de la bona Pau.**
Erstmals erwähnt wird diese Wallfahrtsstätte 1244. Schon Ramon Llull (► Interessante Menschen) soll hier gebetet haben. 1523 entstand eine dem hl. Michael geweihte Kapelle und seit dem 17. Jh. verehrt man hier das Bildnis der Mare de Déu de la bona Pau (15. Jh.). Eine Wallfahrt zum Puig de Sant Miquel findet jeweils am Dienstag nach Ostern statt.

MURO

Gemeinde: Muro | **Höhe:** 73 m ü.d.M.| **Einwohnerzahl:** 7700

Muro ist eine dieser schönen, erhaben wirkenden Landstädte, in denen es noch viel zu entdecken gibt – etwa das zauberhaft nostalgische Museum in dem Herrenhaus der Familie Alomar, das das alte Mallorca wie in einer Zeitkapsel bewahrt.

Das im Norden nahe der Badia d'Alcúdia gelegene fruchtbare Gebiet um Muro lebt noch heute von der Landwirtschaft. Das sieht man von der Promenade, dem Passeig de la Riba im Altstadtviertel El Comtat, wo man über die Hügellandschaft in Richtung Küste blickt.

Wohin in Muro?

Museu Etnològic

Herrschaftliches Leben auf dem Lande
Das Museum ist in einem Herrenhaus aus dem 17. Jh. im C/Major eingerichtet. Mallorquinische Trachten, Webstühle sowie jeweils im inseltypischen Stil hergerichtete Räume sind hier zu besichtigen, dazu eine Apotheke. Das Museum gibt einen Überblick über das tra-

AUF ZUR FESTA

Zahllose Freudenfeuer und der Duft von Gegrilltem zeigen an: Es ist 16. und 17. Januar, der Tag des hl. Antonius. Oder lieber Volksfest und Stierkampf? Die Festas de Sant Joan finden um den 24. Juni statt, und das Besondere bietet Muro: Die Stierkampfarena wurde in einen alten Steinbruch hineingebaut. Zu den schönsten Feierlichkeiten der Insel gehören die Festas de la Beata im Nachbardorf Santa Margalida, wo die hl. Catalina Tomàs verehrt wird. Am ersten Sonntag im September treffen sich dort Mallorquiner aus allen Inselteilen, manche in Tracht, zu einer Prozession.

Hinter der sanften Landschaft bei Muro steigt die Sierra de Tramuntana auf.

ditionelle Handwerk. Geräte für die Hanf- und Palmflechterei etwa, Keramik, Gebrauchsgeschirr, bemalte Dachziegel mit Segens- oder Abwehrzauber-Symbolen bis hin zur **Sammlung von Siurells**, den weiß, rot und grün bemalten Tonfiguren, die man heute in jedem Souvenirgeschäft findet, gibt es hier zu sehen. Im lauschigen kleinen Garten steht eine Noria, das von den Mauren mitgebrachte Wasserschöpfrad; die einstigen Ställe beherbergen heute Fuhrwerke und Kutschen.

Carrer Major 5 | Di. – Sa. 10 – 15, Do. 17 – 20, So. 10 – 14 Uhr

Gut gestützt

Sant Joan Baptista

Die Pfarrkirche Sant Joan Baptista, aus der Zeit um 1570, hat die für Mallorca typischen wuchtigen Stützpfeiler und große Fenster mit Glasmalereien sowie eine Sonnenuhr von 1779. Eine hübsche Skulptur zeigt Maria mit dem Kind sowie den Schutzpatron der Kirche, Johannes den Täufer.

Freundlicher Ort

Santa Margalida

Das Dorf Santa Margalida liegt 5 km südöstlich von Muro auf einer Anhöhe. Hier fand man Hinweise auf die Römer und ein maurisches Gut. Der Geschäftsmann und Bankier Juan March (1880 – 1962) ist ein berühmter Sohn des Orts. Vom Vorplatz der großen **Pfarrkirche** genießt man einen fantastischen Blick über die Zentralebene bis hin

MURO

CUCHILLERIA MIRALLES

Im kleinen Werkstattladen gegenüber der Capella de la Sang werden Messer in echter Handarbeit gefertigt. Die Messer von »Miralles Muro« sind bewährte Helfer in der Landwirtschaft, der Küche, im Garten und beim Fischfang.
C/ dels Martirs 28
Tel. 971 53 74 31
www.cuchilleriamiralles.com

GALLETES GORI

Die Keksbäckerei im Zentrum von Muro hat Geschichte. Seit 1890 werden die leckeren, wenn auch schlichten Kekse in den Ofen geschoben. In früheren Zeiten nahmen Seeleute das Trockengebäck mit auf hohe See.
Pl. de Sant Martí 8
Tel. 971 53 71 31
www.goridemuro.com/inici

MARKT

Sonntagvormittag

zur fernen Serra de Tramuntana. Wie ein Schmuckstück fügt sich das barocke Portal an die Kirche. In den zum Hauptportal weisenden Kapellen werden zwei wertvolle Kunstwerke aufbewahrt: Aus dem 16. Jh. stammt das Retabel des hl. Sebastian und der hl. Margaretha und ein Gemälde der Heiligen aus der Gotik. In der Sakristei zeigt eine Kachelsammlung religiöse und volkstümliche Motive.

★★ PALMA · CIUTAT

Gemeinde: Palma | **Einwohnerzahl:** 416 000

Eine der schönsten Altstädte des Mittelmeerraums, eine gotische Kathedrale, deren architektonische Leichtigkeit man fast körperlich spürt, und eine fantastische Kneipen-, Bar- und Restaurantszene: Das genügt schon vollkommen für einen Tag in Palma de Mallorca. Aber das Beste kommt noch.

Natürlich trifft man in Palma genügend »Mit-Touristen«. Aber jenseits der Besucherautobahnen zwischen Kathedrale und Plaça Major ändert sich das Bild: Palma ist nämlich gerade **nicht die Hauptstadt des Urlauberrummels**, wie man ihn in Magaluf, S'Arenal und Platja de Palma liebt oder hasst. Palma ist zuallererst die Hauptstadt der Insel, und das bedeutet: Hier leben und arbeiten auch ganz »normale« Menschen, deren Alltag wenig bis gar nichts mit dem Massentourismus zu tun hat. Beste Voraussetzungen also zum Flanieren auf

Ein mächtiges Ensemble: Stadtmauer und hoch darüber die Kathedrale,

schicken Geschäftsstraßen, zum Bummel durch mittelalterliche Gässchen, in denen man sich verlieren kann, zum Einkaufen, zum entspannten Sitzen und Gucken. Und natürlich zum Sightseeing, was bedeutet: mindestens die Kathedrale (► S. 164) und, wenn die Zeit reicht, die Fundacio Miró (► S. 185). Gönnen Sie sich in Palma also einen Tag mal ohne Strand – und möglichst ohne Auto, denn Parkplätze sind mehr als rar (► S. 156).

Geplündert und doch neu erblüht

Geschichte

Die Römer gründeten im Jahr 123 v. Chr. in der weiten Bucht die Siedlung Palmeria. Ihnen folgten die Vandalen, die für städtisches

das Wahrzeichen von Palma de Mallorca

Leben aber wenig übrig hatten. Bevorjedoch die Byzantiner Palma wieder groß machen konnten, standen auch schon die Mauren vor den Toren der Stadt und brachten endlich neues, jetzt arabisches Leben mit Moscheen, Souks und Badeanstalten in ihre Stadt »Medina Mayurqa«.

Nur wenig allerdings erinnert heute an die dreihundertjährige Blüte in dieser Eppoche. Dafür hatten die christlichen Eroberer 1229 gesorgt, die zunächst gründlich plünderten und brandschatzten, bevor sie sich an den Wiederaufbau machten. Der gelang so gut, dass Palma bald zu einem der wichtigsten Handelsplätze im östlichen Mittelmeer wurde.

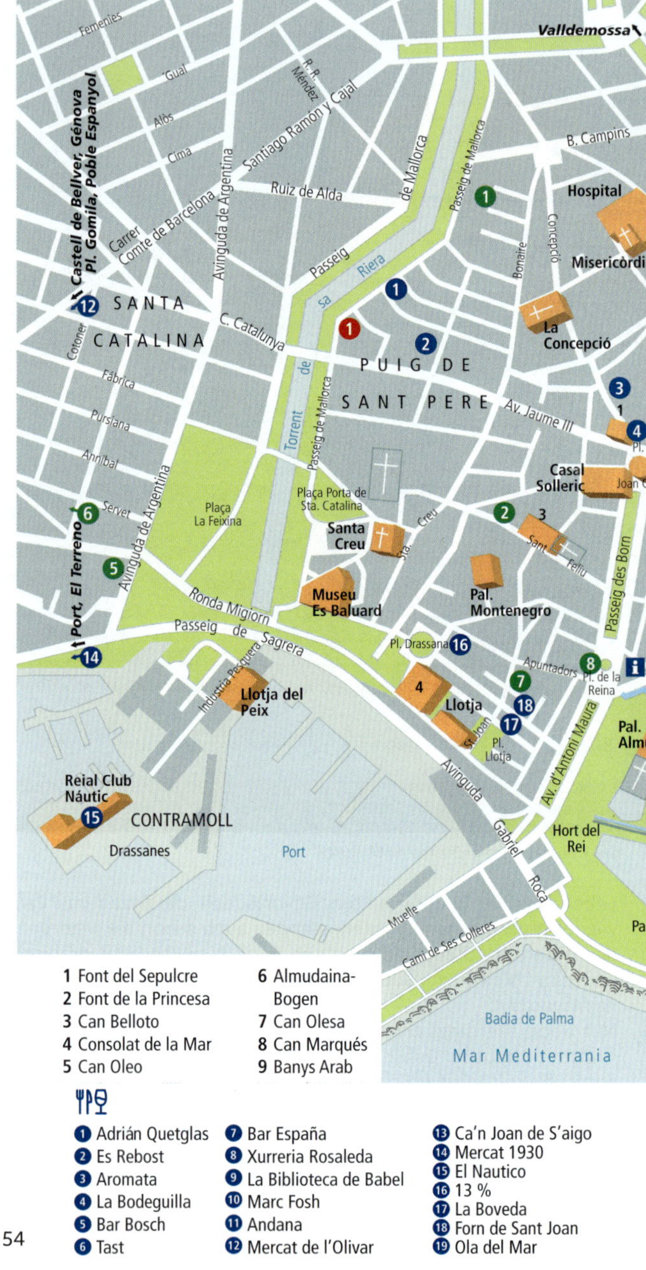
Valldemossa
Femenies
Gual
Alòs
Cima
R. R. Méndez
Santiago Ramón y Cajal
Ruiz de Alda
Passeig de Mallorca
Passeig de Mallorca
B. Campins
Hospital
Concepció
Bonaire
Misericòrdia
Castell de Bellver, Gènova
Pl. Gomila, Poble Espanyol
Carrer Comte de Barcelona
Avinguda de Argentina
Passeig
sa Riera
SANTA CATALINA
C. Catalunya
Cotoner
La Concepció
PUIG DE SANT PERE
Av. Jaume III
Pl. Rei
Joan Carles
Torrent de
Passeig de Mallorca
Fàbrica
Pursiana
Annibal
Servet
Plaça La Feixina
Plaça Porta de Sta. Catalina
Casal Solleric
Santa Creu
Sta. Creu
Sant Feliu
Avinguda de Argentina
Port, El Terreno
Ronda Migiorn
Museu Es Baluard
Pal. Montenegro
Passeig des Born
Passeig de Sagrera
Pl. Drassana
Apuntadors
Pl. de la Reina
Industria Pesquera
Llotja del Peix
Llotja
St. Joan
Pl. Llotja
Av. d'Antoni Maura
Pal. Almudai
Avinguda
Reial Club Náutic
CONTRAMOLL
Drassanes
Port
Gabriel
Roca
Hort del Rei
Muelle
Camí de Ses Colleres
Parc de
Badia de Palma
Mar Mediterrania
1 Font del Sepulcre
2 Font de la Princesa
3 Can Belloto
4 Consolat de la Mar
5 Can Oleo
6 Almudaina-Bogen
7 Can Olesa
8 Can Marqués
9 Banys Arab
1 Adrián Quetglas
2 Es Rebost
3 Aromata
4 La Bodeguilla
5 Bar Bosch
6 Tast
7 Bar España
8 Xurreria Rosaleda
9 La Biblioteca de Babel
10 Marc Fosh
11 Andana
12 Mercat de l'Olivar
13 Ca'n Joan de S'aigo
14 Mercat 1930
15 El Nautico
16 13 %
17 La Boveda
18 Forn de Sant Joan
19 Ola del Mar

- ❶ Jaime III
- ❷ Can Alexandre
- ❸ Brondo Architect
- ❹ Cort
- ❺ Can Cera
- ❻ BRICK Palma
- ❼ Ciudad Jardí
- ❽ Cap Rocat

- ❶ Brassclub
- ❷ Café Atlántico
- ❸ Bar Nicolas
- ❹ Bar Flexas
- ❺ Hostal Cuba
- ❻ Bar Lab
- ❼ Abaco
- ❽ Jazz Voyeur Club

PALMA ERLEBEN

O.I.T. MUNICIPAL DE PALMA
Plaça de la Reina 2
Tel. 971 17 39 90
(auch für ganz Mallorca)
sowie: Estació Marítima 2
Tel. 971 70 74 00

O.I.T. PLATJA DE PALMA
Plaça de les Meravelles
Tel. 902 10 23 65
www.visitpalma.com
www.mallorca.es

VERKEHR
In Palma liegt alles so dicht beieinander, dass man gut zu Fuß zurechtkommt. Ansonsten: Das Busnetz ist gut ausgebaut, Fahrplan und Sammeltickets (Bonobus) gibt es im **E.M.T.-Kiosk an der Plaça d'Espanya**. Von diesem Platz fährt auch die U-Bahn los – allerdings nicht ins Zentrum, sondern zur Universitat. **Parkplätze** sind in der ganzen Altstadt gebührenpflichtig. An gelb markierten Bordsteinkanten ist Parken grundsätzlich verboten, an den blau markierten ORA-Zonen (Ordenança de Regulació de l'Aparcament) darf wochentags maximal 90 Min. geparkt werden. Die Überschreitung der Parkzeit und verkehrswidrig abgestellte Fahrzeuge werden mit empfindlichen Geldbußen geahndet. Am besten ist immer noch, man fährt in ein **Parkhaus** ab; zentral gelegen sind Parc de

Flanieren und entspannen am Passeig del Born

la Mar, Plaça Major und Passeig de Mallorca. Außerhalb der Fußgängerzonen kommt man auch gut mit dem Rad voran.

ANSCHAUEN

Wem nach einer **Stadtrundfahrt** ist, kann dies mit einem der roten Doppeldeckerbusse von Palma City Sightseeing tun. Sie fahren tgl. ab 10 Uhr 18 Haltestellen in der Stadt an; das Ticket gilt 24 (19 €) oder 48 Stunden (24 €) und man kann beliebig oft zu- und aussteigen.
www.city-sightseeing.com

Geführte Fahrradtouren bieten u.a. Greentours Palma (2 Std. E-Bike-Tour 38 €/Pers.) und Palma on Bike. (2,5 Std., 35 €/Pers.; mit Tapas-Stopps2,5 Std., 40 €/Pers.)
Greentours: Costa de la Pols 6, Tel. 664 86 09 86, https://greentourspalma.es
Palma on Bike: mehrere Standorte, zentral in Av. Antoni Maura 10, Tel. 971 718 062, www.palmaonbike.com

Die **jüdische Gemeinde der Balearen** bietet geführte Touren durch die Altstadt von Palma an. Das geht auch umsonst und auf eigene Faust mit einem Audio Guide, den Sie über eine App herunterladen können:
https://jewishmajorca.com

❶ JAIME III €€€€ – €€€

Das elegante, moderne Stadthotel liegt am Rand der Altstadt, zentral genug, um die Highlights von Palma gut zu Fuß aus erreichen zu können. Den Gästen stehen ein Restaurant, eine Bar und ein Spa zur Verfügung.
Paseo Mallorca 14B
Tel. 971 725 943
www.hmjaimeiii.com

❷ CAN ALEXANDRE €€€

Das noch relativ neue Hotel des Turisme d'interior liegt in der Nähe der Plaça d'Espanya und ist damit gut gelegen, um sowohl die Altstadt zu erkunden, als auch mit Bus und Bahn Ausflüge zu unternehmen. Im angenehmen Interieur im dezenten Industrial-Retro-Schick könnte man auch glauben, man befände sich in Barcelona.
Plaça Alexandre Jaume 8A
Tel- 971 54 96 62
https://canalexandre.com

❸ BRONDO ARCHITECT €€€

Wenn zum historischen Haupthaus ein moderner Flügel hinzugefügt wird, ist das selten überzeugend. Ganz anders im Brondo: Ein Teil des Hotels befindet sich in einem alten Stadthaus aus dem 17. Jh., der andere in einem Industriegebäude des frühen 20. Jh.s. Alt und Neu bilden eine spannende Einheit: alte Zementfliesen, Industrial-Look, nackte Betonwände – das alles ist ein ästhetisches Erlebnis.
C/ Carrer de Can Brondo 4
Tel. 971 72 05 07
www.brondoarchitecthotel.com

❹ CORT €€€€

Das noch neue Boutique-Hotel belebt den dreieckigen Rathausplatz. Stilsicher sind die Zimmer eingerichtet: Mallorquinisch inspirierte Details wie Fliesen und Ikatstoffe geben dem internationalen Design Charakter. Die Dachterrasse könnte größer sein. Immerhin: Es gibt ein Minibecken zum Abkühlen an heißen Sommertagen Das Bistro im Erdgeschoss ist ein beliebter Treffpunkt in der Oberstadt.
Plaça de Cort 11
Tel. 971 21 33 00
www.hotelcort.com

❺ CAN CERA €€€€

Eines der schönsten Altstadthotels befindet sich in einem Stadtpalast aus dem 17. Jh. nahe dem Kloster Sant Francesc. Herrliche original erhaltene

Salons mit antiken Möbeln und 6 m hohen Decken stehen den Gästen zur Verfügung. Das Fünf-Sterne-Haus hat 12 Zimmer, Restaurant und Spa, allerdings weder Pool noch Garage.
C/ San Francesc 8
Tel. 9 71 71 50 12
www.cancerahotel.com

6 BRICK PALMA €€
In den Zimmern wird das Schlichte zum Gestaltungsprinzip. Der Vorteil des Industrial-Schicks: Das Hotel ist für die neuen Preisverhältnisse von Palma vergleichsweise günstig. Das gilt auch für die Lage in der Altstadt, abseits der Touristenströme.
Forn de la Vila 3
Tel. 871 71 69 21
www.staybrick.es

7 HOTEL CIUDAD JARDÍ €€€
Das älteste Hotel an der Platja de Palma wurde bereits 1924 eröffnet. Das Jugendstilpalais mit üppigem Garten hat 20 Zimmer und viel nostalgischen Charme. Der Strand liegt vor der Haustür, das Zentrum von Palma ist nur fünf Kilometer entfernt.
C/ Illa de Malta 14, Ciudad Jardí
Tel. 9 71 74 60 70
www.hciutatj.com

8 CAP ROCAT €€€€
Das Hotel auf den steilen Felsklippen des Kaps Enderrocat, das am südlichen Ende in die Bucht von Palma ragt, wäre ein guter Drehort für einen James-Bond-Film. Das Fünf-Sterne-Haus ist in einer Bastion des 19. Jh.s. untergebracht und hat eine hervorragende Gastronomie. Immer wieder überraschen Details: Der Infinity-Pool oder ein versteckter Strand laden zum Sonnenbaden.
Ctra. d´Enderrocat
Cala Blava
Tel. 9 71 74 78 78
www.caprocat.com

HOSPES MARICEL €€€€
► S. 323

AUF TAPAS-TOUR

2 ES REBOST
Fastfood mit Slow-Food-Philosophie, kann das gehen? Absolut, ein Sobrassada-Sandwich mit Tomatenmarmelade, Burger, ein mallorquinisches Satay, frisch gepresste Säfte und vieles mehr. Perfekt für eine kurze Auszeit vom Sightseeingprogramm.
Avda. Jaume III 20 und
C/ Oms 52
Tel. 971 71 00 00 | So. geschl.

3 LA BODEGUILLA €
Die Auswahl an Weinen ist beeindruckend – wie auch die Qualität der Tapas. Das intime Ambiente ist ganz auf das Essvergnügen ausgerichtet, das allerdings nicht eben günstig ist.
C/ Jaume 3
www.la-bodeguilla.com
kein Ruhetag

5 TAST €
Köstliche Pinchos, Brochetas und klassische Tapas liegen hinter dem Tresen. Da fällt die Auswahl schwer, es sieht nicht nur lecker aus, es ist es auch.
C/ Unió 6, http://tast.com/tastunion | So., Mo. geschl.

6 BAR ESPAÑA €
Im Gewusel des Zentrums, nahe der Plaça Major, ist die Bar wie eine kleine Oase: Unaufgeregt, lebendig und sympathisch ist es hier.
C/ Can Escursac 1, 2
So. – Di. geschl.

12 MERCAT DE L'OLIVAR €€ – €
In Palmas wichtigster Markthalle gibt es natürlich auch etliche Bars wie **Bar del Peix**, wo gerillte oder frittierte Snacks auch Fisch zubereitet werden. Austern Räucherfisch und Stockfisch sind die Spezialitäten von **Bacalao Cocedero**.
bis 16 Uhr geöffnet, So. geschl.

Viel Betrieb in der Bar España, wo man gerne ein bisschen länger bleibt.

⓮ MERCAT 1930 € – €€

Der Trend zu Food-Markets wird auch in Palma bedient. Auf der Höhe des Yachthafens bieten zehn Food-Stände ein internationales Essenserlebnis von Sushi über Tapas bis Burger.
Av. Gabriel Roca 33
https://de.mercat1930.net
Do. – Sa. ab 18.30 Uhr

⓰ 13% €

Lecker, einfach und ein bisschen öko – das sympathische Souterrain-Bistro war vor Jahren ein Vorbote der jungen urbanen Kultur von Palma. Beliebt ist das Bistro noch immer, auch die meist biologischen Speisen.
C/ Sant Feliu 13
Tel. 971 42 51 87
kein Ruhetag

⓱ LA BOVEDA €€

Die Bewertungen im Netz sind mittelmäßig, dennoch ist der Laden immer rappelvoll. Es ist einfach nett hier, wenn man Lust auf einen lebendigen Abend mit vielen Menschen und leckeren Tapas hat.
C/ Boteria 3
Tel. 971 71 48 63
So. geschl.

Der Klassiker in Palma: Bar Bosch

ZEIT FÜR EINEN KAFFEE

5 BAR BOSCH

Sie darf hier nicht fehlen, obwohl sie auch bei den Tipps der Tapas-Lokale stehen dürfte. Die 1936 eröffnete Bar Bosch ist das bekannteste Lokal der Stadt. Sie öffnet früh am Morgen und schließt spät in der Nacht. Ein perfekter Platz für Einheimische und Residenten, um das Schauspiel des Alltags zu genießen.
Plaça Rei Joan Carles I 6
kein Ruhetag

8 XURRERIA ROSALEDA

Angenommen, Sie sind im Winter in der Stadt – was übrigens sehr angenehm ist – und brauchen dringend etwas Warmes und Süßes. Dann ist diese traditionelle und ungestylte Churrería perfekt. Die frischen Krapfenstangen tunken Sie in eine Tasse mit heißer, dickflüssiger Schokolade.
C/ Costa de la Pols 12
Sa. – Mo. geschl.

9 LA BIBLIOTECA DE BABEL

Die Buchhandlung in der Oberstadt hat sich mit ihrer kleinen Terrasse zu einem beliebten Café-Treffpunkt entwickelt. Sollten auf der Terrasse der Biblioteca alle Tische besetzt sein: Gegenüber ist das Cafè Antiquari, das auch hippe Palmesaner besuchen.
C/ Arabí 3 | So. geschl.

13 CA'N JOAN DE S'AIGO

Die Chocolatería gehört eindeutig in die Kategorie »Klassiker«. Nicht nur weil sie vor mehr als 300 Jahren gegründet wurde. Das hausgemachte Eis, die heiße Schokolade und die Ensaimadas sind weiter ausgezeichnet.
C/ Can Sanç 10 | kein Ruhetag

PERFEKTER GENUSS

1 ADRIÁN QUETGLAS

€€€ – €€

Feinste Kochkunst zu erschwinglichen Preisen – das mit einem Michelin-Stern dekorierten Bistro begeistert mit ausgefallen Aromenkombinationen. Das Degustationsmenü kostet ja nach Anzahl der Gänge ab 55 €.
Passeig de Mallorca 20
Tel. 971 78 11 19
https://adrianquetglas.es
So. geschl.

3 AROMATA €€€– €€

Der junge Sternekoch Andreu Genestra (▶ Llucmajor) ist mit einer Dependance seiner Küche in das herrliche Gebäude der Kulturstiftung Sa Nostra gezogen. Der Name ist Programm, die von Genestra entwickelten Rezepte wagen gerne ungewöhnliche Kombinationen von Aromen. Mittags ab 16 und abends ab 35 €.
C/ Concepció 12
Tel. 971 49 58 33
www.aromatarestaurant.com

10 MARC FOSH €€€ – €€

Das Toprestaurant des umtriebigen Starkochs ist den Testern von Michelin einen Stern wert. Im cool designten Ambiente kann man zum Beispiel ein Degustationsmenü für 110 € und ein Tagesmenü für 53 € genießen. Letzteres ist ein Reigen aus fünf Gängen zum Beispiel aus cremigen Reis mit Muscheln aus Menorca und einer Emulsion aus gerillter Paprika und eingelegten Zitronen. Rinderbäckchen werden mit Selleriepüree, glasierte Endivie, Brunnenkresse und Thymian-Jus serviert.
C/ Missió 7 a (im Hotel Convent de la Missió)
Tel. 971 72 01 14
www.marcfosh.com
So., Mo. geschl.

11 ANDANA €€

Sterneköchin Maca de Castro (▶ Alcúdia) hat im alten Bahnhof an der Plaça d'Espanya ein Bistrot eröffnet, das mit seiner bodenständig mallorquinischen Küche begeistert. Kroketten, Coca mit Trempó oder Linsen mit roten Gambas – einfach köstlich.
Plaça d'Espanya 6
Tel. 971 10 02 01
https://andanapalma.es
So. geschl.

15 EL NAUTICO €€€

Im edlen königlichen Jachtclub – hier sind tatsächlich Könige, sprich Felipe und der nicht mehr gern gesehene Juan Carlos Mitglieder – gibt es ein tolles Restaurant. Mit Blick auf die Jachten genießt man in einem schön gestalteten Meeresambiente Muscheln und Oktopus, wie überhaupt Köstliches aus dem Meer. Doch kann man auch zum Beispiel bei Schweinelenden mit Foie oder einem Iberico-Karree glücklich werden.
Plaza de San Pedro 1
Real Club Nautico de Palma
Tel. 971 72 66 00
https://tast.com/es/restaurant/el-nautico; Mo. geschl.

18 FORN DE SANT JOAN €€€€ – €€€

Das Restaurant in der Nähe der Llotja könnte für einen romantischen Abend ein guter Tipp sein mit seinem elegant-altstädtischen Interieur in Rottönen. Erschwinglicher als à la carte am Abend ist aus der ausgezeichneten Küche das Mittagsmenü für ca. 20 € an Wochentagen.
C/ Sant Joan 4, Tel. 971 72 84 22
www.forndesantjoan.com
kein Ruehtag

PLATJA DE PALMA

19 OLA DEL MAR €€€

Das ehemalige Fischerviertel Portixol ist eine beliebte Gegend für ein Abendessen am Meer. Von der Terrasse des elegant-rustikalen Lokals schauen Sie aufs Wasser genießen zum Beispiel Fisch und Reisgerichte klassisch zubereitet und in ausgezeichneter Qualität.
C/ Vicario Joaquín Fuster 1
Tel. 971 27 42 75
www.oladelmar.es
Mo. geschl.

Palmas **Szeneviertel** sind sa Llotja (bei der Börse), Passeig Marítim und El Terreno (rund um die Av. de Joan Miró)

❶ BRASSCLUB
Rafa Martín betreibt die Bar im Stadtviertel Sant Pere. Als Barkeeper hat er schon einige Preise für seine perfekt zubereiteten Drinks bekommen. In der coolen Bar fühlt sich Palma richtig großstädtisch an.
Passeig Mallorca 34
Tel. 871 71 56 77

❷ CAFÉ ATLÁNTICO
Ende der 1960er kamen noch Seeleute in die Bar im Sa Lotja-Viertel. Heute sind es eher Touristen und Einheimische. Ein Klassiker des Nachtlebens mit entspannter Stimmung.
C/ Sant Feliu 12
https://atlanticobar.com

❸ BAR NICOLAS
Im schicken Interieur mischen sich Stilelemente des Art-déco, der 1950er-Jahre und von heute. Die Cocktail-Bar mit Restaurant ist einer der Szene-Treffpunkte von Palma und bietet neben leckeren Cocktails eine Auswahl an rund 90 Ginsorten.
Plaça Mercat 19
Tel. 971 72 40 78
www.barnicolas.com

❹ BAR FLEXAS
Die kleine Bar ist Kult, und das seit rund 20 Jahren. Inhaberin ist die spanischen Sängerin Terremoto de Alcorocon, eine Berühmtheit der queeren Szene. Leckere Tapas gibt es auch.
C/ de la Llotgeta 12
www.barflexas.com

❺ HOSTAL CUBA
Am Abend und speziell am Wochenende ist die Bar mit ihrem angenehmen Kolonialstil-Ambiente ein Treffpunkt für die Palmesaner, die sich bei Snacks und Cocktails auf eine lange Nacht einstimmen. Wer noch einen Platz bekommt, nimmt den Drink in der Sky Bar auf der Dachterrasse ein.
C/ Sant Magín 1
Tel. 971 45 22 37

❻ BAR LAB
Cocktails sind das große Ding in der atmosphärischen Bar in Santa Catalina. Wer auch was lernen möchte, kann in der hauseigenen Academy an einem Cocktail-Kurs teilnehmen.
C/ Sant Magí 22
www.barlabacademy.com

❼ ABACO
Was sich da hinter dem Portal des Stadtpalasts auftut, ist so üppig historisierend eingerichtet, dass einem nicht nur angesichts der hohen Preise der Mund offen bleibt.
C/ Sant Joan 1
Tel. 971 71 49 39

❽ JAZZ VOYEUR CLUB
Eine Institution in Palma: Im kleinen Jazzlokal in Sant Pere treten regelmäßig Musiker auf.
C/ Apuntadores 5
Tel. 971 90 52 92

Shops spanischer Modeketten, kleine Boutiquen, Traditionsgeschäfte, Mode- und Wohnaccessoires, Feinkost, Kunstgalerien – all das findet sich im Zentrum um den Passeig des Born und den Plaça Cort, der C/ Unió, in den Straßen Sant Miquel, Sindicat und teilweise auch im Viertel Sant Pere, westlich des Passeig des Born und Santa Catalina.

DIALOG
Lesestoff für den Strand und das Hotel vergessen? Deutschsprachige Bücher gibt es bei »Dialog« in Palma.
C/ Santa Magdalena 3 (an der Rambla zwischen Hausnummer 16 und 18) | http://dialog.es/de

GAIA NATURAL
Seifen und Kosmetika aus Produkten der Insel wie Mandeln, Calendula, Aloe vera, Rosmarin, Zitronen etc.
C/ Cordería 25
www.gaia-natural-mallorca.com

ISABEL GUARCH

Die Schmuckdesignerin bezieht sich bei ihren Kreationen gerne auf die Inselgeschichte. Das macht die ebenso schönen wie kostspieligen Armreifen und Ringe zum besonderen Souvenir.
Plaça del Mercat 16
https://isabelguarch.com

SA FORMATGERIA

Im handtuchschmalen Laden werden Käseliebhaber bei Spezialitäten wie dem handgemachten Rohmilchkäse aus Mallorca von Can Morey glücklich. Im Minibistro kann probiert werden.
C/Oms 30
http://saformatgeria.com

ROUGE MALLORCA

Eine der exklusivsten Boutiquen am Passeig del Born – wenn Sie auf der Suche nach einer echten Kelly- oder Birkin Bag sind, können Sie hier fündig werden. Sammlerinnen-Stücke von Hermes, Chanel, Dior und Co. beglücken die solvente Kundschaft.
PasseigDel Born/Constitució 1
https://rougemallorca.com

COLMADO SANTO DOMINGO

Der höhlenartige Laden ist sicherlich das am meisten fotografierte Feinkostgeschäft Mallorcas mit Sobrassadas und Spezialitäten der Insel.
C/Santo Domingo 1

ABTAUCHEN IM RIALTO LIVING

In einem ehemaligen Kino im Carrer Feliu 3 – in der Nähe des Passeig des Born – ist eines der schönsten Geschäfte Palmas. In den Räumen mit ausgesuchten Wohnaccessoires, Möbeln, Mode, Kunst, Büchern und Geschenkideen hält man sich gerne etwas länger auf. Das liegt auch am romantisch eleganten Rialto Café. https://rialtoliving.com

Mit der Entdeckung Amerikas und der Verlagerung des Seehandels in atlantische Häfen verlor die Insel schließlich an Bedeutung. Geradezu revolutionär wandelte sich die Stadt – wie die ganze Insel – mit dem Aufkommen des Massentourismus, der 1956 mit dem Bau des Flughafens eingeläutet wurde: Die doch eher verschlafene Hafenstadt wuchs binnen Jahrzehnten zur Großstadt, die 1983 zur Hauptstadt der Autonomen Gemeinschaft der Balearen erklärt wurde.

Altstadt in drei Teilen

Orientierung

Breite Ringboulevards (Avingudes) folgen heute dem 1902 abgerissenen, einst geschlossenen Mauerring der Altstadt (Casco Antiguo). Sie teilt sich in die **Vila de Dalt** (Oberstadt) nördlich der Kathedrale von der Plaça de la Reina bis hin zur Plaça Espanya und östlich der Linie Avda. d'Antoni Maura/Passeig des Born/Rambla; die **Vila de Baix** (Unterstadt) erstreckt sich westlich dieser Straßenlinie und schließt die Straßen (und Kneipen!) um die Llotja (► S. 180) und das Consolat de Mar ein. Der direkt um die Kathedrale liegende Stadtkern heißt **Sa Portella**. Idealer Ausgangspunkt für die Erkundung aller drei Altstadtteile ist die Plaça de la Reina am Treffpunkt von Avda. d'Antoni Maura und Passeig des Born.

La Seu

Himmelwärts und unbeschwert

Palmas Kathedrale

La Seu ist die Nummer eins unter den Kulturhighlights von Mallorca. Ihr harmonischer, von Licht durchfluteter Innenraum und das architektonische Wechselspiel von Stütz- und Strebepfeilern machen sie zu einer der schönsten gotischen Kathedralen überhaupt. Eine solche Kirche verdient natürlich auch eine einmalige Lage: La Seu thront oberhalb der alten Stadtmauer am Meer.

Die himmelwärts strebende Unbeschwertheit war aber im Lauf der Jahrhunderte durch mehrere Umbauten ziemlich verloren gegangen. Also engagierten die Kirchenoberen **Antoni Gaudí**, den Baumeister der Sagrada Família von Barcelona. Er war von der Schönheit der Kathedrale Palmas begeistert, wusste sofort, was zu tun war und machte sich ab 1904 daran, dem Kirchenraum seinen grandiosen Charakter von Größe und Leichtigkeit zurückzugeben. Nicht allen gefiel damals Gaudís Jugendstil. Wer heutzutage La Seu betritt, kann das nicht verstehen.

»
Es steht fest, dass die tragende Idee dieses Bischofssitzes war, zu strahlen und zu glänzen.
«

Antoni Gaudí

LA SEU

KAPELLEN (Capellas)

1 Trinitat (Sarkophage)
2 Sant Pere
3 Sant Antoni de Padua
4 Verge de la Corona
5 Sant Martí
6 Sant Bernat
7 Verge de la Grada
8 Sagrat Cor de Jesus
9 Sant Benedict
10 Baptisteri
11 Animas
12 Purissima
13 Sant Sebastiá
14 Sant Josep
15 Tots Sants
16 Pietat (oben: Orgel)
17 Sant Crist
18 Sant Jeroni
19 Corpus Christi

Denn Gaudí war bis dahin der letzte in einer Reihe von Baumeistern, die sich seit der vermutlichen Kirchengründung durch Jaume II. um das Jahr 1300 in und an La Seu betätigten: Unter Ponç Descoll waren die Dreifaltigkeitskapelle, das Presbyterium (heutige Königskapelle), entstanden, unter dem Leiter der Dombauhütte, Jaume Mates, die drei großen Kirchenschiffe. Sein Nachfolger Guillem Sagrera war 1416 vom Kirchenrat in Girona zu einem der zwölf besten Architekten des Abendlands erklärt worden. 1601 konnte man das Hauptportal einweihen, doch dauerten die Bauarbeiten weit darüber hinaus an.

Schiff ohne Grenzen

In der Kathedrale

Aber keine Zeit verlieren und gleich hinein durch die Porta de l'Almoina (Almosen-Portal) und zunächst vorbei an der Sakristei und den Kapitelsälen.

Am besten erlebt man das »Strahlen und Glänzen« am frühen Vormittag, wenn die Sonne noch recht tief im Osten steht und ihr Licht durch das **»Auge der Gotik«** strahlt, mit 12,55 m Durchmesser eine der größten Fensterrosetten der Welt.

Antoni Gaudí hatte einen genialen Einfall: Er verlegte den **Chor,** der bis dahin wie in allen gotischen Kirchen Spaniens im Mittelschiff positioniert war, hinter den Hochaltar in die Königskapelle. So kann der Blick durch diesen großartigen, von 14 schlanken Säulen gestützten und fast 44 m hohen Kirchenraum heute ungehindert vom Hauptportal bis zur Königskapelle mit der Dreifaltigkeitskapelle dahinter schweifen.

LA SEU

BAEDEKER WISSEN

Jaume I., der Eroberer hat sein feierliches Gelübde gehalten: Als er 1229 gen Mallorca segelte, um die Insel den Mauren zu entreißen, geriet die Flotte in einen schweren Sturm. Sollten sie diesen heil überstehen, so gelobte er, würde er eine der heiligen Maria geweihte Kirche errichten lassen, »wie sie noch kein Menschenauge je geschaut« habe.

April – Mai, Okt. Mo. – Fr. 10 – 17.15, Juni – Sept. bis 18.15, Nov. bis März bis 15.15, Sa. immer bis 14.15 Uhr | Eintritt ab 9 €
https://catedraldemallorca.org

❶ Rosetten und Glasfenster
80 Mauerdurchbrüche kann die Kathedrale aufweisen. Die 32 Glasfenster waren bis zum ersten Drittel des 20. Jh.s zugemauert; erst der mit der Umgestaltung beauftragte Antoni Gaudí hatte sie zu öffnen begonnen.

❷ Campanario
In dem quadratischen Glockenturm (1270) hängen neun Glocken; die größte, Eloi, wurde 1593 aufgehängt und wiegt über 4500 kg.

❸ Hauptschiff
Das Hauptschiff ist mit 19,40 m das breiteste aller gotischen Kathedralen Europas; mit einer Höhe von 43,14 m ist es das vierthöchste gotische Kirchenschiff überhaupt.

❹ Strebebögen
Jeweils vier doppelte, weit geschwungene Strebebögen leiten in über 37 m Höhe den Druck des Hauptschiffs auf die seitlichen Strebepfeiler ab.

❺ Miradorportal innen
Gaudí versetzte den gotischen Aufsatz des ehemaligen Hochaltars (14. Jh.) hierher. Im Portal selbst befindet sich eine gotische Kanzel, von der im Jahr 1413 der valencianische Wundertäter und Heilige Vicenç Ferrer gepredigt haben soll.

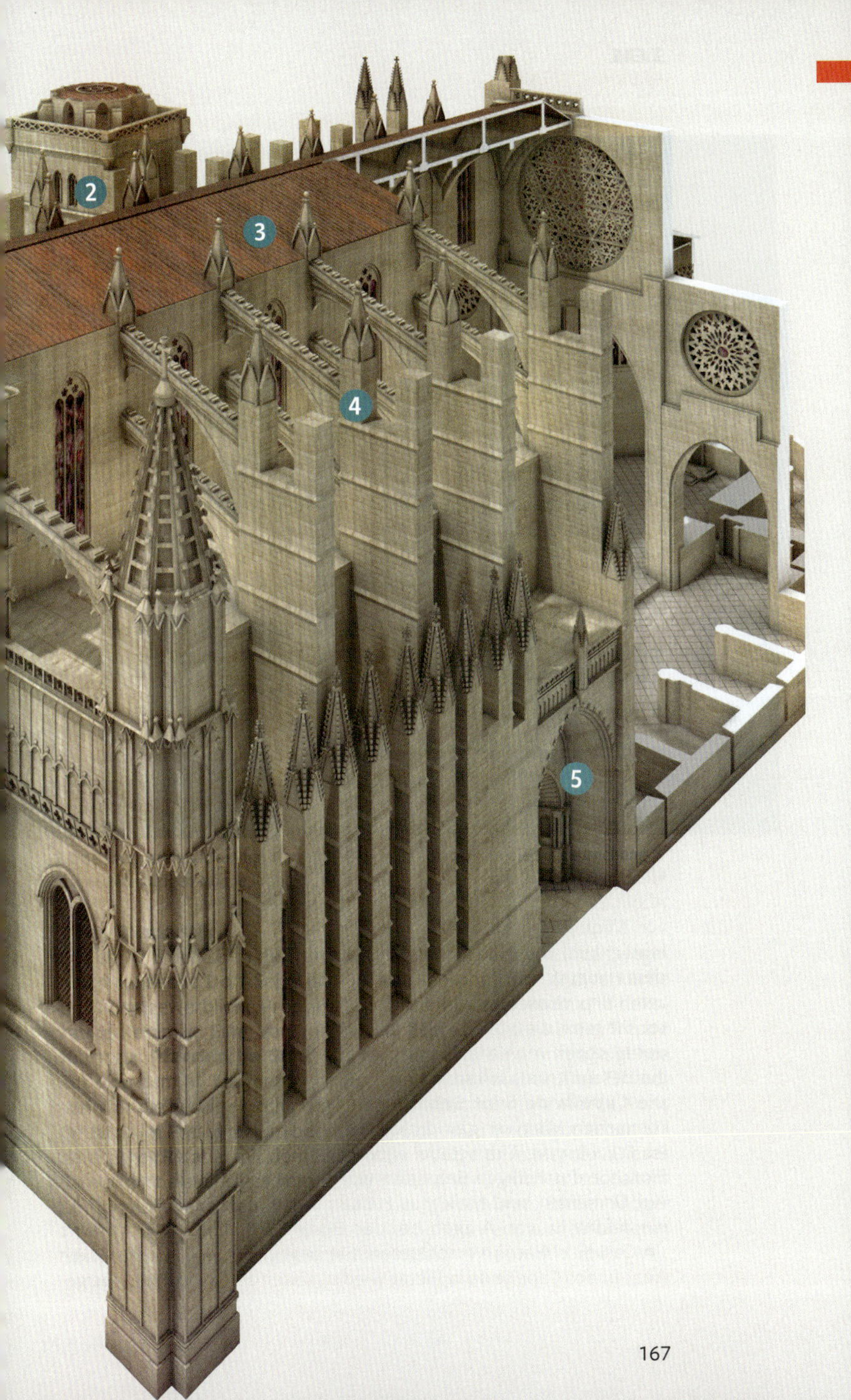
2
3
4
5

In der **Königskapelle** steht seither das Chorgestühl aus dem 14. Jh. mit Figuren und Szenen aus dem Alten und dem Neuen Testament, die aus Nussbaumholz geschnitzt sind. Gaudí schuf das Gitter, das den Laienraum vom Presbyterium räumlich, nicht jedoch visuell trennt, und unterstrich damit einmal mehr sein Konzept von der Einheit des gesamten Innenraums. Von ihm stammen auch der Schalldeckel der Kanzel mit Marienmotiven von Juan de Salas (1529) und die Leuchter rund um die grazilen musizierenden Engel aus dem 15. Jh., die den Bischofssitz und den schlichten **Hauptaltar** flankieren. Dieser ist aus einem Alabasterblock gearbeitet und ruht auf acht kleinen Säulen aus dem 13. Jahrhundert. Die aus dem 6. Jh. stammende Mittelsäule könnte ein Hinweis darauf sein, dass es vor der maurischen Moschee, die an dieser Stelle stand, bereits eine Kirche gegeben hat. Den Hochaltar krönt ein Baldachin Gaudís mit einem Kranz von 35 bunten Glühbirnen. Kaum jemand bemerkt, dass dieser vor allem aus Pappe und Holz besteht und eigentlich ein Provisorium geblieben ist.

Vor Gaudís Eingriff konnten die Kirchenbesucher die **Dreifaltigkeitskapelle** gar nicht sehen, denn sie war durch ein großes Barockretabel völlig verdeckt – der Architekt ließ es entfernen. König Jaume II. hatte die Kapelle als Mausoleum in Auftrag gegeben; sie ist somit ältester Teil der Kirche. Unter der 2 m hohen, vergoldeten Skulptur »Unsere Liebe Frau von der Kathedrale« (14. Jh.) stehen die erst Mitte des 20. Jh.s geschaffenen Sarkophage Jaumes II. und Jaumes III. Schließlich verpflanzte Gaudí auch den Bischofssitz von 1349 hinab ins Presbyterium und hinterließ auch dort seine Handschrift: Die Keramikelemente in den Nischen, die Fensterrose und die sie einfassenden beiden Seitenfenster stammen von ihm.

Heilige und Helden

Seitenkapellen

Ähnlich umstritten wie die mutige Umgestaltung Gaudís war das Werk von **Miquel Barceló** aus Felanitx. 2007 zeigte er der staunenden Öffentlichkeit, was er mit der **Capella Sant Pere,** gleich rechts neben dem Hauptaltar, angestellt hatte: 15 Tonnen Terrakotta hat er mit ganzem Körpereinsatz zu einer umlaufenden Wandumkleidung verarbeitet. Sie greift die biblischen Themen der Speisung der Fünftausend und der Hochzeit von Kanaan auf. In der kaum zu erkennenden Christusfigur des Zentrums soll sich der Künstler selbst verewigt haben.

Die **Capella de Sant Sebastià** im nördlichen Seitenschiff ist dem römischen Märtyrer gewidmet, der seit 1634 Palmas Schutzpatron ist. Das barocke Altarretabel entwarf Francisco de Herrera 1711, die Skulptur des heiligen Sebastian wurde 1757 aus Rom hergebracht. Auf Gemälden sind Mallorcas Helden Cabrit und Bassa dargestellt, die Alfons III. von Aragón bei der Belagerung der Burg von Alaró (▶ Castell d'Alaró) verspotteten. Sie begegnen auch am barocken Altar in der Capella de la Pietat wieder, unter dem ihre Urnen beige-

setzt sind; rechts befindet sich die Grabtafel des Dombaumeister Guillem Sagrera. Das Grabmal an der rechten Wand der **Capella de Sant Jeroni** ist das bedeutendste klassizistische Werk der Kathedrale: Geehrt wird ein mallorquinischer Kämpfer im spanischen Unabhängigkeitskrieg gegen die napoleonischen Truppen.
Die **Capella de Corpus Cristi** enthält das wichtigste Werk des mallorquinischen Barock, eine plastisch herausgearbeitete Abendmahlsszene von Jaume Blanquer. Links von dieser Kapelle ist das Grab des der ersten Bischofs von Mallorca, Ramon de Torrella (1238 – 1266).

HIMMLISCHES LICHT

Zweimal im Jahr – am 2. Februar und am 11. November – ist in der Kathedrale von Palma ein geradezu himmlisches Lichtspiel zu erleben. Wenn die Morgensonne durch die große Rosette über dem Hauptaltar strahlt, projiziert sie die Farben von 1236 bunten Gläsern an die gegenüberliegende Wand – direkt unter die Rosette der Westfassade. Ist das ätherische Doppelgestirn ein Produkt des Zufalls oder wohlkalkulierter Planung? Oder gar eine Ehrung des Eroberers von Mallorca, Jaumes I.? Der jedenfalls wurde an einem 2. Februar geboren.

Im Schein mächtiger Kandelaber

Kirchenkunst in Sälen und der Sakristei

Wer sakrale Kunst zu schätzen weiß, sollte auf dem Weg zurück zum Ausgang in der Porta de l'Almoina haltmachen.

Zunächst betritt man durch ein churriguereskes Portal aus Santanyí-Sandstein den **(Neuen) Barocken Kapitelsaal.** In den Vitrinen dort fällt zunächst v. a. ein kreuzförmiger Reliquienschrein auf, dessen Inhalt ein Splitter vom Kreuz Jesu sein soll. Außerdem ziehen zwei gewaltige Barockkandelaber aus massivem Silber (1718) und das in Form eines Unterarms gefertigte Reliquiar des hl. Sebastian die Blicke auf sich.

Im **(Alten) Gotischen Kapitelsaal,** Guillem Sagrera zugeschrieben, ist Gegenpapst Clemens VIII. bestattet. Mit seiner Person begibt man sich in die Untiefen des Papsttums während des sogenannten abendländischen Schismas, denn er war einer von gleichzeitig drei Päpsten, da er kurioserweise nicht nur Gegenpapst des römischen Pontifex Martin V. war, sondern in Benedikt XIV. seinen »eigenen« Gegenpapst bekam. 1429 einigten sich die kirchlichen und weltlichen Streithähne auf Martin; Clemens wurde Bischof von Mallorca und über Benedikt ging die Geschichte hinweg.

Die **Sagristia de Vermells** stellt die ganze Pracht liturgischen Geräts des Mittelalters zur Schau, allem voran die 2,30 m hohe Hauptmonstranz, für die 120 kg vergoldetes Silber verarbeitet wurden; wichtig für Mallorcas Geschichte war das »Llibre de Repartiment« (Grundbuch), in dem die Landvergaben nach der Rückeroberung der Insel durch Jaume I. festgelegt sind und das hier in einer Abschrift von 1307 zu sehen ist.

AUFS DACH GEFÜHRT

Die Kathedrale La Seu können Sie auch aus einer besonderen Perspektive erleben. Lassen Sie sich mit max. 24 weiteren Besuchern aufs Dach von Palmas berühmtestem Bauwerk führen. Nicht nur die Aussicht ist beeindruckend: Beim Auf- und Abstieg kommt man ganz nah an der riesigen Glasrosette vorbei, auch an der Orgel, und erfährt, dass in den Türmen vor Jahrhunderten Flüchtlinge gelebt haben.

Einmal drum herum

Portal

Zu guter Letzt noch ein kurzer Gang um eine der schönsten gotischen Kathedralen der Welt. Von der Porta de l'Almoina geht es links herum zur Hauptfassade (Porta Major) gegenüber vom Almudaina-Palast. Weit wichtiger als die 1851 nach einem Erdbeben angebrachten neogotischen Stützen ist das Renaissance-Hauptportal. Sonne, Kirche, Zypresse, Lilie, Brunnen, Stadt, Spiegel, Stern, Mond, Himmelstor, Rosenstock, Palme, Quelle, Garten und Elfenbeinturm im Tympanon – die klassischen Mariensymbole – verweisen darauf, dass La Seu der »Jungfrau von der Unbefleckten Empfängnis« geweiht ist. Noch einmal links um die Ecke, und man kommt auf die **Terrasse an der Südfassade**. Bevor man hier die tolle Aussicht auf die Bucht von Palma auf sich wirken lässt, bitte noch einmal umdrehen: Mit der 1380 begonnenen Porta del Mirador hinterließen zahlreiche Künstler wahrlich ein Wunderwerk der Bildhauerei und Steinmetzkunst. Über Blumenschmuck, musizierenden Engeln, Propheten und Kirchenvätern wachen Gottvater und einige Engel.

Die alten Stadtviertel rund um die Kathedrale: La Seu, Monti-Sion und La Calatrava

Hier sind die Könige zu Hause

Palau de S'Almudaina

Von der Kathedrale sind es nur wenige Schritte bis zum Almudaina-Palast. Die leichte Anhöhe über dem Meer, wo der Palast und die Kathedrale stehen, war vermutlich schon von den Urmallorquinern in der Talaiotkultur besiedelt. Mit Sicherheit lebten hier Römer und nach ihnen Araber. Die Wesire der Medina Mayurqa ließen an diesem Ort einen Alcázar, einen befestigten Palast, errichten. Der wurde auch von den ersten christlichen Königen genutzt und zu seiner Residenz umgestaltet.

Den Wehrturm Torre de l'Angel, den die Almoraviden 1117 errichteten, ließen sie stehen. Nur eine Wetterfahne in Gestalt eines Engels wurde zu Zeiten von Jaume II. im 14. Jh. obenauf gesetzt. Im Lauf ihrer Geschichte musste die Almudaina auch als Gefängnis und Justizpalast herhalten; heute ist sie sowohl Militärkommandantur als **auch Sitz des spanischen Königs**. Wenn Felipe und Letizia mit ihrer Kinderschar auf Mallorca sind – traditionell zum Sommerurlaub – wohnen sie allerdings im Palau Marivent in Cala Major.

Einige der königlichen Gemächer des Almudaina-Palasts können besichtigt werden, darunter der spektakuläre Salón Gótico, in dem die Monarchen ihre offiziellen Empfänge geben. Einen Blick verdient die Capella de Santa Ana als schönes Beispiel mallorquinischer Gotik des 14. Jh.s und das Büro des Königs. Das Portal, über das man den Palast wieder verlässt, gilt als eines der wenigen Beispiele romanischer Baukunst auf der Insel.

Auf einmal öffnen sich im Stadttrubel ruhige Plätze wie die Plaça Santa Eulalia.

April – Sept. Di. – So. 10 – 19, Okt. – März Di. – So. 10 –18 Uhr (Kassenschluss 1 Std. früher) | Eintritt: 7 €, frei für EU-Bürger Mi. und So. ab 15 Uhr

Fundación Bartolomé March

Überbordende Sammelwut

Im C. Palau Reial 18 nördlich vom Almudaina-Palast und nur einen Steinwurf von der Kathedrale entfernt, schließt sich die ehemalige Residenz des Bankiers und Multimilliardärs Juan March (1880 bis 1962) an. In dem monumentalen Stadtpalais von 1939 ist das **Museo Palau March** untergebracht. Dicht drängen sich auf der Terrasse Skulpturen von Künstlern wie Auguste Rodin, Henry Moore, Eduardo Chillida.

Der Blick fällt gleich auf die »Meeresorgel« des Dalí-Schülers Xavier Corberós, ein Ensemble aus jeweils sieben Marmorsäulen und überdimensionalen goldenen Tropfen. Auch die **neapolitanische Weihnachtskrippe** aus dem 18. Jh., die fast 1000 Figuren beleben, ist ein Blickfang. Dazu kommt die Sammlung romanischer und gotischer Marienstatuen und eine Bibliothek mit rund 60 000 Bänden, die die Marchs zusammengetragen haben. Und auch die Ausstattung des Palasts ist bemerkenswert. Keine Frage, der ehemalige Schweinehirt und spätere Milliardär Juan March wollte zeigen, dass es ihm weder an Geld, Einfluss noch an Geschmack fehlt.

Der katalanische Künstlers Josep Lluís Sert schmückte die Treppenaufgänge und den Musiksaal des Palasts großflächig mit allegorischen Wand- und Deckenmalereien aus.

April – Okt. Di. – Fr. 10 – 18.30, Sa. bis 14, Nov. – März bis 17 bzw. 14 Uhr | Eintritt: 5 € | www.fundacionbmarch.es

Luftige Kunst

S'Hort del Rei

Für eine schattige Rast ist der Hort del Rei (Königsgarten) unterhalb des Almudaina-Palasts ideal. Kunst hat auch hier ihren Platz: ein Frauentorso von Josep Maria Subirach, ein Mobile von Alexander Calder, die Bronzeskulptur »Personatge« von Joan Miró und der »Balearische Steinschleuderer« des mallorquinischen Künstlers Llorenç-Roselló. Geht man hinter die Skulptur und durch einen Torbogen, so betritt man den ehemaligen Privathafen des Almudaina-Palasts.

Blick über die Bucht

Parc de la Mar

Über eine Treppe geht es nun wieder hinauf zur Kathedrale. Von der Freifläche entlang der Längsseite des Gotteshauses schaut man über die Bucht und unterhalb der alten Festungsmauern auf den Parc de la Mar, wo aus einem kleinen Binnensee eine mächtige Wasserfontäne schießt. Bis in die 1960er-Jahre brandeten hier noch die Wellen des Meeres an. Dahinter strahlt an dem flachen, lang gestreckten Gebäudes ein buntes Keramik-Wandbild von Joan Miró. Das ganze Jahr über finden im Park Veranstaltungen statt.

Meditative Stimmung

★ Museu d'Art Sacre de Mallorca (MASM)

Der Bischofspalast (Palau Episcopal)gegenüber der Kathedralapsis wurde 1238 unter Bischof Ramon de Torroella begonnen und im 17. Jh. umgestaltet. Das Museum für sakrale Kunst wartet hier mit schön arrangierten und inszenierten Werken aus den Kirchen Mallorcas auf.
Immer wieder bieten sich auch Ausblicke auf das Meer, was einen reizvollen Kontrast zur stillen, fast meditativen Stimmung des Museums darstellt. Die **»Krönung der Muttergottes« von Joan Daurer** ist eines der wichtigsten Werke gotischer Malerei auf Mallorca. Auch das Tafelbild des heiligen Georg (1468) von Pere Nissart gehört zu den künstlerischen Schätzen. Wer es sich genauer ansieht, blickt im Hintergrund auf eine mittelalterliche Darstellung von Palma.
Ein weiterer Bereich widmet sich der Arbeit von Antoni Gaudí an der Kathedrale, zum Beispiel kann man an einem originalen Modell von La Seu sehr schön sehen, wie Gaudí gearbeitet hat. Ein zweiter Themenbereich stellt die Reisen und das Leben von Ramon Llull (▶Interessante Menschen) vor. Das Highlight dieses Bereichs ist das kleine originale **Holzkreuz**, das Jaume der Eroberer bei seiner Offensive bei sich geführt hat.

April – Okt. Mo. – Fr. 10 – 17.30, Sa. bis 15; Nov. – März bis 16 bzw. 15 Uhr | Eintritt: 4 € | https://museuartsacredemallorca.org

Museu de Mallorca

Mallorca durch und durch

Das Mallorca-Museum wurde in den vergangenen Jahren aufwendig restauriert. Der Palast steht auf den Fundamenten eines arabischen Hauses und nachfolgender gotischer Gebäude. Derzeit kann man in 14 Sälen Kunst und Kunstgewerbe vom 13. bis 20. Jh. anschauen. Alle stehen sie im Zusammenhang mit der Geschichte Mallorcas, sind hier entstanden oder nehmen auf die Insel Bezug. Das »Retabel des heiligen Bernhard« (13. Jh.) ist das älteste Werk im Haus. Es gibt Keramiken, meisterliche Malerei und ein weiteres Retabel zu bestaunen, die Kunst der Gotik, italienische und flämische Malerei.

Im 16. und frühen 17. Jh. kamen neue Stile, Ideen, Künstler und Kunstwerke aus oder über Valencia auf die Insel. Werke aus der Zeit sind die »Heilige Katharina« von Gaspar Oms und z. B. das wandfüllende Werk »Die Vermehrung der Brote und Fische« von Miquel Bestard. Einflüsse anderer europäischer Kunstzentren wirkten im 17. Jh. auf die Entwicklung der Kunst auf Mallorca ein. Werke des Italieners Mattia Preti etwa wurden in großer Zahl importiert.

Eigenständiger sind die Bildnisse von Joan Mestre Bosch, Agustí Buades und Antonio Fuster Forteza aus dem 19. Jh. Dem Saal mit den Porträts schließen sich realistische Landschaftsmalereien an sowie schöne Jugendstilkeramiken der nur kurz existierenden Manufaktur »La Roqueta«. Sie hatte auch die Entwürfe Antoni Gaudís für die Kathedrale von Palma umgesetzt. Mit Vertretern der frühen Avantgarde in den 1920er-Jahre auf Mallorca endet der Rundgang.

C/ Portella 5 | Di. - Fr. 9 - 17, Sa. 11 - 14 Uhr | Eintritt: 2,40 €
www.museudemallorca.es

Arabisches Bad

Badetag auf Maurisch

In den Gassen im Rücken der Kathedrale trifft man immer wieder auf alte herrschaftliche Paläste. Im C/Almudaina steht ein arabischer Torbogen als einer der ganz wenigen Reste jener Zeit.

Ein Besuch der arabischen Bäder (Abb. ▶ S. 279) versetzt den Gast weit zurück in die Geschichte dieses Viertels. Von den insgesamt fünf im »Llibre de Repartiment« (▶ S.275) erwähnten und im 10. Jh. auf Mallorca installierten arabischen Bädern ist nur noch das im C/San Serra erhalten. Es besteht aus einem zentralen Saal für heiße Bäder, den man durch einen Hufeisenbogen betritt, sowie einem weiteren rechteckigen Raum mit Tonnengewölbe, dessen Bestimmung nicht sicher bekannt ist.

tgl. 10 - 17 Uhr | Eintritt: 3 €

Església de Monti-Sion

Auf Synagogengrund

Im Mittelalter war Palma auch ein bedeutendes jüdisches Zentrum. Das jüdische Viertel »Es Call« lag im Gebiet der Altstadtgassen Sol, Temple oder Montesion. Die Synagoge stand an jener Stelle, wo die

die Kirche Montesion erbaut wurde. Sie ist ein Werk der Jesuiten, die sich 1561 auf Mallorca niederließen. Gegen Ende des 17. Jh.s war der Bau ihrer Kirche vom »Berg Zion« abgeschlossen.
Das Portal ist überreich mit Ornamenten geschmückt und zeigt u. a. Skulpturen der Ordensgründer Ignatius von Loyola und Franz Xaver. Der Hauptaltar ist ein Werk Camilo Silvestre Perinos; die 1635 entstandene, links vom Hauptportal gelegene Kapelle ist dem heiligen Alonso Rodríguez gewidmet, der in Monti-Sion lebte. Anlässlich seiner Seligsprechung errichtete man ihm 1825 ein Mausoleum. 1888 wurde er heiliggesprochen.

Església i Convent de Sant Francesc

Am Grab von Ramon Llull

An der Plaça de Sant Francesc erinnert ein Bronzedenkmal an Fra **Junípero Serra** (▶ Interessante Menschen), der als Philosophieprofessor 18 Jahre im Franziskanerkloster von Palma lebte und als Begründer mehrerer Städte in Kalifornien gilt.
Jaume II. höchstpersönlich legte 1281 den Grundstein zu dieser Kirche mit dem Kapellenkranz an der Apsis. Sant Francesc ist nach der Kathedrale die größte und schönste Kirche der Balearen. Für das Portal war in der Schlussphase des Baus Francisco de Herrera (17. Jh.) verantwortlich. Herrera hatte seine Studien in Italien beendet und versuchte, den schwelgerischen Barock eines Bernini behutsam dem verhalteneren mallorquinischen Stilempfinden anzupassen. Über der Darstellung der Unbefleckten Empfängnis Mariens sieht man den heiligen Georg, Schutzpatron der Adligen Mallorcas, mit dem Drachen kämpfen.
In Sant Francesc ruht Ramon Llull (▶ Interessante Menschen). Angeblich hatte sich die gesamte Geistlichkeit der Insel, allen voran der Bischof, am Hafen eingefunden, als der Leichnam Llulls aus Nordafrika eintraf. Doch allein den Franziskanern soll es gelungen sein, den Toten vom Schiff und in ihr Kloster zu tragen, wo er seit 1448 in der Capella Nostra Senyora de la Consolació seine letzte Ruhestätte hat. Das **Alabaster-Wandgrab für Llull** blieb unvollendet. In einer anderen Kapelle erinnern Gemälde von Joan Bestard (1587 – 1659) an das Schicksal des Seliggesprochenen.
Der 1739 geweihte **Hauptaltar** zeigt Bildnisse von Llull, des heiligen Dominikus und den heiligen Georg. Kostbarkeiten sind das Chorgestühl aus dem 15. Jh., die monumentale Orgel (1771, von Jordi Bosch) und die prachtvolle Kanzel von 1747. Zufällig entdeckte man bei Restaurierungsarbeiten in der Franziskanerkirche von Artà Darstellungen der heiligen Ursula; sie waren einst zur Verstärkung eines barocken Retabels mit Nägeln an dessenRückseite befestigt und hängen heute nahe der Sakristei. Harmonie prägt den rechts vom Portal zu erreichenden gotischen **Kreuzgang** mit seinen 115 zierlichen Säulen und Kapitellen und dem Ziehbrunnen.
Mo. – Sa. 10 – 13.30 u. 14.15 – 18, im Winter bis 17 Uhr | Eintritt 5 €

Im Viertel Puig de Sant Pere?

Im Schutz des Engels

La Llotja

Das Altstadtviertel Puig de Sant Pere begrenzen der Born (Promenade), der Hafen, die Avenida Jaume III und der Torrente de sa Riera beim Museum Es Baluard. Viele Restaurants, Tapasbars und Galerien sorgen dafür, dass es Einheimischen und Touristen herzieht.
An der **Hafenpromenade** steht eines der schönsten historischen Gebäude der Stadt: La Llotja, die alte Handelsbörse Palmas. 1421 zunächst von Guillem Sagrera begonnen, ist sie ein Meisterwerk gotischer Profanbaukunst. Der Engel am Tympanon des Haupteingangs als Beschützer der Kaufleute und das Maßwerk der Fenster sind elegant und zart herausgearbeitet, die monströsen Wasserspeier dagegen sind furchteinflößend. Die Türmchen unterstreichen das feierliche Aussehen, das durch einige Heiligenfiguren verstärkt wird. Innen durchbricht ein mit Evangelistenbildnissen geschmücktes Portal jede Seite. Die feinen Fenster mit pflanzlichen Motiven, die spiralförmigen Säulen, die wie Palmwedel in Kreuzrippengewölbe mit ausdrucksvollen Schlusssteinen auszweigen, strahlen Würde und Leichtigkeit aus.

Hier wird Politik gemacht

Consolat de Mar

Das Seehandelsgericht ist in einer Hafenstadt von großer Bedeutung. Eines der ältesten Schriftstücke zum Handelsrecht, das »Llibre del Consolat de la Mar« von 1385, stammt aus Palma und wird heute im Monestir de la Reial in Palma aufbewahrt. Am Consolat de Mar von Palma (ab 1614) flankieren Kanonen das Hauptportal. Sie wurden im Hafen gefunden. Elegant ist die Renaissanceloggia mit den Korbbögen. Das Gebäude ist heute **Amtssitz des Ministerpräsidenten**.

Lässiger Platz

Plaça Drassana

Hinter dem Consolat befand sich früher die Werft (Drassana), ein Denkmal erinnert an den Seefahrer Jaume Ferrer, der im 14. Jh., noch vor den Portugiesen, an der Westküste Afrikas entlangsegelte. Der Platz ist ein netter Ort, um tagsüber einer der Caféterrassen zu besuchenn oder am Abend eine der Bars anzusteuern. Jenseits des Passeig Sagrera liegt der Fischereihafen mit der Fischauktionshalle.

Der Schrecken der Piraten

Santa Creu

Die frühgotsiche Santa Creu ist eine der vier ersten Pfarrkirchen der Stadt. Den monumentalen Hauptaltar finanzierte der legendäre »Schrecken der Piraten«, Kapitän Antoni Barceló, der es dank seiner Verdienste im Kampf gegen die Korsaren vom einfachen Postschiffer zum Fregattenkapitän gebracht hatte. Adel und Großbürgertum konnten das natürlich nur mit Missgunst hinnehmen. Trotz seines abenteuerlichen Lebens wurde Barceló 80 Jahre alt. Er stiftete auch die Capella del Sagrat Cor, in der er begraben ist.

OBEN: Eine untrennbare Einheit: »Glowing Core« (»Glutkern«) von Rebecca Horn fügt sich großartig ins gotische Gewölbe der Llotja.

UNTEN: Edelshopping mit Kunstgalerie im Kaufhaus Rialto Living in Palma

Museu Es Baluard

Moderne Kunst in altem Gemäuer

Nur ein kurzes Stück ist es bis zum Museum Es Baluard an der Plaça de Santa Catalina. Der zeitgenössische Bau duckt sich innerhalb der Mauern der Bastio de Sant Pere, einem Überbleibsel der Stadtbefestigung aus dem 16. bis 18. Jahrhundert. Hier werden ca. 800 Werke moderner und zeitgenössischer Kunst präsentiert. Die Sammlung umfasst u. a. Arbeiten von Henri Matisse, René Magritte und Wassily Kandinsky. Einen Schwerpunkt bilden mit Mallorca verbundene Künstler wie Joan Miró, Miquel Barceló und die zu Beginn des 20. Jh.s. aktiven Maler wie Santiago Rusiñol. Von den Aussichtsterrassen genießt man einen herrlichen Blick auf Stadt und Hafen.

Di. – Sa. 10 – 20, So. 10 – 15 Uhr | Eintritt: 6 €, Fr. mind. 0,10 €
www.esbaluard.org

Unterstadt (Vila de Baix)

Passeig des Born

Die Lebensader

Der Born ist eine platanengesäumte Promenade, die von der Plaça de la Reina zur Plaça Joan Carles I (mit der berühmten Bar Bosch) verläuft. Der **Casal Solleric** (1775) schräg gegenüber strahlt immer noch Stolz aus. Er wurde im Auftrag einer Familie von Landbesitzern und Ölhändlern erbaut und vereint traditionell mallorquinische Architektur mit Elementen des französischen und italienischen Barock. Hier finden kulturelle Veranstaltungen statt, und ein Café lädt ein.

Di. – Sa. 10 – 14 und 16 – 20, So. 11 – 14.30 Uhr

> »Wenn du vom Sitzen in Es Born müde geworden bist, sei es auf den Bänken, sei es auf den Stühlen, wo man zahlen muss, so überquerst du den Fahrdamm und setzt dich ins Kaffeehaus.«
>
> *Santiago Rusiñol*

Carrer Concepció

Christus im Stamm

Von der Plaça Joan Carles I geht in nordwestlicher Richtung die Avda. Jaume III ab. Wie am Passeig del Born sind auch hier Shops bekannter Modemarken zu finden sowie ein Ableger der Kaufhauskette El Corte Inglés. Nach Norden führt der C/ Concepció. Diese Straße weiter hinauf kommt man zur barocken **Klosterkirche La Concepció.** Sie besitzt mit dem »Crist del Nogal« ein hochverehrtes Bildnis, um das sich eine hübsche Legende rankt: Als die Nonnen einen Nussbaum gefällt und ihn zu zersägen begonnen hatten, erschien in seinem Stamm die bereits fertige Christusskulptur (vermutlich wurde sie im 14./15. Jh. gefertigt).

Original und Modell: Das Gran Hotel gibt es auch für daheim.

Zeitreise im Innenhof

Casal Balaguer

Nach Osten führt von der Plaça Joan Carles I der C/ Unió geradewegs durch die Vila de Baix zur Plaça Mercat. An der C/ Unió Nr. 3 lohnt sich ein Blick in den Innenhof, denn das Herrenhaus Casal Balaguer hat einen der schönsten Patios von Palma. Der Besuch des Palasts ist wie eine Zeitreise in die Vergangenheit und dabei ganz umsonst.
Di. – Fr. 10 – 14, Sa. u.So. 10.30 – 13.30 Uhr | Eintritt frei

Modernisme doppelt

Can Casasayas

Die Plaça Mercat ist der einstige Marktplatz des arabischen Palmas. Ihn schmücken gleich zwei Modernisme-Bauwerke: Die beiden einander gegenüberliegenden Häuser Can Casasayas entstanden unter Mitwirkung des Architekten Guillem Reynés zwischen 1908 und 1911. Die zum Teil sichtbaren Baumaterialien wie Stein, Holz und Eisenträger sowie dekorative Elemente – Farne und Akanthus – verstärken die Dynamik der Fassaden.

Unerhörter Komfort

Gran Hotel (Fundació La Caixa)

Der katalanische Jugendstilarchitekt **Lluís Domènech i Montaner**, der u. a. den Palau de la Música Catalana von Barcelona schuf, war auch verantwortlich für das 1901 begonnene Gran Hotel an der Plaça Weyler etwas weiter östlich. Seine Fertigstellung 1903 war ein bedeutendes gesellschaftliches Ereignis. Es bot schon zur damaligen

Zeit Heizung, Fahrstuhl, Baderäume, erlesenes Mobiliar und Gemälde – alles sehr ungewöhnlich und luxuriös. Mit dem Bürgerkrieg war diese glanzvolle Phase jedoch beendet; das Gebäude wurde durch unsachgemäße Eingriffe und missglückte Restaurierungen verunstaltet, bis eine Stiftung, die Caixa d'Estalvis i Pensions de Barcelona, es erwarb. Erst 90 Jahre nach der Eröffnung wurde der Prachtbau feierlich wiedereröffnet, nun als Kulturzentrum mit Restaurant, Café, Kunstbuchhandlung, Räumlichkeiten für Kunstausstellungen im Erdgeschoss, der ständigen Ausstellung des katalanischen Malers Hermen Anglada Camarasa, einem Auditorium sowie einer Mediathek.

Köstlich

Forn des Teatre

Seit 1916 wandern in der beliebten Café-Konditorei Forn des Teatre (»Theaterofen«) gegenüber dem Gran Hotel köstliche Ensaimadas und anderes Gebäck über den Tresen. Vor einigen Jahren hat es die Bäckerei Fornet de la Soca übernommen. Das Auge erfreut aber auch die originale Jugendstilfassade.

Lüster, Samt und Gold

Teatre Principal

An der Stelle des heutigen Theaters gab es schon Ende des 17. Jh.s ein kleines Komödienhaus; das zweite wurde ein Raub der Flammen, und 1860 hat man das Teatro del Príncipe, heute Teatre Principal, mit »Wilhelm Tell« von Gioacchino Rossini eröffnet. Das Innere ist üppig verziert. Im Frühjahr und Herbst finden Opernfestspiele statt.

Mystik und Caritas

Kirchliche Bauten

Beim Teatre Principal geht die Straße in die Rambla dels Ducs de Palma de Mallorca, kurz Rambla genannt, über. Westlich des Boulevards steht die Kirche **Santa Magdalena.** Hier wird die Heilige der Insel verehrt, Santa Catalina Tomàs (▶Interessante Menschen), die in einer Kapelle in einem gläsernen Sarg ihre letzte Ruhe fand.

Wenig westlich davon lenkt der grandiose Bau der **Misericòrdia,** eine 1565 von den Jesuiten gegründete karitative Institution, mit großen Terrassen und einer monumentalen Freitreppe die Aufmerksamkeit auf sich. Zu Anfang des 19. Jh.s umgestaltet und erheblich erweitert, bot sie zeitweise weit über tausend bedürftigen Menschen Platz.

Oberstadt (Vila de Dalt)

Mit den Augen von George Sand

Ajuntament

Von der Plaça de la Reina kommt man leicht bergan gehend auf dem C/Conquistador zunächst am Parlament der Autonomen Region der Balearen vorbei. Dann erreicht man die Plaça Cort, das Zentrum der Altstadt, wo das Ajuntament, das Rathaus, aus dem 16. Jh. steht. Die italienische Renaissance hat den Bau beeinflusst. In dem nicht nur von

»
Eine Besonderheit sind die sehr reich geschnitzten Holzrosetten, die sich mit den Karyatiden abwechseln, welche das mächtige Dach klagend zu tragen scheinen, denn die meisten verstecken das Gesicht in den Händen.
«

George Sand über das Rathaus

George Sand (▶ Interessante Menschen), sondern auch von Ludwig Salvator gerühmten Bau zeigt »En Figuera«, eine der ersten Turmuhren Spaniens (1386), was die Stunde geschlagen hat; für besonders alarmierende Anlässe gab es sogar ein besonderes Schlagwerk. Die Barockfassade arbeitete Joan Antoni Oms, das von George Sand so gerühmte Dachgesims (1680) Gabriel Torres.

Ort des königlichen Schwurs

Santa Eulàlia

Santa Eulàlia am gleichnamigen Platz gehört zu den ersten nach der Reconquista gegründeten Kirchen. In ihr legte der künftige König Jaume II. den Schwur auf die Privilegien und Sonderrechte des Königreichs Mallorca ab. Dem Betrachter ist, als schauten ihn furchteinflößende Wasserspeier (am C/del Sant Crist) und ebensolche Fabeltiere von den Kapitellen des Westportals an. Im Hauptportal steht eine liebliche Skulptur der heiligen Eulàlia, die Jaume Blanquer im Jahr 1621 schuf. Die Kirche ist neben der Kathedrale die einzige von Mallorca mit drei Kirchenschiffen. Am Hauptaltar begegnet man wieder der heiligen Eulàlia, diesmal in einem Bildnis, das wohl Guillem Mesquida geschaffen hat. Mit einem Eintrittsticket von Spiritual Mallorca kann man den 50 m hohen Kirchturm besteigen.
www.spiritualmallorca.com

Reges Leben

Plaça Major, Pl. Marquès del Palmer

Arkadenhäuser rahmen die Plaça Major, hier herrscht reges Leben auf den Caféterrassen. Straßenkünstler und auch der Kunsthandwerkermarkt haben sich auf der Plaça eingerichtet.
Prächtig sind die benachbarten Gebäude **El Aguila** und **Can Forteza Rei** an der Plaça Marquès del Palmer (Durchgang südwestlich der Plaça), das werden nicht nur Liebhaber des Modernisme so empfinden. Die geschwungene Fassade des zweiten mit ihren Pflanzen- und Blütenmotiven entstand nach Plänen von Lluís Forteza Rey, einem Juwelier und Goldschmied, der auch Schmuck im Jugendstil entwarf.

Avantgarde fortgeführt

Museu Fundación Juan March

Von der Nordostseite der Plaça Major kommt man zunächst auf den C/Sant Miquel und dann bald zum Museum für zeitgenössische Kunst. Die Collecció March zeigt in ihrer Dependance von Palma un-

Einfach und köstlich sind die Tapas in der Bar Día, einem beliebten Anlaufpunkt in der Carrer Apuntadores in Palmas Altstadt.

ter anderem Werke der frühen spanischen Avantgardisten Pablo Picasso, Joan Miró, Juan Gris und Salvador Dalí. Doch im Stadtpalast des 17. Jh.s werden auch Wechselausstellungen zeitgenössischer Künstler gezeigt.

Mo. – Fr. 10 – 18.30, Sa. bis 10.30 Uhr | Eintritt: frei | www.march.es

Madonna vom Schiff

Sant Miquel

Gleich nach der Eroberung Mallorcas wurde an diesem Ort eine Moschee in ein christliches Gotteshaus umgewandelt. Dies bildet das Fundament für Sant Miquel (1320), die somit zu den ältesten Kirchen Mallorcas gehört. Mehrfach umgebaut, blieb von der alten Kirche nur das Hauptportal von 1391. Rechts vom Hochaltar, in der Capella Nostra Senyora de la Salut, steht **die älteste gotische Skulptur Mallorcas**: Sie hat eine Höhe von 85 cm und ist aus Alabaster. Mit dem Schiff Jaume des Eroberers ist sie auf die Insel gelangt. Jaume soll vor ihr sein Gelübde abgelegt haben, bei Rettung aus dem Sturm eine Kathedrale zu errichten. Da dies die erste Kirche in der eroberten Medina Mayurqa war, bekam sie hier ihren Platz. In der Kapelle erinnern zwei Gemälde an diese denkwürdigen Ereignisse.

Gesegnete Vierbeiner

Sant Antoni Abat

In der Kirche Sant Antoni Abat (18. Jh.) werden am 17. Januar, dem Fest des heiligen Antonius, die Tiere gesegnet: Aus dem Umland kommen die Bauern mit ihrem Vieh und aus Palma die Kinder mit ihren Haustieren, ein Brauch, der auch in anderen Städten und Dörfern Spaniens noch verbreitet ist.

Hm, lecker!

Nordöstlich der Kirche Sant Antoni liegt die Hauptmarkthalle von Palma, der Mercat de l'Olivar. Man kann sich kaum sattsehen an den frischen Waren von der Insel, doch es lohnt auch, in den kleinen Bars das eine oder andere zu probieren.

Di. – Sa. 7 – 14.30, Fr. bis 20 Uhr

Westlich des Zentrums

Angesagt

Viertel Santa Catalina und Es Jonquet

Das Viertel Santa Catalina grenzt im Westen an die Festungsanlage Es Baluard und den Kanal für den Sturzbach Torrent de sa Riera – er führt nicht das ganze Jahr über Wasser – an. Zwischen dem C/ de la Fàbrica und der Markthalle Santa Catalina ist Palmas trendigster Stadtteil. Kleine Modeboutiquen und Läden, u. a. mit Vintagemöbeln, ergänzen das enorme Angebot an teilweise sehr guten Restaurants.
Das aromatische Epizentrum ist der **Mercat de Santa Catalina**. Die kleine Markthalle wird nicht nur von den üblichen Obst-, Fleisch- und Fischhändlern versorgt. Neben Ständen mit Feinkost finden sich auch Stehlokale, die zum Beispiel Sushi, mallorquinische Tapas oder Wermut anbieten. Weiter in Richtung Hafen erreicht man das alte Viertel Es Jonquet. Mit seinen kleinen Fischerhäusern und den Windmühlen ist das ehemalige Problemviertel einen Abstecher wert.

Harmonie im Rund

Noch ein Stück weiter westlich thront strategisch günstig auf einem 140 m hohen Hügel oberhalb der Bucht von Palma die berühmte Rundburg der Stadt. Jaume II. hatte um 1300 den Auftrag zu ihrem Bau gegeben. Sie besticht auf den ersten Blick mit ihrer außerordentlichen Schönheit. In der Tat war sie mit ihren drei an den Baukörper angefügten Rundtürmen und dem frei stehenden Ehrenturm nicht nur als Verteidigungsanlage, sondern auch als königliche Residenz konzipiert, wofür sie jedoch kaum genutzt wurde. Es gibt mehrere Theorien, wie es zu dem kreisförmigen Grundriss kam, schließlich ist dies der einzige in dieser Form in ganz Spanien: Eine verweist auf die Freundschaft zwischen Jaume II. und Ramon Llull und sieht im perfekten Rundbau eine Analogie zur Philosophie Llulls.
Wie auch immer, der runde Waffenhof mit doppelter Bogengalerie, Rundbögen im Erdgeschoss und Spitzbögen im ersten Stock strahlt eine schöne Harmonie aus. Das Kastell diente als Fluchtburg während der Besetzung des mallorquinischen Königreichs durch Pedro

von Aragón im 14. Jh. und während der Zunftaufstände (»Germanies«) 1521, es sah auch einige Judenpogrome. Dennoch war es auch und vor allem ein Gefängnis. Einer der prominentesten Insassen war der liberale Politiker Gaspar Melchor de Jovellanos, der zwischen 1802 und 1808 hier einsaß. Seine Zelle und einige andere Räume des ersten Stockwerks kann man besichtigen, darunter die **Collecció Despuig,** eine Sammlung römischer Statuen. Unbedingt lohnend ist der Aufstieg auf das Dach, denn es eröffnet einen fantastischen Blick auf ganz Palma und auf die Serra de Tramuntana. Im Erdgeschoss ist ein Museum zur Stadtgeschichte Palmas eingerichtet.

April – Sept. Di. – Sa. 10 –15, Okt. – März bis 18, So. ganzjährig 10 – 15 Uhr | Eintritt: 4 €

SOMMERKONZERTE

Der runde, doppelstöckige Innenhof des Castell de Bellver ist nicht nur ein einmaliges Beispiel mittelalterlicher Palastarchitektur. Im Juli und Anfang August wird er zur stimmungsvollen Kulisse der »Estius Simfònics«. Karten für die klassischen Sommerkonzerte bekommen Sie u. a. im Casal Solleric am Passeig del Born 25 in Palma.

Spanien kompakt

Poble Espanyol

Das Poble Espanyol, das »spanische Dorf«, etwas westlich der Innenstadt, besteht aus verkleinerten Nachbildungen bedeutender historischer Bauwerke aller Regionen Spaniens. Mit dem spanischen Dorf wollte man in der Franco-Ära die internationalen Gäste auf weitere Schönheiten des Landes hinweisen. So spaziert man unter anderem durch den Myrtenhof der Alhambra von Granada, besucht die Casa El Greco von Toledo und erkennt den Torre de Oro von Sevilla. In der Vorweihnachtszeit verwandelt sich das spanische Dorf in einen beliebten deutschen Weihnachtsmarkt.

tgl. 9 – 17 Uhr | Eintritt: 10 € | www.puebloespanolmallorca.com

Im Atelier von Joan Miró

Fundació Pilar i Joan Miró

In Palma sieht der Besucher nicht nur Werke von Joan Miró, sondern erhält auch einen einmaligen Einblick in die Lebens- und Arbeitsweise des Künstlers! 1981 riefen Joan Miró und seine Frau Pilar eine Stiftung ins Leben. Dazu vermachten sie der Stadt Palma ein Fülle an Werken: über hundert Gemälde, an die 900 Zeichnungen und etliche Skulpturen, ferner sein ehemaliges Atelier und Son Boter, eine 1959 von ihm erworbene Finca, wo er vor allem seine Plastiken schuf. Sein eigentliches Atelier entstand zwischen 1954 und 1956 nach dem Entwurf seines Freundes Josep Lluís Sert.

1987, vier Jahre nach dem Tod des Meisters, wurde der Sert-Schüler **Rafael Moneo** mit dem Entwurf eines Stiftungs- und Galeriegebäudes in Cala Major beauftragt. 1993, zum 100. Geburtstag Joan Mirós, war der sternförmige Bau aus Beton und Alabaster fertiggestellt. Er zeigt eine bedeutende ständige Sammlung wie auch Wechselausstellungen und verfügt über eine Bibliothek, ein Dokumentationszentrum, Werkstätten, ein didaktisches Zentrum, ein Café und einen Museumsshop mit vielen Dingen, die an Miró erinnern.

Das Sert-Atelier blieb so, wie Miró es hinterlassen hat. Son Boter ist frei zugänglich und überrascht mit Graffiti Mirós sowie ersten Entwürfen zu Skulpturen, von denen einige heute den Weg zum Museumsgebäude säumen.

C/ Joan de Saridakis 29 | Mitte Mai – Mitte Sept. Di. – Sa. 10 – 19, Mitte Sept. – Mitte Mai Di. – Sa. bis 18, ganzjährig So. bis 15 Uhr
Eintritt: 10 € | https://miromallorca.com

Strategisch erhaben

Fortaleza de Sant Carles

In Porto Pí legen die Kreuzfahrtschiffe an. Über dem Hafen von Palma wacht das Fortaleza de Sant Carles. Das etwas angestaubte Militärmuseum mag manchen interessieren oder auch nicht, doch es begeistert in jedem Falle die Aussicht von diesem Punkt über die Hauptstadt und ihren Hafen.

Ctra. Dique del Oeste | Di. – So. 10 – 14 Uhr |
www.castillomuseosancarlos.com

Peruanische Impression

Museu Kreković

In der Nähe des Messegeländes zeigt das Museu Krekovic Werke des kroatischen Malers Kristian Kreković (1901 – 1985) lebte lange Jahre in Peru und setzte seine Impressionen in monumentale Gemälde um.
C/ Ciutat de Queretaro 3 | Mo. – Fr. 10 – 13.45, Mi. auch 16.30– 20, Sa. 11 – 14; Juli u. Aug. nur 10 – 14 Uhr | Eintritt frei|

Platja de Palma

Schick, laut und trendy

Im Südosten

Im Südosten der Altstadt schließen sich die Orte El Molinar, Coll d'en Rabassa und Can Pastilla an. Sie alle bilden zusammen mit S'Arenal am Ende der Bucht die Platja de Palma. Die weiten Sandstrände und die Nähe zum Flughafen – Can Pastilla liegt teilweise in der Einflugschneise – haben den Küstenabschnitt zu Mallorcas größter Tourismushochburg werden lassen. Der an Palma angrenzende Ortsteil El Molinar hat sich in den letzten Jahren zu einem beliebten, trendigen Viertel entwickelt. Vom schönen Hafen **Es Portixol** bis zum kleineren Hafen von **El Molinar** ist vor allem am Abend viel los. Schicke Bars, trendige Restaurants finden sich entlang der Strandpromenade.
Platja de Palma, S'Arenal, da ist doch auch ... Ja, klar, **der berühmt-berüchtigte Ballermann**. Nur, wo ist er hin? Entlang der tollen Strandpromenade, die man auch sehr gut mit dem Fahrrad erkunden kann (▶ Tour 5, S. 43), sieht man frisch renovierte und luxuriöse Strandhotels sowie coole Beachbars wie Nassau Beach beim Hafen Portixol und Puro Beach in Can Pastilla. Zwischen Coll d'en Rabassa und Can Pastilla ist sogar ein Stück felsiger Naturküste unbebaut geblieben. **Es Carnatge** heißt der Abschnitt auf Höhe der nördlichen Landebahn des Flughafens. Er wurde früher als Steinbruch genutzt, heute fotografieren von hier aus Flightspotter die Flieger.

Unter Haien

Palma Aquarium

Im Palma Aquarium leben rund 700 Meerestierarten in insgesamt 55 Aquarien. Hauptattraktion des Meerwasserparks an der Platja de Palma ist »Gran Azul«: Durch das größte Becken, in dem Haie und andere Fische zu Hause sind, führt ein gläserner Tunnel.
C. Manuela de los Herreros i Sorà 21 (zwischen Can Pastilla und Les Meravelles) | April – Okt. tgl. 9.30 – 18.30, sonst 10 – 15.30, Sa./So. bis 17.30 Uhr | Eintritt: 28 € | https://palmaaquarium.com

Mottopartymeile

Les Meravelles

Im Ortsteil Les Meravelles, kurz vor S'Arenal, ist das Eldorado der Kegelclubs und Motto-Urlauber, der feierfreudigen Männer- und Frauenrunden. Genauer gesagt, zwischen den durchnummerierten Strandkiosken 6 und 7. Der **Balnerario Nummer 6** gilt als Geburts-

Strandnäher geht es kaum als im Nassau Beach Club am Passeig Portixol

ort des Ballermanns. An den Strandlokalen sind laute Musik und das Sangría-Trinken aus Eimern zwar längst Geschichte, doch der Name ist jedoch geblieben, ebenso wie die Bedürfnisse der fast ausschließlich deutschen Urlauber, an der Platja de Palma bei reichlich Bier, Schlagermusik und Bratwurst zu feiern.

Wem der Sinn nicht …

… nach Bierkönig und Co. steht, kann die Schinkenstraße weiter in Richtung Inselinneres spazieren. Zu sehen gibt es die außergewöhnliche Kirche **La Porciúncula**. Die »Kristallkirche« ist ein Betonbau von 1968, dessen Wände fast komplett aus Buntglasfenstern bestehen. Im Kloster haben die Mönche ein kleines Museum für Archäologie und Ethnologie eingerichtet .

La Porciúncula

Fra Joan Llabrés 1 | Mo. - Sa. 10 - 17 Uhr | Eintritt mit Sammelticket von Spiritual Mallorca | www.spiritualmallorca.com

Oldie mit Charme

Folgt man der breiten, palmenbestandenen Promenade, die sich an der Bucht entlangzieht, erreicht man ganz im Südosten S'Arenal. Die Urlaubshochburg ist relativ dicht bebaut und schon zu Beginn des Tourismus-Booms entstanden. Im Bereich des gewachsenen Ortskerns und des Jachthafens hat S'Arenal sogar einen gewissen Charme.

S'Arenal

ALTES NEU ENTDECKEN

Die Platja de Palma hat nicht den besten Ruf, Ballermann und Billigtourismus sei Dank. Aber vielleicht besuchen Sie mal den Abschnitt zwischen Arenal und Portixol. Es ist ganz schön schick geworden: neue Lokale, coole Beachbars, eine großartige Promenade zum Joggen, Radfahren usw. ... Es wird Zeit, die Touri-Hochburg neu zu entdecken.

Schandfleck und Mythos, heiß geliebt und tief verachtet: Die Rede ist vom so genannten **Ballermann**, der berühmten Partyzone an der Platja de Palma. Die Wirklichkeit ist etwas komplexer. Die einen finden es super, dass es noch Orte gibt, an denen man auch mal wild feiern kann. Und das ist keine Frage des Alters. Viele Ballermann-Urlauber sind zwischen 40 und 65, sie kommen Jahr für Jahr mit ihren Kollegen oder Kolleginnen aus dem Sportverein, dem Kegelclub oder einfach mit den Kumpels. Die anderen finden es abstoßend, wenn Erwachsene mit Mottoshirts über die Promenade laufen, es sich mit Bierfass und Schlagermusik am Strand bequem machen. Erst recht, wenn es zu Exzessen kommt.

Ein überschätztes Thema?

Aber finden die überhaupt statt? Na klar, sagen die Anwohner, die mit schwarzen Tücher an Fenstern und Balkonen signalisieren: Wir haben die Nase voll vom Sauftourismus. Für Juan Miguel Ferrer wurde das Thema aber auch **von deutschen Medien gehypt**: »Die haben uns das Klischee von ständiger Party und hemmungslosem Über-die-Stränge-Schlagen verpasst, das hat uns ins Verderben geführt«, erklärte der Verleger der Mallorca-Zeitung. Vielleicht wird das Thema einfach überschätzt, dauerskandalisiert, denn der mittlerweile eher kuriose und deutschtümelnde Partyflecken spielt längst nicht mehr die Rolle wie noch vor zehn Jahren.

Ein utopischer Plan

Kurz bevor die Wirtschaftskrise Spanien in eine lange Rezession riss, wollte sich die Inselregierung von einer der Hinterlassenschaften aus 60 Jahren Massentourismus trennen: Der (deutsche) Sauftourismus an der Platja de Palma, an dem jahrzehntelang alle gut verdient hatten, war ihnen peinlich geworden. 2010 wurde ein **Masterplan** vorgestellt: Er sah Investitionen von bis zu vier Mrd. Euro bis 2020 vor – Geld, das es im krisengeplagten Spanien nicht mehr gab. Eine neue Promenade, neue Plätze, eine Straßenbahn sollten her, Häuser sollten verschwinden, um Platz für öffentliche Räume zu bekommen. Die Bettenzahl sollte massiv reduziert, alte Hotels zu 4- oder 5-sternetauglichen Domizilen umgebaut werden. Vom »staatlichen Laborprojekt«, wie es die damalige Leiterin des Planungskonsortiums nannte, wurde nur ein Teil realisiert. Die Promenade, neue luxuriöse Hotels und sogar die Tram sollen mit Verspätung gebaut werden und Palma mit dem Flughafen verbinden.

Böse Polizisten?

Zugleich mit dem städtebaulichen Projekt wurde 2014 eine **»Verordnung für zivilisiertes Zusammenleben«** mit 113 Benimmregeln verabschiedet.

Diese Darbietung auf dem Dancefloor im Megapark entspricht offenbar der »Verordnung für ein zivilisiertes Zusammenleben«.

Mit drakonischen Strafen wollte man Saufgelage und Gegröle verbannen. Ziel waren die meist deutschen Prolltouristen. Übersehen hatte man die Polizei: 2015 flog ein krimineller Ring auf, in dem Polizisten und Diebe gemeinsame Sache bei Überfällen auf Betrunkene machten, ein Fall von Schutzgelderpressung. Einer der Drahtzieher soll der Ex-Chef der konservativen Partei PP gewesen sein – was für ein Skandal.

Neuer Stil

Spaziert man heute die schöne Promenade der Platja de Palma entlang, wundert man sich: Warum so viel Wirbel um den Ballermann? Er fällt ziemlich klein aus. Es fällt aber auf, dass die ehemals einfachen und günstigen Häuser im Preis enorm gestiegen sind. Coole Lokale und Beachbars sind dazugekommen. Mehrere 5-Sterne-Häuser verdrängen die günstigen Hotels. Offenbar gelingt der Zeit, dem Lifestyle und der Immobilienbranche, was weder Masterplan noch Politik geschafft haben: Sie verändern eine der Keimzellen des Massentourismus, an dem wildeste Partys gefeiert wurden. Wer das Original also noch erleben möchte, sollte sich beeilen.

Gemeinde: Petra | Höhe: 105 m ü.d.M. | Einwohnerzahl: 3100

Das Taufbecken in der Pfarrkirche Sant Pere hatte schon vor langer Zeit einen berühmten Täufling: Junípero Serra wurde hier auf den Namen Josep Miquel getauft. Beim Spaziergang durch die ruhige Gemeinde stößt man immer wieder auf Stätten, die mit dem eifrigen Franziskaner verbunden sind, der 2015 von Papst Franziskus heiliggesprochen wurde.

Außer durch den Missionar, aus dessen späteren Missionsstationen Städte wie San Francisco im fernen Kalifornien hervorgingen, ist Petra auch wegen seiner Bodegas interessant: Einige der besten Weine der Anbauregion Pla i Llevant lagern hier. Die Straßen des Ortes sind schachbrettartig angelegt.

Wohin in Petra?

Zeit für Orgelmusik

Sant Pere

Mit dem Rundgang beginnt man am besten im tiefer gelegenen Ortsteil an der Pfarrkirche Sant Pere (bis 1800). Ein barockes Altarbild von Gaspar Oms und eine Orgel (1608) der berühmten Orgelbauer Gebrüder Caimari schmücken den Altarraum. In der Sakristei wird ein gesticktes Messgewand aus dem 15. Jahrhundert aufbewahrt.

Auf den Spuren des jungen Junípero

Konvent und Geburtshaus

Auf der Plaça Junípero Serra steht man vor dem Denkmal des berühmten Sohns der Stadt. Im **Convent Sant Bernardi** ging er bis zu seinem sechsten Lebensjahr in den Unterricht. Seit Gründung des Konvents 1607 war dieser der Sitz der Schule Apostolischer Missionen und eine Grammatikschule. Die Kirche, 1677 fertiggestellt, zeigt stolz ihr üppiges Interieur mit Barockkapellen, die den Heiligen gewidmet sind, nach denen später die Missionen Kaliforniens benannt wurden.

Vom Konvent führt der C/Fra Junípero vorbei an Majolikabildern, die allesamt die Missionen zum Thema haben, zur **Casa Pairal**. In ihr hat Serra seine frühe Kindheit verbracht. Der Rotary Club hatte um 1930 das schlichte Anwesen gekauft, restauriert und 1932 der Stadt San Francisco geschenkt. Die Society of Californian Pioneers übernahm 1958 die Verwaltung und Konservierung des Hauses. Das benachbarte Museum hat zahlreiche Bilder, Briefe, Münzen, Landkarten und Modelle der Missionskirchen zusammengetragen, die mit Serra, seinen Mitstreitern oder den Missionen in Verbindung stehen.

C/Barracar Alt, 6 | Di. – Sa. 10 – 13 Uhr | Eintritt: 2 €

Kacheln an Hauswänden erinnern in Petra an den Missionar Fra Junípero Serra, den Gründer von San Francisco.

Rund um Petra

Ein guter Platz für eine Predigt

Nostra Senyora de Bonany

Südlich von Petra erhebt sich der 317 m hohe **Puig de Bonany.** Garrigue aus Oleaster und Zwergpalmen wachsen an den Hängen des Hügels, wo Hasen, Wiesel, Fledermäuse, Nachtigallen, Rotkehlchen, Hänflinge, Falken und Eulen einen geschützten Naturraum finden. Ganz oben thront die Kapelle Nostra Senyora de Bonany (»Unsere Liebe Frau vom guten Jahr«) – damit ist ganz konkret 1609 gemeint, als eine schwere Dürre ihr Ende fand. Die Pfeiler des Tors zum Vorhof schmücken Majolikabilder: links außen die Auffindung der wundertätigen Marienskulptur, rechts außen die Darstellung jenes legendären guten Jahres, innen die ersten Eremiten Sant Pau (hl. Paulus) und Sant Antoni Abat (Antonius mit seinem Attribut, dem Schwein). Weiter links erinnert ein Denkmal an die 250. Wiederkehr der Abreise von Junípero Serra, der vor seinem Aufbruch in die Neue Welt an

genau dieser Stelle seine Abschiedspredigt hielt. Anrührend ist die Weihnachtskrippe links vom Eingang, die wie auf Mallorca üblich ständig aufgestellt ist. Zu ihren beiden Seiten geben große Lupen den Blick auf eine – nach Betlehem verlegte – typisch mallorquinische Miniaturlandschaft einschließlich der obligaten Windmühlen frei.
Von der Terrasse vor der Kirche reicht der grandiose Rundblick von der Serra de Tramuntana über die Bucht von Alcúdia bis zur südlich sich weithin ausdehnenden Zentralebene Es Pla.

Reichlich Gemüse

Vilafranca de Bonany

Das erst im 17. Jh. gegründete Vilafranca de Bonany, 8 km südlich von Petra, ist bekannt für seine schmackhaften Melonen. Auch die roten Paprikaschoten, Tomaten und der Knoblauch haben einen guten Ruf. Die Bezeichnung Vilafranca geht auf 1620 zurück. Damals war die Ortschaft von Steuern befreit. Die schlichte **Pfarrkirche Santa Barbara** wurde in Etappen gebaut: im 18. Jh. der vordere Teil, der Turm 1817, das Querschiff und die Apsis erst Mitte des 20. Jh.s.
Von der Kirche gelangt man über den C/ de Sant Martí an der Mühle Molí Nou vorbei und über den Torrent an den noch heute genutzten Pou Viguet, einen Brunnen aus arabischer Zeit.

PETRA ERLEBEN

ES CELLER €€

Zwischen Holzfässern in einem urigen Gewölbekeller wird solide und bodenständig gekocht. Frit de Matances, Sopes Mallorquines, Gató d'Ametlles – hier können Sie noch echt mallorquinisch essen.
C/ de l'Hospitalet 46
Tel. 971 56 10 56
Mo. geschl.

SA PLAÇA €€

So angenehm wie das Minihotel am lauschigen alten Marktplatz ist auch das Restaurant. Die Küche folgt dem Slow-Food-Gedanken und nutzt so weit es geht Zutaten von lokalen Produzenten für Gerichte wie etwa Kaninchen, gegrillten Tintenfisch, Datteln in Speck und anderes Köstliche mehr. Radsportler legen hier gerne eine Rast ein.
Pl. Ramon Llull 4
Tel. 971 56 16 46
www.petithotelpetra.com
Di. geschl.

VINYES I BODEGUES MIQUEL OLIVER

Wer den in Petra produzierten Wein probieren will, sollte in diesem Weingut vorbeischauen, es gehört zu den führenden der Insel. Herrlich komplex ist der Rotwein »Aía«. Besichtigungen werden auch angeboten.
Ctra. Santa Margalida, 1,8 km
Tel. 971 56 11 17
Mo. – Fr. 9 – 18, Sa. 11 – 13.30 Uhr
https://miqueloliver.com

Wo man zu feiern weiß

Sant Joan

Im Bauerndorf Sant Joan, 5,5 km westlich von Petra, scheint die Zeit stehen geblieben zu sein. Manchmal wird kräftig gefeiert, beispielsweise die Festa des Pa i des Peix (Fest des Brotes und des Fischs) am vierten Sonntag der Fastenzeit oder auch die Festa des Butifarró zu Ehren der Blutwurst am ersten Sonntag im Oktober. In der Johannisnacht zieht man in der Morgendämmerung zum Santuari de la Consolació auf dem Hügel hinter Sant Joan und feiert El sol que balla, die tanzende Sonne. Hauptprodukte der Gemeinde sind Weizen, Knoblauch und besagte **Wurstwaren**, die in der Fabrik am Ort hergestellt werden.

Wahrlich überdimensioniert für diesen kleinen Weiler wirkt die Pfarrkirche **Sant Joan Baptista** – eine vergoldete Deckentäfelung, Evangelistensymbole, würdevolle Apostelfiguren sowie ein wie ein Tabernakel gestalteter Altar und das Kruzifix des Sant Crist de la Sang machen hier die Ausstattung aus.

So lebte der Landadel

Els Calderers

Südlich von Sant Joan führt das Landgut Els Calderers, das im 13. Jh. entstand und um 1750 umgebaut wurde, den Lebensstil des mallorquinischen Landadels vor.

Der Rundgang beginnt in der Eingangshalle, wo die Ketten über den Türen anzeigen, dass das Gut auch vom König beehrt wurde. König-

Das Herrenhaus auf dem Landgut Els Calderers gibt einen anschaulichen Eindruck vom einstigen Leben des mallorquinischen Adels.

lich wirkt denn auch der folgende Salon mit seinem Kreuzgratgewölbe, den Gemälden und dem erlesenen Mobiliar. Es war auf den großen Landgütern Mallorcas üblich, dass ein Priester ein Studierzimmer dort hatte – dieser winzige Raum hier ist mit Büchern überladen. Ein Portal führt in die kleine Hauskapelle.
Weinflaschen, große Fässer und die Weinpresse in der sich anschließenden Bodega erinnern daran, dass der Weinbau bis zur Reblausplage Ende des 19. Jh.s die Haupteinnahmequelle dieses Landguts war. Auch ein Jagdzimmer gibt es, in dem Feuerwaffen und Trophäen an frühere Jagden erinnern. Es schließen sich das großzügige Herrenzimmer mit Gewölbedecke und Kamin an (mit einem Gemälde des für Mallorca bedeutenden Kardinals Despuig), die Küche und der Speisesaal mit festlich gedeckter Tafel. Den Bereich der Dame des Hauses bilden Musikzimmer, Salon und Wohnzimmer. Eine Treppe höher liegen Privaträume im Stil des 18. und 19. Jh.s (mit Puppenstube und Zinnsoldatensammlung) und die Bäder.
Tgl. 10 - 17 Uhr | Eintritt: 10 € | http://elscalderers.com

Gemeinde: Pollença | **Höhe:** 47 m ü.d.M. | **Einwohnerzahl:** 17 100

Der Hafen von Pollença und das Städtchen an sich übten zu Anfang des 20. Jh.s eine große Anziehungskraft auf Künstler und Schriftsteller aus.

Das romantische Städtchen bezaubert auch heute mit seiner Altstadt. Ein Besuch im netten Café des Club de Pollença an der Plaça Major bringt diese kreative Zeit näher: Denn an diesem Treffpunkt gründeten die Künstler eine eigene Malerschule.

Wohin in Pollença?

Das Herz der Stadt

Plaça Major

Die Plaça Major, der rechteckige Hauptplatz in der Altstadt, ist Wohnzimmer und Schaufenster der Stadt, hier kommen Einheimische und Touristen zusammen. Lebhaft geht es vor allem am Sonntag zu, wenn vor den Toren der Pfarrkirche Nostra Senyora dels Angels Wochenmarkt ist. Die Wände des **Club de Pollença**, eines Privatclubs – keine Sorge, das Café darin ist für alle zugänglich –, schmücken zahlreiche Gemälde von Künstlern der »Escola Pollencina«, der »Schule von Pollença«.

Von Engeln bewacht

Nostra Senyora dels Angels

Der Bau der Kirche **Nostra Senyora dels Angels** wurde im 13. Jh. von den Tempelrittern begonnen. Innen wacht ihre Schutzpatronin, die Heilige Jungfrau von den Engeln, eine im Jahr 1430 in Dunkelblau und Gold geschaffene Skulptur. Nach der Vertreibung der Jesuiten (1767) aus Monti-Sion (siehe unten) brachte man den prächtigen Barockaltar in die Pfarrkirche.

Stolz wie ein Hahn

Plaça de l'Almoina

Folgt man der Gasse rechts der Pfarrkirche, gelangt man zur Plaça de l'Almoina. Den 1827 errichteten Brunnen des Almosenplatzes ziert ein stolzer Hahn. Möglicherweise liegen die Ursprünge des Stadtwappens, das ein solches Tier zeigt, in antiken Zeiten, wurde doch Pollença nach der Zerstörung des antiken Pollentia bei Alcúdia ein Stück weiter im Landesinneren neu gegründet. Und für die Römer symbolisierte das Tier Stärke.

Der Almosenplatz erinnert aber auch an den **Dominikanerpriester Vicenç Ferrer** aus Valencia. Er kam 1413 für einige Monate auf die Insel und füllte mit seinen Bußpredigten wie ein Popstar des Mittelalters ganze Plätze oder Klosterhöfe. Im 15. Jh. schon wurde er heiliggesprochen.

Werke der Künstlerkolonie

Monti-Sion

Von der Plaça zweigt der C/ Costa i Llobera mit dem Geburtshaus des Poeten und Pfarrers **Miquel Costa i Llobera** (1854 – 1922) ab. Er verlieh der katalanischen Sprache wichtige neue Impulse, setzte sich als Pfarrer aber auch für die Restaurierung der Kirche Monti-Sion ein, bei der er 1891 sogar selbst mithalf. Man erreicht sie durch den C/ Monti-Sion. Baubeginn war 1697, die Fertigstellung erfolgte rund 40 Jahre später. In einem Teil der ehemaligen Kirche hat heute das Rathaus seinen Platz.

Auf Künstlerspuren geht es nördlich weiter: Im C/ de Roca ist das Haus des Künstlers **Dionís Bennàssar** (1904 – 1967), der zusammen mit Hermen Anglada Camarasa (1871 – 1959) und dem Argentinier Tito Cittadini zum Kern der Künstlerkolonie von Pollença gehörte. Nun ist es ein Museum, und man kann farbenfrohe Gemälde, Skulpturen und Aquarelle, die meist mallorquinische Landschafts- und Genreszenen zeigen, anschauen.

Museo Bennàssar: C/ de Roca 14 | Di. – So. 10 – 14 Uhr | Eintritt frei
www.museudionisbennassar.com

Stufe um Stufe

Kalvarienberg

Hinter dem Rathaus, links der Kirche, beginnt die flache, von Zypressen gesäumte Treppe zum Kalvarienberg. 365 Stufen sind es hinauf zu einer neogotische Kapelle aus dem frühen 19. Jh. Die Christusfigur in ihrem Innern soll sich einst in den Netzen von Fischern ver-

Der Kalvarienberg in Pollença ist mühsam zu erklimmen – erinnert er doch an den Kreuzweg Jesu.

fangen haben, die die schwere Last an der Cala de Sant Vicenç mühsam an Land zogen. Nach einer weniger romantischen Version hat sie im 15. Jh. ein Notar namens Joan Porquer in Auftrag gegeben. Von hier oben bietet sich ein weiter Blick über die Altstadt bis zum ► Cap de Formentor und über die Bucht von Pollença. Auch die Brücke über den Torrent de Sant Jordi (am Nordrand von Pollença) ist zu erkennen. Sie ist wurde von den Römern über den Sturzbach gebaut.

Convent de Sant Domènec

Kreuzgangambiente für den musikalischen Genuss

In einem Flügel des Konvents aus dem 17. Jh. ist das **Stadtmuseum** untergebracht, das historische Waffen und archäologische Funde neben Tafelmalerei der Meister Gabriel Mòger und Joan Pellisser (15. Jh.) zeigt. Ein Meisterwerk ist das Bildnis der Mare de Déu dels Angels (Muttergottes der musizierenden Engel). Auch einheimischen

zeitgenössischen Künstlern räumt man Platz ein. Den Kreuzgang des Klosters rahmen Korbbögen auf ionischen Säulen – so können hier im würdigen Rahmen kulturelle Veranstaltungen wie das alljährliche **Festival Internacional de Música Clásica** stattfinden, das der englische Violinist Philip Newman um 1960 ins Leben rief.
Sehenswert in der Klosterkirche Nostra Senyora del Roser ist ein prächtiges Barockretabel, das Meister Joan Oms unter Mitwirkung von Gaspar Oms und Miquel Carbonell 1651 geschaffen hatte. In der Mittelnische steht die kostbare Skulptur der Jungfrau vom Rosenkranz aus dem Jahr 1406, der die Kirche gewidmet ist.
Der Einsatz von Joan Mas, der in der Klosterkirche beigesetzt ist, wirkt bis heute nach: 1550 verteidigte er gemeinsam mit einem Trupp mutiger Mitstreiter Pollença gegen den osmanischen Piraten Dragut. Jahr für Jahr wird die Geschichte in einem farbenfrohen Spektakel, den **»Moros i Cristians« am 2. August**, nachgespielt.
Juli – Sept. Di. – Sa. 10 – 13.30 u. 18 – 20, So. sowie Okt. – Juni Di. – So. 10.30 – 13 Uhr | Eintritt frei

Puig de Maria

Dem Himmel ganz nah
Einen noch grandioseren Rundblick als vom Kalvarienberg hat man südöstlich von Pollença vom 320 m hohen Puig de Maria. Der Fußmarsch vom Stadtzentrum aus über den steilen, asphaltierten Weg dauert eine knappe Stunde. Es heißt, dass eine fromme Frau einst einem nächtlichen Leuchten über dem Berg nachgegangen war. Da habe sie auf dem Puig eine Madonnenfigur gefunden, die so schwer war, dass man sie nicht in die Stadt transportieren konnte. So bauten die Leute deshalb auf dem Berg eine Wallfahrtskirche.
Doch es führten wohl auch andere Gründe zum Bau der Eremitage: Mitte des 14. Jh.s wütete die Pest auf der Insel, und so wollte man dort oben, dem Himmel etwas näher, göttlichen Beistand erflehen. Der Bau wurde Anfang des 15. Jh.s um Wehrmauer und Turm verstärkt. Später kamen ein Schlafsaal, das Refektorium und der Kapitelsaal hinzu. Schließlich richtete man hier ein Internat ein, um Edelfräulein zu unterweisen – es gehörte zu den ersten der Insel. Der Hochaltar stammt aus dem 20. Jh., auf ihm hat die immer noch als wundertätig verehrte Madonnenskulptur ihren Platz. Fabeltiere besetzen die Kapitelle in der angeschlossenen Capella de Sant Magí.

Rund um Pollença?

Port de Pollença

Hafenromantik
Die Schriftstellerin **Agatha Christie** schätzte Pollença und seinen romantischen Hafen. Wie sie hatten viele Engländer bereits um 1930 ihr Faible für diese Region entdeckt. Ihre Landsleute zählen auch heute zu den treuen Gästen des Hafenstädtchens Port de Pollença, das

Die Felsen rundum geben dem Strand von Cala Sant Vicenç seinen Charakter.

durch seine wundervolle Strandpromenade begeistert. Von Terrassencafés und Restaurants schweift immer wieder der Blick auf die breite Bucht, die von den Halbinseln Formentor und Acúdia eingefasst wird. Während der zentrumsnahe Teil der Bucht von den weitläufigen Anlagen des Sporthafens eingenommen wird, schließen sich nördlich und südlich davon flache und feinsandige Strände an, die ideal für den Familienurlaub sind.

Badespaß am hohen Fels

Cala Sant Vicenç

Die kleine Feriensiedlung Cala Sant Vicenç liegt 6 km nordöstlich von Pollença. Um hierherzukommen, durchquert man das reizvolle Vall de Sant Vicenç, das im Nordwesten die Serra de sa Font, im Südosten die Serra del Cavall Bernat rahmen. Schon in prähistorischen Zeiten wohnten hier Menschen, wie etwa die **Coves de l'Alzinaret** sechs Grabhöhlen am Ortseingang, zeigen. Eine 300 m hohe, grandiose

Felswand rahmt die Bucht im Osten. Vier – in der Saison stark frequentierte – Stränden sorgen hier für Badespaß.
Die Felsnase **Punta de sa Torre** unterteilt die Bucht, die ein gutes Schnorchel- und Tauchrevier abgibt. Es gibt einige Hotels und Apartments, jedoch keine übermäßig störenden Großbauten.
Oberhalb der Cala Barques – das ist die erste Strandbucht, wenn man den Ort erreicht – erinnert ein Denkmal an den Maler **Llorenç Serda i Bisbal** (1862 – 1955). Cala Sant Vicenç war ein beliebter Arbeitsplatz für die Maler aus Pollença. Die Straße führt dann an der Bucht rechts weiter, umrundet einen Landvorsprung und endet dann an einer zweiten kleinen Bucht, wo weitere Hotels und viele Privathäuser stehen.
Von Cala Sant Vicenç führt ein Fußweg in nördlicher Richtung zur **Punta de Coves Blanques.** Von hier genießt man den schönen Blick über die Nordküste.

Erschwerter Zugang

Castell del Rei

Im weiter westlich gelegenen Ternelles-Tal erheben sich auf einem 500 m hohen Felssporn die Ruinen einer Festung. Schon die Römer hatten hier vermutlich einen Wachposten eingerichtet. Vom Castell del Rei leisteten die Muslime den Truppen Jaumes I. erbittert Widerstand. Auch bei der Verteidigung des Königreichs Mallorca gegen die 1343 anrückenden Soldaten Pedros IV. von Aragón spielte die Festung eine bedeutende Rolle. U
m den Zugang zur Burg wird seit vielen Jahren zwischen den Besitzern (der schwerreichen Familie March) und Umweltverbänden gestritten. Nach derzeitigem Stand dürfen 20 Personen pro Tag die geführte Wanderung zur Burg unternehmen, sofern sie sich mindestens 48 Stunden vorher bei der Gemeinde Pollença angemeldet haben.
Anmeldung unter www.visitaguiadaternelles.com

POLLENÇA ERLEBEN

O.I.T. POLLENÇA
Plaça Major 17
Tel. 971 53 50 77
www.pollensa.com

O.I.T. PORT DE POLLENÇA
Passeig de Saralegui
Tel. 971 86 54 67

O.I.T. CALA SANT VICENÇ
Plaça de la
Cala Sant Vicenç
Tel. 971 53 32 64

CAN AULI €€€ ▸ S. 324
JUMA €€ ▸ S. 324
ILLA D'OR €€€– €€ ▸ S. 324

CANTONET €€

Im romantischen Altstadtlokal in der Nähe der Kirche Nostra Senyora dels Àngels sitzt man so nett, dass man der italienischen Küche des Hauses manche Schwäche durchgehen lässt. Schön ist es an einem Sommerabend auch auf der Terrasse.
C/ Mont i Sion 20
Tel. 971 53 04 29
Mo. geschl.

R3SPIRA €€€– €€

Im hellen und modernen Bistro ist meist so viel Leben, dass es gemütlich und und familiär wirkt. Das liegt auch am engagierten Küchenteam, dem Sie je nach Sitzplatz bei der Arbeit zusehen können. Die Küche hat einen italienischen, auf jeden Fall mediterranen Schwerpunkt und ist bei angemessenen Preisen ausgesprochen gut.
C/ Miquel Bota Totxo 6
Tel. 971 50 80 59 | kein Ruhetag

Q11 ERSTAURANT €€€

Das Lokal am Hauptplatz ist zugleich eine gut sortierte Weinhandlung. Davon profitieren natürlich auch die Gäste, die zur neu-mediterranen Küche den passenden Wein wählen können. Wer einen Platz an einem der Stehtische bekommt, kann den Abend auch bei leckeren Tapas beginnen.
C/ Antoni Maura 11
Tel. 971 53 02 39
https://q11restaurant.com
kein Ruhetag

TERRAE €€€

Das kleine und feine Restaurants in Port de Pollenca verbindet hohe Küche und Nachhaltigkeit. Chef David Rivas gelingt es, seine kulinarischen Kreationen so aussehen zu lassen, als kämen sie direkt aus der Natur.
C/ Verge del Carme 28
Port de Pollença
Tel. 620 70 72 52
www.terraerestaurant.com
Mo. geschl.

ARCO

Wer die von Hand in Pollença gefertigten Keramikteile sieht, fängt gleich an zu überlegen, wie sie sich im Koffer nachhause transportieren lassen. Markenzeichen der Werkstatt sind locker hingezeichnete Meeresbewohner auf Tellern, Tassen und Anrichteplatten. Seitlich des Klosters Sant Domènec.
C/ Sant Domingo 35

LA MERCERIA

Eine willkommene Abwechslung unter all den Shops, die nacheinander mit einem gefälligen Mix aus Mode, Schmuck und Wohnaccessoires in der Altstadt eröffnen, ist die Merceria. Hier findet man schöne Retroobjekte, Schmuck und Design.
C/ del Monti-Sion 3

TEIXITS VICENS

Die für Mallorca typischen Webstoffe im Ikat- und Zungenmuster produzieren nur noch wenige Hersteller. Teixits Vicens, am Kreisel nach Port de Pollença, ist einer von ihnen. Dort sind sie als Meterware zu bekommen, oder in Form von Tischwäsche, Taschen usw. Wer sich dafür interessiert, wie die Stoffe hergestellt werden, kann sich im Shop zu einer Führung anmelden.
Rotonda de Can Berenguer
Tel. 971 53 04 50
www.teixitsvicens.com

GALERIEN

Das künstlerische Erbe von Pollença lebt weiter. Davon kann man sich in u. a. diesen beiden Galerien überzeugen:

Ein ausgelassenes »Schlachtengetümmel«: »Moros i Cristians« in Pollença

Galeria Maior
Plaça Major 4
www.galeriamaior.es
Galeria Dionis Bennàssar
C/ Antoni Maura 15
www.galeriadionisbennassar.com

MARKT

Sonntagvormittag

FEST

Eine sehr sehenswerte Fiesta gibt es am 2. August: Da gedenkt das ganze Städtchen unter Mitwirkung seiner Einwohner lautstark und farbenfroh des Siegs der Christen über die Muslime – »Moros i Cristians« bedeutet Tanz, Folklore, Feuerwerk.

Cala Barques, Cala Clara und Cala Molins heißen die relativ kleinen Strände von Cala Sant Vicenç. Ansonsten ist die felsige Küste hier im Norden ein tolles Tauchrevier. Wegen der unmittelbaren Nähe des Jachthafens ist das Wasser am Strand von Port de Pollença nicht immer das sauberste.

SEGELN & SURFEN

Das Segel- und Surfzentrum in der Bucht von Pollença ist seit 1970 eine feste Größe für Wassersportler. Gottfried Möller und Tochter Annika bilden nach den Regeln des Deutschen Seglerverbandes aus. Zu mieten gibt es alles von Surfboard über Wing-and-Foil-Ausrüstung bis zur 10-Meter-Segeljacht..
Sail & Surf
Passeig Saralegui 134
Tel. 971 86 53 46
www.sailsurf.de

SCHIFFSAUSFLÜGE

Von Port de Pollença (Ableger beim Restaurant »Stay«) zu verschiedenen Zielen rund um das Cap Formentor.

PORRERES

Gemeinde: Porreres | **Höhe:** 120 m ü.d.M. | **Einwohnerzahl:** 5600

Es gibt sie noch, die Orte, die vom Handwerk und der Landwirtschaft leben, dem Anbau von Wein, Mandeln und Aprikosen. Der Charme des ländlichen, des »alltäglichen« Mallorcas ist in den Gassen von Porreres zu spüren.

Porreres hat zudem herausragende Kunst im Angebot, sowohl in Kirchen als auch von zeitgenössischen Künstlern im Rathaus. Nicht weit entfernt windet sich eine Straße zur Wallfahrtskirche hinauf.

Wohin in Porreres?

Von einigem Wert

Nostra Senyora de la Consolació

Die kompakte Pfarrkirche Nostra Senyora de la Consolació wurde 1714 fertiggestellt. Ihrer nüchternen Außenfassade mit Sonnenuhr und wuchtigemm Glockenturm sieht man die wertvolle Innenausstattung nicht an: ein Altar von Josep Sastre (18. Jh.), das Chorgestühl und valencianische Majolikabilder(18. Jh.) in der Capella de Sant Roc mit Szenen aus dem Leben des hl. Rochus. Besonders wertvoll ist das in der Sakristei aufbewahrte **Prozessionskreuz**, das im Jahr 1400 in Auftrag gegeben wurde und als eines der wertvollsten Werke der Gotik auf Mallorca gilt. Eine Seite stellt Passion und Auferstehung dar, die andere Christus in der Glorie im Kreise der vier Evangelisten.

PORRERES ERLEBEN

ESCRIVANIA €€

Entweder sucht man sich einen Platz auf der Außenterrasse oder innen unter den rustikalen Gewölbebögen. Die feine mediterrane Küche hier im Zentrum ist ausgesprochen günstig. Das überzeugende 3-gängige Tagesmenü kostet nur 16 €.
Plaça de la Vila 1
Tel. 971 64 70 94
www.lescrivaniarestaurant.com
Mi. geschl.

MARKT

Dienstagvormittag

MESQUIDA MORA

Porreres gehört zur Weinregion Pla i Llevant. Das Gut Jaume Mesquida wird bereits in der vierten Generation geführt. Es produziert vorzügliche Weine im biodynamischen Anbau. Führungen werden angeboten.
Camí Pas des Frares
Tel. 971 64 71 06
https://mesquidamora.com

Ein wenig Dalí

Museu i Fons Artístic

Im Rathaus an der Plaça d'Espanya zeigt das Museu i Fons Artístic über 250 Werke zeitgenössischer Kunst. Sie stammen vor allem von Künstlern der Insel. Es sind auch zwei Werke von Salvador Dalí dabei.
Di., Fr. – So. 11–13, Fr. u. Sa. auch 19 – 21 bzw. im Winter 18 - 20 Uhr| Eintritt frei

Steine mit Vergangenheit

Pou Salat

Richtung Felanitx und nach 2 km an der Abzweigung rechts nach Son Mesquida tauchen nach etwa einem Kilometer Steine auf – sie bildeten einst die Umfriedung der talaiotischen Siedlung von Pou Salat.

Grammatik ganz groß

Santuari de Monti-Sion

3,5 km südlich von Porreres windet sich die Straße an Kreuzwegstationen aus dem 15. bis 17. Jh. vorbei und etwa 3 km bergan bis zur Wallfahrtsstätte Monti-Sion. Als unregelmäßiges Fünfeck ist der Patio angelegt, was auf Mallorca einzigartig ist. Sie beherbergte ab dem 16. Jh. eine Grammatikschule; 1694 wurde ein großer Lehrsaal angegliedert, der noch heute vorhanden ist. Auf dem neogotischen Altarbild Mare de Déu in der Kapelle trägt die Muttergottes das Jesuskind auf dem linken Arm und ein Vögelchen in der rechten Hand. In der Aula neben der Kirche kann man sich noch anschauen, welche Steinbänke die Studenten früher drücken mussten.

PORTALS NOUS

Gemeinde: Calvià | **Höhe:** 10 m ü.d.M. | **Einwohnerzahl:** 2200

Ein angesagtes Pflaster im Westen von Palma, vor allem als Jetset-Treff. Schick ist der Sporthafen Port de Portals – neben Port Adriano bei El Toro der exklusivste Jachthafen Mallorcas.

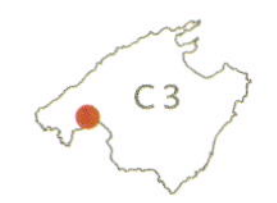

Bettenpalast oder Hotelburg, Fish-and-Chips-Stand oder Gourmetrestaurant – zwischen Portals Nous und Magaluf stoßen Masse und Klasse dicht an dicht.

Wohin in Portals Nous?

Nobel, nobel

Portals Nous

Noble Restaurants und Bars, Boutiquen und Millionärsjachten – das alles und natürlich die obligaten Immobilien- und Schiffsagenturen bietet Portals Nous. Und nicht nur mutmaßlich reiche Jachtbesitzer besuchen den exklusivsten Jachthafen Mallorcas, Port de Portals, sondern auch viel Fußvolk, das sich die chromglänzenden Boote und den einen oder anderen Sportwagen anschauen möchte.

Die erste Messe

Coll de sa Batalla

An der von Palma parallel zur Küstenstraße verlaufenden Autobahn nach ▶ Andratx liegt links das Castell de Bendinat (13. Jh). Hier, am Coll de sa Batalla, fanden 1229 beim ersten größeren Gefecht mit den Mauren zwei herausragende Heerführer Jaumes I., die Brüder Moncada, den Tod. Daran erinnert das Kreuz Sa Creu de Moncada. Ramon de Torroella, der erste Bischof auf der Insel, hatte hier einen Steinblock als Altartisch für die Lesung der ersten Messe nach der Landung in Santa Ponça genutzt. Über diesem Stein wurde die Capella de sa Pedra Sagrada ca. 1 km hinter dem Kreuz errichtet.Ganz in der Nähe lockt der Strand von **Illetes** zu einem Bad.

Meeresattraktionen

Marineland

Costa d'en Blanes kann mit dem unmittelbar am feinsandigen Strand liegenden Marineland aufwarten. Es besteht aus einem Delfinarium, einem Seehundbecken, einem Tropicarium, einem Aquarium, einem Perlentauchbecken und anderen, mittlerweile umstrittene Attraktionen wie die Delfin- und Seelöwenshow.

März – Okt. tgl. 10 – 17 Uhr | Eintritt: 29 € | www.marineland.es

Rund um Portals Nous

Verbunden durch die Promenade

Palmanova

Die Küstenstraße zieht sich südlich weiter in Richtung Palmanova und Magaluf. Eine modernisierte und angenehme Strandpromenade verbindet die beiden längst zusammengewachsenen Touristenhochburgen. Beide Orte locken mit feinsandigen Stränden, perfekter touristischer Infrastruktur mit Einkaufsmöglichkeiten, Kneipen und Terrassenrestaurants sowie großen Hotel- und Apartmentanlagen direkt am Strand.

Very british

Magaluf

Magaluf ist das britische Pendant zur Platja de Palma und gibt auch eindrucksvoll Anschauungsunterricht zu den Bausünden aus der ersten Zeit des Touristikbooms. Während Palmanova durch Einsprengsel von Villen und einen kleinen Sportboothafen an einigen Stellen einen halbwegs familiären Charakter bewahren konnte, bietet Magaluf als Ferienziel sonnenhungriger Briten Fish-and-Chips-Stände, englische Supermärkte, Pools und den riesigen **Club BCM** mit Platz für 4000 bietet. Unter dem selben Dach ist auch der Club-Klassiker **Tito's** aus Palma eingezogen.

An der Platja de Magaluf ist Erholung vom stressigen (britischen) Partyleben angesagt.

Neben den üblichen Freizeitangeboten in Touristenzentren dieser Größe wie Cart-Bahn und Wasserparks überrascht schon von außen das **House of Katmandu.** Das von der Architektur eines Klosterpalasts im Himalaja inspirierte Gebäude steht auf dem Dach. Drinnen begibt man sich, geführt vom virtuellen Abenteurer Kilgore Goode, auf eine mit modernster Technik gespickte Entdeckungsreise in den Himalaja – und man begegnet sogar einem Yeti. Auf dem Gelände von Katmandu Park finden sich noch weitere Unterhaltungsanlagen wie die Minigolfanlage »Expedition Golf«, deren Kunstrasenbahnen durch eine illusionistische Dschungelwelt führen.

Katmandu Park: Av. Pedro Vaquer Ramis 9 | April – – Mitte Juni u. Mitte Sept. – Nov. tgl. 10 – 18, Mitte Juni – Mitte Sept. bis 22 Uhr Eintritt: 28/20 € (Erw./Kinder bis 13 J.) | www.katmandupark.com

Fels mit Villenbesatz

Hübsch sind die Aussichtspunkte auf dem Höhenrücken, den man überwindet, um weiter westlich die Urbanisation Cala Vinyes am gleichnamigen Strand zu erreichen. Die Kapazität des in einer Trockentalmündung gelegenen Strandes reicht angesichts der Größe der dortigen Unterkünfte zumindest in der Hauptreisezeit bei Weitem nicht aus. Westlich über der nun schroffer werdenden Steilküste gibt es elegante Villen und komfortable Apartmentblocks.

Cala Vinyes

PORTALS NOUS ERLEBEN

O.I.T. MUNICIPAL ILLETES
Passeig d'Illetes 4
Centre Comercial l'Auba Illetes
Tel. 971 40 27 39
www.visitcalvia.com

O.I.T. MAGALUF
Avda. Magaluf 22
Magaluf
Tel. 971 13 11 26

HOTEL BENDINAT €€€€
▶ S. 323

LILA PORTALS €€€
Auf einer Klippe über dem Strand von Portals Nous macht die Aussicht von der Terrasse einfach gute Laune – und das, was aus der Küche kommt auch: leckere Salate und Burger am Mittag und am Abend sorgfältig zubereitete Trendküche.
Paseo Mar 1, Portals Nous
Tel. 971 67 68 94
www.lila-portals.com
kein Ruhetag

MAX GARDEN RESTAURANT €€€–€€
Mit Buddha-Bowls, diversen Wraps und Salaten setzt das moderne Restaurant neben Burgern und anderen Klassikern auf sogenannten Healthy Food. Dazu passt das asiatisch inspirierte Ambiente.
C/ Paris 2
Palmanova
Tel. 871 20 04 94
kein Ruhetag

Portals Nous hat einen schönen, rund 1 km langen Sandstrand. Er grenzt östlich an den Jachthafen an und ist mit der Blauen Flagge ausgezeichnet. Entlang der Bucht von Palmanova und Magaluf erstreckt sich ein fast 3 km langer Sandstrand. Der Bereich von Palmanova hat ebenfalls die Blaue Flagge für gute Wasserqualität. Malerische kleine Buchten – wenn auch immer gut besucht – sind die Platja de Portals Vells, Magó (FKK), Falcó und Figuera auf der Halbinsel südwestlich von Magaluf.

Durch Kiefern und Macchie

Portals Vells

Südlich von Magaluf werden die Massenquartiere weniger. Quer über das Gelände des 18-Loch-Golfplatzes Caliva Poniente führt die schmale Stichstraße; Macchie und Krüppelkiefern sind die Begleiter nach Süden, dann geht es links weiter nach Portals Vells und zu der gleichnamigen kleinen Bucht. Sie hat sich dank ihrer schönen Lage und ihres feinen Sandes zu einem sehr beliebten Ausflugsziel entwickelt. An der Ostseite der Bucht dehnt sich die Bebauung weiter aus; das schöne Hinterland ist teilweise felsig und von Kieferngehölzen bedeckt.
Östlich von hier bietet die Urbanisation **Cala Mago** einen kleinen Sporthafen und kristallklares Wasser.

Zu Fuß kommt man auf der rechten Buchtseite zu einer einstigen **Höhlenkirche**, deren Altar und Weihwasserbecken aus dem weichen Gestein gehauen sind. Es heißt, dass in Seenot geratene genuesische Seeleute Zuflucht in der Bucht fanden und in der Höhle die kleine Madonnenfigur aufstellten, die sie an Bord mitgeführt hatten. Heute hat die Skulptur in der Kirche von Portals Nous ihren Platz.
Die Südspitze der Halbinsel um die **Punta Mula** ist ein beliebtes Tauchrevier.

★★ PORTO CRISTO

Gemeinde: Manacor | **Einwohnerzahl:** 7800

Seit der Antike sind die Drachenhöhlen bei Porto Cristo bekannt und dienten als Zuflucht. Später, als immer wieder Piraten die Insel angriffen, versteckten sich hier wiederum die Bewohner auf ihrer Flucht.

Täglich suchen heute Buskarawanen Porto Cristo auf dem Weg zu den Tropfsteinhöhlen Drac und Hams heim. Es kann hier schon hektisch werden, allerdings versöhnen die lebhaft-pittoreske Hafen- und Flanierzone und der kleine Stadtkern mit seinen alten Häusern und den engen Gassen. Schon die Römer und die Mauren nutzten diesen geschützten einstigen Hafen von Manacor für ihren Warenaustausch. »Christushafen« heißt der Ort, weil im Jahr 1260 ein Kapitän nach Errettung aus Seenot hier ein Kruzifix, eine Madonna und eine Glocke zurückließ. Ein Turm aus dem 17. Jh. bewacht den Hafen.

Wohin Porto Cristo und Umgebung?

Ungewöhnlich

Sa Carrotja

Von der frühchristlichen Basilika Sa Carrotja (Basílica paleocristiana sa Carrotja) sind winzige Relikte geblieben. Es handelte sich um eine von Ost nach West ausgerichtete, 19 m lange, dreischiffige Basilika mit einem kreuzförmigen Taufbecken – Kirchen sind normalerweise nach Osten hin orientiert.

Unter »Harpunen « aus Stein

Coves dels Hams

Vielleicht nicht ganz so schön, deshalb aber auch nicht so überlaufen wie die Drachenhöhle (s. u.) sind die knapp 2 km westlich von Porto Cristo gelegenen Coves dels Hams. Katalanische»hams« bedeutet Angelhaken und auch Harpune und an solche erinnern in der Tat eini-

ge der Tropfsteine. Entdeckt wurde das von einem unterirdischen Flusslauf gebildete, 10 Mio. Jahre alte Höhlensystem 1905 – man war eigentlich auf der Suche nach Marmor. Es befindet sich heute noch in Privatbesitz. Wie in den anderen Höhlen Mallorcas hat man die Sinterformationen mit Fantasienamen bedacht – und auch der unterschiedlichen Färbung der Tropfsteine mit bunter Beleuchtung nachgeholfen. Und wie in der Drachenhöhle gibt es einen unterirdischen See: das in 30 m Tiefe liegende Mar de Venecia. Zur Anlage gehört das Dinosaurland, das kleinere Kinder begeistern wird. Rund 100 Dinosaurier, darunter auch animierte Exemplare, bevölkern das Areal.
Sommer tgl. 10 – 17, Winter bis 16 Uhr (Einlass alle 20 Min.)
Eintritt: ab 16 € | https://cuevasdelshams.com

Coves del Drac

Musik unter der Erde
Eine erste Karte fertigte 1880 der deutsche Höhlenforscher M. F. Will an. Der Franzose **Edouard Martel** erforschte, gefördert von Erzherzog Ludwig Salvator, 1896 das gesamte Höhlensystem der Coves del Drac. Dabei entdeckte er auch, 40 m unter der Erdoberfläche, den heute nach ihm benannten Lago Martel, mit 166 m Länge, 30 m Breite und 8 m Tiefe einer der größten unterirdische Seen Europas.

PORTO CRISTO ERLEBEN

O.I.T. PORTO CRISTO
Plaça de l'Aljub
Tel. 662 35 08 82
visitportocristo.com

LA MAGRANA CAFÉ €
Am netten Kirchplatz, etwas oberhalb vom Hafen gibt es ein romantisches, recht kleines Café. Drinen schmücken Gemälde lokaler Künstler die Wände der gemütlichen Interieurs. Auch der Innenhof ist so lauschig und angenehm, dass man es hier gut aushalten kann.
Plaça del Carme 15
Tel. 971 55 69 74
Di. geschl.

ROLAND €€/ €€€
Roland Schulte hat in mehreren Spitzenlokalen auf Mallorca gekocht. Seit mehr als zehn Jahren verwöhnt er in seinem eigenen Restaurant Einheimische und Gäste mit einer bezahlbaren Gourmetküche. Das vielleicht beste Restaurant der Stadt liegt einige Gassen abseits des Hafens mitten im Ortszentrum.
C/ Sant Jordi 5
Tel. 971 82 01 29
http://roland-restaurant.es
So. geschl.

Porto Cristo hat nur einen kleinen Strand. Wer statt mit einem Sand- auch mit einem Kieselstrand zurechtkommt (und es dafür ruhiger hat): Die Cala Murta liegt weniger als 1 km südlich; nur zu Fuß ist die Cala Petita im Norden zu erreichen.

Keine Angst vor Kitsch: Die Drachenhöhle bei Porto Cristo ist illuminiert.

Martel, Mitbegründer des mallorquinischen Fremdenverkehrsvereins, hatte um 1920 ein gutes Gespür, als er das Areal aufkaufte, auf dem sich die Höhlen befinden. Er ließ Wege und Treppen anlegen und sich ein Programm einfallen, das seit den 1930er-Jahren unverändert ist: Ein kleines Orchester fährt auf einem illuminierten Boot über den unterirdischen See, während die Lichttechnik versucht, etwas wie Sonnenaufgangsstimmung zu zaubern. Der Andrang ist natürlich gewaltig.

Mitte März – Okt. tgl. 10, 11, 12, 14, 15, 16, 17 Uhr, Nov. – März 10.30, 12, 14, 15.30 Uhr | Eintritt: 17,50 € | www.cuevasdeldrach.com

★ PUIGPUNYENT

Gemeinde: Puigpunyent | **Höhe:** 240 m ü.d.M. | **Einwohnerzahl:** 2100

Das Dorf mit dem schwer auszusprechenden Namen ist ein idyllischer Ausgangspunkt für schöne Wanderungen, Rad- und Autotouren. Obwohl nur 15 km von der Hauptstadt Palma entfernt, öffnet sich an der Südwestflanke der Tramuntana eine komplett andere Welt mit einem Naturpark für die ganze Familie und Bergen wie dem sagenumwobenen Puig de Galatzó.

Am spitzen Berg

Die Landschaft um das etwas verschlafene Provinzstädtchen wird von seinen Terrassenkulturen bestimmt, doch gibt es beim Ort auch einen vom Torrent de sa Riera bewässerten Auwald, der zu den wenigen Laub abwerfenden Wäldern Mallorcas gehört und besonders im Herbst durch sein buntes Laub reizvoll ist.
Beherrscht wird der Ort vom **Puig de Galatzó**. Der 1027 Meter hohe Gipfel wurde von den Römern Podium Pungentum (»spitzer Berg«) genannt, was auch den eigenwilligen Namen des Dorfes erklärt. In den »Rondalles«, den alten Volksmärchen der Insel, die u. a. von Erzherzog Ludwig Salvator gesammelt wurden, ist der Galatzó ein unheimlicher Ort, an dem der »böse Graf« Comte Arnau auf einem Pferd ohne Kopf sein Unwesen treibt. Die reale Figur hinter dem Unhold ist **Ramon Safortesa** (1627 – 1694), der über seine Untertanen mit einiger Härte geherrscht haben soll. Das feudale Landgut des gefürchteten Grafen thront hoch über dem Ort und war eines der ersten Luxushotels auf Mallorca eröffnet: das Hotel Son Net.

Wohin in Puigpunyent und Umgebung?

Eine Rose in der Hand

Pfarrkirche

Als Sancta Maria de Podio pungenti wurde die Pfarrkirche, die sich heute **Santa Maria Assumpció** (Mariä Himmelfahrt) nennt, in einer Bulle von Papst Innozenz IV. 1248 erwähnt. Das jetzige Gotteshaus ent-

FEINES TRÖPFCHEN

Schon der Anblick des herrschaftlichen Anwesens, das auf das 16. Jh. zurückgeht, ist ein Genuss: Obstgärten und Weinreben schmiegen sich drum herum. Kein Wunder, dass man in dieser Umgebung schöne Weine genießen kann: Wer Rotweine mag, kann es mit dem »Son Puig Negre Crianza« probieren, einem Cuvee aus Cabernet Sauvignon, Callet, Merlot und Tempranillo.
Finca Son Puig s/n, Carretera de Puigpunyent, km 12,8, Tel. 971 61 41 84 https://vinsdesonpuig.com.
Für eine Besichtigung der Bodega bitte vorher anrufen.

PUIGPUNYENT ERLEBEN

GAZEBO €€€€

Dass man auf Mallorca in den besten Hotels auch stilvoll und ausgezeichnet essen kann, ist kein Geheimnis. Gazebo ist das zweite, günstigere Restaurant des komplett renovierten Hotel Son Net. Die reine Außengastronomie begeistert neben der Küche mit schöner Aussicht übers Tal.
C/ Castillo de Sonnet
Tel. 971 14 70 00
https://sonnet.es/the-cuisine
kein Ruhetag

CAFÈ SA PLAÇA DE GALILEA €

Hierher kommt man nicht nur wegen der leckere Kuchen und Tapas - das Café im Dörfchen Galiea hat eine der spektakulärsten Aussichtsterrassen der Insel. Freie Sicht auf den Puig de Galatzó und bis tief unten in der Ferne zum Meer!
Pl. de Pius XII 4, Galilea
Tel. 971 14 72 06
Mo. geschl.

stand in der Mitte des 18. Jh.s und weist an der Fassade die für die Serra de Tramuntana typische Dekoration mit Steineinschlüssen auf. In der zentralen Nische des Retabels am Hochaltar steht die Verge des Puig (Jungfrau vom Berge). Ursprünglich hatte sie ihren Platz in der alten Seemannskapelle der Kathedrale von Palma, der heutigen Capella Sant Benet. In der Kapelle neben dem Presbyterium hält die sehr wertvolle gotische Alabasterskulptur **Mare de Déu des Puig** eine Rose in der Hand, während das Jesuskind mit einem Vögelchen spielt. Sie stammt vermutlich aus dem 14. Jahrhundert. Übel mitgespielt wurde hingegen der Skulptur des Missionars Ramon Llull (▶ Interessante Menschen): Sie wurde vom Blitz getroffen, und noch heute kann man die Öffnungen des Ein- und Austritts erkennen.

Bad in Kaskaden

Reserva Park

In den Wäldern knapp 5 km von Puigpunyent bietet das über 2,5 Mio. m² große Naturreservat Puig de Galatzó eine Mischung aus Freizeitpark und Informationsstelle zu Flora, Fauna und Geologie der Tramuntana. Auf dem Areal wurden künstliche Kaskaden und Teiche geschaffen, in denen man baden kann. Insgesamt hat die Anlage aber schon bessere Tage gesehen. Bei den Tieren, die im Park gehalten werden – ein Bär, Ziegen, Esel und andere – soll es sich um gerettete Exemplare handeln.

April – Okt. tgl. 10 – 17 Uhr, Mitte Jan. – Mitte Dez. nur Sa./So. (letzter Zugang jeweils 16 Uhr) | Eintritt: 17 € www.reservapark.net

Biblisches Vorbild

Galilea

Das 4 km südwestlich von Puigpunyent auf etwa 500 m Höhe liegende malerische 300-Seelen-Nest Galilea, beliebter Wohnsitz auch von

Der Name des Orts auf dem Hügel lehnt sich dank der idyllischen Landschaft an das biblische Galiläa an.

Neu-Mallorquinern, bekam seinen Namen tatsächlich wegen der umgebenden Landschaft, die man mit dem biblischen Galiläa verglich. Mittelpunkt eines solchen Dorfs kann natürlich nur die Pfarrkirche sein. Der aus Galilea stammende »Schrecken der Piraten« **Antoni Barceló** (1717 – 1797) – ein berühmter Kapitän des, der vom Postschiffer zum Chef der spanischen Flotte aufstieg, sehr erfolgreich in der Bekämpfung der türkischen Seeräuber war und als Erfinder kleiner Kanonenboote gilt – hat maßgeblich dazu beigetragen, dass die Kirche seines Heimatortes restauriert wurde. Er ist in der Seefahrerkirche Santa Creu in Palma begraben (▶ S. 176). In der netten Bar Parroquial gibt es gute Tapas, der fantastische Blick bis hin nach Palmanova (▶ Portals Nous) ist gratis.

SANTA MARIA DEL CAMÍ

Gemeinde: Santa Maria del Camí | **Höhe:** 130 m ü.d.M. | **Einwohnerzahl:** 7500

Der blau gekachelte Kirchturm leuchtet schon von Weitem und macht neugierig auf das Weinstädtchen. In dessen Nachbarschaft kommt man dem Ton noch näher, denn kleine Familienbetriebe stellen hier aus dem Material Figürchen und Greixoneras (Schalen) her, ohne die keine Küche auf Mallorca auskommt.

Zusammen mit dem Nachbarort Binissalém ist Santa María del Cami ein wichtiges Zentrum des Weinbaus. Wer kann, legt den Besuch auf einen Sonntagvormittag. Dann zeigt sich das Städtchen von seiner lebendigsten Seite mit dem Sonntagsmarkt.

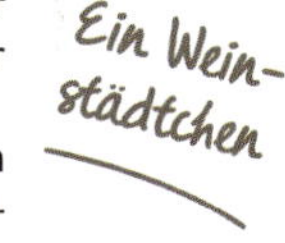

Spannend sind auch die Erkundungen des Umlands, bei denen man alte Herrenhäuser und das für Mallorca so bedeutende Keramikhandwerk entdeckt. Schon der Name sagt es, das Städtchen, 14 km nordöstlich von Palma, liegt »am Weg« (Camí). Heute denkt man dabei an die Ma13a zwischen Palma und Inca, die in etwa einer Route folgt, die die Römer zwischen ▶ Palma und Pollentia (dem jetzigen ▶ Alcúdia) angelegt haben. Doch nach anderer Meinung könnte der Name Santa Maria del Camí nach einer gleichnamigen Kapelle im katalonischen La Garriga benannt sein: ein Fall für die Historiker.

Die Urlauber kümmert's kaum, sie besuchen den Markt auf der Plaça de la Vila, wo sich das Rathaus und die Pfarrkirche befinden. Neben dem Marktplatz gibt es noch ein weiteres Zentrum, die Plaça Hostals mit ihren Lokalen und dem Minoritenkloster.

Wohin in Santa Maria del Camí?

Strahlender Barock

Pfarrkirche

Die Pfarrkirche Santa Maria del Camí mit der tintenblauen Dachhaube ist ein schönes Beispiel für den mallorquinischen Barock. Sie wurde mit der Einsegnung des Altargemäldes in der zweiten Hälfte des 18. Jh.s nach sechzigjähriger Bauzeit fertiggestellt.

Sehenswert ist das Ramon Llull (▶ Interessante Menschen) darstellende Gemälde von Miquel Bestard (1590 – 1633) in der Capella de Santa Catalina Tomàs, die Skulptur des Sant Isidro Labrador von Francisco Herrera und ein von Martorell gemaltes Bildnis der hl. Cäcilie. Als Schutzheilige der Musik hat sie ihren Platz natürlich unmittelbar bei der Orgel (18. Jh.).

SANTA MARIA DEL CAMÍ ERLEBEN

CELLER SA SINI €€ – €

Das bodenständige Lokal im Zentrum ist wegen seiner hausgemachten Kuchen und der guten Pizza beliebt. Auch die typisch mallorquinischen Gerichte kann man probieren.
Plaça Hostals 20
Tel. 971 62 02 52,
www.cellersasini.net
Mo. geschl.

MOLI DES TORRENT €€€

Die urige Mühle etwas außerhalb des Ortes in Richtung Bunyola hat eine große deutsche Fangemeinde. Die schwört zum Beispiel auf köstliches Lamm in Kräuterkruste oder auf eine der anderen mediterranen Köstlichkeiten. Die werden nicht nur sorgsam zubereitet, sondern auch ansprechend präsentiert.
Ctra. de Bunyola 75
Tel. 971 14 05 03
www.molidestorrent.de
Mi., Do. geschl.

Die Weberei Bujosa hat sich mit feinen Ikat-Stoffen einen Namen gemacht.

ARTESANÍA TEXTIL BUJOSA

Die Weberei ist eine der ersten Adressen für mallorquinische Ikat-Stoffe. Die für Vorhänge, Bezüge, Tischdecken und andere Anwendungen beliebten Stoffe mit Streifen und Zungenmuster werden in der Weberei von Hand gefertigt.
Carrer Bernart Santa Eugenia 53
www.bujosatextil.com

MÀCIA BATLE

Dasseit 1856 bestehende, größte Weingut der Insel bietet mehrmals am Tag geführte Besichtigungen mit Weinprobe an. Die beliebten Weine sind natürlich auch vor Ort zu bekommen.
Führungen (auch auf Deutsch): Mo. – Sa. 10.30, 12, 13.30, 14.30, 16 Uhr | 20 €/Pers.
Camí de Coanegra s/n
Tel. 971 14 00 14
www.maciabatle.com

VILLA WESCO

Der deutsche Hersteller für Haushaltswaren hat im Ortskern ein schickes Zentrum mit Outletshop und Kochstudio eröffnet.
Carrer Bernat de Santa Eugenia 28
Tel. 871 80 56 08
www.villa-wesco.com

MALLORCA FASHION OUTLET

Das Outlet-Dorf auf Mallorca liegt an der Autobahn Ma13 und lockt mit mit mehr als 100 Modemarken in mehr als 30 Shops. In 15 Cafés und Lokalen können Sie eine Shopping-Pause einlegen.
Autobahn Palma – Inca, Km 7,1, Ausfahrt 8, Sa Cabaneta / centro comercial
https://mallorcafashionoutlet.com

LIVINGDREAMS

Finca-Besitzer kennen natürlich den Concept Store, dessen Spezialität massive, von Hand gefertigte Holztische sind. Aber aber auch für Urlauber ohne Mallorca-Dependence lohnt ein Besuch. Nicht nur wegen der hübschen Accessoires, sondern auch, um im hauseigenen Restaurant19 €€€€/€€€ sehr gut zu speisen (Mo., Di. geschl)).
Plaça Hostals 18-19
Santa Maria del Camí
www.livingdreams.eu

FIRA DE FANG

Jedes Jahr Anfang März findet in Marratxí die Töpferwarenmesse Fira de Fang statt, auf der man Krüge, Schüsseln, Tassen, Teller, Töpfe erstehen kann und natürlich die berühmten Siurells.

MARKT

Sonntagvormittag

Radlerpause

Plaça Hostals

Direkt an der Durchgangsstraße Ma13a liegt die Plaça Hostals. Mehrere Lokale reihen sich am Platz, sie werden gerne von Radsportlern für einen kurzen Halt genutzt. Am östlichen Ende der Plaça liegt der einstige **Convent dels Mínims**, dessen Kirchturm schon von Weitem auszumachen ist. Das Kloster beherbergte vom 17. bis zur Mitte des 19. Jh.s Angehörige des Minoritenordens. Im schönen Kreuzgang mit seinem Brunnen und den Arkadenbögen finden ab und an Konzerte statt.

Rund um Santa Maria del Camí

Lust auf einen Spaziergang?

Herrenhäuser

Im Valle de Coanegra, ca. 3 km nördlich von Santa Maria del Camí in Richtung Alaró, findet sich das Landgut **Son Torrella.** Das Herrenhaus stammt aus dem 17. Jh. Am Eingang des Tals gelegen, gehört es zu den schönsten seiner Art.

Ein weiteres ansehnliches Herrenhaus steht südöstlich von Santa Maria in Richtung Santa Eugenia. Das Anwesen **Son Segui** stammt aus dem 17./18. Jh. Ein Spaziergang führt weiter auf den Hügel beim Anwesen bis zur Ermita de Nuestra Señora de la Paz oder de Son Seguí. Jedes Jahr an Palmsonntag findet hier eine Wallfahrt statt.

Im Zeichen der Keramik

Marratxí

Die zur Gemeinde Marratxí gehörenden Ortschaften Pòrtol und Sa Cabaneta sind durch ihre Töpfereien bekannt geworden. In Sa Cabaneta werden die auf jedem Markt angebotenen **Siurells,** die grün-weiß-rot bemalten Figürchen, und im Ortsteil Pòrtol die tönernen Greixoneras, Tonschalen, hergestellt (► S. 215). Das Keramikmuseum **Museu del Fang** in der Mühle Sa Cabaneta zeigt schöne Einzelstücke dieser Handwerkskunst.

Wer sich für Keramik interessiert, zur Messe aber nicht vor Ort ist, macht sich am besten auf die Ruta del Fang, die **Keramikroute,** die in den Ortsteilen Pòrtol und Sa Cabaneta zu sehenswerten Werkstätten führt, wo man ebenfalls die gewünschten Objekte findet.

Museu del Fang: C. del Molí 4 | Di. – Fr. 10 – 13.45 Uhr |

Gemeinde: Santanyí | **Höhe:** 70 m ü.d.M. | **Einwohnerzahl:** 12 300

Die hübsche Kleinstadt macht allein schon durch den goldgelben Stein, aus dem viele ihrer Häuser erbaut wurden, einen sehr sympathischen Eindruck. Aber das ist nicht alles: Mit seinen Galerien, den vielen romantischen Lokalen und dem sehr beliebten Wochenmarkt hat sich das Städtchen zu einem Zentrum des Südens entwickelt.

Es lebt sich angenehm ruhig in dem Städtchen mit seinen Häusern aus goldgelbem Marès-Stein. Im Zentrum warten nette Bistros, Boutiquen und Kunstgalerien, die oft von Residenten geleitet werden, die in Santanyí oder der Umgebung ein neues Zuhause gefunden haben.

Von Santanyí ist es nicht weit zu sagenhaft schönen Buchten wie Cala Llombards.

Bis zum Meer ist es von Santanyí nicht weit. Dort trifft man auf Touristengebiete wie ▶ Cala d'Or und Cala Figuera (▶ S. 218) und herrliche Badebuchten.

Wohin in Santanyí?

Schönheiten in Stein und Metall

Sant Andreu Apostol

Vom Ende des 14. Jh.s stammt vermutlich das Kreuzrippengewölbe der Pfarrkirche Sant Andreu Apostol. Im 16. Jh. erfolgte die Erweiterung um die Apsis, eine Seitenkapelle und einen Raum, in den die Bevölkerung bei Überfällen flüchten konnte. Zu jener Zeit etwa wurde auch die **Stadtmauer** vervollständigt, von der heute noch die Porta Murada erhalten ist. Der alten Kirche, die als **Capella del Roser** (Rosenkranzkapelle) stehen blieb, wurde eine neue angegliedert.
Nicht nur hörens-, sondern auch sehenswert ist die Orgel des königlichen Orgelbauers Jordi Bosch (1739 – 1810), der am Hofe Karls III.

wirkte. Dieses Schmuckstück stand ursprünglich im Konvent Sant Domènec in Palma und wurde nach der Säkularisierung (1835) von einem Musikliebhaber für sein Heimatdorf Santanyí erworben.

Über die Kultur zum sprudelnden Nass

Zisterne

Nicht nur heutzutage ist die Wasserknappheit auf Mallorca ein Dauerthema. Eine monumentale Zisterne samt Wasserleitung sorgte bereits 1756 für die Versorgung der Stadt. Sie steht zwischen dem C/ de s'Aljub und dem C/ del Bisbe Verger. Wer zur Zisterne spaziert, kann auch gleich schauen, was in der **Casa de Cultura Ses Cases Noves** gezeigt wird. Das Kulturzentrum ist in einem Stadthaus mit schönem Innenhof untergebracht. Außer den Ausstellungen im Haus präsentiert eine Dauerausstellung in einem Nebengebäude das Werk des 2008 verstorbenen deutschen Bildhauers Rolf Schaffner.

Casa de Cultura: C/ de s'Aljub 22 | Mo. – Fr. 9 – 14, Sa. 10 – 14 Uhr

Rumd um Santanyí

Fels, Sand und Wasser

Cala Llombards

Vom Dorf Es Llombards an der Ma6100 Richtung Botanicactus (► Ses Salines) führt eine Stichstraße zur weitgehend felsigen, gleichnamigen Cala, deren flacher Strand zwar relativ schmal, aber auch gut geschützt ist. Service (Bar, Duschen) ist vorhanden.

Romantik am Fjord

Cala Figuera

Die lang gezogene, fjordähnliche Felsbucht der Fischer- und Feriensiedlung Cala Figuera gehört mit zum Romantischsten, was Mallorca überhaupt zu bieten hat. Mangels Strand kann man hier nicht schwimmen, aber das ist auch nicht der Grund, weshalb man nach Cala Figuera kommt. Auf einem langen, an beiden Seiten der schmalen Bucht entlangführenden Fußweg spaziert man gemächlich an den Häuschen und den bunt bemalten Booten entlang und kehrt später in einem der Restaurants oder Terrassencafés am Hafen ein. Im oberen Teil des Orts gibt es auch etwas Nachtleben, aber insgesamt ist man weit entfernt vom mallorquinischen Trubel. Daher ist Cala Figuera ist der richtige Ort für alle, die es gemächlicher angehen lassen wollen.

Steil hinauf für die Erinnerung

Cala Santanyí

Von der Villenkolonie Cala Santanyí, die auf der Hochfläche liegt, führen eine steile Straße mit bis zu 25 % Steigung und einige Treppengassen zum kleinen Sandstrand in der felsigen, von Pinien umstandenen Bucht. Es gibt hier nur wenige Hotels und das Ortsbild wirkt im Großen und Ganzen nicht überlaufen. Einige Restaurants und Bars helfen bei Hunger und Durst. Südlich oberhalb der Bucht ein beliebtes Fotomotiv: der Natursteinbogen Es Pontas.

SANTANYÍ ERLEBEN

HOTEL SANTANYÍ €€€

► S. 325

ES CANTONET €€€ – €€

Die kleine feine Karte des deutschen Chefkochs setzt auf mediterrane Küche mit asiatischem Einschlag. Hausgemachte Ravioli, Tapas, Carpaccio und Lammkarree sind einige der Spezialitäten. Schönes Natursteinambiente und lauschiger Patio – etwas außerhalb an der Straße Richtung Ses Salines.
Pl. Bernareggi 2
Tel. 971 16 34 07
www.es-cantonet.net
So. geschl.

LAUDAT €€€

Mitten im Zentrum von Santanyí liegt das Restaurant, dessen Küche sich auf sorgfältig zubereitete mediterrane Küche versteht. Wer das volle Programm möchte, probiert das Degustationsmenü für 75 €. Schöne und große Außenterrasse.
C/ Sant Andreu 18
Tel. 871 90 60 34
www.restaurantlaudat.com
So. geschl.

LA PETITE IGLESIA €€ – €

Romantisch, nett und auch kulinarisch überzeugend ist das kleine französische Restaurant, das in den Räumlichkeiten einer ehemaligen Kirche untergebracht ist.
C/ Marina 11
Cala Figuera
Tel. 971 64 50 09
www.qrtop.eu/petiteiglesia

MANDALA

Von Hand und auf den individuellen Fuß fertigt Mandala Lederschuhe. Das chlorfrei gebleichte Leder sucht man aus vielen Farben und Qualitäten aus, ebenso Näharten und Stil. Falls die Zeit des Käufers auf Mallorca nicht reicht, wird das maßgeschneiderte Paar an die Hausadresse nachgeschickt. Für solch ein Unikat bezahlt man ab ca. 240 € das Paar.
C/ Bisbe Verger 34
Tel. 606 32 82 47
www.mandalashoes.com

KUNST UND GALERIEN

In Santanyí hat sich eine spannende Kunst- und Galerieszene entwickelt. Einige Adressen: Galeria Barceló (C/ Llaneras 38); GCaspar Jansen (C/ Sant Andreu 30; LW Contemporary Art Gallery (C/ de la Mar 16); Guillem Vicens (C/ Bispe Verger 5)
www.galeriabarcelo.es
https://caspar-jansen.com
www.lw-gallery.art
www.guillemvicens.com

MARKT

Mittwoch- und Samstagvormittag

Zum 100 m breiten, bei Familien beliebten Sandstrand von Cala Santanyí fährt im Sommer eine Touristenbahn. Kaum weniger los ist an der malerischen **Cala Llombards** mit ihrem rund 50 m breiten Sandstrand. Noch ein kleines Stück weiter südlich öffnet sich die Küste zur traumhaften **Cala S'Almunia**, die nur zu Fuß zu erreichen ist, ebenso wie der nahe gelegene **Caló des Moro**.

SANTA PONÇA

Gemeinde: Calvià | **Einwohnerzahl:** 11 500

Die Skyline erinnert fast an eine Großstadt: vorne der Strand und die Strandpromenade und dahinter die hohen Wohn- und Hotelblocks. Santa Ponça ist nicht nur eines der großen touristischen Zentren der Südwestküste, auch viele ausländische Residenten leben hier. Neben den schönen Sandstränden ist der Designer-Jachthafen Port Adriano ein Publikumsmagnet.

Die Siedlung belegt einen guten Teil der die Badia de Palma westlich begrenzenden Halbinsel. Sie kann einen schön gelegenen alten und einen hippen neuen Jachthafen sowie ein nobles Golfrevier mit drei Plätzen (einer davon öffentlich) vorzeigen und besitzt eine hübsche Strandpromenade entlang des gepflegten feinsandigen Strands. Nahtlos geht das Badevergnügen nach Nordwesten an den Stränden von Peguera und Cala Fornells weiter.

Wohin in Santa Ponça?

Ankunft des Nationalhelden

Creu de sa Conquesta

Allem Tourismus zum Trotz: Für die Mallorquiner ist Santa Ponça auch historisch bedeutsam, denn hier landete ihr Nationalheld **Jaume I.**, der Eroberer, der Mallorca den Muslimen entriss. In den ersten Septembertagen 1229 waren seine Schiffe von Salou, Tarragona und Cambrils ausgelaufen. Am 10. September ging er mit seinen Getreuen in Santa Ponça an Land.

1929 weihte Thronprätendent Don Jaime de Borbón anlässlich des 700. Jahrestags der Landung ein monumentales Kreuz ein. Es steht auf dem Felssporn Sa Caleta, von wo aus sich ein schöner Blick auf die Bucht von Santa Ponça bietet. Auf dem Sockel des Kreuzes sieht man u. a., wie Jaume bei einem fürchterlichen Sturm am Bug seines Schiffes kniet und betet, während seine Mitstreiter sich am Mast festklammern; man sieht einen Muslim, der sich vorsichtshalber hinter einem Baum versteckt, und die Lesung der ersten heiligen Messe auf mallorquinischem Boden.

Lust auf einen Spaziergang?

Archäologischer Park

Südlich des Ortes dehnt sich oberhalb der Steilküste das von Kieferngehölzen durchsetzte Terrain des Golfclubs Santa Ponça aus, wo viele Urbanisationen entstanden sind. Ein lohnender Spaziergang führt durch den archäologischen Park **Puig de Sa Morisca.** Die insgesamt 5 km langen Wege führen nicht nur zu sieben Fundstätten aus dem 1. Jahrtausend v. Chr., sondern auch zu Aussichtspunkten, von denen sich Abschnitte der Südwestküste und ihrer Bebauung überblicken lassen.

Die Handschrift von Philippe Starck

Port Adriano

Weiter südlich erreicht man den modernen Sporthafen Port Adriano. Der französische Designer Philippe Starck hat maßgeblich bei der Anlage mitgewirkt. Kernstück ist eine doppelstöckige, 250 m lange Shopping-Mole mit exklusiven Boutiquen, Restaurants, Bars und Jachtbroker-Büros. An den Kais können Superjachten mit bis zu 80 m Länge anlegen.

Unmittelbar östlich vom Hafenbecken und durch einen niederen Geländerücken von diesem getrennt, liegt eine ganz kleine, grobkieselige Badebucht am Fuß der senkrechten Felswand; ein wesentlich größerer, sandiger Strand dehnt sich westlich des Hafenbeckens aus.

SANTA PONÇA ERLEBEN

O.I.T. SANTA PONÇA

Via Puig de Galatzó 1
Santa Ponça
Tel. 971 69 17 12
www.visitcalvia.com

O.I.T. PEGUERA

C/ Ratolí 1
Peguera
Tel. 971 68 70 83

LAS OLAS €€€ – €€

Den Namen Las Olas, also »die Wellen« hat sich das Restaurant an der Westseite der Bucht verdient. Vom Tisch aus können die Gäste aufs Meer und die Stadt schauen. Dazu passt die große Auswahl an Meeresfrüchten und frischem Fisch.

C/ Ramon de Montcada 18
Tel. 971 69 40 95
https://las-olas.negocio.site
Mo./Di. geschl.

LA GRAN TORTUGA €€€ – €€

Von der Terrasse des Restaurants aus liegt einem die Bucht von Peguera zu Füßen. Seit den 1970er Jahren begeistert das Lokal mit seiner schönen Aussicht. Die Küche bietet von Tapas bis Poke Bowl für alle etwas, bleibt aber im soliden Mittelmaß.

Aldea Cala Fornells 1
Tel. 971 68 60 23

Die **Platja de Santa Ponça** ist der große Hauptstrand der Gemeinde: Feinsandig erstreckt er sich auf einer Länge von 1300 m. Ebenfalls an der Hauptbucht liegt die kleine **Caló d'en Pellicer** mit Sandstrand. Weiter südlich, kurz vor dem Jachthafen Port Adriano, warten weitere ca. 250 m Sandstrand an der **Platja es Toro**. Wie bei den beiden anderen, hat der Strand nur ein geringes Gefälle und ist daher auch für Kinder gut geeignet. Weiter nördlich bietet Peguera zwei ebenso schöne wie gut besuchte Sandstrände. Klein und malerisch sind Strand und Bucht **Ses Llisses** im Ortsteil Cala Fornells.

Favorit der Stammgäste

Costa de la Calma

Auf der nordwestlich gegenüberliegenden Seite der Bucht wurde abseits der Durchgangsstraße am steilen Küstenhang die Apartmentkolonie Costa de la Calma angelegt, zu deren Füßen sich die **Punta d'es Castell** ins Meer hinausschiebt. Drei Strände gehobenen Standards – **Romana, Palmira, Torà** – mit der Blauen Europa-Flagge sind das Kapital dieser seit vielen Jahren von deutschen Stammkunden frequentierten Feriensiedlung. Hier wechseln sich Großhotels verschiedener Kategorien ab mit kleineren Familienhotels und Pensionen. Am Abend wird der Bulevar de Peguera seinem Namen gerecht und zu einer zweiten Flaniermeile neben der Strandpromenade.

Wanderschuhe schnüren!

Cap Andritxol

Ein schönes Gebiet zum Wandern ist das Schutzgebiet am Cap Andritxol. Es grenzt direkt im Norden an Cala Fornells und wird von mehreren Wege und Pfaden durchzogen. Ein Ziel könnte das Cap Andritxol selbst sein, von dem man einen schönen Ausblick bis nach Santa Ponça hat.

★ SANT ELM · SA DRAGONERA

Gemeinde: Andratx | **Einwohnerzahl:** 370

Auch die dicht bebaute Südwestküste kommt einmal zur Ruhe. Ganz im Westen erwarten Sie eine kleine Urlaubssiedlung, ein schöner Strand und herrliche Natur. Für Letztere sind die südlichen Ausläufer der Serra de Tramuntana verantwortlich, die zu einer Wanderung zum Kloster La Trapa oder einem Ausflug auf die Insel Sa Dragonera einladen.

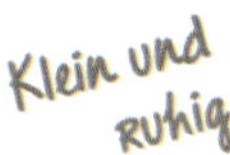

Sant Elm, das sind einige Apartmentanlagen, Sommerhäuser, kleinere Hostals und das größere Hotel Aquamarin, das den Strand (Sand und Kies) in zwei Buchten teilt. Von hier blickt man hinüber zum kleinen **Felseneiland Pantaleu**, wo König Jaume I. zum ersten Mal einen Fuß auf mallorquinischen Boden setzte. Heute beherbergt es die größte Sturmtaucherkolonie Mallorcas. Hier wie auch an den Küstenpartien ist ein gutes Revier für Unterwassersportler. Im Sommer gehen in der Bucht gern Jachten vor Anker und bilden vor dem Hintergrund der lang gestreckten »Dracheninsel« Sa Dragonera eine überaus romantische Kulisse.

Spektakulärer Ausblick für Schwindelfreie auf die unbewohnte Insel Sa Dragonera

Wohin bei Sant Elm?

Hoch über dem Wasser

Castell de Sant Elm

Südöstlich ragt auf einer steilen Erhebung über dem Ort das im 14. Jh. errichtete Castell de Sant Elm empor – eigentlich nichts anderes als ein Wachturm.

Wanderung ins Bergland

Kloster Sa Trapa

Eine schöne Wanderung von mind. drei bis vier Stunden hin und zurück führt in das sich nördlich von Sant Elm erstreckende küstennahe Bergland. Der Weg beginnt ab dem Haus Can Tomevi am nördlichen Ortsrand. Durch Aleppokiefernwälder und Macchie geht es zur Ruine des einstigen Trappistenklosters Sa Trapa. Es stammt aus dem frühen 19. Jh., als französische Mönche vor den Wirren der Revolution flohen, um in der Abgeschiedenheit ihrer Berufung zu folgen.
Die Anlage gehört heute dem Umweltverband GOB (► S. 27, 260). Von Sa Trapa aus bietet sich ein traumhafter Blick auf die Küste und die vorgelagerte Insel Sa Dragonera.

Unter Seevögeln

Sa Dragonera

Unübersehbar vor Sant Elm erhebt sich aus dem Meer Sa Dragonera, ein 4 km langes, 700 m breites und bis 353 m hohes Felseneiland. Die Pläne, die »Dracheninsel« in ein exklusives Resort zu verwandeln sind Gott sei Dank längst Geschichte. Auf Druck der Umweltschutzorganisation GOB kaufte die Balearenregierung das Eiland, das ein Ausläufer der Serra de Tramuntana ist, erklärte es 1988 zum Landschaftsschutzgebiet und 1995 schließlich zum Naturpark. Für eine Wanderung oder einfach, um mal etwas Abstand zur Hauptinsel zu bekommen, bringt ein kleines Fährschiff Tagestouristen nach Sa Dragonera.

Etliche Seevogelkolonien – Möwen, Sturmtaucher, Kormorane und Sturmschwalben – haben auf der Insel, die tatsächlich wie ein im Wasser liegender Drache aussieht, ihren Lebensraum. Auch Eleonorenfalken und Fischadler zeigen sich gelegentlich. An der Anlegestelle hat man ein Informationszentrum eingerichtet. Wer die Insel erkunden will, hat drei Leuchttürme als Anlaufpunkte zur Auswahl für eine Wanderung. Wanderer sollten Trinkwasser und Verpflegung mitnehmen. Die Schiffsexkursionen starten im Hafen von Sant Elm.

SANT ELM ERLEBEN

O.I.T. SANT ELM
Av. Jaume I 2
Tel. 971 78 67 79
www.andratx.cat

HOSTAL DRAGONERA €€
► S. 323

ES MOLÍ €€€
Am Westende von Sant Elm in einer alten Mühle liegt das romantische Restaurant. Sorgfältig zubereitete Köstlichkeiten wie Cannelloni mit Ochsenschwanz und Foie Gras an Béchamelsauce mit Trüffel oder Ceviche mit Wolfsbarsch und Garnelen überzeugen auch anspruchsvolle Gaumen.
Plaça Mossèn Sebastià Grau 2
Tel. 971 23 92 02
https://restaurantesmoli.com
Mo. geschl.

CALA CONILLS €€€€ – €€€
Hier, oberhalb des Hauptstrands Geperut, im Ortsteil Cala Conills, kann man sich mittags bei einem leckeren Salat zurückziehen oder einen romantischen Abend bei Fisch und Meeresfrüchten verbringen.
C/ Cala Conills
Tel. 971 23 91 86
www.calaconills.com | Mo. geschl.

Cruceros Margarita fährt Feb. bis Okt. tgl. 9.45 – 12.45 Uhr halbstündlich zur Insel Sa Dragonera; letzte Rückfahrt um 15 Uhr, Ticket hin/zurück: 15 €
www.crucerosmargarita.com

★ SES SALINES · COLÒNIA SANT JORDI

Gemeinde: Ses Salines | **Höhe:** 53 m.ü.d.M. | **Einwohnerzahl:** 5000

Weiß wie Schnee ragen die Salzberge zwischen Ses Salines und Colònia de Sant Jordi in den meist blauen Himmel. Seit gut 2000 Jahren wird an der sonnigen Südseite der Insel Meersalz gewonnen. Wer mag, kann miterleben, wie das vor sich geht. Ebenso beeindruckend ist der kilometerlange Naturstrand Es Trenc, an dem nicht nur die Urlauber der angenehmen Colònia de Sant Jordi ihre Handtücher ausbreiten.

In Ses Salines spürt man schon das nahe Meer. Die Sonne und ein im Sommer heißer Wind geben der Südspitze Mallorcas nicht nur eine eigene Atmosphäre, sie lassen auch das Meerwasser in den Salinen verdunsten, die dem Ort seinen Namen gegeben haben. Schon die Phöniker, die Griechen und auch die Römer gewannen das begehrte Meersalz aus den flachen Wasserbecken, die noch heute nach den gleichen Methoden betrieben werden. Den Salinen vorgelagert erstreckt sich Mallorcas Traumstrand Es Trenc.

Wohin bei Ses Salines?

Heilsames Nass

Thermalquelle

Die einzige Thermalquelle der Insel war bereits im 17. Jh. so bekannt, dass sie in einem 1638 in Amsterdam gestochenen Atlas als »eines der heilsamsten Bäder in Spanien« erschien. Mit dem Wasser der 38 °C warmen Kochsalzquelle versuchte man sogar Lepra zu heilen. Darauf deutet jedenfalls die im 15. Jh. gebaute Kapelle für die Beschützer vor dieser Krankheit, die Heiligen Silvester und Coloma, hin. Zumindest aber scheinen an Rheuma und Arthritis Erkrankte hier Linderung zu finden. Das Badehaus aus der Mitte des 19. Jh.s ist heute Teil der Spa-Anlagen des kleinen Luxushotels Fontsanta. Das Spa mit den Heilquellen können auch Tagesgäste nutzen.

Weißes Gold

Salines de Llevant und Es Trenc

Flache Brackwasserlagunen und Sumpfgebiete, die Zugvögeln als Zwischenstation dienen, breiten sich nördlich des Orts in den geschützten Salines de Llevant aus, die noch heute jährlich ca. 8 000 t Salz produzieren. Auch das köstliche Flor de Sal d'es Trenc – die von Hand geernteten Salzblüten, das auf der Insel und weltweit vertrieben wird – stammt von hier.

Bei den Salinen gibt es eine Feinkostboutique mit einem netten Café, in der die unterschiedlichen Edelsalze zu bekommen sind. Die Salinen Es Trenc können im Rahmen einer Führung besucht werden. Besonders spannend ist dies gegen Ende Aug./Anfang Sept., wenn das Salz geerntet wird.

Führungen: Mo. – Sa. 10, 11.30, 13, 14.30, 16 und 17; So. 10, 12, 14, 16 Uhr | Eintritt: 10 € | www.salinasdestrenc.com

Einzigartige Dünen

Dünen und Sandstrand

Den Salinen vorgelagert erstreckt sich zwischen Sa Ràpita und Colònia de Sant Jordi über mehr als 7 km eine ebenfalls unter Naturschutz stehende Dünenlandschaft mit dem Strand **Es Trenc.** Der GOB hat dafür gesorgt, dass das Areal nicht bebaut werden darf. Mit dem Auto ist der Strand über die Zufahrten bei den Salinen und nach Ses Covetes zu erreichen, wo man es auf einem gebührenpflichtigen Parkplatz abstellen kann.

Zum Staunen!

★ Cap de ses Salines

Kurz vor Ses Salines wachsen im 5 ha großen **botanischen Garten Botanicactus** über 1600 Pflanzenarten. Allein 10 000 m² nimmt ein See ein. Neben dem Feucht- und Wasserbiotop sind es vor allem Palmen- und Kakteen aus aller Welt, die den Park bevölkern.
Die kurz hinter Botanicactus abzweigende Stichstraße Ma6110 führt hinab zum Cap de ses Salines, Mallorcas südlichstem Punkt. Das Gebiet, nach einigen Kilometern großenteils eingezäunt (später schlechte Wendemöglichkeit), gehört der legendären mallorquinischen Milliardärsfamilie March. Die Route durchzieht schnurgerade zunächst eine Weide- und Garrigue-Zone, führt später durch Kieferngehölze und endet am – nicht zugänglichen – Leuchtturm Far de ses Salines. Der hilft seit 1870 Schiffen, Fischerbooten und Jachten, Mallorcas Südspitze zu umfahren. Vom Klippenweg durch unberührte Natur bietet sich ein prächtiger Blick zur Insel Cabrera. Wenn man dem nach Nordwesten führenden Fußweg folgt, kommt man nach gut 2 km zur Platja des Caragol mit ihrem feinsandigen Strand.

Botanicactus: tgl. 10.30 – 16.30 Uhr | Eintritt: 10,50 €

Zwillingszentrum

Colònia de Sant Jordi

Der knapp 6 km südlich von Ses Salines gelegene Ferienort Colònia de Sant Jordi hat gleich zwei Zentren. Das eine gruppiert sich um den hübschen kleinen Hafen Port de Campos sowie die feinsandigen, durch vorgelagerte Riffe geschützten Strände, die Flanierzone mit Ufercafés und der Mole, von der die Ausflugsboote zur Insel ►Cabrera starten. Das andere liegt nördlich, in Richtung Es-Trenc-Strand und den Salinen, wo auch die meisten Hotels stehen. Die Colònia ist wegen ihrer Traumstrände zwar beliebt, aber immer noch nicht überlaufen.

Der Kakteenpark Botanicactus macht seinem Namen alle Ehre.

In der Nähe des Hafens kann man im **Besucherzentrum Nationalpark Cabrera** mehr über die Inselgruppe an der Südspitze Mallorcas erfahren (► S. 86). Das interessante Gebäude erinnert mit seiner konischen Form und der Natursteinfassade an einen frühgeschichtlichen Talaiotturm. Im Untergeschoss ist die Unterwasserwelt des Nationalparks zu Hause: Mehrere Tausend Meeresbewohner tummeln sich in 18 Aquarien. Von der Dachterrasse aus sind die Cabrera-Inseln meist gut zu erkennen.

Besucherzentrum: April – Sept. tgl. 10 – 19, Okt. – Mai bis 17 Uhr
Eintritt: 8 €

Nur 19 km

Wanderung

Von Colònia de Sant Jordi aus lassen sich schöne Wanderungen unternehmen, bei denen sich auch viele Vogelarten beobachten lassen. Eine beliebte Wanderung führt entlang der Küste bis zum Leuchtturm Ses Salines. Hin und zurück sind das ca. 19 km.

SES SALINES · COLÒNIA SANT JORDI ERLEBEN

O.I.T. MUNICIPAL
Colònia de Sant Jordi
C/ Gabriel Roca
(Hafenpromenade)
Tel. 971 65 60 73
www.visitsalines-colonia.com

CA'N BONICO €€€ ▸ S. 325

CASA MANOLO (BODEGA BARAHONA) €€€
Das urige Fischrestaurant gleich neben der Kirche von Ses Salines ist inselweit bekannt für seinen gegrillten Fisch. Spezialität ist »calamar potera«, ein Tintenfisch, der mit seiner Tinte gebraten und mit Flor de Sal und Olivenöl serviert wird. Man sollte reservieren.
Plaça Sant Bartomeu 1
Ses Salines
Tel. 971 64 91 30
www.bodegabarahona.com

CASSAI BEACH HOUSE €€€ – €€
Das Ambiente setzt ganz auf den Hampton-Style: viel weißes Holz, Vintagemöbel und nett arrangierte Accessoires. Das Highlight sind aber nicht die schönen Speiseräume, sondern die Terrasse mit tollem Meerblick. Ob Café oder Cocktail, ein leckerer Salat oder ein Essen mit Freunden am Abend, hier kann man sich richtig gut fühlen.
C/ Major 21
Colònia de Sant Jordi
Tel. 971 07 09 39
www.cassaibeachhouse.com
kein Ruhetag

SAL DE COCÓ €€€
Marta Rosselló gehört zur neuen Generation der jungen und kreativen Inselköche. In ihrem neuen Restaurant am Hafen begeistert sie die Gäste mit ihrer aromatischen Gourmetküche, die mit viel Fisch und Meeresfrüchten zubereitet wird.
Moll de Pescadors
Colònia de Sant Jordi
Tel. 971 65 52 25
www.restaurantsaldecoco.com
Di. geschl.

FLOR DE SAL D'ES TRENC
Das köstliche Salz in seiner reinen Form oder in den aromatisierten Varianten bekommt man u. a. im Verkaufsshop bei den Salinen – wie auch Oliven-, Mandel- und andere Spezialöle.
Tienda
Ctra. de Campos – Colònia de Sant Jordi, Km 8,7
www.flordesal.com

Im Südosten: Direkt im Ort, neben dem Hafen, erstreckt sich der Sandstrand Es Port. Weiter in Richtung Osten und zum Cap Ses Salines schließen sich die Strände des Dolç (mit Parkplatz), Es Carbó, Es Caragol und weitere an, die unbewirtschaftet, dafür aber wildromantisch und nur zu Fuß zu erreichen sind. Im Nordwesten beginnt hinter den letzten Hotels die Platja Estanys, sie geht über in den 7 km langen Traumstrand Es Trenc mit seiner geschützten Dünenlandschaft.

Zur Insel Cabrera ▸ S.88

★ SINEU

Gemeinde: Sineu | **Höhe:** 144 m ü.d.M. | **Einwohnerzahl:** 4200

Es ist der Markt aller Märkte auf Mallorca. Jeden Mittwoch bauen die Obst- und Gemüsehändler, die Kunsthandwerker und Kurzwarenhändler, die Viehhändler und Mandelröster ihre Stände in den Straßen auf. Fast die ganze Altstadt wird zu einem großen Einkaufsladen, zu einem vielstimmigen Gedränge von Einheimischen und Touristen.

Das Marktrecht wurde dem genau in der geografischen Mitte der Insel liegenden Flecken bereits 1306 von König Jaume II. verliehen – seither findet bereits Markt statt. Sehenswert ist aber auch das historische schöne Altstadtzentrum, in dem sich König Jaume II. im 14. Jh. eine Residenz bauen ließ.

Wohin in Sineu?

Im Zentrum des Marktgeschehens

Eine Seite der fast quadratischen alten **Plaça** nimmt die Pfarrkirche Mare de Déu dels Angels ein. Das mächtige Bauwerk mit seinem trutzigen Vierungsturm wurde nach einer Feuersbrunst 1505 neu errich-

Mare de Déu dels Angels

Der Markt von Sineu zieht nicht zuletzt wegen der Tiere Publikum von der ganzen Insel an.

SINEU

PETIT HOTEL DAICA € ► S. 325

C/ Son Torelló 1
Tel. 971 52 01 38
kein Ruhetag

CELLER SON TOREÓ €€€
Auch in diesem bei den Einheimischen beliebten und geradezu urtümlichen Lokal (wie einige in Sineu) bekommt man echte mallorquinische Küche Traditionell gibt es am Markttag »frit mallorquín« aus Gemüse, Kartoffeln und Innereien.

MARKT
Hühner, Schafe, Ziegen, Pferde und Kühe, Tücher und Lederwaren, Obst, Gemüse, Wurst und Brot – der große Markt **am Mittwochvormittag** ist ein Erlebnis! Kommen Sie schon vor 11 Uhr, danach treffen die Touristenbusse ein.

tet. Fragmente eines Retabels, das man wegen Bauarbeiten Ende des 19. Jh.s demontiert hatte, schmücken die Apsis. Die »Santa Maria de Sineu«, eine Skulptur von Gabriel Mòger, entstand vier Jahre nach dem Bau. Üppig ist die barocke Rosenkranzkapelle (Capella Mare de Déu del Roser). Eine Sammlung von Keramiken verschiedener Epochen wurde Anfang des 20. Jh.s bei Bauarbeiten am Ostportal entdeckt.

Ein Geschenk für den Konvent

Convento de las Monjas

Unter dem Pontet de Santa Barbara hindurch geht es zur Plaça mit dem Markuslöwen und von dort zum C/ Palau, der zum Konvent der Konzeptistinnen führt. Dieser Palast entstand unter König Jaume II. auf den Resten eines maurischen Alcázars aus dem 8./9. Jh. Jaume nutzte das Palais als Residenz. Rund zwei Jahrhunderte war es Gerichtshof, 1583 machte Philipp II. es den Konzeptistinnen zum Geschenk.

Mit dem richtigen Maß

Casa Consistorial

Der ehemalige Konvent der Franziskaner dient heute als Rathaus. Harmonisch schön ist der Kreuzgang der Casa Consistorial. Das Archiv birgt mit der »Barcella« einen wahren Schatz: Es handelt sich um das offizielle Maß für Getreide vor der Einführung des metrischen Systems. Dieses Bronzegefäß stammt schon aus dem Jahr 1334 und trägt das Wappen von Sineu und des alten Königreichs Mallorca.

Aus weit entfernten Zeiten

Prähistorische Stätten

In der Umgebung von Sineu liegen die prähistorischen Stätten von **Son Creixell** und **Son Pere** sowie die **Talaiots Sa Rixola** und **Sa Torre de Montornes.**

Costitx

Im Dörfchen Costitx, knappe 7 km westlich von Sineu, kann man noch Kopien von hier gefundenen talaiotischen Bronzestierköpfe anschauen, und zwar im kleinen Museum im Kulturhaus (C/de Rafel Horrach). Die Originale haben es ins Archäologische Nationalmuseum in Madrid geschafft. Costitx besitzt auch Mallorcas einziges astronomisches Observatorium sowie ein Planetarium.

Planetarium: Nach Eigentümerwechsel sollen wieder Vorführungen angeboten werden | www.mallorcaplanetarium.com

★★ SÓLLER · PORT DE SÓLLER

Gemeinde: Sóller | **Höhe:** 54 m ü.d.M. | **Einwohnerzahl:** 13 500

Eingebettet in Orangen-, Zitronen- und Ölbaumhaine, umringt von den Gipfeln der Tramuntana, öffnet sich das Tal von Sóller zum Meer. Zentrum der Idylle ist das gleichnamige Städtchen, dessen einstiger Wohlstand sich an prachtvollen Jugendstilfassaden ablesen lässt. Port de Sóller bezaubert durch seine einmalige Lage und den einzigen schiffbaren Hafen der Costa Nord.

Spätestens seit der Entdeckung Mallorcas und speziell des Tramuntana-Gebirges als Wanderrevier boomt Sóller. Beliebt war das schöne Städtchen aber schon vorher. Die Tour mit der historischen Schmalspurbahn, dem **Tren de Sóller,** von Palma aus in das Tal der Orangen ist ein Klassiker des Mallorca-Tourismus (▶ Baedeker Wissen, S. 240). Ob mit der Bahn, über den 496 m hohen Coll de Sóller oder über die Bergstraße von Deià aus: Die Anfahrt ist ein Erlebnis. Weniger beeindruckend, aber dafür praktisch ist der kostenpflichtige Autotunnel,der sich bei Bunyola durch die Serra bohrt. Bei jeder dieser Anfahrten wird einem deutlich, wie abgeschieden und schwerzugänglich das Tal und sein Zentrum Sóller in früheren Zeiten gewesen sein muss.

Wohin in Sollér?

Garten im Schutz der Berge

Tal von Sollér

Das Tal von Sóller hat einen sehr eigenen Charakter. Typisch sind die Zitrusgärten, die von den mächtigen Felsflanken der Serra de Tramuntana geschützt werden. Schon die Araber haben durch ihre Be-

CAMÍ
ES CAMP
EL BISBE

wässerungstechniken das Tal in einen sprichwörtlichen Garten, die **Horta de Sóller**, verwandelt. Da Sóller durch die umgebende Bergwelt vom Rest der Insel fast abgeschlossen war, suchten sich die Bewohner ihre Handelspartner jenseits des Meeres. Der Kontakt zu Frankreich war schon immer eng, besonders nachdem Ende des 18. Jh.s vor der Franzöischen Revolution Geflüchtete sich niederließen und Südfrüchte in ihre alte Heimat exportierten. Französisches Flair ist auch heute noch im Stadtbild und sogar der Sprache der Bewohner zu erkennen.

Sóllers Wohlstand weckte allerdings auch die Begehrlichkeiten anderer: Am 11. Mai 1561 versuchten türkische Korsaren eine Landung im Hafen, wurden aber von den Sóllerics zurückgeschlagen, wobei sich die Frauen, die »valentes dones«, als sehr mutig erwiesen. Alljährlich am zweiten Maisonntag feiert man das Ereignis mit einem »Moros i Cristians«-Spektakel.

Alte Kirche mit jugendlichem Stil

Sant Bartomeu

Das Städtchen bezaubert mit seinem provenzalisch anmutenden Charme. Im Zentrum laden auf der **Plaça de sa Constitució** Caféterrassen ein, erst einmal Platz zu nehmen. Über die Plaça rumpelt auch die alte Tram vom Bahnhof zum Hafenort Port de Sóller.

Die ungewöhnliche Jugendstilfassade der Pfarrkirche Sant Bartomeu zieht die Blicke auf sich. Von der ersten, Ende des 14. Jh.s errichteten Kirche ist noch ein blindes Portal vorhanden. Nach dem Piratenüberfall 1561 erbaute man Befestigungsmauern, die mehr als drei Jahrhunderte überdauern sollten. Am C/ Vent sind noch das alte Gemäuer sowie ein romanisches Fenster vorhanden. Die heutige Kirche wurde 1729 mit dem Setzen des Schlusssteins vollendet, der den hl. Bartholomäus über den Dämon triumphierend zeigt. 1904 wurde der Jugendstilarchitekt **Joan Rubió i Bellver** mit der Erneuerung der Fassade betraut. Später erhielt er noch den Auftrag zum Bau der gegenüber der Pfarrkirche gelegenen (und gleichermaßen sehenswerten) Banco Central.

Auf dem Altar der Capella de Sant Sebastià wird jeweils am 15. August die Skulptur der entschlafenen Jungfrau aufgebahrt, ein Werk von Adrià Ferran. Eines der wertvollsten Stücke dieser Kirche hütet die Capella de la Mare de Déu dels Dolors: eine fein gearbeitete gotische Figurine aus vergoldetem und farbig gefasstem Alabaster. Die mächtige Orgel über dem Hauptportal ist ein Geschenk des aus Sóller stammenden Bischofs Bernat Nadal (1745 – 1818), der sich als Abgeordneter der liberalen Partei in den historischen Cortes von Cádiz für die Pressefreiheit und die Aufhebung der Adelsprivilegien eingesetzt hatte.

Sóller, ein einst abgeschieden liegendes Städtchen im Nordwesten Mallorcas, ist ein guter Ausgangspunkt für Wanderungen in der Serra de Tramuntana.

Noch etwas Modernisme?

Can Prunera

Ein weiterer Bau dieses Stils ist der **Bahnhof**: Das urspüngliche Gebäude wurde im Jugendstil umgebaut. Im Untergeschoss ist die Sala d'Expositions, darin eine Dauerausstellung mit Keramiken von Picasso und Werken von Miró.

Weitere Modernisme-Bauten stehen in den Straßen de la Mar, C/Cristòfor Colom, der Gran Via und im C/sa Lluna. Mit der Hausnummer 90 prunkt dort das Jugendstilanwesen **Can Prunera** (► S. 15). Es wurde 1911 erbaut und steht schon seit Jahren als »besonderes Kulturgut« unter Denkmalschutz. Es beherbergt ein beeindruckendes **Jugendstilmuseum**, das außer den charakteristischen architektonischen Elementen am Gebäude – wie Reliefs mit mehrfarbigen Fresken, kunstvolle Verglasungen und Mobiliar – über eine ansehnliche Kunstsammlung mit Werken von Edvard Munch, Egon Schiele, René Magritte und anderen Kunstgrößen verfügt. Auch von Joan Miró illustrierte Bücher werden gezeigt.

Di. – So. 10.30 – 18 Uhr | Eintritt: 6 € | http://canprunera.com

Blick in Sollérs Vergangenheit

Casal de Cultura

Das Anwesen am C/de la Mar 13 ist nicht nur Kulturzentrum mit wechselnden Ausstellungen, sondern auch eine Art Heimatmuseum mit Archäologie, Keramik, Mobiliar, Kleidung und Gemälden; selbst die Druckerpresse, auf der die Wochenschrift »Sóller« Ende des 19. Jh.s gedruckt wurde, ist zu sehen. Wer sich für Mallorcas Vergangenheit (und Gegenwart) interessiert, ist hier richtig.

Di. – Fr. 10 – 14, Sa. 11 – 13 Uhr | Eintritt: 5 €

Die Natur der Balearen

Museu Balear de Ciències Naturals i Jardí Botànic

Das Museu Balear de Ciències Naturals i Jardí Botànic ist eine wahre Fundgrube: Zu den Ausstellungsstücken gehören eine paläontologische Sammlung mit den ältesten auf der Insel gefundenen Gesteinen, Fossilien von Meerestieren des Jura (160 Mio. Jahre), Exponate zur Entstehung der Balearen (vor 15 Mio. Jahren) und der Kiefer eines urzeitlichen Hais, der im Zentrum der Insel gefunden worden war. Im angeschlossenen botanischen Garten kümmert man sich um die Flora der Balearen.

Di. – Sa. 10 – 18 Uhr | Eintritt: 8 € | www.museucienciesnaturals.org

Wohin in Port de Sóller?

Aufstrebendes hübsches Hafenstädtches

Port de Sóller

Neue Luxushotels wie das Jumeirah, das über der Steilküste thront, stehen ebenso im Zeichen des Aufschwungs wie die neu angelegte Strand- und Hafenpromenade. Ein frischer Sandstrand ist aufgeschüttet und der Hafen erweitert.

6X UNTERSCHÄTZT

Genau hinsehen, nicht dran vorbeigehen, einfach probieren!

1. SEELENLOS?

Mit einigem Abstand muss man sagen: In **Arenal, Magaluf und Peguera** sind mit den Hotelblöcken auch spannende Bauwerke in der Zeit des frühen Massentourismus entstanden.
(▶ S. 187, 204, 221)

2. RARITÄT

In der echten, **traditionellen Küche** erwarten Sie köstliche und kräftige Genüsse, die süß und salzig ebenso verbinden wie Fisch und Fleisch.
(▶ S. 303)

3. ÜBERKOMMEN?

Außer dem Tren de Sóller spielt der **Bahnverkehr** für Touristen kaum eine Rolle. Zu Unrecht, denn die modern ausgebaute Strecke zwischen Palma, Inca und Manacor ist gut zu nutzen, will man die Landstädte kennenlernen.
(▶ S. 348)

4. BALLERMANN ADE

Waren Sie in letzter Zeit mal zwischen Arenal und Portixol? Sie werden überrascht sein von den coolen Bars und der großartigen Promenade der **Platja de Palma.**
(▶ S. 186, 188)

5. WINTERZAUBER

Neun Monate Hauptsaison: Die Insel findet nicht mehr zur Ruhe, könnte man meinen. Stimmt nicht, im November oder im Januar kann man wundervolle Tage auf der Insel verbringen. ▶ S. 19

6. FALSCH PARKEN

Einen Strafzettel sollten Sie nicht auf die leichte Schulter nehmen, denn der kann in Deutschland weiterverfolgt werden. Mit Glück kommen Sie mit einer Annullierungsgebühr von wenigen Euro davon (zahlbar am Automaten).

Port de Sóller kann trotz seiner Popularität noch recht entspannt wirken.

Zum Charme des Städtchens trägt auch die alte Tram bei. Der sogenannten **»Orangenexpress«,** dessen älteste Waggons aus dem Jahr 1913 stammen, rollt entlang der Promenade mit ihren Cafés und Restaurants bis zum Hafen. So schön es am Hafen ist, der angenehme Gesamteindruck von Port de Sóller liegt vor allem an seiner einmaligen Lage. Die halbkreisförmige Bucht wird von felsigen Bergrücken umschlossen. Gut ist das vom Leuchtturm am Cap Gros an der Westflanke der Bucht zu sehen. Oder auch vom östlichen Ende aus, wo das alte Stadtviertel Santa Catalina liegt. Dessen bei einem Piratenüberfall 1542 zerstörte gleichnamige Kirche wurde kurze Zeit später wieder aufgebaut; Glockenturm, Fenster und Portal stammen noch aus dieser Zeit. In der Kirche erzählt das **Museu de la Mar** anschaulich die Geschichte der Seefahrt von Sóller. Jedes Jahr Ende Sept. / Anfang Okt. findet dort auch das **Festival der klassischen Musik** statt.

Aus der bösen Erfahrung mit den Piraten heraus erbaute man im 17. Jh. den **Torre Picada** nördlich des Orts, zu dem man in gut einer Stunde wandern kann.

Museu de la Mar: Mi. – Sa. 10 – 15, So. 10 – 14 Uhr | Eintritt: 4 €
Festival de Música Clásica Port de Sóller: www.festivalportdesoller.com

SÓLLER · PORT DE SÓLLER ERLEBEN

O.I.T. MUNICIPAL DE SÓLLER
Plaça Espanya 15
Sóller
Tel. 971 63 80 08

O.I.T. MUNICIPAL PORT DE SÓLLER
C/ Canonge Oliver 10,
Port de Sóller
Tel. 971 77 95 32

TREN DE SÓLLER
Die nostalgische Bahn (▶ S. 240) benötigt von Palma knapp 50 Min. nach Sóller. **Abfahrt ab Palma:** April – Okt. 10.10, 10.50, 12.15, 13.30, 15.10 und 19.40; Feb./März/Nov./Dez. 10.30, 12.50, 15.10, 18 Uhr. **Ab Sóller:** April – Okt. 9, 10.50, 12.15, 14, 18.30; Feb./März/Nov./Dez. 9, 11.40, 14, 17 Uhr. Rückfahrkarte 25 €
Tel. 971 63 01 30
http://trendesoller.com

ORANGENEXPRESS
... **nach Port de Sóller**: nicht minder nostalgisch, stündlich 8 bis 21 Uhr.

S'ARDEVIU €€ ▶ S. 324
C'AS XORC €€€€ ▶ S. 325

ES TURO €€
Mit tollem Blick über das obere Tal von Sóller speist man wie bei Muttern bzw. echt mallorquinisch. Die deftige Landkost ist nach einer Wanderung besonders willkommen.
C/ Arbona Colom 4
Felanitx, Tel. 971 63 08 08

NAUTILUS €€
»The Sunset Place« ist keinesfalls übertrieben. Unterhalb des Hotels Jumeirah, an der Kante der Steilküste mit weitem Blick in die Tiefe und nach Westen, vergisst man schnell, warum man überhaupt hiergekommen ist. Es gibt Fleisch oder Fisch vom Grill oder ein Menü ab 49 €. Auch für einen Kaffee oder einen Sundowner lohnt der Aufstieg.
C/ Llebeig 1, Port de Sóller
Tel. 971 63 81 86
www.nautilus-soller.com
Mo., Di. geschl.

CAFÉ MED €€€
Das nette Café im Ortskern von Fornalutx ist gar kein Café, sondern ein Restaurant mit köstlicher mediterraner Küche. Kein Wunder, Küchenchef Peter Tóth hat sein Handwerk u.a. im Ca's Xorc gelernt. Er nutzt konsequent saisonale Produkte, wenn möglich von der Insel. Wie überall gilt auch hier - unbedingt reservieren.
C/ sa Plaça 7, Fornalutx
Tel. 971 63 09 00
https://de.cafemedmallorca.com
Do. geschl.

BENS D'AVALL €€€€
Beim besternten Gourmetrestaurant von Benet Vicens kommt man nicht einfach so vorbei. Ein schmaler, kurviger Weg, der seine Zeit braucht, führt in die Miniurbanisation. Der Blick von der Terrasse ist fantastisch. Vicens Karte kennt nur Menüs, derzeit für 120 €.
Ma10 Richtung Deià
Tel. 971 63 23 81
www.bensdavall.com
Mo., Di. geschl.

Fet à Soller an der Plaça de Mercat in Sóller bietet eine große Auswahl an lokalen Delikatessen: kräftige Sobrassada und feines Olivenöl, aber auch Orangenmarmelade. Schuhe, Textilien, Mode und Accessoires findet man am besten im **C/ sa Lluna**.

MARKT
Samstagvormittag in Sóller

Von Port de Sóller zur Cala de sa Calobra (▶ Sa Calobra)

Wohin in Fornalutx?

Fornalutx

Im Orange der üppigen Plantagen

Fornalutx liegt etwas oberhalb von Sóller am Fuß der Serra de Torrella. Das Bergdorf wurde schon mehrmals als **schönstes Dorf der Insel** ausgezeichnet. Seine 300 bis 400 Jahre alten ockerfarbenen Natursteinhäuser in engen Gassen und an steilen Treppen, sind so stilgerecht renoviert, dass man sie für die Kulisse eines historischen Filmsets halten könnte. Ein liebenswertes Detail sind die bemalten Ziegel an den vorspringenden Dächern. Die Wehrtürme stammen aus dem 17. Jh.; einer beherbergt heute das Rathaus. Ortsmittelpunkt ist die von Platanen beschattete Plaça d'Espanya mit der Pfarrkirche. Die mit dekorativen Steineinschlüssen versehene Fassade wurde im 17. Jh. vollendet. Der einschiffige Innenraum trägt ein Tonnengewölbe; vier Seitenkapellen flankieren ihn. Jahrhundertelang Wind und Wetter ausgesetzt war die farbig gefasste Holzskulptur der »Mare de Déu de la Neu«, die vermutlich aus dem 15. Jh. stammt. Sie fand inzwischen einen geschützten Platz in der Sakristei. Kleiner, aber nicht minder schön ist das Nachbardorf **Biniaraix.**

Umgebung von Sollér

Mirador de ses Barques

Im Angesicht der Hafenbucht

Von Sóller leitet die kurvige, aber sehr gut ausgebaute und landschaftlich schöne Ma10 nordöstlich aufwärts in die **Serra de Tramuntana**. Nach rund 6 km, hinter der Abzweigung der nach Fornalutx führenden Nebenstraße, erreicht man den Mirador de ses Barques, der einen herrlichen Blick über die Küste und insbesondere auf die fast ganz geschlossene Hafenbucht von Port de Sóller bietet.

Embassaments

Abstecher zu zwei Stauseen

Nach ca. 8 km, nach dem Tunnel unter dem Son Torrella, sieht man rechts das **Embassament de Cúber**. Der Stausee fasst 4,6 Mio. m³ und ist Teil einer Stauanlage, die ▶ Palma mit Trinkwasser versorgt.

Links ragt der **Puig Major** auf, mit 1443 m die höchste Erhebung von Mallorca. Der gesamte Berg ist militärisches Sperrgebiet.
Dann geht es weiter zum Stausee **Gorg Blau.** Er entstand durch Aufstauung des Wildbachs, der die Schlucht des Gorg Blau (= Blaue Klamm) geformt hat. Diese 500 m lange und bis zu 100 m tiefe Felsschlucht am Fuß des Puig Major zählte zu den bedeutendsten landschaftlichen Sehenswürdigkeiten auf Mallorca, ist aber wegen der Errichtung einer Turbinenanlage heute nicht mehr zugänglich.
Zwischen Straße und Seeufer, nahe dem Parkplatz, steht eine roh behauene **monolithische Säule,** die höchstwahrscheinlich aus einem antiken Heiligtum stammt und an ihren heutigen Standort verbracht wurde, um sie vor den ansteigenden Fluten des Stausees zu retten.

Kleiner Bergbruder

Puig de Massanella

Knapp hundert Meter niedriger als der Puig Major ist der über dem Stausee Gorg Blau aufragende Puig de Massanella. Der Gipfel gewährt einen hervorragenden Rundblick. Kurz hinter dem darauffolgenden Tunnel zweigt dann die Straße zur Cala de sa Calobra ab (► S. 242).

Romantik auf Mallorquinisch: eine Gasse im Dorf Biniaraix

DER WEG IST DAS ZIEL

BAEDEKER WISSEN

Seit über 100 Jahren macht sich der »Tren de Sóller«, der »Rote Blitz«, von Palma auf den Weg ins Tal hinter den Bergen. Abfahrt ist am kleinen Bahnhof, der im urbanen Umfeld der Hauptstadt ebenso an Kindheit und Modelleisenbahn erinnert wie an die Abenteuer von Jim Knopf und Lukas dem Lokomotivführer. Am besten findet man sich schon eine gute halbe Stunde vor Abfahrt am Bahnhof ein, um sein Ticket zu lösen.Online wird nur das Kombiticket mit Zug und historischer Straßenbahn angeboten..

Am Bahnhof angekommen, heißt es erst einmal warten. Leiser Neid beschleicht einen, wenn man sieht, wie ganz vorne am Bahnsteig ein Touristenbus nach dem anderen seine Fracht in die bereitstehenden Waggons entlässt. Schon die Materialien der Nostalgiebahn sind eine Attraktion. Die Waggons sind innen **mit rotbraunem Makoré-Holz vertäfelt**; die Beschläge aus schwerem Messing und die altertümliche Beleuchtung müssten sich wohl vor jedem Sicherheitsingenieur verkriechen. Angenehm ist, dass sich die Rücklehnen der Sitzbänke je nach Fahrtrichtung verstellen lassen.

Die Fahrt beginnt

Zunächst geht es im Zuckeltempo und auf Straßenniveau durch die nördlichen Außenbezirke von Palma, dann auf den eigenen Gleiskörper. Auch er ist offenbar von gesegnetem Alter, denn die Waggons schwanken so stark und springen hin und her, dass man dem weiteren Verlauf der Fahrt mit leichter Sorge entgegensieht. Durch die offenen Fenster finden alle Wohl- und Wehgerüche der Gegend den direkten Weg in die Nase; in der flachen Landschaft ziehen Mandelkulturen und vereinzelt alte Gehöfte vorüber. Vor dem Fenster fliegt ein paar Dutzend Meter weit mühelos eine dicke Hummel mit; am Rand einer offenen Zisterne lauern zwei Graureiher auf ihr zweites Frühstück.

Zwischenstopp

In einiger Entfernung stehen am Fuß der näher rückenden Serra die Gebäude des alten Landguts von Raixa.
Bei **Bunyola**, inmitten terrassierter Felder, hält der »Rote Blitz« und weitere Fahrgäste steigen zu. Zwischen den jetzt folgenden kurzen Tunnels öffnet sich mit immer neuen Steigungen der Blick auf Palma und die Bucht. Aber der nächste Tunnel scheint kein Ende nehmen zu wollen; durch die offenen Fenster fluten kühlfeuchte Luft und von den Tunnelwänden tausendfach verstärkter, ohrenbetäubender Räder- und Schienenkrach herein. Plötzlich ist der Tunnel dann doch zu Ende, und man blickt in eine völlig veränderte Landschaft: Die Strecke führt mitten durch die imposante Bergwelt.

Hinunter nach Sóller ...

Am **Mirador des Pujol d'en Banya** wird der Gegenzug abgewartet – willkommene Gelegenheit, sich ein wenig die Beine zu vertreten und die herrliche Aussicht im Bild festzuhalten. Mit einer anderen Besonderheit wartet der nächste längere Tunnel auf: In ihm ändert der Zug seine Fahrtrichtung um volle 180 Grad und Sóller liegt nun auf der anderen Seite. Nach einer weiteren Schleife rollt man schließlich zwischen Zitruskulturen in den von Platanen beschatteten Bahnhof von Sóller ein.

... und noch weiter

Passend zur historischen Bahn ist der **Jugendstilbahnhof von Sóller** gestaltet. Nun muss man sich entscheiden, ob man in Sóller bleiben oder gleich weiterfahren möchte und in das schon bereitstehende Straßenbähnchen, den **Orangenexpress** steigt. Dieses zwängt sich zwischen den Stühlen und Tischen der Caféterrassen des Hauptplatzes hindurch und rollt gemächlich zur Hafenbucht.

Der Orangenexpress ist übrigens fast so alt wie der Tren de Sóller. 1913, nur ein Jahr nach Eröffnung der Bahnlinie von Palma nach Sóller, wurde die Tramstrecke eingeweiht.

Detaillierte Infos zu beiden Bahnen ▶S. 236

Eine ganz andere Dimension von »unbeschranktem Bahnübergang« erlebt man am Hauptplatz von Sollér, wenn sich der Orangenexpress durch die Freiluftbars zwängt.

TORRENT DE PAREIS · SA CALOBRA

Streckenlänge des Sturzbachs: 3,3 km
Streckenlänge Serpentinenstraße: 13 km

Es ist das bedeutendste Naturdenkmal Mallorcas und eine der größten Schluchten im Mittelmeerraum: der Torrent de Pareis. Schon die Anfahrt mit dem Auto ist ein Abenteuer. Die Serpentinenstraße zur Cala de sa Calobra ist ebenso kurven- wie aussichtsreich. Unten angekommen, führt ein Fußgängertunnel zur Mündung des Torrent mit Bademöglichkeit.

Auf der Schlangenstraße

Die Schlangenstraße (»calobra« = Natter) kurvt in atemberaubenden Kehren durch eine wilde Karstlandschaft bergab, um an der Bucht Sa Calobra zu enden. Dass die Sa-Calobra-Straße überhaupt gebaut wurde, ist bis heute erstaunlich. Der Aufwand steht in keinem Verhältnis zu der Handvoll Fischerhäuser, die es zur Zeit der Konstruktion (1920 – 1936) dort unten gab: 47 000 m³ Erde, Fels und Geröll mussten bewegt werden, großteils ohne Maschinen – um einen Höhenunterschied von 800 m zu bewältigen (wobei die Luftlinie von der Hauptstraße zum Meer gerade einmal 4 km beträgt).
Der Grund für den Bau lag bereits damals im Fremdenverkehr. Vor dem Spanischen Bürgerkrieg entwickelte sich Mallorca zu einem beliebten Ziel für Schriftsteller, Künstler und wohlhabende Briten und Südamerikaner. Die Cala de sa Calobra übte schon damals eine große Anziehungskraft aus und konnte nur per Boot von Sóller aus erreicht werden – oder auf einem beschwerlichen Eselspfad. Auch Maler wie Joaquim Mir (1873 – 1940) waren begeistert. Der impressionistische Landschaftsmaler aus Barcelona ließ sich in einer Fischerhütte einige Zeit nieder, um immer wieder die Schlucht mit ihrem dramatischen Farbenspiel zu malen.

Rund um die Cala de sa Calobra

Serpentinen für starke Mägen

Schlucht und Bucht

Die Abzweigung von der Ma10 von Sóller nach Pollença, nahe dem Stausee Gorg Blau, ist nicht zu verfehlen. Die Fahrt führt kurvenreich bis zum Nus de sa Corbata, dem berühmten **»Krawattenknoten«**, eine Idee, die der Konstrukteur Antonio Paretti (der auch die Trasse zum ▶ Cap de Formentor geplant hat) beim Binden seiner Krawatte gekommen sein soll: Er führte die Straße in einer **270-Grad-Kurve** unter ihr selbst hindurch. Bei einem kurzen Halt kann man die Finca

Schroff empfängt die Schlucht an der Platja Sa Calobra ihre Gäste.

es Cosconar aus arabischer Zeit entdecken, dann geht es weiter durch eine bizarre Bergwelt. Hier hat das Wasser Spalten, Rillen und bizarre Formen im Kalk geschaffen, die in der Fantasie zu versteinerten Tieren oder Köpfen werden. Vor der Engstelle Cavall Bernat wartet ein weiterer Aussichtspunkt, dann rücken die senkrechten Wände so eng zusammen, dass gerade noch ein Bus durchpasst.
Schließlich erreicht man die **Cala de sa Calobra** – eine steilwandige Bucht, in der während der Saison ein ziemlicher Massenbetrieb herrscht. Es gibt einen gebührenpflichtigen Parkplatz und zahlreiche Restaurants; die meisten sind auf Selbstbedienung eingestellt. Das eigentliche Ziel der meisten Besucher ist der Torrent de Pareis – neben der Samaria-Schlucht auf Kreta die zweitgrößte Erosionsschlucht im Mittelmeerraum.

Aus gewaltigen Erosionen erwachsen

Torrent de Pareis

Bis zur Mündungsschlucht des Torrent de Pareis sind es nur wenige Gehminuten. Man hält sich in Sa Calobra rechts und geht durch zwei beleuchtete Fußgängertunnel. An deren Ende warten weitere grandi-

TORRENT DE PAREIS ERLEBEN

ES VERGERET €€

Die Lokale in der Cala Sa Calobra sind wenig überzeugend. Beser also ein Abstecher in die Nachbarbucht Cala Tuent. Dort liegt oberhalb der Bucht und des Strandes das Finca-Restaurant Es Vergeret. Von der Terrasse bietet sich ein schöner Blick auf Berge, Bucht und Meer. Paella und Fischgerichte sind die Spezialitäten.
Ctra. Cala Tuent
Tel. 971 51 71 05
www.esvergeret.com
Mo. geschl.

Ein Vergnügen sind die Bootsausflüge von Sa Calobra nach Port de Sóller oder umgekehrt. Die knapp dreiviertelstündige Fahrt führt unmittelbar an der beeindruckenden Steilküste entlang. Dreimal täglich stechen die Boote von Barcos Azules von Port de Sóller aus in See und zweimal ab Sa Calobra. Hin und zurück kostet der Spaß 32 €, die einfache Fahrt 21 €
Barcos Azules
Passeig Es Traves 3,
Port de Sóller, Tel. 971 63 01 70
www.barcoscalobra.com

ose Anblicke – das Flussbett, steil aufragende Felsen, schroffe Klippen und ein kleiner Geröllstrand. Bei trockenem Flussbett kann man die Schlucht noch etwas weiter landeinwärts erkunden, doch unbedingt nur bei stabiler Wetterlage, denn bei Wolkenbrüchen wird aus dem Torrent im Handumdrehen ein reißender Fluss.

Von Fels flankiert

Cala Tuent

Etwa 2 km vor dem unteren Ende der Serpentinenstraße nach Sa Calobra zweigt links die Zufahrt zur Cala Tuent ab. Die Stichstraße bietet schöne Ausblicke und kommt an der aus dem 13. Jh. stammenden Kapelle Església de Sant Llorenç vorbei. Die Cala Tuent ist eine herrliche Bucht, die von steilen, teils mit Kiefernwald bedeckten Bergflanken umgeben ist. Erhöht über der linken Buchtseite steht das Restaurant Es Vergeret mit schönem Blick auf die Steilküste (und guter Küche). Die Bucht hat einen dunklen, sandigen bis grobkieseligen Strand. Gegen die Wetterseite (Westen) ist sie kaum geschützt, weshalb auch in ihrem innersten Bereich ein starker Wellengang herrscht und Tang und Seegras angespült werden, was das Badevergnügen einschränkt.

Für Konditionsstarke

Abstieg durch den Torrent de Pareis

Das ist eine der anspruchsvollsten Wanderungen auf Mallorca. Der Kletterer muss Erfahrung, gute Kondition und entsprechende Ausrüstung mitbringen, es muss aber auch das Wetter stimmen. Allgemein sind die Monate Mai bis September am besten geeignet. Der Einstieg zu den Steilwänden des Sturzbaches, den Torrent de Pareis,

ist beim Restaurant Escorca an der Ma10. Für die knapp 7 km sind gut vier Stunden einzuplanen. In den Sommermonaten fährt um 15 Uhr ein Bus von Cala Sa Calobra zurück nach Escorca.
Alljährlich ereignen sich Unfälle und gehen Notrufe ein. Daher sollte man die spektakuläre Tour nur mit einem erfahrenen Bergführer unternehmen.
Die Tour wird u. a. angeboten von www.mallorcamuntanya.com.

★★ VALLDEMOSSA

Gemeinde: Valldemossa | **Höhe:** 425 m ü.d.M. | **Einwohnerzahl:** 2100

Valldemossa ist wahrscheinlich das am besten besuchte Städtchen der ganzen Insel. Nicht ganz unschuldig an diesem Erfolg ist das Künstlerpaar George Sand und Frédéric Chopin, das in der ehemaligen Kartause frostige Wintertage verbracht hat. Die Gedenkstätte bringt den Aufenthalt des polnischen Komponisten und der französischen Schriftstellerin näher, die anfangs wenig begeistert und schließlich doch angetan nach ihren Erlebnissen im übrigen Mallorca war.

Sanft schlängelt sich die Ma1110 von Palma kommend ein grünes Tal hinauf. Hinter einer der letzten Kurven, bevor die Straße den Bergsattel erreicht, taucht Valldemossa auf. Romantisch drängen sich die Natursteinhäuser an den Hang. Die grüne Dachhaube des Kartäuserklosters funkelt in der Sonne.

»
Alles, was man für uns tun konnte, bestand darin, uns zwei kleine möblierte, besser gesagt, unmöblierte Zimmer zu verschaffen, an einem seltsamen Ort ... mit einem Feldbett ... wie ein Schieferstein, einem Baststuhl und Pfeffer und Knoblauch als Lebensmittel.
«

George Sand

Umgewandelter Alcázar

Cartoixa de Jesús Natzaré

Die Cartoixa de Jesús Natzaré ist die wichtigste Sehenswürdigkeit des Ortes. Ursprünglich war sie ein arabischer Alcázar, auf dem König Jaume II. Anfang des 14. Jh.s eine Residenz errichten ließ. Nach dem Ende des Königreichs Mallorca schenkte König Martin von Aragón sie

Ende des 14. Jh.s den Kartäusermönchen. Zweihundert Jahre später wurde der Bau um einen Wehrturm erweitert und im 18. Jh. schließlich weitgehend neu errichtet. Nach der Säkularisierung verkaufte man die Zellen an Privatleute, in deren Besitz sie noch heute sind. In der Kartause wohnten außer George Sand und Frédéric Chopin (▶ Interessante Menschen) weitere Persönlichkeiten, wie die Schriftsteller Rubén Darío und Miguel de Unamuno. Unfreiwillig musste es hingegen der in Ungnade gefallene Staatsmann und Schriftsteller der Aufklärung, Gaspar Melchor de Jovellanos, hier aushalten: Er war von 1801 bis 1802 inhaftiert, bis er wegen zu milder Behandlung durch die Mönche für weitere sechs Jahre auf die Burg Bellver bei Palma verlegt wurde.

 Cartoixa de Jesús Nazaré (Kartause)

März – Okt. Mo – Fr. 10 – 17, Sa. bis 16 Uhr | Eintritt: 12 €, Zelle 4 zusätzlich 5 € | www.cartujadevalldemossa.com

In freundlichem Licht

Klosterkirche

Der Innenraum der von 1751 bis 1812 erbauten Klosterkirche ist klassizistisch gestaltet. Mit ihren weißen Stuckwänden und den vom Maler, Architekten und Kartäusermönch Fray Manuel Bayeu i Subias im Gewölbe und in den Querhausarmen ausgeführten Fresken wirkt sie heiterer als die meisten der sonst eher düsteren mallorquinischen Kirchen. Fein geschnitzt und mit wertvollen Einlegearbeiten versehen sind der Stuhl des Hebdomadarius und das Lesepult im Presbyterium. Die nächste Station der Besichtigung führt in die alte Apotheke, wo unter einem bemalten Kreuzgratgewölbe historische Gerätschaften lagern.

Von hohem Wert und feinem Dekor

Kloster und Bibliothek

Die Klosterzellen bestehen im Grunde aus jeweils drei Räumen, waren also durchaus geräumig, die durch die Drehlade gereichten Mahlzeiten dafür umso karger. Die erste Zelle gehörte dem Prior. Man betritt sie durch eine kleine Kapelle, in der auch der heiligen Catalina Tomàs (▶ Interessante Menschen) gedacht wird.

Fast monumental ist die anschließende Bibliothek mit ihren wertvollen Beständen und den dekorativen Majolika- und Glasbehältnissen, einem Triptychon aus der flämischen Schule und einem kostbaren Elfenbeintriptychon aus dem 15. Jh., das die Hochzeit von den Eltern Jaumes des Eroberers darstellt. Von hier aus gelangt man in den Garten, dann in das Refektorium und den Audienzsaal. Beide enthalten wertvolle Dokumente, darunter eine Bulle Papst Benedikts XIII., die Schenkungsurkunde König Martins von Aragón sowie eine Inkunabel von Ramon Llull (▶ Interessante Menschen) und Briefe des Königshauses.

KARTAUSE VON VALLDEMOSSA

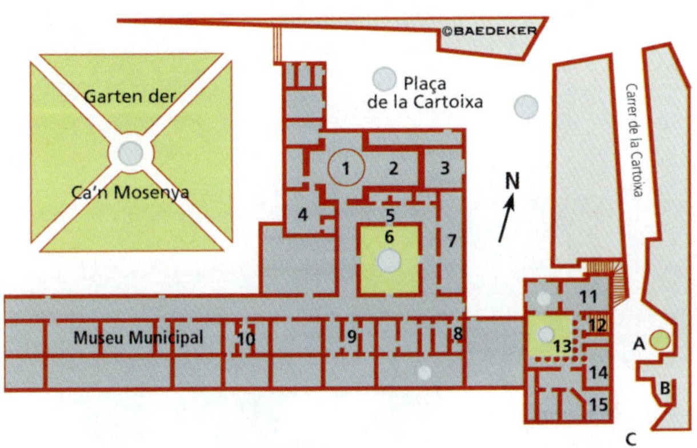

KLOSTER
1 Klosterkirche
2 Mönchschor
3 Laienchor
4 Sakristei
5 Apotheke
6 Kreuzgang der Myrten
7 Mönchskreuzgang
8 Zelle des Priors
9 Zelle Nr. 2
10 Zelle Nr. 4

PALAST DES KÖNIGS SANCHO
11 Kirche
12 Pförtnerloge
13 Kreuzgang der heiligen Maria
14 Refektorium
15 Turm

A Pflanzengarten
B Alte Apotheke
C Balkon Miranda

Gedenkstückvariationen

Zellen von Sand und Chopin

In den **Zellen 2 und 4** schließlich sollen Frédéric Chopin und George Sand im Winter 1838/1839 gewohnt haben. Zumindest George Sand hat es nicht sonderlich gefallen
Die heutigen Eigentümer haben daraus eine Gedenkstätte mit Stücken gemacht, die sie im Laufe der Jahre zusammengetragen haben, darunter: Auszeichnungen und Diplome der Regierungen von Polen und Frankreich, eine Sammlung eigenhändig von Chopin geschriebener Briefe, eine Sammlung von Originalpartituren, persönliche Gegenstände, Zeichnungen und Aquarelle von George Sands Sohn Maurice, das Manuskript und die Erstausgabe ihres Buchs »Ein Winter auf Mallorca«. Ebenfalls ausgestellt ist ein Empfehlungsschreiben, in dem George Sand unbegrenzte Kreditwürdigkeit zugestanden wird. Chopins Totenmaske und ein Abdruck seiner linken Hand, auch **das »ärmliche mallorquinische Piano«** sind zu sehen; damit war Chopin gar nicht glücklich, denn er wartete ungeduldig auf sein vom Zoll festgehaltenes Pleyel-Klavier, das in Zelle 4 ausgestellt ist. Zwischen den Eigentümern der Zellen 2 und 4 gab es jahrzehntelang Streit, wo denn nun das Paar gewohnt habe. Mittlerweile wurde gerichtlich bestätigt, dass es die heutige Zelle Nummer 4 war.

Eine Rose für Frédéric Chopin ...

Liest man Chopins Briefe, die er aus Valldemossa an seinen Freund Julian Fontana schrieb, fragt man sich, was das Paar wohl nach Mallorca getrieben hat. Doch wie damals blickt man auch heute hinaus und über Zypressen, Olivenbäume und die Berge bis hinunter in die Ebene von Palma.

Mo. – Sa. 10 – 17.30 Uhr | Eintritt: 5 €

Museen

Druckerei, der Erzherzog und moderne Klassiker

In der folgenden Zelle wurde das **Museu Municipal** eingerichtet; besonders beeindruckend sind hier eine Druckerpresse von 1622 und etliche hölzerne Druckstöcke. Den zweiten Saal bestimmt das Wirken des Erzherzogs Ludwig Salvator (▶ Baedeker Wissen, S. 116): Fotos, von ihm angefertigte Zeichnungen, einige seiner Werke, die er dem Mittelmeerraum widmete. Der letzte Saal zeigt farbenfrohe Bilder einheimischer Landschaftsmaler des 19. und 20. Jahrhunderts. Das angegliederte **Museu d'Art Contemporani** im ersten Stock zeigt u. a. Werke von Juli Ramis, Antoni Saura, Joan Miró, Pablo Picasso, Antoni Tàpies, Francis Bacon und Henry Moore.

Musik im Palast

Palau del Rei Sanç

Über einen Hof erreicht man den Palast von Königs Sanç (Sancho) und damit den ältesten Teil des Klosters. Der Rundgang führt am Originalportal und am Claustre de Santa Maria aus dem 16./17. Jh. sowie an mehreren reich ausgestatteten Räumen vorbei zum Speisesaal und Fundament des 1555 errichteten Wehrturms. In diesem wohnte der spanische Staatsmann und Schriftsteller der Aufklärung **Gaspar Melchor de Jo vellanos** (1744 – 1811) während seiner Verbannung. Im Musiksaal sind kurze Klavierkonzerte und Folklorevorführungen zu erleben.

VALLDEMOSSA ERLEBEN

O.I.T. CARTUJA DE VALLDEMOSSA

Av. de Palma 7
Valldemossa
Tel. 971 61 20 19

CAN MARIO €

Ein Schild gibt es an der Fassade des alten Stadthauses nicht, und um zum Restaurant zu gelangen, muss man den privat wirkenden Hausflur durchqueren. Doch oben im Speiseraum ist es wunderbar nostalgisch und das Essen üppig und deftig mallorquinisch. Das Hostal hat übrigens – trotz einer Internetseite – schon seit Jahren geschlossen.
C/ Uetam 8
Tel. 971 61 21 22
Mo. geschl.

ES TALLER €€ – €

Der Mix aus Industrial-Design und neo-mallorquinischem Landleben ist gleich sympathisch. Der Küchenchef holt möglichst viel aus dem eigenen Garten. Das tut den Tapas und Raciones gut. Zum Stil des Lokals passt, dass auch die Speisen spannende Neukreationen sind, etwa eine Tapa aus Calamari mit Artischocken, Haselnüssen und Safrancreme (9 €).
C/ Santiago Russiñol 1
Tel. 971 61 63 96
www.estallervalldemossa.com
kein Ruhetag

CAN MOLINAS

»Cocas de Patata« heißt das typische Kartoffelgebäck, das an kühleren Tagen perfekt zu einer Tasse heißer Schokolade passt. Einheimische werden Sie wahrscheinlich in diese Bäckerei schicken, wenn Sie nach den besten Cocas fragen. Eine lokale Institution, wenn es um Kartoffel- oder Mandelküchlein geht.
C/ de la Rosa

Farbenfrohe Akzente

Fundació Cultural Coll Bardolet

Eine Bereicherung für Valldemossa ist die Stiftung Coll Bardolet. Das im Ortszentrum gelegene Haus widmet sich vor allem dem Werk des Malers Josep Coll Bardolet (1912 – 2007). Der aus Katalonien stammende Künstler hat rund 60 Jahre seines Lebens in Valldemossa gelebt und farbenfrohe Landschafts- und Genrebilder hinterlassen.

C. Blanquerna 4 | April – Okt. Mo. – Fr. 10 – 19, Sa. 10 – 14 und 16 – 19, So. 10 – 20 Uhr, Nov. – März Di. – Sa. 10 – 16, So. 10 – 14 und 15 – 18 Uhr | Eintritt frei | www.fccollbardolet.org

In schönster Blüte

Unterstadt von Valldemossa

Bei einem Besuch Valldemossas lohnt sich auch ein Spaziergang in die ruhigere Unterstadt. An den mit Blumen geschmückten Häusern fallen handgemalte Kacheln auf. Oft zeigen sie die 1531 in Valldemossa geborenen hl. Catalina Tomàs (▶ Interessante Menschen). Ihr Geburtshaus liegt in einer Gasse neben der Pfarrkirche Sant Bartomeu aus dem 15. Jahrhundert.

Rund um Valldemossa

In einmaliger Lage

Kaum zu überbieten ist der Blick von dem winzigen Els Ermitans. Sie ist eine der letzten bewohnten Einsiedeleien der Insel und ist über einen Weg erreichbar, der etwa bei Km 70 der Ma10 in Richtung Deià den Berg hinaufführt.

Angenehm überschaubar

Zum kleinen Hafen von Valldemossa führt eine rund 6 km lange, schmale und kurvenreiche Straße. Neben dem kleinen Kiesstrand und seinem klaren Wasser sind auch die beiden Lokale von Port de Valldemossa ein Grund, die malerische Idylle aufzusuchen.

H

HINTER-GRUND

Direkt, erstaunlich, fundiert

Unsere Hintergrundinformationen beantworten (fast) alle Ihre Fragen zu Mallorca.

Die wenigen hundert Berufsfischer auf Mallorca können den Bedarf der Insel nicht decken. ►

DIE INSEL UND IHRE MENSCHEN

Wussten Sie, dass zu den Balearen rund 150 Inseln gehören und der Tramuntana-Gebirgszug zum Welterbe der UNESCO zählt? Dass die schöne Mandelblüte mit den Folgen einer Reblausplage zusammenhängt und immer mehr Urlauber abseits der Strände glückliche Tage verbringen?

Landschaftsstruktur der Balearen

Die Balearen Mallorca ist sowohl die größte Insel als auch das wichtigste Urlaubsziel der Balearen. Die Inselgruppe ist der spanischen Ostküste vorgelagert und liegt in etwa auf der Höhe der Mittelmeerstädte Barcelona und Valencia. Die **Islas Baleares** (katalan. Illes Balears) bestehen aus den eigentlichen Balearen (den Hauptinseln Mallorca und Menorca, und den kleineren Pityusen (katalan. Illes Pitiuses, span. Islas Pityusas) mit Ibiza und Formentera sowie weiteren rund 150 kleineren Inseln wie etwa dem Cabrera-Archipel im Süden von Mallorca. Die Gesamtheit aller Inseln bildet die spanische Autonome Region Balearen (Comunitat Autònoma de les Illes Balears / Comunidad Autónoma de las Islas Baleares), deren Hauptstadt Palma (Mallorca) ist. Heute trennt ein bis zu 1500 m tiefer Meeresgraben den Archipel vom spanischen Festland. Balearen wie auch Pityusen besitzen einen eigenen Festlandsockel.

Drei große Landschaften Die landschaftliche Struktur von Mallorca ist deutlich dreigeteilt: Parallel zur Nordwestküste erstreckt sich die Serra de Tramuntana (span. Sierra del Norte), ein etwa 90 km langes und im Puig Major bis 1443 m hohes Waldgebirge mit bizarren Felsgärten, das in einer meist wild zerklüfteten Steilküste zum Meer hin schroff abbricht und dabei malerische Buchten, die **Calas**, bildet. Seinen mallorquinischen Namen hat der Gebirgszug von der Tatsache, dass er die Tramuntana, einen kühlen und oft stürmischen Nordwind, vom Inselinnern abhält. 2011 wurde die Serra de Tramuntana von der UNESCO zum **Welterbe** erklärt. Der touristische Reiz der Gebirgsregion besteht in vielseitigen Wandermöglichkeiten. Durchtrainierte Radler schätzen die kurvenreichen und streckenweise sehr steilen Gebirgsstraßen, und Eisenbahn-Nostalgiker werden auf eine Fahrt mit der historischen Schmalspurbahn von Palma nach Sóller keinesfalls verzichten.
Das östliche Pendant zur Tramuntana sind die bis zu 562 m (Puig de Son Morei) ansteigenden Bergzüge der **Serres de Llevant,** in denen sich einige Tropfsteinhöhlen gebildet haben; auch hier ist die Küste in

OBEN: In tiefem Türkis leuchtet das Wasser der Bucht Portals Vells in Mallorcas Süden – ein paradiesischer Platz fürs Sonnenbad.

UNTEN: Was für ein Ausblick! Dafür lohnt die kurvenreiche Anfahrt hinauf zum Cap de Formentor.

zahlreiche Calas gegliedert. Wo sich die Serra zum Meer absenkt, ist eine lange Kette von Badeorten und Urbanisationen entstanden.

Zwischen den beiden Bergzonen greifen von Nordosten die großen Buchten von Alcúdia und von Pollença sowie von Südwesten die Bucht von Palma tief in die **Zentralebene** (katalan. Es Pla) ein. Hier, wo es im Sommer am heißesten wird, betreibt man noch intensive Landwirtschaft und baut Getreide, Kartoffeln, Mandeln, Obst und Wein an. Vereinzelt ragen aus der Ebene Erhebungen wie der Puig de Randa mit 542 m und der Puig de Santa Magdalena mit 304 m auf.

Es gibt rund 6000 **Höhlen** auf Mallorca, das größte Höhlensystem der Insel ist die »Cova des Pas de Vallgornera« zwischen Llucmajor und Cala Pi.

Pflanzen und Tiere

Macchie und Garrigue

Typisch bis in Höhen von etwa 700 m ist die noch immer weitverbreitete **Macchie**, ein lichter Buschwald aus Aleppokiefern, durchsetzt mit Steineichen, wilden Ölbäumen, Erdbeer- und Johannisbrotbäumen sowie endemischen Zwergpalmen. Bis 950 m weicht dieser Wald allmählich einer **Garrigue** (Garriga) aus Heidekraut, Rosmarin-, Myrten-, Lorbeer- und Ginstersträuchern, durchsetzt von Adlerfarnfluren. In der Alta Muntanya darüber gedeihen nur spärlich harte Gräser, Johanniskraut und Rosmarinpolster zwischen kahlen Felsen. In der regenreichen Serra de Tramuntana gibt es dichte Wälder aus Mittelmeerkiefern. Auf Mallorca kommen außerdem rund 40 Arten von Erdorchideen (Orchis- und Ophrys-Arten) vor.

Mallorcas Gartenlust

In Privatgärten und öffentlichen Parks findet sich die **klassische Mittelmeerflora** in ihrer ganzen Pracht und Vielfalt: Bougainvillea, Oleander, eine Fülle von Geranienarten, Hibiskus, Palmen, Agaven und sogar Bananenstauden, deren Früchte hier allerdings nicht reifen.

Eine auffallende Erscheinung sind die ursprünglich aus Mittelamerika eingeschleppten **Feigenkakteen** (Opuntien), die anstelle von Zäunen gepflanzt sind oder als kleine Haine hinter Bauernhäusern früher das stille Örtchen ersetzten, da ihr strenger Duft Insekten fernhält. Ihre Früchte werden zur Schweinemast genutzt oder zu Konfitüre verkocht.

Fauna

Die in ihrem Artenreichtum ohnehin **bescheidene Tierwelt** ist durch weitreichende Kultivierungsmaßnahmen stark dezimiert worden. Es gibt heute kaum noch nennenswerte Bestände an Rotwild, Bergziegen oder Wildschafen. Wichtige Refugien sind Gebiete wie die Albufera oder die Gegend um den Berg Galatzó, wo es eine artenreiche Vogelwelt sowie seltene Kleintiere, z. B. Schmuckschildkröten, gibt. Ganz selten ist die Ginsterkatze.

Mallorca ist für viele **Zugvögel** auf dem Weg von Europa nach Afrika und zurück eine willkommene Zwischenstation, die sich dann die Feucht- und Küstengebiete mit einheimischen Reihern, Kormoranen und Löfflern teilen. Im Gebirge begegnet man Greifvögeln (Adler, Falken, Mönchsgeier), Rebhühnern und vielfach dem Wiedehopf.
Die Wärme der Insel schätzen besonders **Reptilien** wie Eidechsen und Geckos sowie mehrere Schlangenarten, darunter die giftige Hornviper und die Levanteotter. Sie ernähren sich u. a. von den zahlreichen Insektenarten. Mit dem Balearenkäfer, der in den Dünen lebt, und der Mallorca-Geburtshelferkröte hat die Insel endemische Arten.

Klima

Milde Winter, heiße Sommer

Auf den Balearen herrscht durch die maritime Lage ein gemäßigtes mediterranes Klima mit milden, niederschlagsreichen, meist frostfreien Wintern und nicht allzu heißen, trockenen Sommern. Von Norden einfallende trockene, kalte Winde (Tramuntana) werden auf

FRÜHLINGSERWACHEN IM HERBST

Wenn im Oktober nach einem langen Sommer wieder der erste Regen fällt, passiert etwas Wunderbares. Während sich weiter nördlich in Europa die Blätter verfärben und alles welkt, sprießt auf Mallorca frisches Grün. Es blüht und duftet, und bei einem Spaziergang durch die Natur hört man ein vielstimmiges Gezwitscher wie im Frühling.

Ausdehnung
West – Ost **96 km**
Nord – Süd **77 km**
Höchtste Erhebung
Puig Major mit 1443 m ü.d.M.

Fläche:
3623 km²
Balearen gesamt 4985 km²

Küstenlänge:
554 km

Einwohner: **956 000**
Auf Allen Baleareninseln waren 2022 **220 000 Ausländer** gemeldet, darunter **18 200 Deutsche**

Bevölkerungsdichte:
243 Einwohner/km²

▸ Verwaltung

Mallorca ist Teil der **Autonomen Gemeinschaft Balearen** (Comunitat Autónoma Balears). Palma ist Sitz des **Parlaments** und der **Regierung** der Autonomen Gemeinschaft (Govern Insular). Verwaltung der Insel durch den **Inselrat** (Consell Insular).

▸ Inselgruppe

Balearen (katal. Illes balears, span. Islas Baleares)
Hauptinseln: Mallorca und Menorca (die eigentlichen Balearen), sowie Ibiza und Formentera (Pityusen)

▸ Verkehr

Der Flughafen Aeropuerto de Palma de Mallorca – **Son Sant Joan** steht mit **28,5 Millionen** Passagieren (2022) an dritter Stelle in Spanien.

▸ Sprache

Katalanisch (Català), Mallorquí, Spanisch (Castellano)

▸ Touristen

(Angaben in Mio.)

Klima

Auf Mallorca herrscht ein gemäßigtes mediterranes Klima mit heißen Sommern, mildem Frühjahr und Herbst und ganzjährig hoher Luftfeuchtigkeit.

Wirtschaft

Beschäftigungsstruktur:

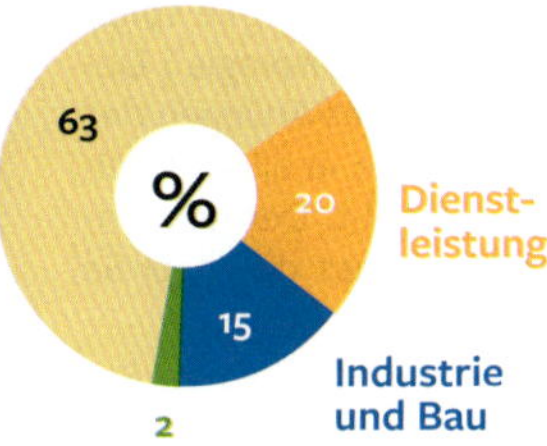

Pro-Kopf-Einkommen:
ca. **26 900 €** pro Jahr

Klimastation Palma

Durchschnittstemperaturen

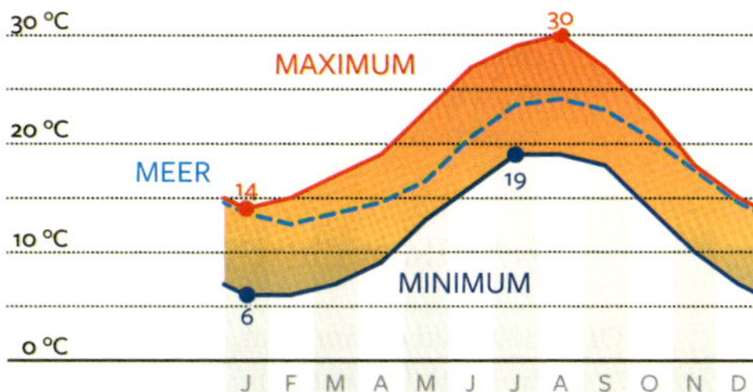

Niederschlag

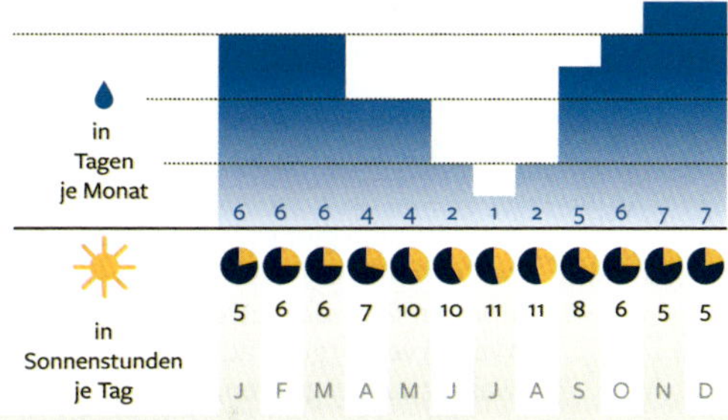

Die Balearen

	Mallorca	*Menorca*	*Ibiza*	*Formentera*
Fläche	3623 km²	694 km²	572 km²	83 km²
Einwohner	956 000	100 000	161 000	13 000
Küstenlänge	554 km	285 km	210 km	85 km

Mallorca von der Serra de Tramuntana aufgehalten und bringen im Sommer als frische Fallwinde (Mestral) der Zentralebene zusätzlich Kühlung. Die Nordkette wirkt als Wetterbarriere: Während die Niederschläge (im Winter nicht selten als Schnee) im Gebirge beim Kloster Lluc über 1460 mm erreichen, betragen sie in der Ebene nur zwischen 400 und 500 mm.

Mallorquinisches Kapital: eine intakte Natur

GOB

Seit man erkannt hat, dass eine möglichst intakte Natur das wichtigste »Betriebskapital« darstellt, bemüht man sich mit wachsendem Erfolg um einen effektiven Umweltschutz. Eine Vorreiterrolle spielt hierbei der 1973 gegründete GOB (Grup Balear d'Ornitologia i Defensa de la Naturalesa, ► S. 27), dessen ursprüngliches Anliegen der Schutz der heimischen Vogelwelt war und der heute in allen Bereichen der Ökologie sich Gehör zu verschaffen versteht. Der gemeinnützige Verein konnte beispielsweise verhindern, dass die Insel Sa Dragonera und der Strand Es Trenc bebaut werden. Mehr unter www.gobmallorca.co

Wasserversorgung

Auf Mallorca gibt es keine Flüsse oder Bäche, sondern nur sogenannte Torrents, die nach starken Regenfällen Wasser führen und in der übrigen Zeit ausgetrocknet sind. Deshalb musste man früher zur Wasserversorgung auf in Zisternen gesammeltes Grund- oder Regenwasser zurückgreifen, das durch Windräder oder sogenannte Norias (von den Mauren eingeführte, durch Zugtiere bewegte Göpelwerke) gehoben wurde. Mallorca besitzt größere Süßwasserreserven im Speicherseesystem um den Gorg Blau und im Embassament de Cúber; hinzu kommen Tiefbrunnen, deren Qualität aber häufig durch das Eindringen von Meerwasser beeinträchtigt wird.

In Jahren mit wenig Niederschlägen mussten schon erhebliche Süßwassermengen recht aufwendig per Tankschiff vom spanischen Festland herangeschafft werden. Trotz der **Meerwasserentsalzungsanlagen** bei Andratx und Alcúdia kommt es wegen der gestiegenen Urlauberzahlen immer wieder zu Engpässen. Auch die Kläranlagen haben Probleme, die Abwasser entsprechend aufzubereiten. Eine Folge war die Aberkennung der Blauen Flagge an der Platja de Palma.

Müll

Eine große **Müllverbrennungsanlage** in Son Reus nördlich von Palma stellt durch Kraft-Wärme-Kopplung auch rund 7 % der elektrischen Energie Mallorcas. Die Öfen sind rund um die Uhr in Betrieb. Da die Kapazitäten nicht das ganze Jahr über ausgeschöpft werden, wird auch Müll vom Festland importiert, was Anwohner und Umweltschützer heftig kritisieren. Durch Mülltrennung und Recyclingsystem werden jährlich etwa 25 % weiterverwertet.

Energie

76 % des Strom auf Mallorca werden durch konventionelle Kraftwerke produziert. Seit 2011 ist die Insel durch ein Unterwasserkabel mit dem spanischen Festland verbunden, das rund 166 % der notwendigen Energie liefert. Etwa 45 % des Stroms der Festlandverbindung stammen aus erneuerbaren Energien. Die Solarparks der Insel liefern knapp 7 % des benötigten Energiebedarfs. Zur Finanzierung von Umweltschutz-Projekten wurde 2016 eine **Touristensteuer** eingeführt. 2021 wurden dadurch ca. 140 Mio Euro erwirtschaftet.

Bevölkerung

Mallorquiner und Residents

Die Autonome Region Balearen zählt insgesamt rund 1,23 Mio. Bewohner, die mehrheitlich der römisch-katholischen Kirche angehören. Auf Mallorca leben 956 000 Menschen, davon rund die Hälfte im **Ballungsraum Palma**. Die Zahl der auf den Balearen lebenden und gemeldeten Ausländer hat sich von 21 % in 2012 auf 18 % in 2016 reduziert.

Auf den Balearen leben (Daten von 2021) dauerhaft ca. 220 000 Ausländer. Unter den registrierten Ausländern stellen die Marokkaner die größte Gruppe dar (29 100), gefolgt von von Italienern (21 300), Deutschen (18 200), Briten (18 000), Kolumbianern (13 700) und Chinesen (5900).

Noch leben auf Mallorca mehr einheimische als deutsche Rentner.

Politik

Konservative Wähler

Das Landesparlament (Consell General) hat seinen Sitz in Palma und wird alle vier Jahre gewählt. Nach dem Übergang zur Demokratie wurde der politische Alltag im Land bis vor wenigen Jahren von den beiden großen Volksparteien PP (Partido Popular) und PSOE (Partido Socialista Obrero Español) bestimmt. Die Bewohner Mallorcas wählten seit den ersten freien Wahlen nach der Franco-Diktatur konservativ, bis 1999 eine Linkskoalition aus Sozialisten und Umweltschützern den rechtskonservativen PP ablöste. Der Umweltschutz rückte stärker ins öffentliche Bewusstsein. 2002 wurde eine Ökosteuer eingeführt, jedoch schon 2003 nach dem erneuten Sieg der Konservativen bei den Regionalwahlen wieder abgeschafft. Nach der achtjährigen Präsidentschaft von Francina Armengol (PSOE) haben die Konservativen 2023 wieder das Ruder übernommen. Designierte Ministerpräsidentin ist Marga Prohens von der PP.

Obst, Wein und Tourismus: Wirtschaft

Agrarwirtschaft und Tourismus

Bis zum Beginn des Massentourismus ab den 1960er-Jahren war die Landwirtschaft der an Bodenschätzen armen Inselgruppe die nahezu einzige Erwerbsquelle. Da es bis heute für Grundbesitzer finanziell viel attraktiver ist, ihre Äcker als Bauland zu verkaufen, schwindet die Anbaufläche stetig. Zum Schutz der Freiflächen gelten für Bebauungen heute allerdings strenge Auflagen. Die balearische Agrarwirtschaft, die früher einen Großteil ihrer Erzeugnisse exportierte, kann heute den Eigenbedarf der Inseln nicht mehr decken. Seit den 1990er-Jahren bietet der Agroturisme (► S. 321) den Bauern zusätzliche Einkommensquellen, was den Ausverkauf der mallorquinischen Landschaft zumindest hemmt.

In der künstlich bewässerten Zentralebene (»Es Pla«) und im südöstlichen Bergland von Mallorca breiten sich weite **Obstbaumkulturen** aus. Berühmt ist die frühe Mandelblüte, deren rosa-weiße Pracht im Januar und Februar viele Besucher anlockt Allerdings schrumpft die Anbaufläche stetig. Derzeit werden noch auf ca. 15 000 ha Mandeln angebaut. Etwa 60 % der Produktion wird unter der geschützten Herkunftsbezeichnung »Ametla de Mallorca« (Mallorca-Mandel) vertrieben. Daneben bestehen Aprikosen- und Feigenpflanzungen. Der Raum zwischen den Baumreihen wird oft als Weideland oder, wie um Llucmajor, Llubí und Campos, für den Anbau von Kapern genutzt. Ferner werden hier alljährlich mehrere Ernten an Getreide, Hülsenfrüchten, Agrumen, Artischocken, Gemüse und Alfalfa (Luzerne)

Mandeln gedeihen prächtig auf der Insel. Zwei Drittel der Ernte werden unter einer geschützten Herkunftsbezeichnung vermarktet.

eingebracht. Um Binissalem, Santa Margalida und Felanitx dominiert der **Weinbau**. Am Fuß der relativ feuchten Nordwestflanke der Serra de Tramuntana hat man im Lauf der Jahrhunderte durch aufgeschichtetes Trockenmauerwerk ein Terrassensystem geschaffen, auf dem Oliven, Tomaten, Apfelsinen und Zitronen wachsen; Zitrusfrüchte gedeihen auch in den Hortes (= Gärten; gemeint sind fruchtbare Täler) von Sóller, Palma und Sa Pobla.

Neben Ackerbau wird auf Mallorca in geringem Umfang **Viehzucht** (Pferde, Esel, Maultiere, schwarze Mallorcaschweine, Schafe, Ziegen, Geflügel) betrieben; Milch- und Käseerzeugung gibt es im Raum um Campos. Die **Fischerei** kann den Eigenbedarf der Balearen nicht mehr decken. Derzeit gibt es nur noch wenige hundert hauptberufliche Fischer auf der Insel.

Zwar stammt der überwiegende Teil des auf den Balearen gewonnenen Meersalzes von Ibiza, aber auch auf Mallorca (in Ses Salines) wird nach der schon den Phönikern bekannten Weise **Salz** produziert: Das in große, flache Salinenbecken eingelassene Meerwasser verdunstet im Verlauf einiger Monate zum größten Teil und hinterlässt eine stattliche Schicht von auskristallisiertem Salz, das zunächst auf Halden völlig getrocknet, dann fein gemahlen wird. Eine Spezialität ist das von Hand gesammelte Flor de Sal (»Salzblume«).

(Kunst-) Handwerk

Längst nicht mehr wie im 20. Jh., aber für die Wirtschaft noch immer bedeutend ist die Verarbeitung von **Leder** (Schuhe und Taschen, u. a. in Palma, Inca, Binissalem, Lloseta und Llucmajor) sowie die Herstellung von Textilien (Stickerei, Tuche, Teppiche und Decken).

Tradition haben Töpferei und **Keramik,** »Hauptstadt« der Töpferwerkstätten ist Marratxi. Bemalte Kacheln (azulejos) werden vor allem in Felanitx und in Inca hergestellt. Diese von den Arabern nach Spanien gebrachten, aus naturfarbigem Ton gefertigten und mit Zinnglasur überzogenen Tonwaren wurden bereits im Mittelalter über die Balearen nach Italien eingeführt, wo sie als »maiolica« (»von Mallorca«) berühmt und hoch geschätzt waren. Seit dem 16. Jh. erzeugt man sie auch auf den Inseln selbst.

Glasbläserei wird vorwiegend in ►Algaida und ►Inca betrieben. Bekannt sind die Kunstperlen aus ►Manacor (auch ►Montuïri), die in Haltbarkeit und Glanz anderen künstlichen Perlen überlegen sein, ja sogar Naturperlen nahekommen sollen. Industrie im eigentlichen Sinne gibt es auf der Insel nicht.

Zu attraktiv? Massentourismus auf Mallorca

Anfänge

Mit dem Aufbranden der »Reisewelle« im sich wirtschaftlich erholenden Mitteleuropa der Nachkriegszeit setzte vor allem auf Mallorca eine beispiellose Entwicklung des Fremdenverkehrs ein. 1956 wurde ein erster Flughafen gebaut. Anfang der 1970er-Jahre kamen immerhin schon jährlich 2 Mio. Urlauber nach Mallorca. Was lockte, waren Sonne, Strand und Palmen zu günstigen Preisen – ein Urlaub auf Mallorca wurde bald für viele erschwinglich: Das böse Wort von der »Putzfraueninsel« war geboren. Bald entdeckte auch eine andere Klientel die Insel: Langzeiturlauber und Dauerresidenten (▶ S. 18). Heute besitzen mindestens 70 000 Deutsche eine Immobilie auf Mallorca. Sie bleiben – ebenso wie die Briten, die zweitstärkste Residentengruppe – überwiegend unter sich. Dadurch hat sich auch eine Parallel-Infrastruktur mit Ärzten, Anwälten, Immobilienmaklern, Handwerkern, Bäckern u. a. speziell für diese Klientel entwickelt.

Insel der Deutschen?

Eine groteske Blüte der »Germanisierung« war der durchaus ernst gemeinte Vorschlag, mit dem sich zwei Abgeordnete der CSU im Sommer 1993 an die Öffentlichkeit wagten: Deutschland solle Spanien Mallorca abkaufen und als neues Bundesland eingliedern. Dazu passt eine Gesetzesänderung, die im selben Jahr speziell für die Platja de Palma erlassen wurde: Von nun an waren rein deutsche Warenauszeichnungen oder Speisekarten auf der Insel verboten.
Besser bekannt als der Name Platja de Palma ist ein schmaler Bereich innerhalb der großen Bucht von Palma. Befeuert durch Skandalberichte in deutschen Medien wurde der so genannte **Ballermann** (▶ Baedeker Wissen, S. 188) zur internationalen Berühmtheit. Dass hinter den Kulissen der Wirtshaus- und Bierhallenbetreiber ein erbarmungsloser Konkurrenzkampf herrschte, zeigte sich in der bis heute nicht aufgeklärten Ermordung des »Bierkönigs« Manfred Meisel im November 1997.

Eine Institution: Der »Bierkönig« in Palma steht für Party bis in den frühen Morgen.

Zentren des Tourismus

Der Massentourismus konzentriert sich auf einzelne Regionen: Die Bucht von Palma bildet noch immer den Schwerpunkt. Dort spricht man ebenso deutsch wie in Peguera im Südwesten und Cala Millor im Nordosten. Die britischen Touristen machen bevorzugt Urlaub in Magaluf, Port de Pollença und teilweise auch in Port d'Alcúdia. Viel los ist weiterhin in Cala Ratjada und an den felsgesäumten Trockentalmündungen der Südostküste, den Cales de Mallorca, Cala d'Or und n den Hochphasen wie Oster-, Sommer- und Herbstferienzeit fast überall,.

Strategien

Seit den 1990ern haben sich Tourismusstrategie und Image der Insel markant verändert. Außer im Massentourismus hat sich Mallorca u. a. durch Golfplätze und Jachthäfen als Luxusdestination etabliert. Parallel dazu wurde das Inselinnere als **»das andere Mallorca«** immer attraktiver. Romantische Dorfhotels und aufwendig restaurierte Fincas, auch die Renaissance des Weinbaus haben diesen Trend unterstützt und teilweise erst möglich gemacht. Zu den jüngeren Phänomenen der Tourimusentwicklung Mallorcas gehört auch der rasante Anstieg der Kreuzfahrtschiffe, die im Hafen von Palma anlegen oder von dort aus auf die Reise gehen. Die Urlaubsangebote auf der Baleareninsel sind **vielfältiger** geworden. Neben dem klassischen Badeurlaub spielen Wander-, Radsport-, Golf- und auch Cityreisen eine immer wichtigere Rolle. Palma, die Hauptstadt der Balearen, hat sich zu einem beliebten Ziel für Citybreaker entwickelt.

Trends und Zahlen

Das veränderte Urlaubsverhalten wirkt sich auch auf die Zeit aus, die man vor Ort verbringt. Blieben Pauschalurlauber in den 1980er und 1990er Jahren meist 14 Tage auf der Insel, waren es 2020 nur noch 7 Tage. Nach der Corona-Pandemie beträgt die durchschnittliche Aufenthaltsdauer nur noch 5,7 Tage. Statistiken belegen auch die die wachsende Attraktivität der Insel: Lagen die Besucherzahlen bis zum Jahr 2000 bei 7 Mio. Inselgästen, stiegen sie bis 2014 auf knapp 10 Mio. 2016 machten sich **15,4 Mio. Urlauber** auf den Weg nach Mallorca. 2022 lagen die Besucherzahlen fast wieder auf dem Niveau wie vor der Pandemie.

Nach Corona

Obwohl die Tourismuswirtschaft während der Corona-Jahre fast vollständig lahm lag, hat sich Mallorca **sehr schnell wieder erholt**. Allerdings sind die Kosten für einen Mallorca-Urlaub 2023 gegenüber dem Vorjahr um rund 30 Prozent gestiegen. Daran ist nicht nur die Inflation Schuld, die insbesondere die Europäer durch den Angriff Russlands auf die Ukraine belasten. Die Tourismus-Politik der Balearen forciert weiter eine **Premiumstrategie** der Insel. In den vergangenen Jahren wurde ausschließlich Hotels mit vier- und fünf Sternen eröffnet. Gleichzeitig reisen immer mehr Reiche mit dem Privatjet oder ihren Mega-Jachten an. Zum erklärten Ziel der Insel, konsequent nachhaltig zu werden, passt das nicht.

GESCHICHTE

Die Herren der Insel wechselten ständig. Auf die Römer folgten die Vandalen, auf diese die Byzantiner, dann die Araber, schließlich die Spanier. Und immer kamen die Eroberer übers Meer, wie die Piraten, die die Insel häufig heimgesucht haben. Kein Wunder, dass sich die Mallorquiner eher dem Inselinnern verbunden fühlen als der Küste.

Vor- und Frühgeschichte

Erste Behausungen

Die ältesten bisher gefundenen Spuren menschlicher Besiedlung auf den Balearen stammen aus einer Höhle bei Son Muleta (nahe Sóller), wo man auf menschliche Gebeine stieß, die in die Zeit um 4000 v. Chr. datiert werden konnten. Vermutlich waren die ersten **jungsteinzeitlichen Höhlenbewohner** iberischer Herkunft, vielleicht stammten sie aber auch aus Nordafrika.
Zwischen etwa 2200 und 1400 v. Chr. kamen die seefahrenden Völker des Mittelmeerraums auf ihren Erkundungszügen zur Gewinnung von Zinn, Silber und Kupfer auf die Balearen. In dieser frühen **Bronzezeit** entstanden Siedlungen mit Hütten, deren Steinmauern mit Holzsparren überdacht waren (Ca Na Cotxera; um 1900 – 1700 v. Chr.). Auf Überreste massiver Steinhäuser ist man bei Son Matge (Valldemossa, um 1970 – 1770 v. Chr.) gestoßen, ferner auf Keramik mit Impresso- und Ritzornamentik.

Uraltes Mauerwerk: Capocorb Vell ist die größte Talaiotsiedlung auf Mallorca.

EPOCHEN

VORGESCHICHTE BIS ZUM OSTRÖMISCHEN REICH

Ab ca. 4000 v. Chr.	Früheste Siedlungsspuren u. a. bei Sóller
2200 und 1400 v. Chr.	Frühe Phase der Talaiotkultur. Seefahrende Völker des Mittelmeerraums landen auf Mallorca.
1400 – 650 v. Chr.	Seevölker werden auf den Balearen sesshaft. Die Bauweise der Talaiots setzt sich durch.
7. – 3. Jh. v. Chr	Phöniker gründen Handelsstützpunkte auf Mallorca.
123 v. Chr. – 455 n. Chr.	Römische Herrschaft. Hauptstadt der neuen Provinz wird Pollentia. Weinbau und Ölbaumkultivierung.
4. Jh. n. Chr.	Der christliche Glaube breitet sich auf Mallorca aus.
455 – 534	Die Vandalen erobern Mallorca.
534 – 902	Nach dem Sieg des Feldherrn Belisar gehört die Insel zum Machtbereich des oströmischen Reiches.

UNTER EMIREN UND KÖNIGEN

902 – 1229	Truppen des Kalifats von Córdoba erobern Mallorca, es wird in der Folge von unabhängigen Emiren, den Almoraviden und der Almohaden-Dynastie regiert.
1229 – 1349	König Jaume I. von Aragón erobert Mallorca. Mallorca wird ein selbstständiges Königreich mit einer bedeutenden Handelsflotte.
1349	Mallorca fällt an den König von Aragón zurück.
1469	Mallorca wird Teil des spanischen Königreichs.
1528	Aufstand unter Juan Crispin
1531 – 18. Jh.	Verheerende Piratenüberfälle. Verteidigungstürme werden entlang der Küste errichtet.

19. BIS 21. JAHRHUNDERT

19. Jh.	Leichter wirtschaftlicher Aufschwung, aber politische Instabilität.
1936	Staatsstreich durch General Francisco Franco. Mallorca steht auf seiner Seite
ab 1950	Beginn des Massentourismus
1978	Übergang zur Demokratie (Transición)
1983	Die Balearen werden zur autonomen Region. Wiederaufleben der mallorquinischen bzw. katalanischen Sprache.
1993	Ein Drittel der Küstenregion wird unter Naturschutz gestellt.
2008	Beginn der Weltwirtschaftskrise
2011	Die Serra de Tramuntana wird Welterbe der UNESCO.
2014	König Juan Carlos dannkt nach fast vier Jahrzehnten ab. Thronfolger wird sein Sohn Felipe VI.
2020	Im Coronajahr kommen nur noch 1,7 Mio. Urlauber auf die Insel. 2019 waren es noch 12 Mio..
2023	Gesetz zur Kreislaufwirtschaft und Nachhaltigkeit im Tourismus

Gegen 1400 v. Chr. wurde ein Teil der Seevölker auf den Balearen sesshaft. Aus den megalithischen Kulturen ihrer Heimatländer brachten sie die Technik zyklopischen Bauens mit, die zur Grundlage der Großsteinbauten während der Talaiotkultur zwischen 1400 und ca. 650 v. Chr. wurde. Auf Mallorca und Menorca entstanden mehrere Hundert solcher Talaiots, meist runde, etwa 8 m hohe konische Großsteintürme (▶ S. 96 und Baedeker Wissen, S. 96).

Talaiots

Phöniker, Griechen, Karthager

Die ursprünglich von den östlichen Mittelmeerküsten stammenden Phöniker gründeten Handelskolonien im Mittelmeerraum. Wiederholt versuchten diese Völker auch auf den Balearen sesshaft zu werden, scheiterten aber offenbar am Widerstand der Urbevölkerung. Als sich im 5. Jh. Karthager und Griechen auf Sizilien bekriegten, kämpften **mallorquinische Steinschleuderer**, lateinisch »balearii« (▶ Baedeker Wissen, S. 270), als Söldner auf Karthagos Seite, wechselten aber die Fronten, als es galt, die gegen Karthago rebellierenden nordafrikanischen Städte zu unterstützen.

Besuch aus dem Mittelmeerraum

Rom und Byzanz

In den drei Punischen Kriegen, die 264 v. Chr. begannen und 146 v. Chr. mit der völligen Zerstörung Karthagos endeten, gewannen die Römer die Vorherrschaft im Mittelmeergebiet. Zunächst blieben die Balearen von der direkten römischen Herrschaft verschont. Erst wiederholte Provokationen der Mallorquiner führten zum militärischen Eingreifen Roms im Jahr 123 v. Chr., als **Quintus Caecilius Metellus** mit seiner Kriegsflotte in die Bucht von Alcúdia eindrang und anschließend die Insel eroberte.

Mächtige Römer

Als Hauptstadt der neuen Provinz wurde **Pollentia** gegründet. An die 3000 Kolonisten siedelten in Städten wie Palmaria (▶ Palma), Cunici (▶ Manacor), Sinium (▶ Sineu) und Bocchoris (Port de Pollença). Laut Diodorus lebten auf den Balearen im ersten nachchristlichen Jahrhundert etwa 30 000 Einwohner. Die Römer legten Hafenplätze, Straßen und Brücken an, schufen Marktplätze, Tempel und Theater und sorgten für eine effiziente Verwaltung. Das Ackerland wurde zu großen Gütern zusammengefasst. Neben dem Weinbau führte die **Ölbaumkultivierung** zum wirtschaftlichen Aufschwung, zu dem dank der reichlich vorhandenen Tonvorkommen auch ein florierendes Töpfereigewerbe beitrug. Ende des 2. Jh.s n. Chr. breitete sich der christliche Glaube über die iberische Halbinsel aus und gelangte wohl auch nach Mallorca, wo er im 4. Jh. mit Sicherheit verankert war.

FRÜHE ARTILLERIE

Nach Meinung vieler Forscher leitet sich der Name der Balearen vom griechischen »ballein« (= werfen) ab. Bis in die Zeit der römischen Kolonisation jedenfalls war die Schleuder die wichtigste Waffe der Insulaner. Im römischen Heer bildeten sie eine eigene Truppe, die »baleari«, und auch Hannibal hatte bei seinem Zug über die Alpen balearische Schleuderer dabei.

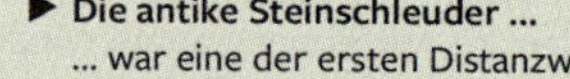

▶ Die antike Steinschleuder ...
... war eine der ersten Distanzwaffen der Menschheit. Ihre überragende Reichweite brachte einen strategischen Vorteil auf den Schlachtfeldern der Geschichte.

▶ Schleudertechnik
Die richtige Beherrschung erfordert jahrelange Übung.

Die Schlinge um den Zeigefinger wickeln

Das andere Ende fixieren

▶ Die Geschichte der Schleuder

Einwohner der Balearen nutzten die Schleuder zur Jagd.

3000 v. Chr.

Die Griechen setzen in ihren Schlachten Schleuderer von den Balearen ein.

400 v. Chr.

Schleuderer der Balearen und Griechenlands kämpfen als Söldner für das Römische Reich.

170 v. Chr.

▶ Varianten der Steinschleuder

Die Bola wird in Südamerika zur Jagd und zum Hüten von Rindern eingesetzt.

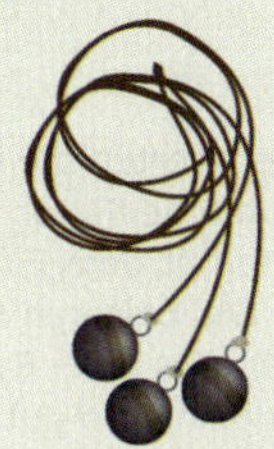

Die Zwille ist ein beliebtes Spielzeug und auch eine gefährliche Waffe.

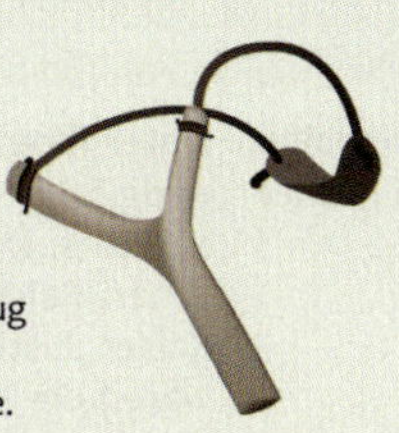

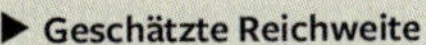

▶ Geschätzte Reichweite

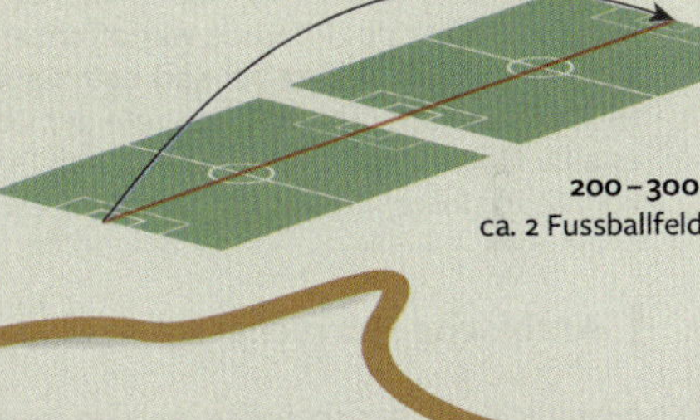

200–300 m
ca. 2 Fussballfelder

▶ Munition
Die anfangs verwendeten Steine hatten weniger gute Flugeigenschaften als die später eingeführten Bleikugeln.

Stein

Blei

Ton

3 Mit kleinem Schubs die Rotation beginnen

4 Das Ziel anvisieren

5 Daumen und Zeigfinger voneinander lösen

Die Inka verwenden die Schleuder als Jagd- und Kriegswaffe.

1100 n. Chr.

Die Stabschleuder wird eingesetzt, um einfache Handgranaten zu schleudern.

1500 n. Chr.

Zum einen Spielzeug, zum anderen ernst zu nehmende Waffe auf Protesten.

heute

Vandalen und Araber

Unter ihrem **König Geiserich** eroberten die Vandalen Mallorca 455 endgültig. Sie zerstörten die römische Kultur und plünderten die Inseln aus. Ihre Herrschaft endete mit dem Eingreifen des byzantinischen **Feldherrn Belisar,** der die Balearen für den oströmischen Kaiser Justinian I. zurückgewann. Als auch Byzanz an Macht verlor, waren die Inseln zu Beginn des 8. Jh.s so gut wie selbstständig und wurden von selbst ernannten Königen regiert, die zwar formell Vizekönige des oströmischen Kaisers, in Wirklichkeit aber niemandem mehr untertan waren.
Zu ersten Auseinandersetzungen mit den Arabern kam es 707, als diese sowohl Mallorca als auch Menorca verwüsteten und plünderten. Die Gefahr der Piraterie war offenbar so groß, dass die Inselbewohner 798 um Schutz bei Karl dem Großen nachsuchten, der 799 Hilfstruppen schickte. 813 besiegte der Conde Armengol de Ampúrias eine Flotte arabischer Schiffe in den Gewässern von Mallorca und konnte die Inseln erneut vor Schaden bewahren.

Arabische Herrschaft

Der Zufall spielt mit

Eigentlich war der spanische Muslim Isman al Jaulani auf dem Weg nach Mekka, als sein Schiff durch einen Sturm nach Mallorca verschlagen wurde. Die Insel musste ihn sehr beeindruckt haben, denn er schilderte sie nach seiner Rückkehr in glühenden Farben seinem Emir Abd-Allah von Córdoba, der daraufhin eine Expedition zur Eroberung losschickte. Nach schweren Kämpfen wurde Mallorca unterworfen und **dem Kalifat von Córdoba unterstellt**. Isman al Jaulani regierte anschließend zehn Jahre lang als Inselgouverneur. Er sorgte für den Wiederaufbau einer effizienten Verwaltung und tolerierte die christliche Religion, wenn deren Anhänger gewisse Auflagen erfüllten und Abgaben leisteten.

Wechselnde Herrscher

Ab 1014 gehörten die Balearen etwa 60 Jahre zum Emirat von Denia, dann regierten unabhängige Emire über Mallorca. Die erfolgreiche Strafexpedition eines christlichen Flottenverbands unter dem Kommando des Grafen von Barcelona führte um 1114 zu Zerstörungen auf den Inseln sowie zur Festnahme des Emirs, konnte aber keine dauerhafte christliche Herrschaft begründen. Bis 1203 bestimmten maurische Herrscher als Parteigänger der marokkanischen Almoraviden die politischen Geschicke der Balearen. Ihnen folgten für rund 20 Jahre nordafrikanische Statthalter der Almohaden-Dynastie.
Während der über dreihundertjährigen arabisch-maurischen Herrschaft gelangten Landwirtschaft, Seehandel, Handwerk und Kultur auf den Inseln zu großer Blüte. Inselbesucher berichteten von raffinierten Vergnügungen und erlesenen Genüssen in den Gärten und Palästen mit Wasserspielen, Tanz und Musik.

Königreich Mallorca

Jaume I, der Eroberer

Als zu Beginn des 13. Jh.s die von Mallorca operierende muslimische Seeräuberflotte immer häufiger die Küstenstädte Spaniens und die christliche Seefahrt heimsuchte, entschloss sich König Jaume I. von Aragón zum Handeln. Mit Unterstützung des Bischofs von Barcelona, Berenguer de Palou, und zahlreicher Adliger und Kaufleute rüstete er eine Flotte von 143 Schiffen und landete am **12. September 1229** am Strand von Sa Caleta (bei ▶ Santa Ponça). Erst am letzten Dezembertag des Jahres gab sich der Emir von Mallorca geschlagen und aragonesische Truppen besetzten die Stadt Palma, die anschließend zur Plünderung freigegeben wurde. Damit ging Jaume I. als »El Conqueridor« in die Inselgeschichte ein.

Unter dem Gesetz

In den Folgejahren wurde das Land auf Mallorca an die aragonesischen Edelleute und Generäle verteilt, die ihre neuen großen Güter von meist besitz- und rechtlosen Bauern bewirtschaften ließen. Nach dem Tod von Jaume I. 1276 teilten sich seine Söhne die Herrschaft über Aragón. Jaume II. fiel das nun selbstständige Königreich Mallorca zu. Unter seiner Regierung und der seiner Nachfolger Sanç I. (1311 – 1324) und Jaume III. (1324 – 1349) gelangten die Inseln zu großem Wohlstand.
Diese erfolgreiche Herrschaftszeit kam auch im **»Llibre de Privilegis del Regne de Mallorques«** zum Ausdruck, einem sehr kunstvoll mit detailreichen Miniaturen geschmückten Gesetzbuch der Könige von Mallorca, das von Romeu des Poal 1334 in Katalanisch und Latein verfasst wurde.

Seefahrt bringt Wohlstand

Eine Handelsflotte, die Mitte des 14. Jh.s 460 Schiffe umfasste und 30 600 Seeleuten Arbeit bot, exportierte Öl, Wein, Obst, Leinen, Teppiche, Möbel und Töpferwaren in den gesamten Mittelmeerraum; in Palma gab es eine imposante Werft und geräumige Arsenale. Die Seefahrer zeichneten die besten Karten der damaligen Welt. Mallorquinische Kapitäne erkundeten im 14. Jh. die westafrikanische Küste bis hinab zum Wendekreis des Krebses, Abraham Cresques schuf den Katalanischen Atlas, und noch der portugiesische König Heinrich der Seefahrer holte sich Jacome de Mallhorca an seine berühmte Seefahrerschule von Sagres.

Klöster

Ein Bericht von 1329 erwähnt Palma, Inca, Pollença, Sóller und Sineu mit jeweils mehreren Tausend Einwohnern als größte Städte der Insel. Neben Ordensniederlassungen in den Städten entstanden zum Teil in großer Abgeschiedenheit zahlreiche Klöster. Kleriker zogen predigend durch die Lande oder missionierend in die Welt hinaus wie **Ramon Llull** (▶ Interessante Menschen), der als Philosoph und Missionar in islamische Länder reiste.

Aragón und Spanien

Ende der Unabhängigkeit

Eine friedvolle Epoche ging für Mallorca zu Ende, als König Pedro IV. von Aragón gegen seinen Cousin König Jaume III. ins Feld zog, der in der Schlacht von Llucmajor 1349 besiegt und getötet wurde. Mallorca wurde daraufhin dem Königreich Aragón einverleibt. Die aragonesischen Könige legten den Balearen immer schwerere Abgabenlasten auf. Die Großgrundbesitzer pressten aus ihren Ländereien heraus, was irgend möglich war, provozierten damit jedoch soziale Unruhen, die sog. **Germanías.** 1391 rotteten sich an die 4000 Bauern und Handwerker zusammen, um die Stadtmauern von Palma zu stürmen. Auch im 15. Jh. schwelten die Unruhen weiter. Die Bevölkerung ging auf rund 51 000 im Jahr 1424 zurück.

Unter den Spaniern

Als 1469 Ferdinand II. von Aragón und Isabella von Kastilien – die »Reyes Católicos« – durch ihre Heirat die beiden Reiche vereinigten, wurde Mallorca Teil Spaniens.

Nachdem Kolumbus 1492 Amerika entdeckt und dadurch der Mittelmeerhandel an Bedeutung verloren hatte, stand es auch mit dem mallorquinischen Seehandel nicht mehr zum Besten. 1528 erschütterte ein Aufstand der Bauern und Landarbeiter unter Führung von **Juan Crispin** die Insel. Spanien schickte Truppen nach Mallorca: Crispin wurde ergriffen und gehängt.

Kaiser Karl V., auf dem Weg zur Eroberung Algiers, ging 1541 in Palma an Land, um seine Streitmacht mit Proviant zu versorgen. Nur mit großen Mühen konnten die Mallorquiner die riesigen Mengen an Lebensmitteln für die Schiffsbesatzungen bereitstellen. Immer wieder wurde die Insel durch **Überfälle maurisch-türkischer Freibeuter** geschwächt, die von Nordafrika aus operierten und trotz des Baus von Befestigungen, Wachtürmen und Wehrkirchen die Inselbewohner in Angst und Schrecken hielten. Vernichtende Angriffe der Piraten richteten sich im 16. Jh. allein dreimal auf Santanyí, zudem auf Pollença, Alcúdia, Valldemossa und Andratx. Erst nach der Seeschlacht von Lepanto 1571 konnte das Piratenunwesen eingedämmt und auf diese Weise ein zaghaftes Wiederaufleben des Seehandels eingeleitet werden.

In Zeiten der Hungersnöte (um 1600) suchte mancher Mallorquiner Trost in der Religion. Vor allem die Jesuiten verbanden geschickt Schulbildung mit Glaubenserziehung. Ihre Hochschulen von Monte-Sion, San Martin sowie in Pollença waren wichtige Bildungsstätten bis zu ihrer Vertreibung von den Inseln im späten 18. Jahrhundert.

Als 1701 der französische Bourbone **Philipp V.** den spanischen Thron bestieg, machten sich die Mallorquiner für den habsburgischen Gegenkandidaten stark und unterstützten Erzherzog Karl. Erst

Eroberung Mallorcas 1229: Wandmalerei im Palau Berenguer in Barcelona

im Frieden von Utrecht (1713) wurde der Spanische Erbfolgekrieg beendet und Philipp V. schickte eine Flotte nach Mallorca, um seiner Herrschaft Nachdruck zu verleihen.

Vom 19. ins 20. Jahrhundert

Weichenstellungen Zu Beginn des 19. Jh.s wurde Palma als Warenumschlagplatz für den Seehandel wiederentdeckt und profitierte vom Schiffsverkehr zwischen Nordafrika, Westeuropa und Mittelamerika. Flüchtlinge aus Frankreich, die den Revolutionswirren entkommen waren, brachten die Kunst der Tuchherstellung mit. Nach wie vor war auch der Weinbau wichtig, bis 1890 ein schwerer Reblausbefall die Weinstöcke vernichtete und Mandelbäume an ihre Stelle traten.

Konservative Im Jahr 1812 trat in Spanien eine liberale Verfassung in Kraft, die aber von Ferdinand VII. 1814 wieder aufgehoben wurde. Als Königin Isabella 1833 zur Liberalisierung zurückkehrte, sträubten sich die Mallorquiner dagegen, konnten aber nicht verhindern, dass auf der Insel Klöster und Kirchengüter säkularisiert wurden. Mit dem Sturz Isabellas 1868 gewannen auf Mallorca die Konservativen erneut die Oberhand. Die ausgerufene Spanische Republik scheiterte und König Alfons XII. konnte nach Wiederherstellung der Monarchie 1877 einen angenehmen Aufenthalt auf der Insel verbringen.
Nach dem Ersten Weltkrieg begann ein zaghaftes Aufkommen des Fremdenverkehrs, der jäh durch den **Spanischen Bürgerkrieg** (1936 – 1939) unterbrochen wurde. Mallorca und Ibiza standen dabei aufseiten General Francos, während Menorca von der sozialistischen Volksfront kontrolliert wurde.

Parteienlandschaft Der Massenandrang auf Mallorca und die damit verbundenen sozialen und ökologischen Probleme haben nicht unwesentlich zum Erfolg neuer Parteien beigetragen. Seit den 2010er-Jahren ist auf Mallorca das starre politische Gefüge aus PP (Partido Popular als konservative, liberale und christdemokratische politische Partei) und PSOE (Partido Socialista Obrero Español, die Spanische Sozialistische Arbeiterpartei) Vergangenheit. Im Frühjahr 2017 waren neben den beiden Volksparteien auch die Linkspartei Podemos und die lokale linksökologische Gruppierung Més per Mallorca im Parlament der Balearen vertreten, und nach der achtjähriger Präsidentschaft von Francina Armengol (PSOE) hat 2023 mit Marga Prohens die PP wieder das Ruder übernommen.
Der wirtschaftliche und politische Handlungsspielraum der Mallorquiner konnte erst nach dem **Tod Francos** 1975 erweitert werden, als unter König Juan Carlos ein Demokratisierungs- und Regionalisierungsprozess eingeleitet wurde, der den Autonomiestatus aller Pro-

Immer mehr wanderfreudige Touristen lernen die Landschaft Mallorcas zu schätzen. Auch diese Gruppe bei Sant Elm vor der Insel Sa Dragonera.

vinzen in der Verfassung von 1978 verankerte. Ein noch weiter reichender Autonomiestatus in Form einer **Regionalverfassung** wurde den Balearen 1983 gewährt. Mit der Regionalisierung der Verwaltung verbunden war zudem eine Aufwertung und offizielle Anerkennung der regionalen Sprache und Kultur. Im Juni 1988 erließ der Consell Insular einen Vorschriftenkatalog, der die Infrastruktur der Balearen verbessern sollte. Unter anderem gelten seither strengere Bauvorschriften für Hotels, die Abwasserentsorgung wurde verbessert und zahlreiche Landschaftsräume wurden unter Naturschutz gestellt.

Die Touristen kommen

Nach Jahren der Entbehrung während und nach dem Zweiten Weltkrieg setzte um 1950 ein rapide zunehmender Massentourismus ein, der die Einrichtung von Flughäfen auf Mallorca, Menorca und Ibiza erforderlich machte, eine ungezügelte Bautätigkeit entfachte und nicht nur die Landschaft, sondern das ganze wirtschaftliche und soziale Gefüge tiefgreifend veränderte. 1962 überstieg die Urlauberzahl erstmals die Millionengrenze. Um 1900 hatten etwa 250 000 Menschen auf Mallorca gelebt, davon rund ein Viertel in Palma. Die Zahl der Inselbewohner stieg bis 1960 auf 360 000 an.

KUNST UND KULTUR

Von der Talaiot-Kultur bis heute – das sind rund 3000 Jahre Kulturgeschichte. Jede Zeit hat ihre Spuren hinterlassen – wenn auch aus der mehr als 300-jährigen maurischen Epoche nur wenig Sichtbares erhalten blieb. Umso großartiger sind die Zeugnisse der Gotik. Spannend ist auch das 20. und 21. Jahrhundert mit Werken von Gaudí, Miró und Barceló.

Rätselhafte Talaiotkultur

Am Übergang von der Jungsteinzeit zur Bronzezeit entwickelte sich von 1400 v. Chr. bis zum Beginn der Römerzeit im 2. Jh. v. Chr. auf den Balearen eine eigenständige Kultur. Auffälligstes Merkmal waren dabei in der späten Bronzezeit, etwa zwischen 1200 und 600 v. Chr., die turmartigen Steinbauten, Talaiots genannt (abgeleitet aus dem arabischen Wort für Wächter).

Diese Kultur zeichnete sich generell durch **Großsteinbauten** aus, die zum Teil noch durch die Megalithbauweise der Jungsteinzeit vorgeprägt waren. Mehrere Hundert gewaltige, meist runde, seltener rechteckige Steintürme von maximal 8 m Höhe und 15 m Durchmesser wurden auf Mallorca und der Nachbarinsel Menorca aus großen Steinblöcken errichtet. Diese mehrstöckigen, mit Kammern ausgestatteten und wohl überdachten Talaiots standen oft inmitten erstaunlich großer, mauerbewehrter Siedlungen wie etwa Capocorb Vell (Abb. ▶ S. 267) im Süden Mallorcas, Ses Païsses bei ▶ Artà, Son Reial bei Can Picafort (▶ S. 57) oder Son Danus bei ▶ Santanyí. Die Funktion der Talaiots ist bis heute unklar. Möglicherweise dienten sie als kurzzeitiger Zufluchtsort oder auch als Kultstätte oder Grabanlage. An Kunsthandwerk brachte die Talaiotkultur vor allem **Metallarbeiten** hervor.

Römerzeit

Palmaria (das heutige Palma) und Pollentia (beim heutigen Alcúdia) waren die wichtigsten politischen und kulturellen Zentren.

Vom römischen **Pollentia** sind noch eine Brücke über den Torrent de Sant Jordi aus dem zweiten nachchristlichen Jahrhundert sowie die Reste des römischen Theaters aus dem 1. Jh. geblieben. Beachtliche Funde wie einen Marmortorso, eine Kriegerstatue und Alltagsgegenstände präsentiert zudem das Museu Monogràfic de Pollentia in Alcúdia.

Byzantinische Epoche

Auch der frühchristlich-byzantinische Kirchenbau ist nur noch in wenigen Überresten erhalten. Die Basilika Sa Carrotja nahe Porto Cristo auf Mallorca soll auf das 4. Jh. zurückgehen. Im Ort Santa Maria gibt es noch Reste der Basilika Son Fiol aus dem 6./7. Jh. und das Stadtmuseum von Manacor zeigt noch Teile des Mosaikfußbodens der Basilika Son Peretó aus dem 4./5. Jahrhundert.

Maurische Herrschaft

Die über 300 Jahre unter maurisch-islamischem Kultureinfluss brachten eine große kulturelle Blütezeit, von der jedoch nur weniges die Zeit überdauert hat. Die Mauren bauten die Inseln wehrhaft aus, u. a. mit den Burgen von Capdepera und Felanitx oder den Felsenpalästen von Santueri und Castell del Rei. Auch der maurische Torbogen am Carrer Almudaina in Palma erinnert an die Befestigungskunst der Mauren.
Maurische Säulen und Hufeisenbögen zieren immer noch die Überreste der Bäder aus dem 10. Jh. in Palma. Maurische Gartenanlagen mit Wasserspielen als Vorausweisung auf das Paradies waren an mehreren Stellen Mallorcas vorhanden und haben sich bis heute noch in den zauberhaften **Gärten von Alfàbia** und **Raixa** (►S. 59) erhalten.

Romanik

Die christlich geprägte romanische Baukunst, Skulptur und Malerei konnte sich auf den Balearen in maurischer Zeit so gut wie nicht entfalten. Als Jaume I. 1229 Mallorca eroberte, war von Frankreich aus die Gotik im Vordringen, die fortan die mittelalterliche Baukunst und Skulptur auf Mallorca dominierte. Ein seltenes Beispiel für die roma-

Ein seltenes Überbleibsel der maurischen Epoche: Badeanlagen in Palma

nische Kunst auf den Balearen ist lediglich das Portal der Capella de Santa Ana im Hof des Almudaina-Palasts in Palma.

Gotik In Spanien entwickelten sich **Sonderformen des Kirchenbaus** nicht nur in Gestalt der Hallenkirche, sondern auch in der Chorlösung, indem der Chorraum zunehmend als »trascoro« mit reich skulptierten Wänden in das Mittelschiff verlagert wurde. Prachtvolle Fassaden mit figurenreichen Portalzonen und Rosetten, äußeres Strebewerk zur Stützung der mit Fenstern durchbrochenen Langhauswände, Bündelpfeiler, Spitzbogen und filigrane Maßwerkfenster waren einige Eigenarten des gotischen Kirchenbaus. Der großartigste Bau auf den Balearen ist in dieser Hinsicht die **Kathedrale in Palma**, eine dreischiffige Pfeilerbasilika von gewaltigen Ausmaßen, die nach Abriss der Hauptmoschee ab 1230 in langer Bauzeit bis zum 16. Jh. an deren Stelle errichtet wurde und alle stilistischen Phasen von der Hoch- bis zur Spätgotik zeigt. Bedeutsam ist auch die große einschiffige Kirche Sant Francesc (13./14. Jh.) in Palma mit ihrem Kreuzgang

Unweigerlich wandern die Blicke in der mächtigen gotischen Kathedrale von Palma in das Gewölbe des Hauptschiffs hinauf.

aus zierlichen Bündelpfeilern sowie Kleeblatt- und Fächerbögen. Daneben hielt sich in der Baukunst der späten Gotik noch eine Art Mischstil aus maurischen und gotischen Elementen, der als mozarabischer bzw. **Mudéjar-Stil** bezeichnet wird. Diese Stilmischung ist, wenngleich in stark abgeschwächter Form, in den hübschen Gassen der Altstadt von Alcúdia zu sehen.
Zur militärischen Sicherung der Inseln wurden auch von den christlichen Herrschern trutzige **Festungsanlagen** gebaut, z. B. das eindrucksvolle ringförmige Castell de Bellver (► S. 183). Auch das Castell de Santueri bei Felanitx, das Römer und Mauren schon zuvor genutzt hatten, erhielt im Spätmittelalter eine Mauerverstärkung und Turmbekrönung. Außerdem wurden an strategisch wichtigen, meist erhöhten Punkten der Inseln Wachtürme gesetzt, die als Frühwarnsystem mittels Rauch- und Feuerzeichen feindliche Angriffe melden sollten. Man findet sie heute bei Cala Pi, als Talaia d'Albercutx, Torre de Canyamel oder Talaia de ses Animes.
Mit der **Llotja** (Handelsbörse, Anfang 15. Jh.) hat der Baumeister Guillem Sagrera in Palma ein Meisterwerk hinterlassen. Ursprünglich diente der Hallenbau mit durchbrochenen Maßwerkfenstern, dessen Gewölbe auf sechs Säulen ruhen, dem Handel. Der gotische Palastbau ist immer noch eindrucksvoll durch den Almudaina-Palast in Palma repräsentiert, der maurischer Alcázar war und im 13./14. Jh. zur königlichen Residenz umgebaut wurde. Auch zahlreiche gotische Häuser und Paläste birgt die **Altstadt von Palma.**

Gotische Malerei

Auf dem Gebiet der **Malerei** haben meist anonyme Meister ihr Können bewiesen. In der Kathedrale in Palma sind zahlreiche Schnitzaltäre und Altarbilder der Gotik ausgestellt, darunter das St.-Eulalia-Retabel (1335) vom sog. Privilegienmeister, der in anmutiger Weise unter dem Einfluss sienesischer Miniaturmalerei in warmen Farben das Leben der Heiligen darstellte. In Palmas Franziskanerkirche Sant Francesc beeindruckt ein dreiteiliges Altarretabel aus dem 15. Jh. des Maestro de San Francisco. Auch das Museu de Mallorca besitzt herausragende Werke der gotischen Tafelmalerei des 14. und 15. Jh.s.

Bildhauerkunst

Die **gotische Bildhauerkunst** des 15. Jh.s hatte in Guillem Sagrera ihren Meister, der die Statuen der Apostel Petrus und Paulus an der Portada del Mirador der Kathedrale schuf, während der figurenreiche alabasterne Schrein (1487) in Sant Francesc für Ramon Llull ein Werk seines Sohnes Francesc ist.

Plateresker Stil

Im späten 15. und frühen 16. Jh. vermischten sich Mudéjarstilelemente mit spätgotischen und renaissancehaften Formen zum sog. plateresken Stil, dessen nach Art der Kunst der Silberschmiede (spanisch: »plateros«) flächendekorative und filigrane Gestaltung besonders schön am Portal der Kirche Sant Jeroni in Palma zu finden ist.

6X TYPISCH

Dafür fährt man nach Mallorca

1. MALLORCA-GEFÜHL

Praktisch jeder Ort auf Mallorca hat seinen **Wochenmarkt**. Obst und Gemüse finden Sie dort, oft auch Praktisches für den Alltag, Kunsthandwerk und vor allem ganz viel Mallorca-Gefühl.
(► **S. 8**)

2. IN DIE HAUPTSTADT

Palma beim Mallorca-Urlaub auslassen? Geht gar nicht. Also rein in die Altstadt und die Kathedrale bestaunen, die alte Handelsbörse und sich einfach treiben lassen. (► **S. 163, 175**)

3. TOLLE AUSSICHTEN

Hügel tragen mit hoher Wahrscheinlichkeit eine Kapelle, Einsiedelei oder ein ehemaliges Kloster. Die bekanntesten und die mit der besten Aussicht sind der **Klosterberg Randa** und der **Sant-Salvador-Berg** bei Felanitx.
(► **S. 64, 127**)

4. ZEITREISE

Bevor die Römer die Balearen eroberten, bauten die Mallorquiner Rundtürme und Siedlungen mit Zyklopmauern, z. B. in **Ses Païsses, Capocorb Vell und Son Fornés**.
(►**S. 75, 98, 148**)

5. TRAUMSTRAND

Der Naturstrand von **Es Trenc** hat das Zeug, sich zum persönlichen Lieblingsplatz zu entwickeln. 7 Kilometer misst er in der Dünenlandschaft.
(► **S. 225**)

6. TRAUMSTRASSEN

Es ist einfach fantastisch, die Serpentinen zur **Calobra-Bucht** hinunterzukurven. Von Oktober bis Mai können Sie auch auf der großartigen **Formentor-Halbinsel** bis zum nördlichsten Inselpunkt fahren.
(► **S. 242, 107**)

Auch das Chorgestühl der Kathedrale in Palma und ihre zwei Kanzeln im Mittelschiff weisen diese plateresken Schmuckformen auf.
Im konservativ-christlichen Spanien und besonders auf den Balearen fand die Renaissance, wie sie sich vor allem in Italien ausbildete, nur wenige Anhänger. Allenfalls das Consolat de Mar in Palma kann als gelungenes Beispiel für die Renaissance-Baukunst gelten. Ansonsten blieben auch während der Renaissancezeit spielerisch-dekorative, also meist platereske Schmuckformen vorherrschend.

Barock

Von Rom aus gelangten zu Beginn des 17. Jh.s vornehmlich unter dem Einfluss des Baumeisters Francisco Borromini barocke Gestaltungskonzepte nach Spanien, wo sie sich um 1700 durch die Künstlerfamilie Churriguera zu einer ornamental besonders reichen Ausprägung entfalteten, so dass der spanische Spätbarock auch als **Churriguerismus** bezeichnet wird.
Auf Mallorca fiel alles etwas bescheidener aus. Zahlreiche plastische Arbeiten, wie der Altaraufsatz in der Kirche Sant Miquel in Palma, stammen von **Francisco de Herrera** (spätes 17. Jh.). Zahlreiche gotische Kirchen und Paläste wurden zudem barockisiert, seltener kam es zu völligen Neuschöpfungen. In Valldemossa beeindruckt die Klosterkirche als einschiffiger Barockbau des 18. Jh.s mit den Deckenmalereien des Kartäusermönchs Manuel Bayeu i Subias, Schwager des berühmten Francisco de Goya. Das einstige religiöse Zentrum der Jesuiten in Palma war die Església Monti-Sion mit einem reich verzierten Barockportal und einem prunkvoll vergoldeten Altaraufsatz aus dem frühen 17. Jahrhundert. Der Convent Sant Antoni zeigt dagegen einen etwas schlichteren mallorquinischen Barockstil mit kannelierten Säulen aus der zweiten Hälfte des 17. Jahrhunderts.

19. und 20. Jahrhundert

In der zweiten Hälfte des 19. Jh.s trat der Historismus auf. Von der Neogotik über die Neorenaissance bis zum Neobarock reichte die Formensprache, die im Villenbau und im bürgerlichen Wohnbau, aber auch in öffentlichen Gebäuden zum Ausdruck kam, wie man sie noch heute vorwiegend in Palma finden kann. Der Jugendstil, in seiner katalanischen Sonderform **Modernisme** genannt, lehnte sich dagegen auf und überraschte mit seinen von Naturvorbildern abgeschauten schwungvoll-fließenden Formen und ornamentalen Linienspielen. **Antoni Gaudí**, der bedeutendste Vertreter dieser Stilrichtung, gestaltete 1903 den Chor der Kathedrale in Palma neu und fügte dort seine wundersame, symbolreiche Innenausstattung ein.
Schon viel früher, 1897, wurde bei Palma die Keramikfabrik La Roqueta gegründet. Sie lieferte die Kacheln für Palmas schönsten Modernisme-Bau, das **Gran Hotel** (Abb. ▶ S. 287). In die erste Hälfte des 20. Jh.s fällt auch eine interessante Phase der **Malerei**, die gelegentlich unter dem Namen **»Escola Pollencina«**, »Schule von Pollença«, gehandelt wird. Der aus Barcelona stammende **Hermen**

Anglada Camarassa hatte sich als Künstler bereits einen Namen gemacht und kam 1914 aus Paris auf die Baleareninsel. Er zog nach Pollença, wo sich bald ein Kreis von Malern bildete, zu denen Dionís Benassàr und der Deutsche Hermann Sohn gehörten. Tätig auf Mallorca waren auch Santiago Rusiñol und Joaquim Mir, der von der landschaftlichen Schönheit der Sa-Calobra-Bucht regelrecht besessen war. Unbehelligt vom Machtapparat des Franco-Regimes arbeitete **Joan Miró** an seinem farbenfrohen Zeichenkosmos in Palma. In den 1990er-Jahren begann **Miquel Barceló** aus Felanitx seine erfolgreiche internationale Karriere. Die gegenwärtig vielleicht interessantesten Namen von aus Mallorca stammenden Künstlern und Künstlerinnen sind **Maria Carbonero** und die 1964 geborene **Susy Gómez.**

Architektur des 20. Jh.s Wenn man die Hotelsilos und Apartment-Kastenbauweise an der Küste betrachtet, erscheint die Architektur des 20. Jh.s als nicht sehr überzeugend. Lichtblicke sind die an der ibizenkischen Architektur orientierte Feriensiedlung Cala d'Or aus den 1970er-Jahren und die in den 1980er-Jahren entstandene Apartmentanlage Cala Fornells von Pedro Otzoup. Ein Schmuckstück der Moderne ist das von Josep Lluís Sert 1954 fertiggestellte Atelier von Joan Miró. Das Museum der Miró-Stiftung (1993) schuf nach dem Tod des Künstlers der spanische Altmeister **Rafael Moneo**. Bereits zum 21. Jh. gehören das Museum Es Baluard (2004) und das von Daniel Libeskind entworfene Galeriehaus Weil (2003) in Port d'Andratx.

Bräuche

Trachten und Umzüge Vollständige Trachten bekommt man nur zu besonderen Anlässen oder bei folkloristischen Darbietungen zu sehen. Frauen tragen ab und an noch den Rebocillo, ein unter dem Kinn geschlossenes Kopftuch aus weißem, oft besticktem Tüll. Während der Karwoche und an Fronleichnam werden überall prunkvolle Prozessionen abgehalten. Daneben begeht jede Gemeinde das Fest ihres Schutzheiligen mit Wallfahrten, Umzügen und Volksfesten, wobei an hohen Festtagen und großen Sommerjahrmärkten Festspiele stattfinden – vor allem das historische Kampfspiel »Moros i Cristians«, das auf die Siege über osmanische Piraten im 16. und 17. Jh. zurückgeht.

Tanz Traditionelle Volkstänze werden gelegentlich bei Festen und während der Hauptreisezeit bei folkloristischen Veranstaltungen aufgeführt. Neben Gruppentänzen (bailes de figura oder bailes moriscos = maurische Tänze) wie »Cossiers« oder »Ball de Cossis« (um Alaró),

In gleichmäßigem Rhythmus und mit Ornamenten verziert: das Gran Hotel in Palma, heute Kulturzentrum, steht für den Modernisme.

»Cavallets« (um ▶ Felanitx), »Aguiles« und »Dimonis de Sant Antoni« gibt es Paartänze (bailes populares), die sich in zwei Arten gliedern lassen: In den Gebirgsregionen herrschen gehüpfte Tänze von eher getragenem Rhythmus vor, von Schalmeien und Tamburin begleitet; die Tänze des Flachlandes hingegen, besonders die »Jotas«, sind beschwingter. Für Mallorca sind der »Copeo« in den Bergen und die »Mateixes« sehr charakteristisch. Gegen Ende des 19. Jh.s kamen Boleros und Boleras aus Kastilien auf die Insel und ihre Melodien verschmolzen mit einheimischen Weisen, woraus der »Parado« (▶ Valldemossa, Selva) entstand. Ebenfalls vom spanischen Festland übernommen und keineswegs inseltypisch ist der Flamenco.

Musikinstrumente Volkstümliche Musikinstrumente sind u. a. Gitarre, Geige, Flöte, Schalmei und Dudelsack. Eigenartig ist die einem Blumentopf ähnelnde Zambomba (Ximbomba; vermutlich arabischen Ursprungs; im deutschen Sprachraum auch als »Rummeltopf« bekannt), eine mit Kaninchenfell bespannte Reibtrommel.

Gleich ein ganzer Wagen voller Engelchen gehört zur Prozession beim Fest der hl. Catalina in Valldemossa.

INTERESSANTE MENSCHEN

Kränkelnd auf Mallorca: Frédéric Chopin

1810 – 1849
Komponist

Frédéric Chopin wurde als Sohn eines Franzosen und einer Polin in dem rund 50 km westlich von Warschau gelegenen Dörfchen Żelazowa Wola geboren. Ab 1830 lebte er in Paris, wo er sich als Klaviervirtuose rasch einen Namen machte. Auch seine Kompositionen, in denen sich Elemente der polnischen Volksmusik mit einer neuen, eigenständigen Harmonik verbinden, erregten Aufsehen.
Den Winter 1838/1839 verbrachte der lungenkranke Künstler mit seiner Lebensgefährtin, der gefeierten, recht unkonventionellen Schriftstellerin **George Sand** (►S. 290), auf Mallorca, von dessen Klima er sich Heilung erhoffte. Während des Aufenthalts im Kartäuserkloster Valldemossa schrieb er 24 lyrische Préludes, darunter das »Regentropfenprélude« (op. 28, Nr. 15). Sein Gesundheitszustand besserte sich durch den Aufenthalt aber nicht. Den Rest seines Lebens verbrachte Chopin mehr oder weniger stark kränkelnd, bis er 1849 in Paris starb.

Literarischer Pionier: Miquel Costa i Llobera

1854 – 1922
Priester und Schriftsteller

Der in Pollença geborene Miquel Costa i Llobera studierte in Barcelona und Madrid Jura, ehe er sich der Theologie zuwandte. Nach Priesterweihe und Promotion kehrte er auf seine Heimatinsel zurück, wo er in Pollença und später in Palma als Geistlicher wirkte. Heute ist Costa i Llobera als einer der bedeutendsten **Wegbereiter der neuzeitlichen katalanischen Literatur** bekannt. In seinem Werk, das er in spanischer und katalanischer Sprache verfasste, dominieren heitere Naturbetrachtung und religiöse Mystik.

König von Mallorca: Jürgen Drews

geb. 1945
Schlagerstar

Pop- und Schlagerstar, Komponist und Produzent: Eingängige Songs sind das Markenzeichen des in Nauen geborenen Sängers, der vor allem auch auf Mallorca die Bühnen eroberte. In den 1970er-Jahren hatte er einige Rollen als Schauspieler und trat mit den Les Humphries Singers auf. Nachdem er seine Solokarriere gestartet hatte, landete er mit dem Klassiker **»Ein Bett im Kornfeld«** (1976) schließ-

OBEN: Die Schriftstellerin George Sand legte auch mal einen Anzug an und rauchte Zigarren.

UNTEN: Frédéric Chopin verbrachte mit Sand einen Winter auf Mallorca.

lich seinen großen Hit. Seit Ende der 1980er trat er in den großen Diskotheken Mallorcas auf, und nach der 1999 live aus Palma übertragenen »Wetten Dass«-Sendung hatte er seinen Titel »König von Mallorca« weg. Sein in Santa Ponça eröffnetes Bistro wurde ein Opfer von Corona; Jürgen Drews beendete seine Karriere 2022 mit einem letzten Konzert – nicht auf Mallorca, sondern in Tirol.

Umfassend gebildet: Ramon Llull

1235 – 1316
Philosoph

Ramon Llull kam in Palma de Mallorca zur Welt; sein genaues Geburtsdatum ist nicht bekannt. Er entstammte einer vornehmen Familie und gelangte schon mit 14 Jahren an den Hof des Königs von Aragón, wo er das wilde Leben eines jungen Adligen auskostete. Im Alter von 30 Jahren aber wandelte er – es hieß, ihm sei Christus erschienen – seine Persönlichkeit völlig: Fortan widmete er sich der Missionierung und bereiste Nordafrika, den Vorderen Orient, aber auch Italien und Frankreich, wo er als Universitätslehrer arbeitete. Der Legende nach ist er in der Nähe der heutigen algerischen Stadt Bejaia (Bougie) gesteinigt worden. Sein Grab jedenfalls befindet sich in der Kirche Sant Francesc in Palma.

Raimundus Lullus, wie er in humanistischer Tradition auch genannt wird, verfasste nicht nur eine Vielzahl religiöser, philosophischer und naturwissenschaftlicher Werke, sondern auch Romane und Gedichte. Dabei bediente er sich besonders der katalanischen Sprache, die er damit zu einem vollwertigen poetischen Ausdrucksmittel machte. Daher gilt er als **Begründer der katalanischen Prosaliteratur.** Darüber hinaus schrieb er auch in lateinischer und arabischer Sprache.

Der Selfmademan: Juan March

1880 – 1962
Geschäftsmann

Juan March, in Santa Margalida geboren, war das Musterexemplar eines Selfmademans. Eine regelrechte Schulbildung hat der schlitzohrige Bankier und Großkaufmann nie erhalten; stattdessen betrieb er schon in jungen Jahren einen schwunghaften Handel mit allem, was sich ein- oder verkaufen ließ – Genussmittel, Kriegsgüter, Informationen, Wertpapiere. Dabei ging es nicht immer zimperlich zu, beispielsweise beim durchaus nicht legalen Import von Tabakwaren aus Nordafrika. Die damals zu diesem Zweck gegründete Schiffslinie **»Trasmediterránea«** besteht bis heute und bestreitet den Löwenanteil aller maritimen Verbindungen zwischen den Balearen und dem spanischen Festland. Das Bankhaus March ist heute einer der größten Kunstmäzene der Insel. Die 1955 gegründete Fundación Juan March hat ihren Sitz in Madrid und tritt nicht nur als Förderer bildender Kunst auf, sondern auch etwa im Bereich Musik.

Vom Kubisten zum Surrealisten: Joan Miró

1893 – 1983
Künstler

Der in Barcelona geborene Joan Miró erhielt seine ersten künstlerischen Anregungen von den französischen Realisten und vor allem vom neu aufkommenden Kubismus. Diesen hatte er in Paris kennengelernt, wohin er 1919 zum ersten Male gekommen war. Er war wenig später einer der **Unterzeichner des surrealistischen Manifests**, wandte sich 1923 gänzlich von der überkommenen Malerei – und auch von den bisherigen Bestrebungen des Kubismus – ab, um fürderhin seinen eigenen charakteristischen Stil zu entwickeln. In Mirós Bildern fügen sich kräftige, oft kalligrafisch anmutende und zeichenhafte Linien mit intensiven, klaren Farben zu Kompositionen, denen die gänzliche Abstraktion fehlt und die zu vielfältigen gegenständlichen Assoziationen anzuregen vermögen. Auch mit druckgrafischen Techniken sowie mit Keramik und Plastik hat sich der Künstler eingehend befasst.
Seine Beziehung zu Mallorca ist ihm in die Wiege gelegt worden: Seine Mutter stammte aus Palma. Dort heiratete er 1929 auch Pilar Juncos. Bis 1940 lebte das Paar meist in Paris; als deutsche Truppen auf die französische Hauptstadt vorrückten, suchten beide auf Mallorca Zuflucht. Nach der Befreiung Frankreichs 1944 kehrten sie zunächst nach Paris zurück, pendelten dann zwischen Barcelona und Montroig bei Tarragona, um sich 1956 endgültig in Palma de Mallorca niederzulassen. Dort starb Joan Miró am ersten Weihnachtsfeiertag des Jahres 1983; beigesetzt wurde er in Barcelona. Zehn Jahre darauf eröffnete in Palma ein Miró-Museum, das auf seiner Stiftung basiert (►S. 185).

Ungern auf Mallorca: George Sand

1804 – 1876
Schriftstellerin

Man kennt sie heute weniger als Schriftstellerin denn als zeitweilige Lebensgefährtin Frédéric Chopins: die in Nohant (Zentralfrankreich) als Amandine Lucie Aurore Dupin geborene George Sand. Dabei war sie tatsächlich **eine der erfolgreichsten Literatinnen ihrer Zeit** und eine außergewöhnliche Frau. Mit achtzehn Jahren heiratete sie den Baron Dudevant, trennte sich aber 1831 von ihm und ging eine Liaison mit dem Schriftsteller Julien Sandeau (1811 – 1883) ein, der unter dem Pseudonym J. Sand schrieb. Zusammen verfassten beide einen Roman unter diesem Namen; erst nach der Trennung des Paars nannte sie sich George Sand. Es folgte eine Reihe von Lieb- und Freundschaften mit bedeutenden Künstlern, so eine heftige Affäre mit dem Schriftsteller Alfred de Musset. Den Komponisten **Frédéric**

Mit einfachen Formen schuf Joan Miró unvergleichliche Werke.

Chopin lernte sie bei einem seiner Konzerte kennen. Den Winter 1838/1839 verbrachte das Paar zusammen mit Georges beiden Kindern auf Mallorca. Der als Erholung geplante Aufenthalt verlief allerdings anders als erhofft, nicht nur des schlechten Wetters wegen. Denn die Mallorquiner begegneten dem ungewöhnlichen Paar mehr als reserviert – schließlich waren die beiden nicht verheiratet, gingen nicht in die Kirche, und vor allem George Sand fiel dadurch auf, dass sie es sich schon lange zur Gewohnheit gemacht hatte, Männerkleidung anzuziehen (und auch ihre Tochter in Hosen zu stecken) sowie Zigarren zu rauchen.
Auch hatte das Künstlerpaar wohl **falsche Vorstellungen vom Leben auf der Insel**. Jedenfalls ließ George Jahre später in ihrem bekanntesten Werk »Ein Winter auf Mallorca« kaum ein gutes Haar an den Mallorquinern und schilderte, durchaus witzig und noch heute erfrischend zu lesen, die täglichen Probleme des ungewohnten einfachen Lebens.
George Sand und Chopin trennten sich 1846. Nach der Revolution von 1848, die sie ideologisch und literarisch unterstützt hatte (»Ihr könnt Taten verfolgen, nicht aber Überzeugungen, das Denken muss frei sein.«), zog sie sich aus der Öffentlichkeit zurück und lebte fortan auf Schloss Nohant, das zu einem Treffpunkt bedeutender Geister wurde.

Der Missionar: Junípero Serra

1713 – 1784
Priester

Wer hätte gedacht, dass eine Metropole wie San Francisco ihre Existenz einem Mann aus Mallorca verdankt, genauer gesagt, dem Bauernsohn Miquel Josep Serra i Ferrer aus Petra. Dort besuchte er die Schule des Franziskanerklosters San Bernardino, um dann im Alter von 16 in Palma mit seinen **theologischen Studien** zu beginnen. 1731 legte er im dortigen Franziskanerkloster Jesús das Gelübde ab und nahm den Ordensnamen Junípero an. Nachdem er an der Universität zu Palma die Doktorwürde erlangt hatte, hielt er dort auch philosophische Vorlesungen, ohne sein Predigeramt zu vernachlässigen.
Seine eigentliche Berufung erblickte Fra Junípero aber in der **Missionstätigkeit,** und so verließ er Mallorca um Ostern 1749, um sich mit etwa 30 Glaubensgenossen nach der Neuen Welt einzuschiffen. Erst am 7. Dezember erreichten die Missionare Veracruz am Golf von Mexiko. Von Mexiko-Stadt aus begann Fra Junípero mit der Missionsarbeit. In San Diego errichtete er seine erste eigene Mission. Weitere Gründungen folgten, darunter San Carlos Borromeo del Río Carmelo in Monterey (1770), San Antonio de Padua (1771), San Luís Obispo (1772), San Juan de Capistrano (1776) und – als Krönung – San Francisco de Asís (1776). Fra Junípero Serra starb am 28. August

1784 in der von ihm gegründeten Missionsstation San Carlos in Monterey, wo er auch bestattet ist. Am 23. September 2015 wurde er von Papst Franziskus heiliggesprochen.

Visionär: Catalina Tomàs

1531 – 1574
Heilige

An vielen Orten auf Mallorca finden sich eindringliche Zeugnisse der Verehrung für Catalina Tomàs, die 1531 in Valldemossa zur Welt kam. Catalina soll schon als Kind Wunder gewirkt und Visionen gehabt haben. Eine Adelsfamilie sorgte dafür, dass sie lesen und schreiben lernte und in das Kloster Santa Magdalena in Palma aufgenommen wurde. Dort lebte sie bis zu ihrem Tod als einfache Nonne, obgleich ihr mehrmals das Amt der Oberin angetragen worden war. Ihr Leichnam ist im Kloster in einem gläsernen Sarg bestattet. Im Jahr 1792 wurde Catalina von Papst Pius VI. selig- und 1930 von Pius XI. heiliggesprochen.

Der Erfinder des Reiseführers: Karl Baedeker

1801 – 1859
Verleger

Als Buchhändler kam Karl Baedeker viel herum, und überall ärgerte er sich über die »Lohnbedienten«, die die Neuankömmlinge gegen Trinkgeld in den erstbesten Gasthof schleppten. Nur: Wie sollte man sonst wissen, wo man übernachten könnte und was es anzuschauen gäbe? In seiner Buchhandlung hatte er zwar Fahrpläne, Reiseberichte und gelehrte Abhandlungen über Kunstsammlungen. Aber wollte man das mit sich herumschleppen? Wie wäre es denn, wenn man all das zusammenfasste? Gedacht, getan: Zwar hatte er sein erstes Reisebuch, die 1832 erschienene »Rheinreise«, noch nicht einmal selbst geschrieben. Aber er entwickelte es von Auflage zu Auflage weiter. Mit der Einteilung in »Allgemein Wissenswertes«, »Praktisches« und »Beschreibung der Merk-(Sehens-)würdigkeiten« fand er die klassische Gliederung des Reiseführers, die bis heute ihre Gültigkeit hat. Bald waren immer mehr Menschen unterwegs mit seinen **»Handbüchlein für Reisende, die sich selbst leicht und schnell zurechtfinden wollen«**. Die Reisenden hatten sich befreit, und sie verdanken es bis heute Karl Baedeker. Mallorca beschreibt er erstmals in der 2. Auflage des 1899 erschienenen »Baedekers Spanien und Portugal«.

» Die heutige Bevölkerung beschäftigt sich vorwiegend mit der Ausfuhr von Wein, Früchten, Marmor, Kalk und Salz. Ruf hat die Schweine- und Maultierzucht. «

Baedekers Spanien und Portugal, 2. Auflage 1899

E

ERLEBEN & GENIESSEN

Überraschend, stimulierend, bereichernd

Mit unseren Ideen erleben und genießen Sie Mallorca.

Alles perfekt für einen Abend vor der Lotja von Palma. ►

BEWEGEN UND ENTSPANNNEN

Auf Mallorca können selbstverständlich nicht nur Badeurlauber schöne Tage verbringen. Das ganze Jahr über kann man auf dem Eiland sportlich aktiv sein. Dank seiner vielfältigen Geografie, der Serra de Tramuntana mit ihren fast alpinen Höhenzügen und tiefen Schluchten, der flachen Zentralebene und dem stets nahen Meer ist Mallorca extrem vielseitig.

Radfahren und Wandern

Radfahren

Die größte Baleareninsel ist zu einem wahren Mekka der Radfahrer geworden. Alljährlich **von Februar bis November** bevölkern Zehntausende Radler die Straßen der Insel, um sich den Winterspeck vom Leib zu strampeln. Viele buchen spezielle Angebote, andere mieten sich bei Anbietern wie Hürzeler, Bikefriends, Canyon und anderen ein meist gut gewartetes neueres Rennrad für einige Tage. Man kann sein eigenes Rad gegen Aufpreis im Flugzeug mitnehmen oder bekommt vor Ort ein Rad vom Veranstalter gestellt. Wer nicht sportliche Höchstleistungen vollbringen möchte, kann auch ganz normal durch das Landesinnere radeln. An allen Fremdenverkehrsorten gibt es einen Fahrradverleih. Auch E-Bikes werden vielfach angeboten.

Wandern

Wanderreisen nach Mallorca werden immer beliebter. Zweifellos das beste Wanderrevier der Insel ist die Serra de Tramuntana. Sie lässt sich auf dem **GR 221**, dem ersten Fernwanderweg Mallorcas, durchqueren. Rund 150 km geht es auf alten Pilgerwegen, auf einstigen Postpfaden durch das Gebirge. Teilweise marschiert man auch auf alten gepflasterten Wegen, daher auch der Name Ruta de Pedra en Sec, Trockensteinroute. In acht Etappen führt der GR (Gran Recorregut) vom mondänen Port d'Antratx über Sant Elm, Estellencs, Esporles, Deià, Sóller, Kloster Lluc nach Pollença. An einigen Etappenorten hat der Inselrat Wanderherbergen (Refugis) einrichten lassen, wo man günstig übernachten und essen kann. Maximal fünf Nächte darf man in einem Refugi verbringen. Wichtig ist, dass man sich mindestens fünf Tage vorher anmeldet. Momentan haben die Refugis Galatzó (Es Capdellà), Can Boi (Deià), Muleta (Port de Sóller), Els Tossals Verds (Lloseta), Son Amer (Lluc) und Pont Romà (Pollença) ganzjährig geöffnet.
Ein zweiter Fernwanderweg, der **GR 222,** ist im Aufbau, er führt von Artà zum Kloster Lluc. Leider ist die Wegkennzeichnung nicht immer optimal; eine gute Karte ist sinnvoll, auch wenn man mit Smartphone

und Wanderapp unterwegs ist.. Beste Zeit zum Wandern sind **Februar bis Juni und September bis November**. Wanderer müssen auf alle Wetterbedingungen vorbereitet sein. Als Ausgangspunkte für Tagestouren durch die vielfältige Gebirgswelt bieten sich die Orte Sant Elm, Estellencs, Sóller, Deià, Kloster Lluc und Pollença an.

Doch nicht nur die Serra de Tramuntana lässt das Herz der Wanderer höher schlagen, weitere interessante Regionen sind das Cap Formentor, die Halbinsel Victòria, die Serra de Llevant bei Artà sowie für kürzere Strecken der Naturpark an der Mondragó-Bucht und die Inseln Sa Dragonera und Cabrera.

Da der Grund und Boden sich auf Mallorca fast ausnahmslos **in privater Hand** befindet, kommt es immer wieder zu Streitigkeiten: Wanderer klagen einerseits über gesperrte Wege, die Grundstückseigner andererseits protestieren gegen rücksichtslose »Naturfreunde«, die wie selbstverständlich über ihren Grund marschieren, womöglich Obst pflücken, Müll hinterlassen, Wanderwege ohne zu fragen mit Farbe markieren und zu allem Überfluss noch nicht mal grüßen. Eine Selbstverständlichkeit muss es deshalb sein, Weidegat-

Immer wieder eröffnet die Straße zum Cap de Formentor überraschende, atemberaubende Blicke.

ter und Tore so zu hinterlassen, wie man sie angetroffen hat, und sich peinlich genau an die Anweisungen zur Vermeidung von Waldbränden zu halten; die Gefahr ist im Sommer extrem hoch (von April bis einschließlich Oktober sind Rauchen und Feuermachen – und damit auch das Grillen – in Wäldern und waldnahen Gebieten ohnehin strengstens verboten!).

Wassersport

Tauchen Die felsigen Küstenabschnitte, besonders im Süd- und Nordwesten, sind ideale Reviere für Schnorchler und Gerätetaucher. Hier findet man eine Reihe von Tauchschulen, Veranstaltern von Exkursionen und Geräteverleihern. Wer seine eigene Ausrüstung mitbringt, benötigt unter Umständen einen Adapter für Leihflaschen.

Windsurfen Windsurfer finden die besten Reviere an der Ostküste, u. a. in Cala Millor und Es Trenc. Kitesurfer sausen zwischen Palma und Can Pastilla sowie an der Bucht von Pollença über die Wellen. An allen zum Surfen geeigneten Strandabschnitten kann man eine Ausrüstung leihen; Surfschulen gibt es ebenfalls zur Genüge.

Weitere Outdoor-Aktivitäten

Reiten Über die ganze Insel verstreut bieten Reiterfincas ihre Dienste an, ob Reitkurse oder Vermietung von Pferden. Die O.I.T.-Büros halten Informationsmaterial bereit.

Tennis An Tennisplätzen herrscht kein Mangel. Viele Hotels haben eigene Anlagen für ihre Gäste; einer der größten freien Anbieter ist das »Tennis Center Peguera« mit 15 Plätzen.

ANGEBOTE UND ADRESSEN

SPORTEVENTS

Das Angebot an Ganz- und Halbmarathons, Bergläufen, Bi- und Triathlons sowie Radrennenauf der Insel ist enorm.
Eine kleine Auswahl:

Januar: Mallorca Challenge (Rad)
März: Rally Clásico (Motorsport)
April: Trofeo Princesa Sofía (Segeln); Mallorca 312 (Rad)
Mai: Ironman 70.3 (Triathlon)
Oktober: Palma Marathon; Mallorca 5000 (Berglauf)

Mit Kraft im Spiel gegen den Wind: Kitesurfen bei Palma

NORTH

ABTAUCHEN UND SONNE TANKEN

Die Gewässer rund um Mallorca zählen zu den saubersten im Mittelmeer. Die ausgedehntesten Sandstrände ziehen sich an den weiten Buchten von Palma (Südwestküste), Pollença und Alcúdia (Nordostküste) entlang. Kleinere Sandbuchten, zum Teil mit felsigen Einsprengseln, reihen sich an der Südostküste aneinander. Derzeit sind 23 Strände mit der blauen Flagge ausgezeichnet.

▶ **Strände** ⌖ Lage  Besonderheiten

1 Platja de Muro	**2 Cala Mitjana**	**3 Cala Torta**
⌖ An der Bucht von Alcúdia	⌖ 6 km nördlich von Capdepera, links der Straße	⌖ Nachbarstrand der Cala Mitjana
ⓘ Nicht gerade einsam, aber für Kinder ideal, da flach ins Meer abfallend.	ⓘ Kleine Bucht hinter Kiefern verborgen. Ruhig und idyllisch.	ⓘ Traumhafter Strand inmitten einer gebirgigen Landschaft. Oft mit starken Wellen und Strömungen.
4 Cala Mesquida	**5 Cala sa Nau**	**6 Cala Mondragó**
⌖ 6 km nördlich von Capdepera, rechts der Straße	⌖ 3 km nordöstlich von Cala d'Or	⌖ In einem Naturschutzgebiet östlich von Santanyí
ⓘ Naturgeschützter, 300 m langer Sandstrand an einer Bucht.	ⓘ Ruhiger, geradezu traumhafter Strand, weil unverbaut.	ⓘ Türkisfarbene Lagune mit zwei schönen Sandstränden: Calo des Burgit ist sehr populär und s'Amarador eher natürlich.
7 Cala Llombarts	**8 Platja d'es Caragol**	**9 Es Trenc**
⌖ Ca. 2 km südlich von Santanyí	⌖ Am Cap de ses Salines	⌖ 6,5 km nördlich von Colonia de Sant Jordí
ⓘ Schöne, relativ ruhige Bucht mit türkisblauem Wasser. In der Nähe und nur zu Fuß zu erreichen: Cala de sa Comuna und Cala s'Amunia.	ⓘ Hier und an den Stränden von d'es Carbó und ses Roquetes ist wenig bis sehr wenig los, weil bar jeglicher Strandeinrichtungen.	ⓘ Traumhaft weißer Dünenstrand mit karibischem Flair. Beliebt auch bei FKK-Fans. Fortsetzung nach Norden: Platja de sa Rápita.

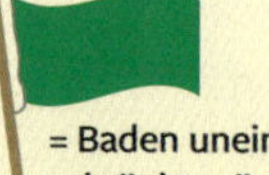
= Baden uneingeschränkt möglich

= Baden gefährlich

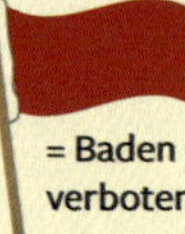
= Baden verboten

Kap Formentor
Alcudia
Strände
Tauchreviere
MALLORCA
Cala Millor
Manacor
Porto Cristo
Palma
Magaluf
El Arenal
Porto Colom
Santanyí
Cala d'Or
550 Küstenkilometer
208 Badestrände, davon
- Sand: 159
- Fels: 21
- Kiesel: 15
- Kies: 13
Tauchen auf Mallorca
Fast das ganze Jahr kann man auf Mallorca seine Tauchleidenschaft ausleben.
Fünf Meeresschutzgebiete, Hunderte von Höhlen, Steilwände, Wracks bieten eine Vielfalt von Tauchgängen ... alle mit ausgezeichneter Sicht.
3 Tauchreviere
Besonderheiten
Maximale Tiefe
① El Toro
Unterwasser-Natur-schutzgebiet. Reich an Unterwasserleben- und -landschaften. Dank guter Sicht bis zu 30 m ist der Tauchplatz sehr gut geeignet für Tauchanfänger.
40 m
② Big Cheese
An der riesigen, aus dem Meer aufsteigenden Felsformation ermöglichen miteinander verbundene Unterwassertunnel besonders reizvolle Tauchgänge.
15 m - 30 m
③ Cove del Jeroni
Wunderbar natürlich beleuchtete Grotte mit Stalaktitendecke. Der starke natürliche Druck der Wellen verursacht einen magischen Nebel. Für Tauchanfänger geeignet.
30 m

RADSPORT

Rennradtouren, Radwanderreisen GPS-Tracks bieten u. a. folgende Veranstalter:

HUERZELER BICYLCE HOLIDAYS

www.huerzeler.com

WHEELS SPORT

www.wheelssport.net

SURFEN · SEGELN · KAJAK

SAIL & SURF

Seit 1970 etablierte Familiäre Surf- und Segelschule mit gutem Wohnangebot.
Passeig Saralegui Pollença
Tel. 971 86 53 46
www.sailsurf.de

MALLORCA KITEBOARDING

Kitesurf, Wing Foil, Windsurf, Paddle Surf zum Verleih und als Kurse. In der Bucht von Pollença.
Tel. 686 42 52 34
www.mallorcakiteboarding.com

KAYAK MALLORCA

Kayak Mallorca bietet u. a. geführte Kajaktouren entlang der Halbinsel Formentor an.
An der Platja de la Gola in Puerto de Pollença
www.piraguasgm.com

TAUCHEN

SCUBA ACTIVA

Von Sant Elm aus lassen sich die herrlichen Tauchreviere bei der Insel Sa Dragonera erkunden.
Pl. Monseñor Sebastian Grau 7
San Telmo (Sant Elm)
Tel. 653 91 72 84
www.scuba-activa.com

DIVING DRAGONERA

Die deutschsprachige Tauchschule im Hafenstädtchen Puerto de Andraitx im Südwesten von Mallorca ist ganzjährig geöffnet. Sie führt täglich ebenfalls zu den Tauchrevieren bei Sa Dragonera sowie zu Wracks, Grotten und Höhlen. Ausfahrten 2 x täglich, um 9.30 und 14 Uhr.
Almirante Riera Alemany 23
Port D'Andratx
Tel. 9 71 67 43 76
www.aqua-mallorca-diving.com

TENNIS

TENNIS CENTER PEGUERA TENNIS ACADEMY MALLORCA

C/ Joaquín Blume
Peguera
Tel. 971 68 77 16
http://tennisacademymallorca.com

WANDERN

MAR Y ROC

Deutschsprachiger Anbieter von geführten Wander- und Höhlentouren mit unterschiedlichen Leveln. Tgl. Tourenprogramm.
Tel. 680 32 21 71 (Mobil)
www.maryroc.de

MALLORCA MUNTANYA

Die jahreszeitlich abgestimmten Touren durch die Tramuntana werden von zertifizierten Bergführern geleitet - auch auf Deutsch.
Tel. 654 98 61 71
www.mallorcamuntanya.com

WANDERFÜHRER UND -KARTEN

Wolfgang Heitzmann:
KOMPASS Wanderführer Mallorca
KOMPASS Wanderkartenset 2230 (4 Karten) 1:35.000
www.kompass.de

WANDERHERBERGEN (REFUGIS)

Information und Reservierung:
Tel. 971 17 37 00
www.conselldemallorca.net
(Website auch auf Deutsch)

ESSEN UND TRINKEN

Auf einer Insel, die von Urlaubern aus der ganzen Welt besucht wird, ist die internationale Küche allgegenwärtig – zumindest in den großen Urlaubszentren. Daneben gibt es die traditionelle Inselküche – in klassischen Ausflugsrestaurants, in alten und neuen Lokalen abseits des Massenbetriebs und in veredelter Form sogar in Gourmettempeln, wo das Exklusive längst nicht mehr mit exotischen Zutaten aus fernen Ländern zubereitet wird, sondern mit wiederentdeckten kulinarischen Schätzen aus der nahen Umgebung.

Mittelmeerküche

Traditionelle Küche

Wenn **Joan Abrines** über die Küche Mallorcas philosophiert, möchte man sofort Schnitzel, Pizza oder Burger abschwören. Sein Restaurant »Can Carrossa« in Lloseta (bei ▶ Inca) gehört zu den Institutionen traditioneller Kochkunst. »Das, was man mallorquinische Küche nennt, ist in Wirklichkeit die Küche des Mittelmeers«, erklärt Abrines, der auch an der Hotelfachschule in Calvià lehrt, »allerdings unterscheidet sie sich in den Methoden der Zubereitung und in der Vielfalt der Zutaten.« Zu den Leidenschaften von Herrn Abrines gehört es, nach alten Rezepten zu forschen. Dabei belässt er es nicht nur bei Zutaten und Zubereitung. Auch die Technik sei entscheidend, sagt er. Ein echter Arròs brut (»schmutziger Reis«) etwa muss langsam in einer Greixonera, einer flachen Tonschale, garen. Nur so bekommt er seinen unverwechselbaren Geschmack.

Über Jahrhunderte haben die Insulaner lernen müssen, die Früchte der Erde und des Meeres bestmöglich zu nutzen. Daraus hat sich eine eigene Kochkunst entwickelt, die einerseits mit dem auskommen muss, was die Insel und das Meer liefern können, und andererseits von der Geschichte ihrer Bewohner erzählt. **Die Römer** brachten den Wein auf die Insel und waren begeistert von Kapern. **Die Sarazenen** führten Reis und Mandeln ein und veredelten die Olivenbäume. Auch die Orangen oder Gemüse wie Auberginen verdanken sich ihrer Esskultur. Das Arabische kam außerdem als Import über Katalonien auf die Insel. Die Verbindung von Öl und Knoblauch, von süß und salzig, das Kochen mit Pinienkernen, Rosinen, Safran, Zimt und Kreuzkümmel sind hierfür typisch.

Die lokale und von den Traditionen der Insel beeinflusste Küche ist schon seit mehreren Jahren der kulinarische Megatrend. Damit spielen auch **Spitzenköche** wie Fernando Pérez Arellano (Zaranda in Es Capdella), Andreu Genestra (Andreu Genestra Restaurant im Hotel Zoëtry in Llucmajor) oder Macarena de Castro (Restaurante Mac de Castro in Port d'Alcúdia).

Noch ein Wort zur lokalen bzw. internationalen Küche. Es wäre falsch, Letztere zu disqualifizieren. Bedenkt man, dass auf Mallorca fast 100 Nationen heimisch sind und von den 956 000 Einwohnern nur rund 300 000 Mallorquiner im eigentlichen Sinn sind, versteht man, dass die Internationalität kulinarischen Reichtum bedeutet. Der zeigt sich im Einfluss der marokkanischen, der südamerikanischen und italienischen Küche, aber auch in typischen Gerichten oder Vorlieben, die ihren Ursprung in der Schweiz oder in Deutschland haben.

Morgens Wie auch in anderen Mittelmeergegenden beginnt der kulinarische Tagesablauf auf Mallorca recht bescheiden. Eine Tasse Kaffee oder Milchkaffee, dazu ein Croissant, ein getoastetes Baguette mit Marmelade, Öl oder Tomatenpaste oder eine Ensaimada (Hefeschnecke), das genügt fürs Erste.
Gegen 11 Uhr macht sich gern mal ein leichtes Hungergefühl bemerkbar, und wer kann, sucht eine Bar oder Cafetería auf, um bei einem Sandwich, einer Tapa oder einem Panades, einer gefüllten Teigtasche, Kraft für die weiteren Aufgaben des Tages zu sammeln.

Mittags Das **Mittagessen** wird gegen 14 Uhr eingenommen und kann durchaus drei Gänge haben. Gerne greift man auf ein günstiges »Menu del día« zurück. Solch ein Tagesmenü kostet zwischen 8 und 25 € und bietet meist zwei oder drei Varianten je Gang zur Auswahl. Reichhaltig und relativ günstig ist ein **Pa amb Oli** (▶ S. 308).

Abends Zum **Abendessen** kommen Mallorquiner nicht vor 20 Uhr zusammen; in den Hochburgen des Pauschaltourismus gelten solche Regeln natürlich nicht. Übrigens ist es auf Mallorca wie überhaupt in Spanien üblich, sich im Restaurant einen Tisch zuweisen zu lassen. Sich auf den letzten freien Tisch zu stürzen, während am Tresen schon andere Gäste warten, ist daher ebenso ein Sakrileg wie die in nördlichen Breiten harmlose Frage, ob man sich dazusetzen dürfe. Andererseits ist die Wahrscheinlichkeit groß, dass am Tisch nicht etwa ein Mallorquiner oder Spanier sitzt, sondern ein Urlauber oder Dauerresident aus dem mittleren Norden.

Inselgenüsse Sitzt man am Tisch, werden sogleich Brot und **Oliven** gebracht. Letztere legt man auf der Insel gern mit wildem Fenchel und noch grünen Zitronen ein. In den Restaurants mit mallorquinischer Küche sind Gerichte vom Schwein und vom Lamm Standard. Typisch mallorquinisch sind auch Kaninchengerichte, zum Beispiel **Conill amb ceba**, Kaninchen mit Zwiebeln, und natürlich Geflügel jeder Art wie die pikant in einer Mandelsoße servierten Hähnchenschenkel.

Genuss verteilt auf Schälchen: Tapasbars in Palma bieten unterschiedlichste, aber immer köstliche Häppchen.

RIOJA
Abadia

TYPISCHE GERICHTE

Pa amb Oli: Das ungesalzene Bauernbrot wird mit einer Tomatenhälfte eingerieben. Es sollte eine reife, gelagerte Ramallet-Tomate sein, deren Saft und etwas Fruchtfleisch auf dem Brot bleiben. Ein paar Tropfen Olivenöl und Meersalz darauf, dazu ein paar Oliven und eingelegten Meeresfenchel – schon ist die einfache Variante fertig. Oft gibt es aber noch eine Scheibe Käse oder Landschinken obendrauf.

Sobrassada: Die Sobrassada ist ein Stück mallorquinischer Identität.. Die Fülle dieser Streichwurst besteht vor allem aus Schweinemett und Paprika. Sie wird in Schweinedarm gestopft und so lange gelagert und getrocknet, bis sich auf der Haut ein mehlähnlicher Belag von Hefepilzen gebildet hat. Die beste Sobrassada wird aus dem Fleisch des Porc negre hergestellt, einer schwarzen Schweinerasse, die sich von Eicheln und Feigen ernährt.

Trempó: Wenn es heiß ist, schmeckt der erfrischende Salat besonders gut. Trempó ist gewissermaßen das Pendant zum andalusischen Gazpacho und besteht aus Tomaten, grünem (hellem) Paprika, Zwiebeln, manchmal sogar Äpfeln und Birnen und ist grundsätzlich mit Essig und Olivenöl angemacht. Gerne werden auch Coques mit Trempó belegt. Die mallorquinische Art der Pizza, die es nur beim Bäcker gibt, kommt ohne Sugo und ohne Käse in den Backofen.

Llom amb Col: Schweinelende mit Kohl ist eine klassische Mahlzeit für einen Wintersonntag. Sie bekommt ihr wunderbares Aroma durch den im Speck geschmorten Kohl, der mit Weißwein abgelöscht wird. Rosinen und Pinienkerne gehören in die Soße.

Tumbet ist ein leichter Gemüseauflauf, den man kalt, heiß oder auch lauwarm genießen kann. Tomaten, Kartoffeln, Auberginen, Paprikaschoten und Öl brutzeln in der tönernen Kasserolle, der Greixonera, vor sich hin, ehe sie mit einer wunderbar intensiven Tomatensoße auf den Tisch kommen.

Ensaimada: So eine goldgelbe, in Schmalz ausgebackene Hefeschnecke ist der reine Genuss. Fragen Sie einen Mallorquiner, wo es in der Nähe die besten Ensaimadas gibt – viele sind echte Experten und wissen, aus welcher Bäckerei noch traditionell gearbeitet wird.

DIE INSEL DER WEINE

*Rund eintausend Jugendliche und einige Männer und Frauen wühlen sich durch einen Berg von Trauben. Zwölf Tonnen sind es in diesem Jahr, die auf das Gelände neben dem Polideportivo, der Sportanlage, von Binissalem gekippt wurden (**► S. 81**).*

Sportlich geht es zu beim fruchtigen Spaßkampf. Bald sind Hosen und T-Shirts getränkt vom rötlichen Extrakt, fliegen die reifen Früchte über die johlende Menge: Wir sind beim Auftakt zum Weinfest von Binissalem, der **Festa des Vermar**. Die Mischung aus traditionellem Fest und medienwirksamem Event kommt gut an. Ansonsten ist die Baleareninsel nicht gerade mit Weinfesten gesegnet. Wie kommt das?

Schicksalsschläge

Der Weinanbau auf Mallorca hat, wenn man so will, eine gebrochene Biografie. Die Römer hatten Rebstöcke für ihren geliebten Wein mitgebracht, die auch unter der Herrschaft der Araber verblieben. In einer der ersten Amtshandlungen sicherte sich dann König Jaume I. das Vorrecht auf den Weinanbau in Bunyola, Campos, Felanitx, Manacor, Porreres und Valldemossa.
Im Jahr 1891 ereignete sich der Schicksalsschlag. Die **Reblausplage** machte sich in kürzester Zeit über Mallorca her. Bis dahin war der Weinbau ein glänzendes Geschäft für die knapp 210 000 Inselbewohner. Der zweite Schlag für den Weinbau kam durch den Massentourismus ab den 1950er-Jahren. Günstige Weine wurden vom spanischen Festland importiert, und wer etwas Besseres wollte, fragte nach einem Rioja. Die Nachfrage war ohnehin gering. 1958 sollen nur zwei Hektar Land mit Reben bestockt gewesen sein.
Heute ist die Baleareninsel wieder ein erstklassiges »Weinland«. Gefragt sind charaktervolle, eigenständige Produkte.

Die neue Weinkultur

Zu einer gewissen Berühmtheit bringt es der **Malvasier**, der auf den Terrassen der Tramuntana wächst. Anfang 2000 hat ein Professor von der Balearen-Universität aus einer der letzten erhaltenen Reben einen virusfreien Sprössling gezüchtet. Wer den wiedererweckten Malvasier probieren möchte, fährt am besten nach Banyalbufar und Estellencs und klopft bei der Kooperative Malvasia de Banyalbufar und den Bodegas Son Vives, Ca'n Pico und Tomeu Isern an. 70 km weiter nördlich liegt Vinyes Mortitx, das höchstgelegene

Wiedererweckt: Malvasier aus Banyalbufar

Weingut der Insel. Der ungewöhnlichste Wein der jungen Bodega nennt sich **Dolç de Gel**, frei übersetzt: »Der Süße aus dem Eis«. Die Trauben dieser mallorquinischen Interpretation eines Eisweins werden künstlich angefroren, damit sich die feinen Aromen von Kräutern und kandierten Früchten entfalten können.

Mitverantwortlich für die Renaissance der mallorquinischen Weinkultur waren Miquel Ángel Cerdà, Pere Obrador und Francesc Grimalt aus Felanitx. Die kamen 1994 auf die Idee, Wein für den Eigenbedarf zu produzieren. Der Most einiger vernachlässigter Callet-Lagen wurde in alte Milchtanks gekippt – und es geschah das Wunder: **Anima negra**, die »schwarze Seele«, war geboren, wurde Kult und ist es bis heute. Der Geniestreich der Àn Negra Viticultors hatte Folgen. Autochthone Rebsorten wurden auch für anspruchsvolle Gaumen salonfähig.

Öko-Weinbau

Zu den großen Weinkünstlern der Insel zählt auch Miquel Gelabert, der schon mehrmals zum »Winzer des Jahres« gekürt wurde. In den Fässern seiner Bodega in Manacor lagern anspruchsvolle Cuvees wie der Gran Vinya Son Caules, der sein komplexes und seidiges Aroma vor allem den Callet-Trauben verdankt, die an rund 60 Jahre alten Rebstöcken wachsen. Wie viele seiner Kollegen arbeitet Miquel Gelabert im Weinberg mehr oder weniger ökologisch, das heißt ohne Chemie, aber auch ohne das aufwendige Zertifizierungsverfahren, weshalb sie auch nicht als sog. Bioweine gekennzeichnet sind. Bei Mesquida Mora aus Porreres geschieht der Weinbau biodynamisch, sozusagen im Einklang von Erde und All.

Im Weingut von José L. Ferrer in Binissalem lagern mehr als 2000 Weinfässer.

Die Mondphasen geben vor, wann geschnitten und geerntet werden darf, und um die Böden nicht zu verdichten, geht der Winzer mit Maultier und Pflug zwischen die Reben.

»Wir haben uns für Qualität und Charakter entschieden«, erklärt auch Ramón Servalls i Batle. Die Bodega Macià Batle ist die größte der Insel und gehörte zusammen mit der Bodega José L. Ferrer zu den Ersten, die dem Wein-Standort Mallorca ab den 1970er-Jahren neuen Geist einhauchten. Das Traditionshaus José L. Ferrer mit seinen 2000 Barrique-Fässern hat seinen Sitz im Nachbarort Binissalem. Allein durch Größe kann man auf dem anspruchsvollen Markt nicht mehr bestehen. Also wird auch bei den sonst eher konservativen Weinmachern getestet und experimentiert. So reizt es die Winzerinnen und Winzer trotz der hohen Temperaturen ausdrucksstarke Weiß- und Roséweine zu keltern. So wie Thomas Wambsgans, der lange Jahre für die Weine von Castell Miquel verantwortlich war. Mit seinem Mandia Vell Rosado, der in einer Tonflasche abgefüllt wird, hat er einen besonderen Wein geschaffen.

Echte **Fischlokale** finden sich nur an der Küste. Eine Delikatesse sind die roten Gambas aus Sóller. Goldmakrele (Llampuga), Calamari und Rochen (Ratjada) stammen auch aus den Gewässern vor der Insel, wo es um die Fischgründe allerdings nicht mehr allzu gut bestellt ist. Typisch sind hier die **Fideuà de peix**, eine herzhafte Nudelsuppe von eher dicker Konsistenz mit Fischstücken, der **Arròs negre**, dunkler, mit der Tinte des Tintenfischs gefärbter Reis, und, nicht zu vergessen, der »schmutzige Reis«, **Arròs brut**, ebenfalls eine sämige, würzige Reissuppe mit Fleisch- und/oder Fisch- und Gemüsestücken.
Möchten Sie die traditionelle Küche kennenlernen, dann probieren Sie doch mal ein Trempó, Tumbet und Llomb amb Col (▶ Typische Gerichte, S. 306 f.).
Mandeln werden in Suppen und Soßen verarbeitet und natürlich zu köstlichen Nachspeisen. Typisch ist der Mandelkuchen (Gató), der gerne mit einer Kugel Mandeleis serviert wird und dann Gató amb gelat heißt. Man kann sich auch für Flan entscheiden, eine Art Karamellpudding, oder den Menjar blanc, eine leicht karamellisierte Milchspeise.

Mallorquinische Getränke

Ein beliebtes Erfrischungsgetränk ist die **Horchata**, die aus Erdmandeln (Chufas) bereitet wird. Besser als ihr Ruf, wenn sie denn frisch zubereitet wird und die Zutaten nicht aus dem Tetrapak kommen, ist eine **Sangría**. Die Mischung aus Rotwein, Brandy, Mineralwasser, Orangen- und Zitronensaft mit Frucht- und Eiswürfeln ist im Sommer überaus belebend (und wird keineswegs mit Strohhalm aus Eimern getrunken). Eine Renaissance in ganz Spanien erlebt derzeit der Wermut. Urige Wermut-Bars wie in Madrid hat Mallorca leider nicht zu bieten, dafür werden Wermut-Drinks in trendigen Bars wie der Vermoutería La Rosa in der gleichnamigen Straße in Palma so gut mixt, dass man zum Fan eines echtes Dry Martini à la James Bond werden kann.
An Alkoholischem hat die Insel noch mehr zu bieten: **Palo** ist ein Aperitif, der ursprünglich aus Südamerika kommt. Seine wichtigsten Zutaten sind Chinarinde, Enzian und Karamellzucker. Er ist dunkel und weich und wird vor dem Essen genossen. Bekannter ist der **Hierbas,** ein Kräuterlikör, den viele Mallorquiner nach eigenem Rezept herstellen. Mehrere Monate werden Rosmarin, Fenchel, Zitrone, Kamille und andere Kräuter in den Alkohol eingelegt. Angeboten werden süße, weniger süße und trockene **Hierbas-Liköre**. Auch ein Brandy wird auf der Insel destilliert. Der **Suau** wird 15, 25 oder 50 Jahre im Barriquefass ausgebaut und kann es durchaus mit den »Kollegen« aus dem andalusischen Jerez de la Frontera aufnehmen.

Das lässt sich Ricardo Suárez, Chef des Restaurants Casa Gallega in Palma, nicht nehmen: Fachkundig wird der Jambon geschnitten.

FEIERN

Mit einer »verdächtigen Regelmäßigkeit«, so Josep Moll, wird auf Mallorca gefeiert. Der 2007 verstorbene mallorquinische Journalist und Politiker hatte festgestellt, dass der Festkalender etwa alle 40 Tage irgendein Ereignis parat hält, um Arbeit und Alltag mal ruhen zu lassen.

Feier von Wein und Heiligkeit

Mal sind es die großen kirchlichen Feste wie Weihnachten, Dreikönigstag oder Ostern, mal ist es der Johannistag, dann ist es das Andenken an den Schutzheiligen der Stadt, das gefeiert werden muss, oder die Produkte der lokalen Landwirtschaft, der Wein, die Blutwurst oder sogar das Rebhuhn.

Die Feste, man ahnt es schon, hatten eine soziale Funktion, sie regelten das Wechselspiel von Arbeit und Freizeit, als es noch keinen Jahresurlaub gab und keine 40-Stunden-Woche.

Über die Jahrhunderte hat sich ein gewisses Protokoll herausgebildet: Fester Bestandteil ist in der Regel eine Prozession zu Ehren von Heiligen, deren Statue gerne auch durch die Straßen getragen wird. Die weltlichen Komponenten sind je nach Stadtgröße eine oder mehrere Bühnen, auf denen Folkloregruppen oder Pop- und Rockbands auftreten. Unverzichtbar sind Stände mit Essen und Getränken und zum Abschluss ein Feuerwerk.

VERANSTALTUNGSKALENDER

GESETZLICHE FEIERTAGE

1. JANUAR
Cap d'Any (Neujahr)

6. JANUAR
Reis Mags (Dreikönigstag)

20. JANUAR
Sant Sebastià (Patronatstag von Palma)

1. MÄRZ
Dia de les Illes Balears
(Tag der Balearen)

1. MAI
Festa del Treball (Tag der Arbeit)

15. AUGUST
Assumpció
(Mariä Himmelfahrt)

12. OKTOBER
Dia de la Hispanidad
(Gedenktag zur Landung von Kolumbus in Amerika)

6. DEZEMBER
Tag der Verfassung

8. DEZEMBER
Immaculada Concepció (Mariä Empfängnis)

25./26. DEZEMBER
Nadal (Weihnachten)

Zwischen Palmsonntag und Karfreitag prozessieren die Büßer durch Palma.

BEWEGLICHE FEIERTAGE

Divendres Sant (Karfreitag), Fronleichnam

JANUAR

REIS MAGS

Am Vorabend der Reis Mags (Reyes Magos) halten die Heiligen Drei Könige Einzug. Am prächtigsten ist das Spektakel bei dem von Motivwagen, ähnlich wie beim rheinischen Karneval, Bonbons in der Hauptstadt Palma geworfen werden. Die Kinder freuen sich auf diesen Tag besonders: Am nächsten Morgen ist Bescherung.

SANT ANTONI

Am Patronatsfest Sant Honorat Antoni geht es hoch her. In den vielen Gemeinden, besonders in Sa Pobla, Algaida und Palma, tanzen in der Nacht zum 17. Januar dimoni (Teufel) und verbreiten ein höllisches Spektakel mit allerlei Feuern und Pyrotechnik.

SANT SEBASTIÀ

Von den Feuerfesten des Sant Antoni geht es in Palma nahtlos ins Fest des Stadtpatrons Sant Sebastià über (20. Januar). Das dauert eine ganze Woche und wird mit Konzerten und abschließendem Feuerwerk begangen.

FEBRUAR / MÄRZ

FIRA DE FANG

Mallorcas Keramikhauptstadt Marratxi lädt Ende Februar/Anfang März zur Fira de Fang, zur Töpfermesse. An den Ständen türmen sich die Schüsseln, Krüge und »Greixoneras« sowie die kleinen Glücksbringer, die »Siruells«.

KARWOCHE / OSTERN

SETMANA SANTA

Die Osterwoche auf den Balearen kann sich zwar nicht mit der in Andalusien vergleichen, doch Büßerprozessionen gibt es auch hier. Die größte findet am Nachmittag des Gründonnerstags in Palma statt. Mehr als 30 Bruderschaften reihen sich samt Spitzhauben in die Processó del Sant Crist de la Sang ein.

In Pollença wird an Karfreitag ein großes Holzkreuz errichtet und bei einem Passionsspiel Christus vom Kreuz genommen (davallement) und zur Kirche getragen.
Am Dienstag nach Ostern findet in Campanet die Romeria de Sant Miquel, eine Wallfahrt von Campanet zum Oratori de Sant Miquel, statt. In Motuïri wird am selben Tag zum Puig de Sant Miquel gewandert und in Sa Pobla zur Ermita de Crestatx. Am Mittwoch machen sich die Einwohner von Lloseta auf zur Romería del Cocó, zur Wallfahrt zu Ehren der im 13. Jh. gefundenen Skulptur Nostra Senyora de Lloseta.

APRIL

PATRONATSFESTE

Das ganze Sommerhalbjahr über finden Patronatsfeste statt, so schon sehr früh in Sineu (25. April); Artà (13. Juni); Santa Margalida (20. Juni); Marratxi (30. Juni); Petra (21. Juli).
In zahlreichen Orten wird im August Santa Eugènia gedacht: Artà (1. Aug.); Alaró (7. – 16. Aug.); Sineu (8. – 17. Aug.); Selva, Escorca, Sant Llorenç (alle am 10. Aug.); Porreres (16. Aug.); Montuïri (23./24. Aug.); Sóller, Consell, Alcúdia, Capdepera (alle am 24. Aug.); Felanitx (28. Aug.).
In vielen Orten feiert man Sant Joan am 29. August; Fornalux, Santa Maria del Camí, Lloseta, Galilea, Costitx (alle am 8. Sept.); Bunyola (21. Sept.); Santanyí (30. Nov.).

MAI

MOROS I CRISTIANS

Sóller feiert seine tapferen Frauen, die »Ses Valetes Dones«. Sie hatten sich beim Sieg über die türkischen Piraten am 11. Mai 1561 hervorgetan. Das Kampfspiel wird am zweiten Sonntag im Mai vorgeführt.

JUNI

SANT JOAN

Das Mittsommerfest zu Ehren des Sant Joan wird mit Johannisfeuern und Picknick auf der ganzen Insel gefeiert, besonders sehenswert ist es in Deià, Manacor de la Vall und Calvià (jeweils am 23./24. Juni).

SANT PERE

In den Häfen von Palma, Andratx und Alcúdia gedenken die Seeleute und Bootsbesitzer ihres Schutzheiligen mit einer Schiffsprozession (29. Juni).

JULI

CAVALCADA DE LA BEATA

Die einzige Heilige der Insel, Santa Catalina Tomàs, wurde in Valldemossa geboren, wo ihr am 28. Juli mit einer Prozession gedacht wird und ein kleines Mädchen die Heilige darstellt.

MARXA GÜELL

Die Wallfahrt von der ehemaligen Bar Güell in Palma zum 48 km entfernten Kloster Lluc verdankt sich einem privaten Gelübde. Mittlerweile nehmen an die 50 000 Menschen an dem Nachtmarsch zum Inselheiligtum teil (Ende Juli /Anfang August).

SERENATES D'ESTIU ILLES BALEARS

Ende Juli/Anfang August erklingen im Waffenhof des Castell de Bellver in Palma klassische Sommerkonzerte.

FESTIVAL DE POLLENÇA

Beim Musikfestival im Kreuzgang des Klosters Sant Domènec treten internationale Gäste auf .

AUGUST

FESTIVAL CHOPIN

Von den Sommerfestivals klassischer Musik gehört dieses in Valldemossa zu den besten.

Laut und bunt – die »Moros i Cristians«, das nachgespielte Gerangel zwischen maurischen Piraten und christlichen Bürgern in Pollença, sind ein Spektakel.

MOROS I CRISTIANS

Auf sie mit Gebrüll – seit ein Häufchen mutiger Bürger aus Pollença türkische Piraten im Mai 1550 verjagt haben, wird die Schlacht alljährlich am 2. August nachgespielt und begossen.

SEPTEMBER

WELTFOLKLOREFESTIVAL

Folkloristische Tänze werden auf den Plätzen der Hauptstadt aufgeführt. Das Festival Mundial de Danzas Folklorísticas findet alle zwei Jahre statt (2025, 2027 etc.).

FESTA DES VERMAR

Am letzten Sonntag im September feiert Binissalem mit Traubentreten und Traubenschlacht seinen Wein.

OKTOBER

SANTA CATALINA TOMÀS

Der Inselheiligen wird mehrmals und an mehreren Orten im Jahr gedacht. Am 3. Oktobersamstag ziehen Prunkwagen aus vielen Dörfern der Insel durch die Hauptstadt.

NOVEMBER

DIJOUS BO

Der »Gute Donnerstag« ist die größte Messe der Insel. Neben der Landwirtschaftsmesse findet zu diesem Anlass auch ein großer Jahrmarkt in Inca statt (3. Donnerstag im November).

DEZEMBER

NIT DE NADAL

An Heiligabend gehen viele Mallorquiner in den Gottesdienst, besonders schön ist er im Kloster Lluc und in der Kathedrale in Palma. Zur Liturgie der Mitternachtsmesse, der »Missa de Gal«, gehört auch der heidnische Brauch des Gesangs der Sybille.

NOCHE VIEJA

Nach dem Essen mit der Familie wird der Silvesterabend erst einmal auf der Straße gefeiert. Wichtig ist, kurz vor 24 Uhr irgendwo einen Fernseher zu finden, um den Glockenschlägen von der Puerta del Sol in Madrid zu folgen. Mit jedem Schlag ist eine Traube zu essen – das bringt Glück. Danach kann die Party beginnen.

SHOPPEN

Keine Reise ohne Souvenir. Vor allem auf der Reise nach Mallorca sollte man den Koffer nicht zu voll packen, damit beim Rückflug noch Platz ist für das ein oder andere Mitbringsel.

Souvenirs

Typische Mitbringsel

Auf Mallorca werden **Leder- und Glaswaren** sowie Zier- und Gebrauchskeramik erzeugt. Die großen Leder- und Schuhfabriken befinden sich in der Gegend von Inca. Für ihre Qualität bekannt sind etwa die international bekannten Hersteller Camper, Munper, Lottusse und Farrutx.
Hübsche Souvenirs kann man auch in den mallorquinischen Glasmanufakturen, etwa Gordiola und Menestralia, bekommen. Natürlich gibt es in den Glashütten auch Massenware, ein großer Teil der Produktion besteht jedoch aus geschmackvollen Vasen, Krügen und Schalen. Praktisch und schön ist das landesübliche **Keramikgeschirr**, die hohe »Olla« und die flachere »Greixonera«. Etwas einfacher zu verpacken sind die typisch mallorquinischen **Siurells**, archaisch wirkende, weiß, grün und rot bemalte Tonfiguren mit Flötenmundstück sowie Bestecke, Tabletts und Küchenbretter aus schön gemasertem Olivenholz, die man in vielen einschlägigen Geschäften findet. Eine Spezialität der mallorquinischen Stadt Manacor sind die hier fabrikmäßig hergestellten **Kunstperlen** von Majorica. Sie werden in allen erdenklichen Größen und Arrangements angeboten. Sehr typisch sind handgewebte **Leinenstoffe** mit sog. Zungenmustern (*robes de llengo*); sie werden in einigen Betrieben in Lloseta und in Santa Maria del Camí nach traditioneller Art hergestellt. Mallorca ist eine Insel der Künste, der Künstler und Galerien. Wer Entsprechendes sucht, kann sich auf Pollença, Santanyí und Palma beschränken, wo die wichtigsten **Kunstgalerien** angesiedelt sind.

Kulinarisches

Leckere Mitbringsel sind die **Ensaimadas**, ein süßes Hefegebäck, das von den Bäckereien auf Wunsch in transportgerechten Kartons angeboten wird. Etwas einfacher zu verstauen ist **Turrón**, eine aus Mandeln und Zucker bestehende köstliche Kalorienbombe, die ursprünglich aus den Regionen Valencia und Alicante kommt. Köstliche **Olivenöle** wie etwa Aubocassa, Son Catiu, Son Quint, Oli Jornets oder Solivellas sind nicht nur für die eigene Küche interessant.

Die Gassen in Alcúdias autofreier Altstadt bieten sich wunderbar zum ungestörten Shoppingbummel an.

DIE LETZTEN IHRER ART

Das Flechten mit Palmblättern kannten schon die Urbewohner von Mallorca. Heute ist das alte Handwerk fast verschwunden – ein Besuch beim letzten Meister der praktischen Flechtkunst.

Man könnte annehmen, über Mallorca sei schon alles gesagt. Doch eine Überraschung birgt etwa noch der Carrer de l'Agulla in Cala Ratjada. In dem beschaulichen Fischer- und Touristenstädtchen findet sich eine der letzten Adressen, will man mehr über ein ebenso altes wie vom Aussterben bedrohtes Kunsthandwerk erfahren – das **Flechten mit Palmblättern**.

Llata wird das auf Mallorca genannt. Wie das Töpfern und das Weben gehört das Flechten zu den ältesten Kulturleistungen des Menschen und wird in wenig veränderter Form bis heute fortgeführt. Was das alte Handwerk mit dem Geschäftshaus in der Carrer de l'Agulla zu tun hat, erfährt man erst, wenn sich die dunkle Haustür öffnet und ein älterer Mann mit grauem Pferdeschwanz den Besucher eine Treppe hinabführt. Es ist Tino Adrover Melis, der letzte Meister der Llata-Kunst auf Mallorca. Der geräumige Kellerraum, in den er seinen Besucher führt, ist gleichzeitig Flechtwerkstatt und Frisiersalon.

Dort sitzen in der Mitte des Raums zwei Frauen auf kleinen Kaffeehausstühlen mit geflochtener Sitzfläche. Auf dem dritten, noch freien Stuhl hat Tino wieder Platz genommen. Die drei sind umgeben von getrockneten Palmblättern in unterschiedlichen Längen und Breiten, abgeschnittenen Resten, geflochtenen Bändern, bunt gefärbten Bündeln und dem einen oder anderen fertigen Korb.

»Fer llata«

»Fer llata«, das Flechten, war vor allem im Nordosten der Insel verbreitet, ja sogar ein bedeutender Nebenerwerb bis weit in die zweite Hälfte des 20. Jahrhunderts hinein. Auch Tino, Maria Esperanza und Maria Magdalena, das Trio im Frisiersalon, kennen das Flechten aus frühester Kindheit. Sie haben bereits mit vier oder fünf Jahren gelernt, wie man aus den spröden Palmblättern in vielen Arbeitsstunden praktische und schöne Dinge fertigt. Selbstverständlich waren sie als Kinder kaum davon begeistert, Körbe flechten zu müssen. Früher durften die Kinder – vor allem die Mädchen – erst zum Spielen auf die Straße, wenn sie ein gutes Stück geschafft hatten, erinnert sich **Maria Esperanza**, die mit ihren 73 Jahren die meiste Erfahrung in der Runde hat.

Aussterbende Kunst

Heute ist sie stolz auf ihre Kenntnisse, schließlich gehört sie zu den Letzten der Insel, die diese Tradition hochhalten. »In Capdepera gibt es noch neun Kunsthandwerkerinnen und zwei in Artà«, erklärt Tino, der kaum jünger ist und sich Maestro Artesano nennt, also Kunsthandwerkermeister. Außer ihm, so versichert er, gäbe es keinen anderen Maestro mehr auf der Insel. Auf Mallorca fehlten der Nachwuchs, die Förderung, die Anerkennung und die Aufwertung des Flechtens als Lehrberuf. »Es kommt sehr viel Material aus Marokko und Nordafrika herüber. Unsere Taschen sind handgefertigt und kosten um die 50 € das Stück.« Und

Aus der Meisterwerkstatt in Cala Ratjada stammen schöne Unikate. Vielleicht finden Sie auf einem der Märkte ein passendes Stück »Fet a Capdepera« für zu Hause.

weiter: »Wir haben jetzt ein Etikett, ›Fet a Capdepera‹ steht darauf«, erklärt er. Und dann kommt er zu den Schritten, Schwierigkeiten und Feinheiten des Flechtens.

Wässern und Schwefeln

Jedes Jahr im Juni und Juli geht er in die Serra, ins Gebirge. Als Kunsthandwerker darf er auch im Naturpark, zu dem weite Teile der Nordostspitze der Insel gehören, **Palmblätter sammeln**. Anschließend legt er die Blätter zum Trocknen etwa einen Monat lang in die Sonne, bevor sie in einer Chlorlösung gewässert und danach geschwefelt werden. So bleiben sie hell und werden weich. Zum Flechten werden nur die Teile der Zwergpalme verwendet, die jedes Jahr wieder nachwachsen. Während Tino, der auch als Friseur arbeitet, zudem Kleider entwirft und Blumenschmuck für Hochzeitsfeste arrangiert, über das Sammeln der Palmblätter und die Vorbereitungen zum Flechten erzählt, bringt er ein Bündel Blätter auf die gewünschte Breite. Dazu nutzt er eine einfache, einige Millimeter starke Nadel, mit der er in das Blatt sticht und sie entlang der Fasern in Richtung Blattspitze schiebt. Maria Esperanza ist schon einen Arbeitsschritt weiter. Aus den etwa einen halben Zentimeter breiten Palmblattstücken flechtet sie einen Zopf, ein breites Band, das später zu einer Schnecke vernäht wird und den Boden eines traditionellen Korbhockers bildet.

So wie Maria Esperanza, Maria Magdalena und Tino saßen früher in vielen Haushalten die Menschen beisammen. Sie tauschten sich über den neuesten Klatsch im Dorf aus und flochten. Zusammen arbeiten und reden ist der kleinen Runde von Cala Ratjada wichtig.

Nicht nur wegen seines Geschmacks, sondern auch weil die Dosen so ansprechend gestaltet sind, gehören die **Salzblumen** von Es Trenc (Flor de Sal d'es Trenc) zu den beliebten Mitbringseln.
Sobrassada, die köstlichen **Honige** (z. B. Rosmarinhonig), **Kapernäpfel** und feine **Orangen- und Tomatenmarmeladen** bereichern jede Küche.
Gern genossene einheimische **Spirituosen** sind der »Hierbas«, ein Kräuterlikör, den es in den Geschmacksrichtungen *dulces* (süß) und *secas* (trocken) gibt, oder Palo, ein dunkelbrauner Likör, dem u. a. Chinarinde und Bitterwurz beigemischt sind. Sehr gut ist der auf Mallorca hergestellte Brandy »Suau«. In jüngster Zeit bereichern auch Craft Biere und Wermut-Liköre das alkoholische Angebot.
Guten **Wein** gibt es reichlich (▶ S. 84, 308) – am besten man probiert während des Urlaubs schon einmal das eine oder andere Glas.

Öffnungszeiten

Die Geschäfte sind im Allgemeinen von 9 bis 13.30 und 16.30 bis 20.30 Uhr, im Sommer oft bis in die späten Abendstunden geöffnet (vor allem Lebensmittel- und Tabakläden). Große Einkaufszentren haben Montag bis Samstag von 10 bis 22 Uhr durchgehend geöffnet.

ÜBERNACHTEN

Das überaus große Angebot an Hotels und Ferienwohnungen der verschiedensten Kategorien sorgt dafür, dass alle Ansprüche der Inselgäste in Bezug auf Komfort und Ausstattung erfüllt werden.

Hotels

Viele Mallorca-Urlauber buchen ihr Hotel wie eh und je: im Rahmen einer Pauschalreise. Das Strandhotel ist heute aber nur noch eine von vielen Möglichkeiten. Mietfincas und Ferienwohnungen werden immer beliebter. Eine schöne Alternative für Urlauber, die nicht an einem Platz bleiben wollen, sind kleine Landhotels im Landesinnern, die oft auch im Winter geöffnet haben.
Spanische Hotels sind in verschiedene Kategorien eingeteilt und mit Sternen bewertet. Die Bewertungsskala reicht vom Luxushotel (5 Sterne) bis zum Hotel bzw. Hostal oder Pensión für bescheidene Ansprüche (1 Stern). Allerdings orientiert sich diese Einteilung an den Einrichtungsstandards einer Unterkunft, nicht an der Qualität von Service und Verpflegung.

Ferienwohnungen

Ferienwohnungen (Apartamentos Turísticos; oft in größeren Gebäudeblocks) und Ferienhäuser werden in Kategorien eingeteilt, die mit einem (unterste Kategorie) bis vier Schlüsselsymbolen (oberste Kategorie) gekennzeichnet sind.

Stilvolles Interieur in der Finca Ca's Xorc bei Deià

Finca

Urlaub auf dem Land bieten Fincas (Bauernhof oder Landgut). Eigens hierfür wurde der Zweckverband »Associació Agroturisme Balear« gegründet. Die Bandbreite reicht von einfachen ländlichen Anwesen bis zu regelrechten Herrenhäusern, die jeden erdenklichen Komfort bieten.

Je nach Ausstattung können die Preise sehr unterschiedlich sein. Wegen des begrenzten Angebots ist eine frühzeitige Buchung unerlässlich. Meist ist ein Mindestaufenthalt von zwei oder mehr Tagen vorgesehen. Auf Anfrage kann bei manchen Fincas auch Halbpension gebucht werden.

Bei den Landunterkünften wird unterschieden zwischen Höfen, auf denen noch Landwirtschaft betrieben wird (**Agroturisme**), und ehemaligen Bauernhöfen, die sich gänzlich auf den Gästebetrieb verlegt haben (**Hotel rural**).

Camping

Mallorca ist **für einen Campingurlaub nicht geeignet**. Offiziell ist das Zelten verboten. Eine Ausnahme bildet der derzeit einzige **Platz beim Kloster Lluc**, der sich besonders an Wanderer und Naturfreunde richtet. Geduldet, zumindest für eine Nacht, wird in der Regel das Kampieren auf öffentlichen Ländereien.

Zeltplatz Kloster Lluc: Tel. 971 51 70 83

GLASS BOTTOM BOAT
FERRY BUS
cormoran vent

NÜTZLICHE ADRESSEN

BUCHUNGSPORTALE

ASOCIACIÓN BALEAR DE AGROTURISMO Y TURISMO DE INTERIOR
Mehr als 100 Landhotels (hoteles rurales), Landhäuser, Fincas und Ferienwohnungen in Bauernhöfen
Parellades 12, Palma
Tel. 971 72 15 08
https://turismoruralmallorca.com

WEITERE BUCHUNGSPORTALE:
www.tuivillas.com
www.fincas4you.com
www.fincamallorca.de
www.auf-nach-mallorca.info
www.fincaurlaub.de

JUGENDHERBERGEN

ALBERGUE JUVENIL LA VICTORIA
Großes Angebot an Abenteuer- und Wassersport, Fußballplatz, Garten, Gesellschaftsraum, Küchenbenutzung bis zu Parkmöglichkeiten, TV, Speisesaal und Terrasse
Camino viejo de La Victòria
Km 4,9, Alcúdia
Tel. 971 54 53 95 und
Tel. 971 17 89 32
Buchungs-Tel. 902 11 11 88
E-Mail: reserves@ibjove.caib.es
120 Betten
nur Juni – Aug.

AUSGESUCHTE HOTELS

... IM SÜDWESTEN

HOSPES MARICEL €€€€
Noch im Einzugsgebiet von Palma liegt auf einem Felsvorsprung am Meer dieses Luxushotel. Einige der 51 Zimmer und Suiten haben einen kleinen Privatpool. Das dezente Design passt gut zum historischen Stil des Hauses, wo es sich die solvente Kundschaft nach einer wohltuenden Behandlung im großen Spa auf der Meeresterrasse gut gehen lässt.
Ctra. Andratx 11
Cas Català (Calvià)
Tel. 971 70 77 44
www.hospes.com

HOTEL BENDINAT €€€€
Von der dicht bebauten Küste im Südwesten bekommt man im netten Traditionshaus nichts mit. An einer Felsbucht mit Badezugang (aber ohne Strand) genießen die Gäste den ruhigen und von Pinien beschatteten Garten. Die 54 Zimmer sind entweder modern oder mallorquinisch gehalten und verteilen sich auf zwei Gebäude. Sehr gut ist die Küche des Hauses.
C/Andrés Ferret Sobral 1
Portals Nous, Tel. 971 67 57 25
www.hotelbendinat.es

HOSTAL DRAGONERA €€
Der Standort des einfachen, aber gut ausgestatteten Hostals könnte nicht besser sein: Im netten Sant Elm liegt es direkt am Wasser, mit Blick auf die Insel Sa Dragonera. Die schöne Aussicht genießt man auch von der Restaurantterrasse.
Av. Jaume I 5, Sant Elm
Tel. 971 23 90 86

Hotelpool mit Blick auf die in der Cala Fornells ankernden Boote – ein traumhafter Platz.

... IM NORDWESTEN UND AN DER COSTA NORD

D'ES PUIG €€€

Mitten im Ort, unterhalb der Pfarrkirche, liegt das kleine nette Hotel, das doch groß genug ist, dass die Gäste am Pool oder auf der Gartenterrasse entspannen können. Das »D'es Puig« war eines der ersten Hotels der Insel.
C/ D'es Puig 4, Deià
Tel. 971 63 94 09
www.hoteldespuig.com

CAN AULI €€€

Das alte Herrenhaus im Zentrum von Pollença hat schon mal als Postamt gedient. Heute entführt es die Gäste in einen sorgsam gestalteten Kosmos aus Naturstein, lokaler Kunst und rustikaler Exklusivität. Tagsüber können die Gäste bei Yoga, Pilates, Rennradfahren, Golfen und anderem Geist und Körper in Einklang bringen. Das Hotel unterstützt mit entsprechenden Angeboten.
C/ Mallorca 40
Pollença
Tel. 871 87 25 00
www.canauliluxuryretreat.com

JUMA €€

Das älteste noch im Betrieb befindliche Hotel der Insel hat bereits 1907 eröffnet. Das charmante Haus mit seinen 7 Zimmern liegt direkt an der Plaça Major, was dann ein Nachteil ist, wenn dort gerade ein Fest gefeiert wird oder irgendetwas ab- oder aufgebaut wird. Wunderbar nostalgisch ist der Salon, in dem die Gäste einem Mallorca-Gefühl nachspüren können, das längst Geschichte ist.
Pl. Major
Pollença
Tel. 971 53 50 02
www.pollensahotels.com

ILLA D'OR €€€ – €€

Auch wenn es im Lauf der Jahre immer wieder erweitert wurde – der charmante, leicht britisch-steife Stil des 1929 eröffneten Hotels ist nach wie vor zu spüren. Die Lage direkt an der Bucht von Pollença ist einfach fantastisch. Mittlerweile können die Gäste auch ein Spa nutzen.
Paseo Colón 265
Port de Pollença
Tel. 971 86 51 00
www.hotelillador.com

SA BISBAL €€

Im hübschen Selva, unterhalb der Gemeindekirche nutzt das geschmackvolle Hotel die Räumlichkeiten eines Herrenhauses aus dem 17. Jahrhundert. Nur sechs Zimmer hat das Hotel, einen Pool und Angebote für Radsportler.
Sant Llorenç, 2
Selva
Tel. 606 33 37 76
https://cancotahotel.com

SA PLANA €€

Am Dorfrand von Estellencs liegt das romantische Refugium, in dem man gerne die Zeit vergisst. Das Landhotel im alten Gemäuer hat nur vier Zimmer, jedes mit Kamin und viel rustikalem Charme. Tagsüber kann man im schönen Garten mit Pool entspannen. Auf Wunsch können die Gäste ein hausgemachtes Menü genießen.
C/ Eusebio Pascual, Estellencs
Tel. 971 61 86 66
http://saplana.com

S'ARDEVIU €€

Ob einem ein Hotel liegt oder nicht, ist eigentlich keine Frage des Preises. In dem kleinen Stadthotel mit seinen sieben Zimmern fühlt man sich jedenfalls wie zu Hause, was nicht unwesentlich an den netten mallorquinischen Gastgebern liegt. In den romantisch-mallorquinischen Räumen, wie im Salon und im lauschigen Garten hält man sich gerne auf.
C/ Vives 14
Sóller
Tel. 971 63 83 26
www.hotelsardeviu.com/de

... IM NORDOSTEN

CASAL D'ARTÀ €

Das Haus am malerischen Rathausplatz ist schon seit Langem ein nettes kleines Hostal. Die deutsche Gastgeberin sorgt mit Liebe und Engagement dafür, dass der Charme und der authentische Charakter des Hauses und seiner acht Zimmer erhalten bleiben. Einen Pool gibt es zwar nicht, dafür aber eine wirklich schöne Dachterrasse.

C/ Rafael Blanes 19
Artà
Tel. 971 82 91 63
www.casaldarta.de

YARTAN €€€

Das neue Boutiquehotel liegt mit seinen zwölf Zimmern in einem alten, herrschaftlichen Haus mitten in Artà. Trotz der Lage gibt es einen lauschigen Garten mit Pool und Terrasse. Einrichtung und Innenarchitektur nehmen sich dezent zurück, damit das alte Gebäude wirken kann. Ein wunderbares Refugium mitten in der Stadt.

Calle Trespolet 8
Artà
Tel. 971 58 59 72
www.yartanhotels.com

... IM SÜDEN UND SÜDOSTEN

HOTEL SANTANYÍ €€€

Das charmante Hotel unter deutscher Leitung im alten Ortskern hat sieben unterschiedlich eingerichtete Zimmer. Da der Platz im alten Stadthaus begrenzt ist, hat nur ein Zimmer eine eigene Terrasse. In der Restaurant-Bar wird mediterrane Küche serviert.

Plaça Constitución 7,
Santanyí
Tel. 971 64 22 14
www.hotel-santanyi.com

CA'N BONICO €€€

Im Ortskern von Ses Salines wurde aus einem Ensemble von alten Natursteinhäusern ein edles Landhotel. Das elegante, diskret moderne Interieur hat einen etwas kühlen Charme. Überraschend weiträumig für seine Lage im Ort ist der Außenbereich mit Pool und Terrasse.

Plaça Sant Bartomeu 8
Ses Salines
Tel. 971 64 90 22
www.hotelcanbonico.com

... IM INSELINNEREN

SANT SALVADOR PETIT HOTEL €€

Von diesem ehemaligen Kloster aus lässt sich der Südosten Mallorcas erkunden – und von dem hoch gelegenen Hotel schöne Sonnenuntergänge bewundern. Im rustikalen Restaurant oder auf der Terrasse werden typische mallorquinische Gerichte serviert. Mindestaufenthalt sind drei Nächte.

Monasterio de Sant Salvador
Puig San Salvador
Felanitx
Tel. 971 51 52 60
www.cancalcohotels.com

PETIT HOTEL DAICA €

Mitten im Dorfkern von Llubí, in einem alten Steinhaus liegt das kleine feine Hotel. Die drei Zimmer sind mit mallorquinischen Möbeln eingerichtet. David Ribas und Caty Pieras, die das Hotel führen, sind meistens im hauseigenen Restaurant anzutreffen. Caty war Küchenchefin im renommierten Hotel »Castillo Son Vida« hoch über Palma. In ihrem eigenen Restaurant kocht sie marktfrisch und das gut.

C/ Nou 8
Llubí
Tel. 971 52 25 67
http://daica.es

AUSGESUCHTE FINCAS UND LANDGÜTER

... IM NORDWESTEN UND AN DER COSTA NORD

CA'S XORC €€€

Das abseits der Durchgangsstraße gelegene, ruhige Landhotel wurde in einer einstigen Ölmühle untergebracht. Stilvoll mit marokkanischen Anklängen zeigt sich das Interieur. Die zwölf Zimmer sind in Größe und Lage sehr unterschiedlich. Das ausgezeichnete Restaurant (tgl. geöffnet) ist einen Umweg wert. Als Mindestaufenthalt werden zwei Nächte verlangt.
Ma10 Richtung Deià, Km 56,1
Sóller
Tel. 971 63 82 80
www.casxorc.com

... IM NORDOSTEN

CASES DE SON BARBASSA €€€

In der abgeschiedenen Landschaft der Llevant-Halbinsel bei Artà liegt

Stilvoll bis ins Detail – auf den Fincas in Mallorca lassen sich die Urlaubstage äußerst angenehm verbringen.

das kleine geschmackvolle Landhotel. Inmitten schöner Natur und dennoch nicht weit von Artà, Cala Ratjada und schönen Stränden entfernt, fehlt es den Gästen an nichts. Zur Anlage gehören ein Restaurant und ein kleines Spa.
Ctra. de Capdepera nach Cala Mesquida, Km 1
Cala Mesquida
Tel. 971 56 57 76
www.sonbarbassa.de

... IM INSELINNEREN

ALQUERÍA BLANCA €€

Das Herzstück des noch bewirtschafteten Landguts ist ein Herrenhaus, das im 19. Jahrhundert im Stil des Modernisme umgebaut wurde und von einem parkähnlichen Garten samt Poolanlage umgeben ist. Die sechs Zimmer sind geräumig und haben jeweils eine Terrasse. Beim köstlichen Frühstück werden saisonale Produkte aus der eigenen Landwirtschaft serviert.
Ctra. Palma-Sóller, Km 13,6
Bunyola
Tel. 971 14 84 00
www.alqueria-blanca.com

FINCA CAN BENEÏT €€€

Das Vorland der Tramuntana zwischen Pollença und Inca ist landschaftlich wunderschön. Schmale Sträßchen führen durchs Hinterland und immer wieder auch zu schönen Fincahotels. Can Beneït wurde während der Corona-Jahre eröffnet. Das jahrhundertealte Anwesen hat noch viel von seinem ursprünglichen Stil bewahrt. Hinzu kommen ein riesiger Garten - auch für Spa-Anwendungen sowie Pool und Restaurant was in dieser Preisklasse Standard ist. Nur zehn Zimmer.
Can Beneït
Camí de Binibona o.N.
Binibona, Caimari
Tel. 871 81 18 71
www.fincacanbeneit.com

SA FRANQUESA NOVA €€€

Für Mallorca ungewöhnlich weit ist die Landschaft, die sich von der Terrasse des Haupthauses und vom Pool aus bietet. Überhaupt ist »Sa Franquesa Nova« anders als die meisten Edel-Fincas der Insel. Das fängt mit der Lage an und setzt sich beim Interieur fort, das nicht zum x-ten Mal die Idee vom mediterranen Landglück wiederholt. Die Gäste der 24 Zimmer haben viel Platz und zumeist eine eigene Terrasse, um sich ungestört der Weite zu überlassen. Zum Anwesen gehört auch ein Restaurant.
Crta. Petra-Felanitx, Km4
Ma5111 El Cruce
Manacor
Tel. 9 71 83 23 84
www.safranquesa.com

SON PENYA PETIT HOTEL €€€€

Zwischen Manacor und Cala Millor und weit genug von Sant Llorenç entfernt liegt die schöne Finca, sodass die ländliche Ruhe höchstens durch das Zirpen der Grillen oder ein Schafsblöken unterbrochen werden kann. Geboten werden unter anderem 20 sehr gut ausgestattete Zimmer, ein riesiger Garten und ein Spabereich. Die Gäste des »Nur-Erwachsene-Hotels« können im hauseigenen Restaurant speisen.
Camino de Son Berga
Sant Llorenç
Tel. 971 59 97 51
www.sonpenya.com

P

PRAKTISCHE INFOS

Direkt, erstaunlich, fundiert

Unsere Hintergrundinformationen beantworten (fast) alle Ihre Fragen zu Mallorca.

Nostalgisch unterwegs mit dem »Orangenexpress« in Sollér ►

11

KURZ & BÜNDIG

ELEKRIZITÄT
220 Volt. Adapter nicht nötig

FUNDBÜROS
In Palma: Av. Gabriel Alomar i Villalonga 18, Tel. 971 22 59 06
Flughafen: Tel. 971 78 94 56

NOTRUFE

ALLGEMEINER NOTRUF
Tel. 112 (landesweit)

ACE-EURO-NOTRUF
Tel. +49 711 530 34 35 36

ADAC IN BARCELONA
Tel. 9 35 08 28 28

ADAC-NOTRUFZENTRALE MÜNCHEN
Tel. +49 89 22 22 22

MEDIZINISCHE HILFE

AMBULANZ
Tel. 061

ÄRZTEHAUS PALMA
Cardenal Rossell 20
Tel. 971 22 80 67
www.medicumpalma.com

INTERNATIONALES FACHARZTZENTRUM PALMA
Porto Pi 8
Ed. Reina Constanza
Tel. 971 70 70 55
www.centromedicoportopi.es/de

ALLGEMEINE HILFE

POLIZEI
Nationalpolizei: Tel. 091
lokale Polizei: Tel. 092
Guardia Civil: Tel. 062

SPERR-NOTRUF 0049 116 116
Sperrung von Bank- und Kreditkarten, Handys und Krankenkassenkarten. Nähere Informationen: www.sperr-notruf.de

WAS KOSTET WIE VIEL?
Doppelzimmer: ab 90 €
Dreigängiges Menü: ab 25 €
Tagesmenü ab 10 €
Tasse Kaffee: 2 €
Mietwagen: ab 35 €/Tag
Glas Bier: 2,50 €

ZEIT

MITTELEUROPÄISCHE ZEIT

ANREISE ·REISEPLANUNG

Mit dem Flugzeug

Der Flughafen von Palma de Mallorca (PMI; katalanisch: **Aeroport de Son Sant Joan**) ist der einzige internationale Flughafen der Insel. Er wird von allen größeren Flughäfen Deutschlands, Österreichs und der Schweiz direkt angeflogen. Der Flug dauert durchschnittlich gut zwei Stunden. Bei Sonderaktionen oder Frühbuchungen mit Billigairlines sind Tickets ab ca. 150 € für Hin- und Rückflug möglich.

Mit dem Auto

Zeitraubend ist die Anreise mit dem eigenen Fahrzeug und daher nur bei einem langen Aufenthalt lohnend. Man fährt über die **gebührenpflichtige französische Autobahn** durch das Rhônetal und über Perpignan zum französisch-spanischen Grenzübergang Le Perthus/ La Jonquera. Auf der ebenfalls **gebührenpflichtigen spanischen Mittelmeerautobahn** A7 gelangt man nach Barcelona, von wo man übersetzen kann (s. u.).
Für die 1070 km **ab Zürich** fallen Mautkosten von 105 € an (zuzüglich der Schweizer Autobahnvignette). Ab **Köln** beträgt die Distanz 1350 km, wobei 85 € Autobahnmaut anfallen.

Mit der Bahn

Mit dem Zug muss man von Köln bis **Barcelona** mit einer Fahrzeit von rund 18 Stunden und Kosten von 240 bis 450 € für das Rückfahrticket rechnen. Reisende mit Bahn oder Pkw können von Barcelona mit der Fähre mindestens einmal tgl. nach Palma übersetzen. Die **achtstündige Überfahrt** kostet je nach Saison ab 65 €/Pers. bzw. ca. 180 € für zwei Personen im eigenem Auto.

Ein- und Ausreisebestimmungen

Reisedokumente

Bürger der EU-Staaten und der Schweiz benötigen einen gültigen Personalausweis oder Reisepass. Auch für Kinder ist ein eigener Personalausweis oder Kinderreisepass nötig. Nationaler Führerschein und Kraftfahrzeugschein werden anerkannt und sind mitzuführen, ebenso wie der Versicherungsschein und der Zahlungsbeleg, der die Gültigkeit bestätigt.

Haustiere

Will man Katze oder Hund auf die Reise mitnehmen, so ist der EU-Heimtierausweis das verbindliche Einreisedokument. Angegeben sein muss unter anderem das Datum der letzten Tollwutimpfung des Haustiers, die mindestens 30 Tage vor Grenzübertritt erfolgen muss und längstens 12 Monate her sein darf, sowie der Kenncode des **Mikrochips**, den das Tier zur Identifizierung tragen muss, oder die Tätowierungsnummer.

Zoll

Ob per Flugzeug oder mit der Fähre, Zollkontrollen werden **EU-Bürger** bei der Anreise nur in Ausnahmefällen erleben.
Reisende aus den EU-Mitgliedsländern können Waren für den privaten Gebrauch weitgehend zollfrei ein- und ausführen. Geldmengen über 10 000 € müssen deklariert werden. Für die Einfuhr von Waren gelten Höchstmengen – für Reisende über 17 Jahren 800 Zigaretten, 400 Zigarillos, 200 Zigarren, 1 kg Tabak, 10 l Spirituosen, 90 l Wein (davon 60 l Schaumwein).
Zollfrei sind auch Mitbringsel bis zu einem Wert von insgesamt 430 €.

Bei **Nicht-EU-Ländern** sind die Grenzen deutlich niedriger. Bei der Wiedereinreise in die Schweiz gelten folgende Freimengengrenzen: 250 g Kaffee, 100 g Tee, 200 Zigaretten oder 50 Zigarren oder 250 g Tabak, 2 l Wein oder andere Getränke bis 15 % Alkoholgehalt sowie 1 l Spirituosen mit mehr als 15 % Alkoholgehalt. Souvenirs dürfen bis zu einem Wert von 300 sfr zollfrei eingeführt werden.

Reiseversicherung

Krankenversicherung

Auch im EU-Ausland müssen die **gesetzlichen Krankenkassen** die Kosten für ärztliche Leistungen erstatten. Voraussetzung ist, dass dem behandelnden Arzt die Krankenversicherungskarte vorgelegt wird. Auch mit dieser Karte sind in vielen Fällen ein Teil der Behandlungskosten bzw. Ausgaben für spezielle Medikamente selbst zu zahlen. Gegen Vorlage der Quittungen übernimmt die Krankenkasse im Heimatland dann ggf. die Erstattung der Kosten.
Da die Kosten für ärztliche Behandlung und Medikamente in der Regel teilweise vom Patienten zu tragen sind und die Kosten für einen eventuell notwendigen Rücktransport von den Krankenkassen grundsätzlich nicht übernommen werden, empfiehlt sich auch für den Aufenthalt in Mallorca der Abschluss einer zusätzlichen **privaten Reisekrankenversicherung**.

AUSKUNFT

AUSKUNFT ZU HAUSE

SPANISCHES FREMDENVERKEHRSAMT
www.spain.info

... IN DEUTSCHLAND
Tel. 030 8 82 65 43
berlin@tourspain.es
Tel. 069 72 50 33
frankfurt@tourspain.es
Tel. 089 53 07 46 11 und
089 53 07 46 12
munich@tourspain.es

... IN ÖSTERREICH
Walfischgasse 8
A-1010 Wien
Tel. 01 512 95 80-11
viena@tourspain.es

... IN DER SCHWEIZ
Seefeldstrasse 19
CH-8008 Zürich
Tel. 044 2 53 60 50
zurich@tourspain.es

REGIONALBÜROS AUF MALLORCA

OFICINA DE TURISME
www.mallorca.es

WEITERE BÜROS IN PALMA
Plaça de la Reina 2
Tel. 971 17 39 90

Aeroport Son Sant Joan
Tel. 971 78 95 56
Estació Maritima 2
Tel. 971 70 74 00

Die lokalen Büros stehen im Kapitel Zielen von A bis Z bei den jeweiligen Orten.

INTERNET

WWW.SPAIN.INFO
Offizielle Website der staatlichen Fremdenverkehrsorganisation Turespaña mit umfassendem Informationsangebot.

WWW.ILLESBALEARS.TRAVEL
Die offizielle Tourismus-Website informiert detailliert über Aktivitäten und Reiseziele auf Mallorca, aber auch über Menorca, Ibiza und Formentera.

WWW.MALLORCA.ES/DE
Das offizielle Portal im Auftrag der Inselregierung bietet Reisetipps und Infos zur Inselkultur und zu Sehenswürdigkeiten.

WWW.PLATGESDEBALEARS.COM
Ausführlicher und umfangreicher Strandführer mit Informationen zu Anfahrt, Ausstattung und Charakter der Strände.

WWW.SERRADETRAMUNTANA.NET
Die von der Inselregierung betriebene Website stellt die Welterbe-Landschaft Serra de Tramuntana vor.

HTTP://MALLORCAMAGAZIN.COM
Online-Ausgabe der deutschsprachigen Wochenzeitung.

WWW.MALLORCAZEITUNG.ES
Onlineauftritt der zweiten deutschsprachigen Wochenzeitung auf Mallorca.

ETIKETTE

Höflich im Restaurant

Unter den rund 1 Mio. Einwohnern Mallorcas sind nur etwa 300 000 gebürtige Mallorquiner. Alle anderen sind entweder vom spanischen Festland, aus der EU, Nordafrika oder Südamerika zugewandert. Trotz der internationalen Einflüsse sind die Umgangsformen spanisch geprägt. Dazu ein Beispiel: Bei gemeinsamem Essen oder einer Runde in einer Bar ist es üblich, dass einer für alle zahlt. **Penibel auseinandergerechnet wird nicht**, Großzügigkeit ist gefragt. Als Ausländer in einer spanischen Gruppe wird es da schon einmal schwierig, beim Bezahlen an die Reihe zu kommen. Immer ist irgendjemand schneller gewesen. Im Restaurant gilt noch eine weitere spanische Regel: Es ist unüblich, sich zu Fremden an einen Tisch setzen. Außerdem lässt man sich **einen Tisch zuweisen**. Entweder man nimmt Blickkontakt mit dem Kellner oder der Bedienung auf oder wartet im Eingangsbereich. In Tapasbars und einfachen Lokalen braucht man darauf natürlich keine Rücksicht zu nehmen.

Die **Rechnung** wird in aller Regel auf einem kleinen Tellerchen an den Tisch gebracht. Nachdem man Geld oder Kreditkarte dazugelegt hat, nimmt der Kellner es wieder mit und bringt darauf Kreditkarte oder das Restgeld zurück. Der Gast lässt dann ein Trinkgeld von 5 bis 10 % des Gesamtbetrags auf dem Tellerchen zurück. Aufrunden ist nur in rein touristischen Lokalen üblich.

Mit Offenheit und Respekt

Wie überall gilt: respektvolles und höfliches Auftreten Die auf der Insel allgegenwärtigen Deutschen mag bei manchen Insulanern zu einer reservierten Haltung gegenüber deutschen bzw. deutschsprachigen Urlaubern geführt haben. Daran wird man nichts ändern können. Worauf man allerdings verzichten kann, sind unaufgeforderte Ratschläge zu Reizthemen wie Korruption, Wasserknappheit, Tierschutz usw. Dieses leider recht häufige Verhalten wird als anmaßend und besserwisserisch empfunden.
Eine Folge des exzessiven Partytourismus an der Platja de Palma und in Magaluf sind strengere Regeln. Mit Bußgeldern zwischen 50 und 600 € muss rechnen, wer öffentliche Trinkgelage abhält, mit Badekleidung durch die Altstadt von Palma spaziert, auf offener Straße uriniert, Zigarettenkippen wegwirft, Prostituierte anspricht und manches mehr.

Raucher

Rauchen ist in öffentlichen Räumen (u. a. Ämter, Flughäfen, Krankenhäuser) sowie **in jeder Art von Gastronomiebetrieb verboten**. Auch auf offenen Terrassen ist Rauchen nicht mehr erlaubt. Kurios: Rauchende müssen einem Abstand von mindestens zwei Metern zu anderen einnehmen und dabei stehen bleiben. Auch an vielen Stränden gilt Rauchverbot. Schilder weisen darauf hin.

GELD

Banken, Bankkarten

Spanien gehört zur **Eurozone**. Die **Banken** haben werktags 8.30 – 14 und samstags 9 – 13 Uhr geöffnet. Von Juni bis September haben sie samstags allerdings meistens geschlossen. An **Geldautomaten** (Telebancos bzw. Cajeros Automáticos bzw. Caixers Automàtics) herrscht auf Mallorca kein Mangel. An ihnen kann man mit der Bankkarte sowie mit allen international gängigen Kreditkarten (Visa, Mastercard usw.) Geld abheben kann.

Kreditkarten

Hotels, viele Restaurants und Geschäfte akzeptieren die gängigen **Kreditkarten**, v.a. Visa und Mastercard. Zur Miete eines Autos ist eine Kreditkarte als Kaution unabdingbar.

GESUNDHEIT

Medizinische Versorgung

Eine ausreichende medizinische Versorgung durch Krankenhäuser und sog. »Centros Medicos« ist auf Mallorca gewährleistet. Die meisten Ärzte sprechen zudem zumindest eine Fremdsprache, viele von ihnen Deutsch. **Versicherte deutscher Krankenkassen** haben im Krankheitsfall in Spanien Anspruch auf eine Behandlung nach den in Spanien gültigen Vorschriften.

Apotheken (farmacias)

Apotheken (span. *farmacias*) gibt es in allen größeren Ortschaften u in den Touristenzentren. Die Apotheken – erkennbar an einem grünen oder roten Kreuz – sind Mo.–Fr. 9–13 und 16–20 sowie Sa. 9–13 Uhr geöffnet. Zu allen anderen Zeiten gibt es einen **Apotheken-Notdienst**. Die jeweils diensthabende Apotheke ist dem Anschlag »Farmacia de Guardia« zu entnehmen. Nach 22 Uhr werden Arzneimittel jedoch nur auf Rezept ausgehändigt.

LESETIPPS

Zur Einstimmung

Erzherzog Ludwig Salvator: Mallorca. Die schönste Insel der Balearen. Corso Verlag, 2015. Ein immer noch grundlegendes Werk über die Balearen, in dem man viel über die Insel und die Menschen dort, aber auch über Gerichte etwa erfährt.

Josef Planas i Montanyà: Mallorca clásica. Die Insel, wie sie keiner mehr kennt. Heel Verlag 2016. Die historischen Fotos des mallorquinischen Fotografen sind eine nostalgische Zeitreise. Man sieht Joan Miró in seinem Atelier, Palma in den 1960ern und wünscht sich manchmal die harmlosen Freuden vergangener Tourismusphasen zurück.

Fabian von Poser (Text) und **Frank Heuer** (Fotos)**:** DuMont Bildatlas Mallorca. DuMont Reiseverlag 2021. Kenntnisreiche, atmosphärische Texte und exklusive Fotos zur Insel im Mittelmeer, gegliedert nach regionalen Gesichtspunkten.

Lothar Schmidt, **Wolfgang Heitzmann**, **Peter V. Neumann:** Secret Places Mallorca. Bruckmann 2021. Abgelegene Wanderpfade und Buchten, schöne Dörfer und touristische Highlights in der Nebensaison - ein Bildband mit Inspirationen, um die Insel entspannt und authentisch zu erleben.

Erzählte Erinnerung

AlexanderGorkow: Hotel Laguna, Mallorca. Kiepenheuer & Witsch 2017. Alexander Gorkow verbrachte in der kleinen Bucht von Canyamel in den späten 1960er-Jahren prägende Kindheitsurlaube. Jahrzehnte später fragt sich der weit gereiste Autor und heutige Journalist der *Süddeutschen Zeitung*, was aus seinem Canyamel wurde, und besucht den kleinen Urlaubsort aufs Neue.

Robert Graves: Geschichten aus dem anderen Mallorca. Edition Reise Know-How 2012. Robert Graves, der von den 1930er-Jahren bis zu seinem Tod 1985 fast ausschließlich in Deià gelebt hat, liefert in seinen Erzählungen meist liebenswerte und ironische Beschreibungen der Insel und ihrer Bewohner.

George Sand: Ein Winter auf Mallorca. dtv 2016 (in neuer Übersetzung). Ein Klassiker – auch wenn George Sand nicht gerade freundlich mit den Mallorquinern umgeht. Ausgangspunkt ist ihr Aufenthalt auf der Insel gemeinsam mit dem Komponisten Frédéric Chopin im Winter 1838/1839.

Tilman Spengler: Mallorca: Von schwarzen Schweinen und Madonnen. Insel Verlag 2013. Dem renommierten Schriftsteller ist ein wunderbar subtiles und leichtes Inselporträt gelungen. Entdecken Sie zusammen mit dem Gärtner Tomeu, der Apothekerin Catalina und George Sand ganz besondere Seiten der Baleareninsel. Nach dem Urlaub helfen Rezepte zu Backwerk wie zur Sangria bei der Bewältigung der Mallorca-Sehnsucht.

Vito von Eichborn: Mein Mallorca. mareverlag, Hamburg 2013. Der Verleger und Journalist von Eichborn hat seine Mallorca-Erfahrung in ein Büchlein gepackt, das ebenso bissig und ironisch ist wie voller Zuneigung und Bewunderung. Ein unterhaltsamer Begleiter in die komplexe Inselgesellschaft.

Belletristik

Lucia de la Vega: Comisaria Fiol und der Tod im Netz, Knaur 2022. Im mittlerweile schon dritten Mallorca-Krimi hat das spanische-deutsche Ermittler-Duo den fingierten Selbstmord eines Internet-Stars zu klären. Spannende Urlaubslektüre mit viel Mallorca-Feeling.

Klaus Späne: Kap des Todes, Emons 2021. Der Mallorca-Kenner Späne hat einen komplexen Plot entwickelt, für dessen Recherche er sich einer Gruppe von Hausbesetzern angeschlossen hat. Die spannende Story beleuchtet auch dunkle Seiten des Urlaubsparadieses.

Wanderführer und -karten

KOMPASS Wanderführer Mallorca
KOMPASS Wanderkartenset 2230, bestehend aus vier Karten im Maßstab1:35.000

REISEZEIT

Frühling bis Herbst

Wegen des milden mediterranen Klimas lässt sich Mallorca das ganze Jahr über bereisen. Im Januar/Februar lockt die **Mandelblüte** mit unvergesslichen Eindrücken. Auch lohnt sich eine Reise über **Ostern**, da dann das eigentliche Frühjahr einsetzt und ein üppiges Grünen und Blühen hervorbringt. Das im Frühjahr sehr milde Wetter bleibt jedoch oft unberechenbar und nur abgehärtete Naturen können jetzt schon im Meer baden. Die **sommerliche Hauptsaison** ist die beliebteste Reisezeit. Wegen der mitunter großen Hitze und des Hitzedunstes (calina) lässt es sich am besten an der Küste aushalten.
Der Herbst ist eigentlich die **günstigste Reisezeit**. Der große Andrang ist dann vorüber, Baden in geschützten Buchten ist noch bis Ende Oktober möglich. An den nördlichen Küsten treten allerdings ab September heftige Gewitter und die Tramuntana, ein kühler, oft stürmischer Nordwind, auf.

Winterfreuden

Im Winter baden nur die wenigsten, doch ist Mallorca als Reiseziel zu dieser Jahreszeit ebenfalls sehr beliebt – der Trubel ist vorbei, die großen Touristenzentren sind verwaist und in Stadt- und Landhotels lassen sich schöne Tage verbringen. Das Wetter ist mild, wenn auch in der Tramuntana mitunter Schnee fallen kann. Dennoch ist der Januar gewissermaßen noch ein Geheimtipp für den Mallorca-Aufenthalt (▶ S. 19) – will man die Insel in Ruhe genießen.

SICHERHEIT

Ein paar Tipps

Mallorca ist insgesamt recht sicher. Denoch kommt es immer wieder vor, dass Urlauber bestohlen werden. Kameras, Portemonnaies, Handtaschen, Tagesrucksack – im Zentrum von Palma, auf Wochenmärkten, auf belebten Caféterrassen, immer wenn viele Menschen zusammenkommen, ist die Gefahr dafür groß. Immer wieder kommt es auch zu Diebstählen am Flughafen, weshalb man am Gepäckband und im Parkhaus seine Sachen genau im Auge behalten sollte.
Ist doch etwas passiert und Kredit- und Bank-Karten sind verschwunden, sollte man sie umgehend sperren lassen (▶ »Kurz und bündig«, S. 330). Auch wenn die Aussicht gering ist, dass die Täter gefasst werden, den Diebstahl sollte man bei der Polizei anzeigen. Die Anzeige ist wichtig, um sie bei Versicherungen und Behörden vorlegen zu können: Tel. 902 10 21 12.

SPRACHE

Das Personal in Hotels und Restaurants spricht meist relativ gut Deutsch oder Englisch. In kleineren Orten im Landesinnern könnte es ohne spanische Sprachkenntnisse Verständigungsprobleme geben. Allgemein werden Versuche, sich auf Spanisch oder Katalanisch zu verständigen, freundlich aufgenommen.
Die Vokale »a, e, i, o, u« werden kurz und offen ausgesprochen. Langvokale (Boot, lieb) existieren nicht. »x« wird wie »x« ausgesprochen.

SPRACHFÜHRER SPANISCH

AUF EINEN BLICK

Ja.	**Sí.**
Nein.	**No.**
Vielleicht.	**Quizás./Tal vez.**
In Ordnung!/Einverstanden!	**¡De acuerdo!/¡Está bien!**
Bitte./Danke.	**Por favor./Gracias.**
Vielen Dank.	**Muchas gracias.**
Gern geschehen.	**No hay de qué./De nada.**
Entschuldigung!	**¡Perdón!**
Wie bitte?	**¿Cómo dice/dices?**
Ich verstehe Sie/dich nicht.	**No le/la/te entiendo.**
Ich spreche nur wenig ...	**Hablo sólo un poco de ...**
Können Sie mir bitte helfen?	**¿Puede usted ayudarme, por favor?**
Ich möchte ...	**Quiero .../Quisiera ...**
Das gefällt mir (nicht).	**(No) me gusta.**
Haben Sie ...?	**¿Tiene usted ...?**
Wie viel kostet es?	**¿Cuánto cuesta?**
Wie viel Uhr ist es?	**¿Qué hora es?**

KENNENLERNEN

Guten Morgen!	**¡Buenos días!**
Guten Tag!	**¡Buenos días!/¡Buenas tardes!**
Guten Abend!	**¡Buenoas tardes!/¡Buenas noches!**
Hallo! Grüß dich!	**¡Hola!**
Ich heiße ...	**Me llamo ...**
Wie ist Ihr Name, bitte?	**¿Cómo se llama usted, por favor?**
Wie geht es Ihnen/dir?	**¿Qué tal está usted?/¿Qué tal?**
Gut, danke. Und Ihnen/dir?	**Bien, gracias. ¿Y usted/tú?**
Auf Wiedersehen!	**¡Hasta la vista!/¡Adiós!**
Tschüss!	**¡Adiós!/¡Hasta luego!**
Bis bald!	**¡Hasta pronto!**
Bis morgen!	**¡Hasta mañana!**

UNTERWEGS

links/rechts	**a la izquierda/a la derecha**
geradeaus	**todo seguido/derecho**
nah/weit	**cerca/ lejos**
Wie weit ist das?	**¿A qué distancia está?**
Ich möchte ... mieten.	**Quisiera alquilar ...**
... ein Auto	**... un coche.**
... ein Boot	**... una barca/un bote/un barco.**
Bitte, wo ist ...	**Perdón, dónde está ...**
... der Bahnhof?	**... la estación (de trenes)?**
... der Busbahnhof?	**... la estación de autobuses/ la terminal?**
... der Flughafen?	**... el aeropuerto?**

PANNE/AUTO

Ich habe eine Panne.	**Tengo una avería.**
Würden Sie mir bitte einen Abschleppwagen schicken?	**¿Pueden ustedes enviarme un cochegrúa, por favor?**
Gibt es in der Nähe eine Werkstatt?	**¿Hay algún taller por aquí cerca?**
Wo ist bitte die nächste Tankstelle?	**Dónde está la estación de servicio/ a gasolinera más cercana, por favor?**
Ich möchte ... Liter ...	**Quisiera ... litros de ...**
... Super /...Diesel.	**... súper./... diesel.**
Volltanken, bitte.	**Lleno, por favor.**

UNFALL

Hilfe!	**¡Ayuda!, ¡Socorro!**
Achtung! / Vorsicht!	**¡Atención! / ¡Cuidado!**
Rufen Sie bitte schnell ...	**Llame enseguida ...**
... einen Krankenwagen.	**... una ambulancia.**
... die Polizei.	**... a la policía.**
... die Feuerwehr.	**... a los bomberos.**
Haben Sie einen Verbandskasten?	**¿Tiene usted un botiquín de urgencia?**
Es war meine (Ihre) Schuld.	**Ha sido por mi (su) culpa.**
Könnten Sie mir Ihren Namen und Ihre Anschrift geben?	**¿Puede usted darme su nombre y dirección?**

EINKAUFEN

Wo finde ich ...	**Por favor, dónde hay ...**
... einen Markt?	**... un mercado?**
... eine Apotheke?	**... una farmacia?**
... einen Supermarkt?	**... un supermercado?**

ARZT

Können Sie mir einen guten Arzt empfehlen?	**¿Puede usted indicarme un buen médico?**

Ich habe ...	**Tengo ...**
... Durchfall.	**... diarrea.**
... Fieber.	**... fiebre.**
... Kopfschmerzen.	**... dolor de cabeza.**
... Halsschmerzen.	**... dolor de garganta.**
... Zahnschmerzen.	**... dolor de muelas.**

ÜBERNACHTUNG

Können Sie mir bitte ... empfehlen?	**¿Podría usted recomendarme ...**
... ein Hotel	**... un hotel?**
Ich habe ein Zimmer reserviert.	**He reservado una habitación.**
Haben Sie noch ...	**¿Tienen ustedes todavía...**
... ein Einzelzimmer?	**... una habitación individual?**
... ein Doppelzimmer?	**... una habitación doble?**
... mit Dusche/Bad?	**... con ducha/baño?**
... für eine Nacht?	**... para una noche?**
... für eine Woche?	**... para una semana?**
Was kostet das Zimmer mit ...	**¿Cuánto cuesta la habitación con**
... Frühstück?	**... desayuno?**
... Halbpension?	**... media pensión?**

BANK

Wo ist hier bitte ...	**Por favor, dónde hay por aquí ...**
... eine Bank?	**... un banco?**
Ich möchte SFr in Euro wechseln.	**Quisiera cambiar francos suizos en euros.**

POST, TELEFON, INTERNET

Was kostet ...	**¿Cuánto cuesta ...**
... ein Brief ...	**... una carta ...**
... eine Postkarte ...	**... una postal ...**
nach Deutschland?	**para Alemania?**
Briefmarken	**sellos, estampillas**
Ich suche eine Prepaidkarte für mein Handy.	**Busco una tarjeta prepago para mi móvil.**
Internetanschluss	**conexión a internet**
Computer	**ordenador**
Ladegerät	**cargador**
Akku	**recargable**
Internetadresse	**dirección de internet**
E-Mail	**correo electrónico**
E-Mail-Adresse	**dirección de correo electrónico**
@-Zeichen	**arroba**

ZAHLEN

0	**cero**	18	**dieciocho**
1	**un, uno, una**	19	**diecinueve**
2	**dos**	20	**veinte**
3	**tres**	22	**veintidós**
4	**cuatro**	30	**treinta**

5	**cinco**	40	**cuarenta**
6	**seis**	50	**cincuenta**
7	**siete**	60	**sesenta**
8	**ocho**	70	**setenta**
9	**nueve**	80	**ochenta**
10	**diez**	90	**noventa**
11	**once**	100	**cien, ciento**
12	**doce**	200	**doscientos, -as**
13	**trece**	1000	**mil**
14	**catorce**	2000	**dos mil**
15	**quince**	10000	**diez mil**
16	**dieciséis**	½	**medio**
17	**diecisiete**	¼	**un cuarto**

RESTAURANT

Wo gibt es hier ...	**¿Dónde hay por aquí cerca ...**
... ein gutes Restaurant?	**... un buen restaurante?**
... ein nicht zu teures Restaurant?	**... un restaurante no demasiado caro?**
Könnten Sie uns bitte für heute Abend einen Tisch für vier Personen reservieren?	**¿Puede reservarnos para esta noche una mesa para cuatro personas?**
Auf Ihr Wohl!	**¡Salud!**
Die Rechnung, bitte!	**¡La cuenta, por favor!**
almuerzo, comida	**Mittagessen**
botella	**Flasche**
cena	**Abendessen**
camarero/mozo	**Kellner**
cubierto	**Gedeck, Besteck**
cuchara	**Löffel**
cuchillo	**Messer**
desayuno	**Frühstück**
lista de comida, menú	**Speisekarte**
plato	**Teller**
sacacorchos	**Korkenzieher**
tenedor	**Gabel**
taza	**Tasse**
vaso	**Glas**
ahumado	**geräuchert**
a la plancha	**gegrillt**
a punto	**medium**
bien hecho	**durchgebraten**
crudo	**roh**
empanado	**paniert**
frito	**frittiert**
hervido	**gekocht**
jugoso	**blutig**

DESAYUNO — FRÜHSTÜCK

café con leche	**Milchkaffee**
café cortado	**Espresso mit Milch**

café solo	**Espresso**
café descafeinado	**koffeinfreier Kaffee**
chocolate	**Schokolade**
churros	**im Fett gebackene Hefekringel**
factura	**süßes Stückchen**
fiambre	**Aufschnitt**
huevo tibio	**weiches Ei**
huevos fritos	**Spiegeleier**
huevos revueltos	**Rühreier**
jamón crudo/cocido	**roher/gekochter Schinken**
jugo de fruta	**Fruchtsaft**
lágrima	**Milchkaffee mit wenig Kaffee**
mantequilla	**Butter**
medialuna	**Croissant**
mermelada	**Marmelade**
miel	**Honig**
pan/bolillo/pan tostado	**Brot/Brötchen/Toast**
queso	**Käse**
té con leche/limón	**Tee mit Milch/Zitrone**

ENTRADAS, SOPAS	VORSPEISEN, SUPPEN,
caldo	**Brühe**
cazuela	**Eintopf**
empanada	**kleine Pastete**
ensalada mixta	**gemischter Salat**
menestra	**Gemüsetopf**
puchero	**Eintopf**
sopa de fideos	**Nudelsuppe**
sopa de mariscos	**Meeresfrüchtesuppe**
sopa de pescado	**Fischsuppe**
sopa de verduras/sopa juliana	**Gemüsesuppe**

TAPAS	
albóndigas	**Fleischbällchen**
boquerones en vinagre	**Sardellen in Essig-Knoblauch-Marinade**
calamar	**Kalamar**
caracoles	**Schnecken**
chipirones	**kleine Tintenfische**
chorizo	**Paprikawurst**
jamón serrano	**getrockneter Schinken**
morcilla	**Blutwurst**
pulpo	**Tintenfisch**
tortilla de patatas	**Kartoffelomelette**

PESCADOS Y MARISCOS	FISCH UND MEERESFRÜCHTE
atún	**Thunfisch**
besugo	**Brasse**
dorado	**Goldmakrele**
langostinos	**Riesengarnelen**

lenguado	**Seezunge**
ostras	**Austern**
pulpo	**Krake**
salmón	**Lachs**
trucha	**Forelle**

CARNE Y AVES	FLEISCH UND GEFLÜGEL
bife	**Steak**
cabrito	**Zicklein**
carne picada	**Hackfleisch**
cerdo	**Schwein**
ciervo	**Wild**
cochinillo	**Milchferkel**
chorizo	**Grillwürstchen**
chuleta	**Kotelett**
conejo	**Kaninchen**
cordero	**Lamm**
criadillas	**Hoden**
escalope	**Schnitzel**
estofado	**Schmorfleisch**
hígado	**Leber**
lechón	**Spanferkel**
lengua	**Zunge**
lomo/filete	**Lenden- oder Rückenstück**
milanesa	**paniertes Schnitzel**
mollejas	**Bries**
morcilla	**Blutwurst**
parrillada	**Grillplatte (Fleisch)**
pato	**Ente**
pavo/guajolote	**Pute**
pollo/gallina	**Huhn/Henne**
riñones	**Nieren**
res	**Rind**
ternera	**Kalb**
vacio	**Hüftsteak**

ENSALADA Y VERDURAS	SALAT UND GEMÜSE
arroz	**Reis**
guisantes	**Erbsen**
berenjenas	**Auberginen**
calabacitas	**Zucchini**
batata	**Süßkartoffel**
cebollas	**Zwiebeln**
espárragos	**Spargel**
espinaca	**Spinat**
lpatatas	**Kartoffeln**
patatas fritas	**Pommes frites**
pepinos	**Gurken**
perejil	**Petersilie**
pimientos	**Paprikaschoten**

POSTRES, PASTELES	NACHSPEISEN, GEBACKENES
copa de helado	**Eisbecher**
crema	**Sahne**
dulces	**Süßigkeiten, Desserts**
dulce de leche	**Karamellcreme**
dulce de membrillo	**Paste aus Quittenmus**
flan	**Pudding, Creme caramel**
frutas en almíbar	**Obst in Sirup**
galletitas	**Kekse**
natillas	**Cremespeise (sahnig)**
nieve	**Fruchteis, Sorbet**
pan dulce	**ähnlich Panettone**
pastel/tarta	**Kuchen/Torte**
queso	**Käse**
tocino del cielo	**Dessert aus Eiern, Zucker, Sahne**

FRUTAS	OBST
cerezas	**Kirschen**
ciruelas	**Pflaumen**
albaricoques	**Aprikosen**
melocotón	**Pfirsich**
limón	**Zitrone**
manzana	**Apfel**
melones	**Honigmelonen**
membrillos	**Quitten**
naranjas	**Orangen**
nueces	**Nüsse**
peras	**Birnen**
plátanos	**Bananen**
sandías	**Wassermelonen**
nectarinas	**Nektarinen**

Bebidas	GetränkE
aguardiente	**Schnaps**
agua mineral	**Mineralwasser**
con/sin gas	**mit/ohne Kohlensäure**
cerveza	**Bier**
caña	**Glas Fassbier**
gaseosa	**weiße Limonade**
horchata	**Erdmandelmilch**
jugo/exprimido de naranja	**Orangensaft**
leche	**Milch**
manzanilla	**Kamillentee**
té	**Tee**
vino	**Wein**
blanco/tinto/rosado	**weiß/rot/rosé**
trocken/süß	**seco/dulce**

LÄNDERVORWAHLEN

AUS SPANIEN
nach Deutschland: 00 49
nach Österreich: 00 43
in die Schweiz: 00 41

AUS DEUTSCHLAND, ÖSTERREICH UND DER SCHWEIZ
nach Spanien: 00 34

TELEFONAUSKUNFT
Inland Tel. 118 18
Ausland Tel. 118 25
Deutsche Telefonauskunft
Tel. 118 41

TELEKOMMUNIKATION · POST

Telefon

Mobiltelefone (span. móvil) wählen sich auf Mallorca in das entsprechende spanische Partnernetz ein. Roaming-Gebühren fallen sbis zu einer bestimmten Obergrenze nicht mehr an. Die letzten Telefonzellen wurden 2023 abgebaut. **Festnetznummern** in Spanien sind neunstellig. Sie beginnen mit der Regionalvorwahl (für Mallorca: **971**), die auch bei Ortsgesprächen mitgewählt werden muss.

Post

Das Porto beträgt für Karten (postales) und Briefe (cartas) bis 20 g innerhalb Europas 1,65 €. Briefmarken (sellos) erhält man beim Kartenkauf in Andenkenläden oder bei der Post (correos, Mo.–Fr. 9–14, Sa. 9–13 Uhr). Die Briefkästen sind gelb.

VERKEHR

Dokumente

Im Mietwagen wie im eigenen Fahrzeug sind folgende Dinge mitzuführen: Führerschein, Fahrzeugschein, TÜV-Nachweis, Nachweis über die gezahlte Versicherungspolice, zwei Warndreiecke, eine Warnweste, Ersatzrad und Werkzeug. Bei Kontrollen droht sonst eine Geldbuße von 90 €.

Verkehrsvorschriften

Auf den Balearen besteht Rechtsverkehr. Zulässige **Höchstgeschwindigkeit** innerhalb geschlossener Ortschaften ist 50 km/h, 90 km/h auf der Landstraße und 120 km/h auf Autobahnen. Vorfahrt hat grundsätzlich das von rechts kommende Fahrzeug (Ausnahmen sind entsprechend beschildert). Im Kreisverkehr hat das Fahrzeug Vorfahrt, das sich bereits im Kreis befindet.

Beim Überholen muss auf Mallorca wie in Spanien während des gesamten Vorgangs der Blinker zuerst nach links und dann wieder nach rechts betätigt werden. Beim **Überholen und vor Kurven** ist Hupen (bei Dunkelheit Lichthupe) obligatorisch. Überholverbot besteht 100 m vor Kuppen sowie auf Straßen, die nicht auf mindestens 200 m zu überblicken sind.

Sicherheitsgurte müssen während der Fahrt auf den Vorder- und Rücksitzen angelegt werden. Die **Promillegrenze** des Blutalkoholgehalts für Autofahrer liegt bei 0,5, wenn der Führerschein erst vor maximal zwei Jahren erworben wurde bei 0,3.

Sobald man das Fahrzeug wegen einer Panne oder eines Unfalls verlässt, muss man eine **Warnweste** tragen. Außerdem muss die Gefahrenstelle durch **zwei Warndreiecke** – jeweils eines in jeder Richtung – abgesichert werden.

Das **Abschleppen** durch Privatfahrzeuge ist **verboten**.

Bei **Unfällen** – gleichgültig, ob man sie verschuldet hat oder nicht – muss der Fahrer damit rechnen, dass sein Fahrzeug beschlagnahmt wird und die Freigabe ggf. erst nach einer Gerichtsverhandlung erfolgt; in schweren Fällen kann der Fahrzeuglenker sogar inhaftiert werden. Nach jedem Unfall muss man unverzüglich die Versicherungsgesellschaft benachrichtigen, damit für die Stellung einer eventuell geforderten Kaution gesorgt werden kann. Über das Verhalten nach Unfällen mit Mietwagen geben die Mietunterlagen des Fahrzeugs bzw. die Mietwagenfirmen Auskunft.

Auf **Schnellstraßen** muss man beim Linksabbiegen mitunter erst nach rechts in einen kleinen Kreisverkehr einbiegen, um dann die Hauptstraße geradeaus zu überqueren (hierdurch soll der ungehinderte Verkehrsfluss auf der Hauptstraße gesichert werden). Ausländer missachten oft die für sie ungewohnte Verkehrsregel und verursachen dadurch häufig schwere Unfälle.

Telefonieren während der Fahrt ist nur mit einer Freisprechanlage erlaubt. Wer mit dem Handy am Steuer erwischt wird, muss mindestens 200 € Strafe bezahlen.

Parken

Parken **in Einbahnstraßen** ist in seltenen Fällen nach Tagen geregelt: An Tagen mit gerader Datumszahl darf man nur auf der Straßenseite mit geraden Hausnummern parken (entsprechend bei ungeraden Zahlen).

An Straßen, die mit einer **blauen Linie** gekennzeichnet sind, darf max. zwei Stunden mit einem vorher gezogenen Ticket geparkt werden. Ohne Ticket kostet das 60 € Strafe (günstiger wird es, wenn man sofort einzahlt). Zwischen 20 Uhr abends und 9 Uhr morgens muss kein Ticket gezogen werden. Am Samstagnachmittag ab 14.30 Uhr und den gesamten Sonntag parkt man ebenso kostenlos. An **gelb markierten Zonen** ist das Parken nicht erlaubt. Hier drohen Strafen bis zu 90 €.

Mietwagen

Voraussetzung

Wer einen Wagen mieten möchte, muss mindestens 21 Jahre alt sein und mindestens ein Jahr den Führerschein besitzen. Der Abschluss einer Vollkaskoversicherung ist zu empfehlen. Eine Kreditkarte als Kaution ist unerlässlich.

Wo mieten?

Sinnvoll ist es meist, schon von zu Hause aus zu mieten und das Fahrzeug ohne längeres Warten am Flughafen abzuholen. Entsprechend e Buchungsportale bieten in der Regel günstigere Tarife als der Anbieter vor Ort.
Am Flughafen gibt es ein immens großes Angebot an **Mietwagenagenturen**. Die Fahrzeuge können entweder direkt im Parkhaus abgeholt werden oder ein Shuttlebus verkehrt zwischen Mietstation und Airport. Ist Letzteres der Fall, sollte man für die Fahrzeugabgabe und den Transfer etwa 45 Minuten einplanen. Neben den großen Mietwagenfirmen mit Filialen in den größeren Orten gibt es eine Vielzahl kleinerer örtlicher Verleihe, die meist günstiger sind und oftmals mit großen Hotels zusammenarbeiten und deren Gästen Sonderkonditionen bieten.

Taxi

Preise

Die Taxis verfügen über Taxameter; bei bestimmten Überlandstrecken wird allerdings nicht nach Wegstrecke bzw. Zeit, sondern pauschal abgerechnet. Die Preistafeln befinden sich an den Standplätzen; die Fahrer müssen die Preislisten auch mit sich führen.

Bahn- und Busverkehr

Strecken und Linien

Auf Mallorca sind **drei Bahnstrecken** in Betrieb: Sie gehen vom unteriridischen Bahnhof an der **Plaça d'Espanya in Palma** aus. Die Linie T 1 fährt nach Inca, T 2 nach Sa Pobla und T 3 nach Manacor.
Ergänzt wird das Netz mit dem nostalgischen **Tren de Sóller**, der vom alten Bahnhof an der Plaça d'Espanya in Palma nach Sóller fährt – für Eisenbahnfreunde absolutes Muss (▶ S. 236, 240).
Verschiedene Busgesellschaften betreiben das **Busnetz**. Verbindungen von Palma bestehen nach allen größeren Orten mindestens einmal täglich. Querverbindungen, die Palma auslassen, sind dagegen nicht sehr häufig. Der Busbahnhof befindet sich unterirdisch an der Plaça d'Espanya.
T 1, T 2, T 3: www.tib.org/de

REGISTER

A

B

C

D

E

F

G

H

I

J

K

L

R

S

T

V

W

Z

BILDNACHWEIS

AKG Images/Tolo Balaguer S. 131, 135
Bildarchiv der Österreichischen Nationalbibliothek, Wien S. 119
dpa S. 274, 288 o., 319 (u.)
dpa/Fotoreport S. 72
dpa/Picture alliance/John Miller S. 150
DuMont Bildarchiv/Frank Heuer S. 2, 11 (o.), 38, 47, 51, 67, 74, 117, 121, 141, 152/153, 156, 159, 172, 177 (o.; © VG Bild-Kunst 2017 für Rebecca Horn), 177 (u.), 182, 184, 187, 189, 196, 198, 205, 229, 232, 235, 236, 241, 243, 255 (u. und o.), 265, 282, 311, 317, 320
DuMont Bildarchiv/Holger Leue S. 31 o., 123, 297, 299, 306 (o.), 307 (u.), 308, 309
DuMont Bildarchiv/Hartmut Schwarzbach S. 3 (u.) 79, 82, 101, 217, 261, 263, 277, 286, 288 (u.), 313 , 315
fotolia/gustavofrazao S. 18 (o.)
fotolia/pedrolieb 306 (Mitte)
fotolia/Photoart-Sicking S. 26
Rainer Hackenberg S. 193, 279
Huber Images/Hans-Peter Huber S. 326
Laif/Celentano S. 3 (u.), 61
Laif/Cineliz/Allpix S. 23
Laif/Tobias Gerber S. 24/25, 65 (o.), 138 (o.)
Laif/Miquel Gonzalez S. 65 (u.), 214
Laif/Frank Heuer S. 7, 29, 280, 305
Laif/Gregor Lengler S. 70
Laif/Thomas Linkel S. 8/9
Laif/Nele Martensen S. 163
Laif/Gerhard Westrich S. 296
Laif/Zielske S. 253, 285
Lookphotos/age fotostock S. 14 (u.), 16/17, 110, 115, 147, 201
Lookphotos/Arnt Haug S. 11 (u.)
Lookphotos/Holger Leue S. 48
Lookphotos/Rainer Mirau S. 128/129
Lookphotos/Travel Collection S. 169
Mauritius images/age fotostock 113
Mauritius images/age fotostock/Bartomeu Amengual S. 113, 143
Mauritius images/age fotostock/Marcos Molina S. 98
Mauritius images/age fotostock/Sebastià Torrens S. 223
Mauritius images/Imagebroker/Thomas Haupt S. 257
Mauritius images/Martin Siepmann S. 18 (u.), 106
Mauritius images/United Archives S. 20/21
picture alliance/dpa - Bildarchiv (© Successió Miró / VG Bild-Kunst 2017 für Joan Miró), S. 291
picture alliance/dpa/Helga Lade S. 319 (o.)
picture alliance/dpa/John Miller S. 152
picture alliance/ZB S. 322 (o.)
Rötting/Pollex S. 12/13, 14 (o., © VG Bild-Kunst, Bonn 2017 für Santiago Calatrava Valls und Joan Benassar), 239, 329
Schapowalow/Massimo Ripani/SIME S. 90/91
Schapowalow/Reinhard Schmid S. 212
Stockfood/Klaus Arras 307 (o.)
Stockfood/Shaun Cato-Symonds S. 306 (u.).
Stockfood/Eising Studio – Food Photo & Video S. 307 (M.)
Whitestar/Monica Gumm S. 3 (o.), 54, 125, 179, 191, 248, 267
Ernst Wrba S. 138 (u.), 209

Titelbild: Pep Bernat Sànchez Moner

VERZEICHNIS DER KARTEN UND GRAFIKEN

ATMOSFAIR

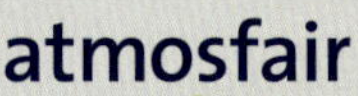

Reisen verbindet Menschen und Kulturen. Doch wer reist, erzeugt auch CO2. Der Flugverkehr trägt in erheblichem Maße zur globalen Erwärmung bei. Wer das Klima schützen will, sollte sich nach Möglichkeit für die schonendere Reiseform entscheiden (wie z.B. die Bahn). Gibt es keine Alternative zum Fliegen, kann man mit atmosfair klimafördernde Projekte unterstützen.
atmosfair ist eine gemeinnützige Klimaschutzorganisation unter der Schirmherrschaft von Klaus Töpfer. Flugpassagiere spenden einen kilometerabhängigen Betrag und finanzieren damit Projekte in Entwicklungsländern, die den Ausstoß von Klimagasen verringern helfen. Dazu berechnet man mit dem Emissionsrechner auf **www.atmosfair.de** wieviel CO2 der Flug produziert und was es kostet, eine vergleichbare Menge Klimagase einzusparen (z.B. Berlin – London – Berlin ca. 10 €). atmosfair garantiert die sorgfältige Verwendung Ihres Beitrags. Alle Informationen dazu auf www.atmosfair.de. Auch MairDumont fliegt mit atmosfair.

IMPRESSUM

Ausstattung:
125 Abbildungen, 27 Karten und Grafiken, eine große Reisekarte

Text:
Lothar Schmidt mit Beiträgen von Rainer Eisenschmid, Peter M. Nahm und Reinhard Strüber

Bearbeitung:
Baedeker-Redaktion (Rainer Eisenschmid)

Kartografie:
Franz Huber, München
Klaus-Peter Lawall, Unterensingen
KOMPASS-Karten GmbH, A-6020 Innsbruck; MAIRDUMONT, D-73751 Ostfildern (Reisekarte)

3D-Illustrationen:
jangled nerves, Stuttgart

Infografiken:
Golden Section Graphics GmbH, Berlin

Gestalterisches Konzept:
RUPA GbR, München

19., überarbeitete Auflage 2024

Trotz aller Sorgfalt von Redaktion und Autoren zeigt die Erfahrung, dass Fehler und Änderungen nach Drucklegung nicht ausgeschlossen werden können. Dafür kann der Verlag leider keine Haftung übernehmen. Jede Karte wird stets nach neuesten Unterlagen und unter Berücksichtigung der aktuellen politischen De-facto-Administrationen (oder Zugehörigkeiten) überarbeitet. Dies kann dazu führen, dass die Angaben von der völkerrechtlichen Lage abweichen. Irrtümer können trotzdem nie ganz ausgeschlossen werden. Kritik, Berichtigungen und Verbesserungsvorschläge sind jederzeit willkommen. Schreiben Sie uns, mailen Sie oder rufen Sie an:

MairDumont: Baedeker Redaktion
Postfach 3162, D-73751 Ostfildern
Tel. 0711 4502-262
www.baedeker.com

Printed in China

BAEDEKER VERLAGSPROGRAMM

Viele Baedeker-Titel sind als E-Book erhältlich.

A
Ägypten
Algarve
Allgäu
Amsterdam
Andalusien
Australien

B
Bali
Baltikum
Barcelona
Belgien
Berlin · Potsdam
Bodensee
Böhmen
Bretagne
Brüssel
Budapest
Burgund

C
China

D
Dänemark
Deutsche Nordseeküste
Deutschland
Dresden
Dubai · VAE

E
Elba
Elsass · Vogesen
England

F
Finnland
Florenz
Florida
Frankreich
Fuerteventura

G
Gardasee
Golf von Neapel
Gomera
Gran Canaria
Griechenland

H
Hamburg
Harz
Hongkong · Macao

I
Indien
Irland
Island
Israel · Palästina

BAEDEKER
F
FLORIDA

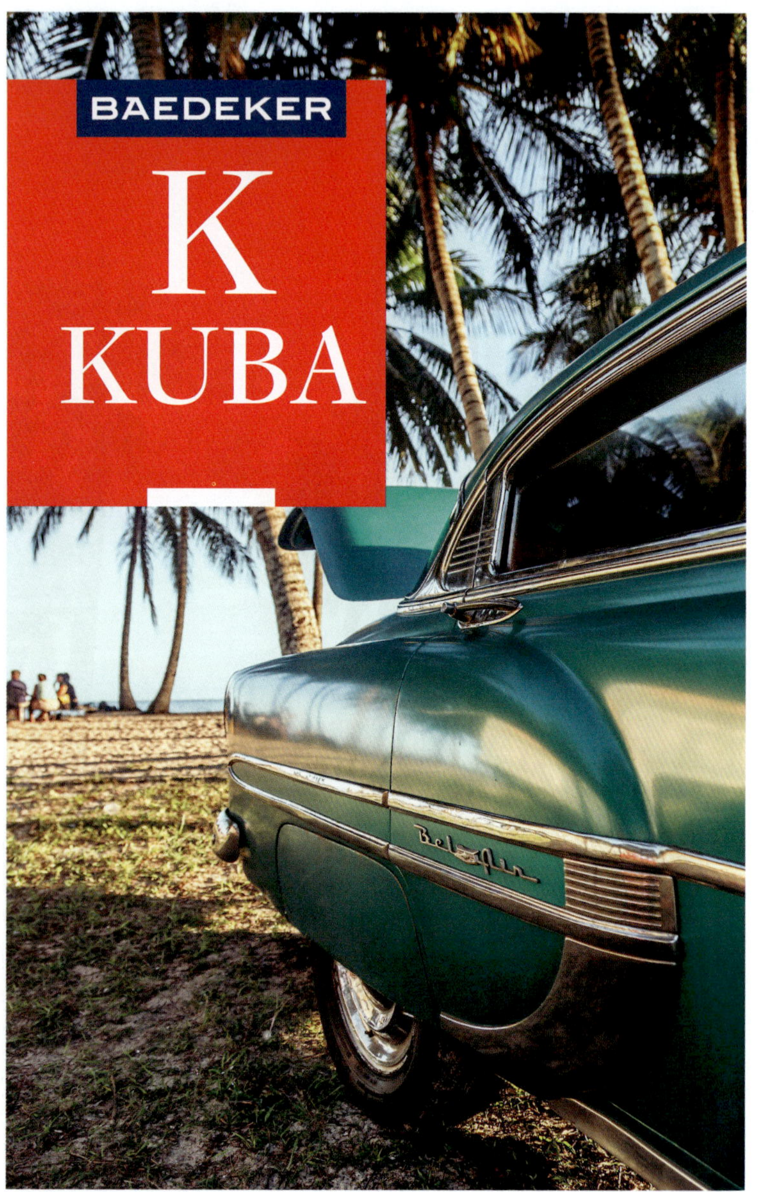
BAEDEKER
K
KUBA
Bel Air

Istanbul
Istrien · Kvarner Bucht
Italien

J
Japan

K
Kalifornien
Kanada · Osten
Kanada · Westen
Kanalinseln
Kapstadt · Garden Route
Kopenhagen
Korfu · Ionische Inseln
Korsika
Kreta
Kroatische Adriaküste · Dalmatien
Kuba

L
La Palma
Lanzarote
Lissabon
London

M
Madeira
Madrid
Mallorca
Malta · Gozo · Comino
Marrokko
Mecklenburg-Vorpommern
Menorca
Mexiko
München

N
Namibia
Neuseeland
New York
Niederlande
Norwegen

O
Oberbayern
Österreich

P
Paris
Polen
Polnische Ostseeküste · Danzing · Masuren
Portugal
Prag
Provence · Côte d'Azur

R
Rhodos
Rom
Rügen · Hiddensee
Rumänien

S
Sachsen
Salzburger Land
Sankt Petersburg
Sardinien
Schottland
Schwarzwald
Schweden
Schweiz
Sizilien
Skandinavien
Slowenien
Spanien
Sri Lanka
Südafrika
Südengland
Südschweden · Stockholm
Südtirol
Sylt

T
Teneriffa
Thailand
Thüringen
Toskana

U
USA · Nordosten
USA · Südwesten
Usedom

V
Venedig
Vietnam

W
Wien

Z
Zypern

Meine persönlichen Notizen

Meine persönlichen Notizen

Meine persönlichen Notizen

Meine persönlichen Notizen

Sa Calobra
Cala Tuent
Monestir de Lluc
Puig Major 1445
Ma10
Port de Sóller
1348
Fornalutx
Tramunt
Coll de Sóller 496
Sóller
Castell d´Alaró
Ma2130
Selva
Deià
Orient
Port de Valldemossa
Inca
Alaró
Ma11
Ma10
Valldemossa
Bunyola
Binissalem
Ma13A
Banyalbufar
Esporles
Consell
Sa Granja
Serra de
Santa Maria del Camí
Ma-13
Sencelles
Estellencs
Galatzó 1026
Reserva Galatzó
Son Sardina
Es Pl
Ma10
Puigpunyent
Palma de Mallorca (Ciutat de Mallorca)
Ma13A
Ma3011
Sa Dragonera
Sant Elm
Es Pont d´Inca
Andratx
Calvià
Ma30
Ma-15
Port d´Andratx
Ma1
Cala Major
Algaida
Peguera
Ma-1
Cas Catalá
Ses Illetas
Portals Nous
Can Pastilla
Puig de Randa 542
Fornells
Palmanova
Las Maravillas
Randa
Santa Ponça
Magaluf
Platja de Palma
Ma19A
S´Arenal
Ma-19
Portals Vels
Cala Blava
Cap de Cala Figuera
Badia Grande
Capicorb Vell
Vallgornera
Cala Pi
Cap Blanc
Sa Ràp
Es Port
Mar Mediterrània